Friedrich Freksa

Der Wiener Kongress nach den Aufzeichnungen von Teilnehmern und Mitarbeitern

Friedrich Freksa

Der Wiener Kongress nach den Aufzeichnungen von Teilnehmern und Mitarbeitern

ISBN/EAN: 9783955642747

Auflage: 1

Erscheinungsjahr: 2013

Erscheinungsort: Bremen, Deutschland

@ EHV-History in Access Verlag GmbH, Fahrenheitstr. 1, 28359 Bremen. Alle Rechte beim Verlag und bei den jeweiligen Lizenzgebern.

Der Wiener Kongreß

Nach Aufzeichnungen von Teilnehmern und Mitarbeitern herausgegeben von

Friedrich Freksa

Verlag · Robert Lutz · Stuttgart

Druck von A. Bonz' Erben in Stuttgart.

Inhalt

Seite

Vorwort . . . . XI—XLII

Vor den Kulissen des Kongresses

Aus den Erinnerungen der Gräfin Bernstorff 3
Aus dem „Gemälde des Wiener Kongresses" von Graf de la Garde 35
Aufzeichnungen des Freiherrn von Nostitz 80
Aus den Erinnerungen der Gräfin Lulu Thürheim . . . 119

Hinter den Kulissen des Kongresses

Briefwechsel W. v. Humboldts mit seiner Frau 131
Aus dem Tagebuch des Erzherzogs Johann 204
Aus den Briefen Talleyrands an König Ludwig XVIII. . 238
Tagebuch des Freiherrn von Stein 297

Vorwort

Vorwort

In der Erinnerung der Menschen leben die Tage des Wiener Kongresses weiter als eine Kette von Festen und gesellschaftlichen Freuden. Noch immer ist uns das Wort geläufig, das der Fürst von Ligne prägte: „Le congrès danse, mais il ne marche pas."

Bilder werden wach von schönen Frauen, die sich in höfischen und gesellschaftlichen Intriguen bewegen. Man sieht jene Gesellschaft feiner Köpfe um weiß gedeckte, kristall- und silberfunkelnde Tafeln versammelt. Man glaubt die epigrammatisch zugespitzten Wortgeschosse zischen zu hören.

Selbst große Historiker sind in den Fehler verfallen, den Kongreß gering zu werten und als eine Erschlaffung nach der Kriegesarbeit der vorhergegangenen Jahre der Revolution und des Kaiserreichs zu betrachten.

Aber diesen Fehler teilen sie mit den Zeitgenossen des Kongresses, die in allen Teilen Europas unzufrieden waren mit den erreichten diplomatischen Resultaten und später durch das Abendrot napoleonischer Herrlichkeit von Ligny und Waterloo so stark geblendet wurden, daß alle die Herren des Kongresses wie kleine schwarze Punkte gegen den mächtigen Horizont des untergehenden Empire verschwanden.

Trotzdem war für Europa die Arbeit des Kongresses bedeutungsvoller als das Schicksals- und Schlachtenepos der Hundert Tage.

Der Wiener Kongreß hat seine bleibende Bedeutung nicht in der tatsächlich großen Arbeit, die geleistet wurde;

denn diese Arbeit wurde verzehrt durch das Widerspiel der streitenden diplomatischen Kräfte.

Die tatsächliche Bedeutung des Kongresses beruht darauf, daß auf dem Kongresse die Idee „Europa" feierlich anerkannt wurde, zunächst im Widerspruche gegen das besiegte Frankreich und später unter Einbeziehung Frankreichs in die große europäische Völkerfamilie.

Erwiesen wurde auf diesem Kongresse die Homogenität europäischen Adels, der ja in seinen Hauptbestandteilen der germanischen Eroberertaste des Mittelalters entsprossen ist.

Der Kampf der Höfe und des Adels gegen die Revolution in Frankreich kann ja auch als die Behauptung germanischer Adelsmacht in Europa gegen das Chaos unterjochter Volksmassen aufgefaßt werden, und folgerichtig wurde auf dem Kongresse in den amtlichen Schriftstücken die Sprache jener fränkischen Eroberer geredet, die das erste germanische Weltreich in Europa gegründet hatten.

Es war zum dritten Male, daß in der neueren Zeit über das Schicksal des gesamten Europa verhandelt wurde.

Das erste Mal geschah es im Westfälischen Frieden, wo nach den langen religiösen Kämpfen zum ersten Male an eine Neuordnung europäischer Verhältnisse gedacht wurde und das deutsche Kaisertum seine schlimmste Lähmung erlitt.

Das zweite Mal war es im Frieden zu Utrecht gewesen, wo Frankreich nach Kämpfen, die sich über eine Generation erstreckt hatten, auf seine natürlichen Grenzen beschränkt wurde.

Jetzt, das dritte Mal, galt es eine Neuordnung zu finden für alle die Gebiete, die durch die Wogen des revolutionären Frankreichs verwüstet waren. Und da die Revolution ein Ideenkampf war, gemäß den doktrinären Anschauungen des 18. Jahrhunderts, so dürfen wir uns nicht wundern, daß Ideen und Schlagworte auf dem Wiener Kongreß regierten, daß wir Phrasen lesen, die wir nicht für ernst gemeint halten, die aber den Männern jener Zeit heilige Überzeugung waren.

Die große Bedeutung für künftige Tage erhielt aber

der Wiener Kongreß durch die Tatsache, daß die stärkste Macht des Kongresses Rußland war, jenes Land, das 100 Jahre zuvor im Fiedensschluß zu Utrecht noch als asiatisch und barbarisch galt.

Die Arbeitsweise auf dem Kongreß folgte naturgemäß den Gepflogenheiten der Kabinettsdiplomaten des 18. Jahrhunderts. Noch immer wurden die Fürsten von der Mehrzahl ihrer Minister stillschweigend als eine Art von Gutsbesitzern angesehen, denen erb- und eigentümlich Länder und Seelen waren. Freilich hatte die Befreiung der Nation im Jahre 89 in Frankreich sowie die Volkserhebung des Jahres 13 in Deutschland ihre Wirkung nicht gänzlich verloren, und einen Nachhall finden wir in manchen Schriftstücken der Diplomaten wieder. Aber ausschlaggebend bei den Beratungen, bei den Statistiken und Verhandlungen sind diese neuen Ideen nicht.

Die Fürsten verhandelten wie Häuptlinge der Urzeit über ihre Güter, und dazu gehörten Seelen ebenso wie mehr oder minder reiche Landschaften. Wenn entrüstete Freiheitsmänner späterhin von der Schmach des Seelenschachers sprachen, so hatten sie sachlich recht, freilich ohne zu bedenken, daß der Geist einer neuen Zeit die eisernen Formen einer alten nicht sofort zu brechen vermag, sondern daß sich neue Formen nur in einem langsamen organischen Prozesse durch Jahrzehnte hin entwickeln.

Daß aber diese neuen Formen zur Entwicklung gelangten, beruht zum Teile ebenfalls auf der Wirkung des Kongresses. Denn wenn auch die Summe dieser Staatsmänner und Diplomaten reaktionär im Sinne der großen revolutionären Bewegung wirkte, so begann sich dennoch der Umwandlungsprozeß merklich zu vollziehen: despotische Herrscher, wie die Könige von Württemberg und Bayern gaben ihren Völkern eine Konstitution; allerdings nicht aus Überzeugung, sondern aus dem Zwange der politischen Konstellation heraus.

Die vielen gegeneinander wirkenden Kräfte mußten sich naturgemäß aufheben! Denn fast eine jede Forderung stieß auf Widerspruch), fast jeder Wunsch erweckte tausend andere Wünsche, und jede Rechtsforderung wurde mit andern Rechtsforderungen bestritten, die aus dem Staub Jahrhunderte alter Pergamente hervorgeklaubt waren. Zu seltsam war der Knoten der Fäden europäischer Politik verschlungen. Wer die Lage der Hauptbeteiligten des Kongresses betrachtet, erkennt die friedlich kaum zu lösende Verwirrung.

Frankreich war beim Beginn des Kongresses der Besiegte, dem aber so viel Achtung verblieben war, daß sich jede andre Macht scheute, allzu streng mit ihm ins Gericht zu gehen. So war ihm mehr Land belassen worden, als es zur Königszeit besaß.

Rußland, durch dessen Macht ohne Frage Napoleon in seinem Siegeszuge gehemmt wurde, so daß er mit Hilfe der anderen europäischen Staaten bis zur Vernichtung geschlagen werden konnte, beanspruchte für seine Leistungen naturgemäß Raum nach Westen. Rußland wollte sein Programm des 18. Jahrhunderts durchführen, sein Programm der Europäisierung im despotischen Sinne. Rußland brauchte weitere Stücke von Polen und konnte sie billigerweise für seine Opfer verlangen.

Österreich versuchte, seine materiellen und ideellen Verluste während der letzten 25 Jahre wieder wettzumachen. Es wollte die Vorwerke des großen habsburgischen Hausgutes in Italien und Deutschland zurückerhalten. Auch verschmerzte es noch nicht den Verlust der deutschen Kaiserkrone und versuchte, die alte ausschlaggebende Stellung in Deutschland wieder zu erlangen. Es war dies ein natürliches Streben. Die österreichischen Staatsmänner der damaligen Zeit waren vorwiegend Deutsche. Sie brauchten kulturell hochstehende Provinzen, aus denen sie Beamte und Offiziere ziehen konnten. Wenn Österreich nach Deutschland strebte, so strebte es nach seiner natürlichen Mutter zurück.

Aber dieses Hinneigen nach Deutschland war nirgends in dem Kopfe eines österreichischen Staatsmannes zu einer Idee gestaltet. Erlangte man nicht deutsche Gebiete, so nahm man ebenso gern italienische und slavische, denn es war in diesem Lande kein untergründiges Nationalitätsgefühl mächtig wie in Frankreich, England, Preußen. Die österreichischen Staatsmänner waren alle nur Diener des Hauses Habsburg, für das sie freilich gern den adäquaten Ausdruck Österreich gebrauchten, der aber doch nur ein dynastischer Begriff blieb.

Zwischen diesen Mächten nun lag jenes Konglomerat deutscher Staaten, von denen Preußen durch eineinhalb Jahrhunderte ruhmvoller Kriegsführung der stärkste geworden war.

Durch das Genie des großen Heerführers Friedrich II war Preußen zu einer Großmachtstellung gelangt, die es im politischen und geistigen Sinne erst im Laufe eines weiteren Jahrhunderts erobern sollte.

Dieses Land war zur Nation geeint worden durch die Erinnerung an diesen Friedrich den Einzigen, der es plötzlich zu europäischer Bedeutung erhob. Die Bevölkerung seiner alten Provinzen war von verhältnismäßiger Homogenität. Die Preußen fühlten deutsch, sie fühlten sich geadelt durch den Ruhm des großen Friedrich.

Diese beiden Gefühle, die sich im „Teutschtum" und in den Gefühlen des preußischen Schwertadels polarisierten, hatten dem Lande den ungeheuren ideellen Auftrieb im Jahre 13 verliehen, und hatten die gewaltige Volkswut, die aus der materiellen Not des Kriegselends gewachsen war, gezäumt und gerüstet gegen den großen Eroberer.

So erschien denn Preußen auf dem Kongresse zwar als der schwächste der Großstaaten, kaum ein Großstaat zu nennen, aber stark durch seine Opfer im Kriege, stark durch sein Volksheer, stark durch die Idee Preußen-Deutschland.

Freilich, der König von Preußen und viele seiner Staatsmänner betrachteten diese neue Art von Deutschtum als revolutionär. Das selbsthandelnde Volk war dem an despotische Formen gewohnten Herrscher unheimlich. Durch die Bewegung von unten war er plötzlich hinaufgetragen auf den Berg und stand nun mit einer gewissen Hilflosigkeit im wehenden Winde. Innerlich war Friedrich Wilhelm als Politiker nicht so sehr verschieden von dem „guten" Kaiser Franz, der sich als der Hausvater seines Staates fühlte. Aber die Zeit hatte den König von Preußen auf eine hohe Warte gestellt. Und so mußte er denn zusehen, wie er sich behaupten konnte.

Preußen wurde durch die Konstellation zur deutschen Politik getrieben. Das preußische Volk, das geblutet hatte, war deutsch. Die slavischen Landmassen von Südpreußen, die an dem schmalen Leibe des Königtums wie Mühlsteine gehangen hatten, wurden von Rußland als Lohn gefordert, und Preußen mußte nun im deutschen Reiche Ersatz suchen für das verlorene Land und die verlorenen Seelen.

Diesen Ersatz wagte ihm niemand streitig zu machen. Aber aus welchen Volksstämmen Preußen seinen Ersatz ziehen und gewinnen sollte, das war die Frage. Und hier liegt auch der Kern für alle Schwierigkeiten und Reibereien des Kongresses.

Naturgemäß mußte Rußland seinen ersten Bundesgenossen und ältesten Freund im Kampfe wider Napoleon unterstützen, da Rußland sich ja in der Hauptsache an preußischen Ländergebieten schadlos halten wollte.

Ein Österreich, das politische Aspirationen auf Deutschland hatte, mußte naturgemäß danach trachten, daß sein alter Feind aus dem schlesischen Kriege nicht etwa ein Länderviereck erhielte, das zum Kastell von ganz Deutschland werden konnte.

Und Frankreich, das die Wirkungen preußischer Militärmacht empfunden hatte, mußte darnach trachten, dieses Streben Österreichs zu unterstützen.

Diese durch die Natur bedingten Verhältnisse ergaben denn auch das Bild der politischen Verhandlungen auf dem Kongresse.

In diesen Widerstreit der Großmächte schoben sich die Interessen, Erinnerungen und Phantasmen der Staatsmänner, die die deutschen Kleinstaaten und die mediatisierten Reichsstädte und Stände vertraten.

Da waren zunächst die ehemaligen Rheinbündler, die

Könige von Napoleons Gnaden, die eifersüchtig über ihre Souveränität wachten und nicht einen Fetzen Landes herausgeben wollten, der ihnen, den kleinen Schakalen, vom Mahle des großen Löwen zugefallen war.

Die Hauptstützen des Rheinbundes waren Bayern und Sachsen gewesen. Aber Sachsen, dessen König dem Korsen viel verdankte und das bis zum Zusammenbruch bei Leipzig im unmittelbaren Machtbereiche des Eroberers gelegen war, hatte den Rückzug zu den Alliierten nicht vollführen können. Der König war gefangen, und sein Land wurde von Preußen als Eroberung behandelt.

Anders war die Lage der Bayern. Unmittelbar nach Leipzig hatten sie die Schwenkung vollzogen, und Wrede hatte mit seinem kampfbereiten Korps den Kaiser bei Hanau noch einmal zur Schlacht gestellt. Freilich, durch schlechte Direktiven war Blücher um zwei Tagmärsche zu weit entfernt worden, und Wrede allein war mit seinen Bayern und Österreichern dem Ansturme der kaiserlichen Garden nicht gewachsen gewesen. Aber er hatte die Lage erkannt, er hatte sich mutig in den aussichtslosen Kampf gestürzt, weil er wußte, daß nur durch Blut die neuen Verträge Gültigkeit gewinnen würden. So konnte er sich rühmen, für die Sache der Freiheit selbst auf der Mainbrücke verwundet worden zu sein.

Bayern war der Hort des Widerstandes der Rheinbundstaaten gegen Preußen; dieses Land, dessen karge, straffe Art ihrem Wesen entgegen war, empfanden sie außerdem noch immer als halb slavisch.

Bei Württemberg machte sich neben der Vertretung der Landesinteressen auch eine Anlehnung an Rußland fühlbar, die in der Verlobung der Großfürstin Katharina mit dem Prinzen Wilhelm zum Ausdruck kam. Aber auch Württemberg war im Bunde der Kleinen gegen Preußen.

Graf Münster, der die hannöverischen Interessen vertrat, suchte auf diesem Kongresse, wo von so verschiednen Ecken aus an dem neuen Teppich Europas gewebt wurde, sein altes Lieblingsplänchen zu verwirklichen und auf der Landkarte jenes zentrale Welfenreich zu schaffen, das ihm als dominierende Macht Norddeutschlands stets vorgeschwebt hatte, wie er es in einem merkwürdigen Brief an Stein schildert, mit dem er dem preußischen Staat jede Lebensfähigkeit abspricht.

So absonderlich ein solcher Plan uns Menschen von heute dünkt, so darf doch nicht vergessen werden, daß in diesem welfischen Gedanken eine eigene versunkene, deutsche Welt ruht.

Der große Komplex niederdeutschen Stammes zwischen Dänemark und dem Eichsfeld, zwischen dem Rhein und der Elbe stellt in Erinnerungen, Gedanken und Empfindungen sprachlicher Färbung den am meisten homogenen Komplex unter den deutschen Stämmen dar. Daß diese Masse Volkes aus ältestem deutschem Stamm von jener Mark Brandenburg, von jenem Außenposten des Deutschtums aus regiert und beherrscht werde, mußte immer ein natürliches Widerstreben erregen. Aber das Schicksal hat es dem niedersächsischen Stamme versagt, die Führung Deutschlands zu übernehmen, weil ihm seit Heinrich dem Löwen kein Herzog oder Heerführer erstanden war.

Alle diese Kleinen schrieen Ach und Weh über das Schicksal eines Königs, der seines Landes beraubt werden sollte.

Sie verstanden die Entrüstung eines Stein, eines Arndt nicht, die von einem „Verräter an der deutschen Sache" redeten. Sie standen innerlich auf dem sächsischen Standpunkte: Seit 1803 hatte das deutsche Reich als Staatsverband aufgehört. Ein jeder von uns ist souverain, kann tun und lassen, was er will, kann Bündnisse schließen, mit wem er will.

Und im rechtlich formalen Sinne kann allerdings dem Albertiner und seinen Beratern kein Vorwurf gemacht werden.

Doch wurden die Konsequenzen gezogen und das Recht des Eroberers auf Sachsen geltend gemacht, so erschollen die Klagen echt deutschen Ursprungs: Fürst und Volk aus gleichem Stamme gehören zusammen.

Es war der quäkende Chor der Kleinen, der das Konzert der Großmächte übertäubte und in Disharmonien verklingen ließ.

XVIII

Nur die eine große Idee behauptete sich im Kongresse: die Idee eines Europa, dessen Stämme und Völkermassen eine kulturelle Einheit zu bilden hätten.

Diese Idee hatte als Phrase des achtzehnten Jahrhunderts begonnen, diese Idee hatte Napoleon vorgeschwebt, aber für ihn war Europa doch nur ein erweitertes Frankreich, eine militärische und administrative Einheit, über dessen einzelne Departements seine Präfekten und über dessen Aushebungsbezirke seine Marschälle geboten.

Die Idee eines kulturell geeinten Europa wurde wirklich auf dem Wiener Kongresse. Nur sah diese Idee einem Schlagworte verzweifelt ähnlich, und kein Glaube erfüllte vorerst die schattenhaften Umrisse dieses neuen, politischen Begriffs.

Den kleinen Staaten mit ihren kleinen Interessen blieb der tiefere Sinn des Wortes „Europa", das von den gewandten kleinen Diplomaten täglich gebraucht wurde, ganz verborgen. Erst im Laufe des darauffolgenden Jahrhunderts entwickelte sich dieser Gedanke weiter. Noch hat diese Entwicklung ihr Ende nicht erreicht. Aber einmal wird sie münden in den Begriff der „Vereinigten Staaten Europas".

* * *

Nichts nun bezeichnet den Wiener Kongreß so gut als die Tatsache, daß eine Eröffnung im rechtlichen Sinne nie stattgefunden hat. Der Pariser Friedensvertrag vom 30. Mai sollte laut Artikel 32 auf dem Kongresse vervollständigt werden. Zu diesem Zwecke sollten die Bevollmächtigten der acht unterzeichneten Mächte in Wien zur Vorbesprechung zusammenkommen, die Eröffnung aber sollte am 1. Oktober des Jahres 14 stattfinden. Später wurde die „Überreichung und Prüfung der Vollmachten" der für den Kongreß bevollmächtigten Minister, Abgeordneten und Geschäftsführer auf den 1. November öffentlich angekündigt, niemals aber vollzogen.

Bei diesem Kongreß, bei dem außer den acht größeren Staaten auch die nicht eingeladenen Bevollmächtigten von ehemaligen Reichsunmittelbaren, gewesenen Fürsten, Gemeinden und Körperschaften in einer Anzahl von etwa 90 Personen teilnahmen, kann von einer führenden Persönlichkeit, die dem Kongreß ihr Gepräge aufdrückte, nicht geredet werden.

Ganz Europa war in einer Umgestaltung begriffen, die vergleichsweise einer vulkanischen Veränderung entsprach und ihren Ausdruck vielleicht am besten in der Kleidertracht des Kongresses findet.

Da waren noch Herren, die das Jabot und die Kniehose, den Seidenrock und die hohe Weste des ancien régime trugen. Daneben finden sich die Fracks und Pantalons der Direktorial- und Revolutionszeit, ja sogar die Tracht der Lakaien des gestürzten Imperators zeigte sich noch im kleinen Hofstaat der Kaiserin Marie Luise. Außerdem aber machten sich die Anfänge einer romantischen Tracht bemerkbar, und die Frauen waren in der Mode den Männern natürlich weit voraus.

Diese Mannigfaltigkeit, die sich schon im Anzuge zeigte, kam ebenso im geistigen Sinne zum Durchbruch.

Die Tropen des Rationalismus und die Philosophie des 18. Jahrhunderts fanden sich wieder neben den neuen liberalen Schlagworten und dem einen Donnerworte der Revolution: Freiheit.

Wie die Landkarte chaotisch umgebildet war, so waren auch alle Begriffe im chaotischen Flusse.

Schöpferische Ideen, wie sie etwa der Freiherr von Stein besaß, verloren in diesem Durcheinander von Meinungen und Stimmungen ihre Kraft.

Was interessierte auch diese „Geister Europas" Steins Traum von einem neuen deutschen Bundesstaat, an dessen Spitze er seltsamerweise Österreich sah, weil es in Deutschland ja keine egoistischen Interessen zu vertreten hätte.

Sofort stieß er auf den lebhaften Widerstand Wilhelm von Humboldts, der auf das Memorandum des Reichsfreiherrn erklärte, Preußen könne sich an ein solches Deutsches Reich nie angliedern.

Aber der Hausherr des Kongresses, der in Florenz geborene gute Kaiser Franz, der es verstanden hatte, sich ganz in die Maske des biederen Österreichers einzuleben, wollte selbst nichts von einer deutschen Kaiserkrone wissen.

Zwei Dicta sind von ihm überliefert, die ihn und seine Art kennzeichnen.

„Einem deutschen Kaiser werde ich mich nicht unterwerfen, und zum neuen Kaiser bin ich selbst nicht geschaffen. Dieser Kaiser würde die Fürsten und die denselben untergebenen Völker zum Gegner und die politischen Schwindler für sich haben. Ich würde mich nicht für fähig halten, solch eine Sippschaft zu beherrschen."

Und anschließend daran: „Wenn sie mi wieder so mach'n woll'n wie i geweßt bin, so dank i gar schön — woll'n sie mi aber anders mach'n, so bin i curios, wie sie das anstell'n werd'n."

An ein Deutschland mit preußischer Hegemonie wagte damals niemand zu denken.

Äußerlich war der Held des Kongresses Alexander von Rußland. Er gefiel sich in seiner Erlöserrolle als der Ritter St. Georg, der den bösen Drachen der Revolution getötet hatte. Das Prestige seiner Macht gewann ihm auch aus der Ferne viele Herzen. Sein persönlicher Zauber aber nahm mehr die Frauen gefangen als die kühlen Staatsmänner, die die Phrasenkostüme ihrer Herrscher, die sie nach alter Sitte zum Teil selbst fertigten, zu gut kannten.

So glich der Kongreß einem geistigen Strudel. Es gibt nur ein Kreisen, Umtreiben und Verschlungenwerden, ein gelegentliches Auftauchen und Wiederverschwinden, keinen Führer, keinen Gestalter und dennoch — o Ironie! — einen Sieger: Fürst Talleyrand de Périgord. Er war durch eine Schule gegangen, die ihn befähigte, aus einem salontüchtigen Abbé Bischof von Autun zu werden. In der Revolution war er der erste Bischof, der den dritten Stand anerkannte, später als Jakobiner wandelte er sich ebenso leicht in den Gefolgsmann des Kaisers, wie er zuvor aus dem Bischof ein Jakobiner geworden war.

Dieser Mann in der Tracht des Direktoriums mit den Vatermördern, zwischen denen der breite, an Bosheiten und Epigramme gewohnte Mund hervorsah, dieser Mann mit dem wurmstichigen Herzen und dem trefflichen Kopf, wie ihn der Erzherzog Johann nennt, war allein befähigt, seinen Weg trotz seines Klumpfußes gerade bis zu Ende zu schreiten.

Er verlor den Boden der Wirklichkeit nicht. Auch hatten die letzten 20 Jahre seines Lebens ihn genug über Höhen und Tiefen geführt. Fast alle diese Staatsmänner hatten einmal bei ihm, da er noch Minister Napoleons war, um Frieden gewinselt.

Er hatte nur einen Feind zu fürchten, und der saß auf Elba, machtlos.

Frankreich konnte keinen besseren Vertreter zu diesem Kongreß entsenden.

Als Fürst Talleyrand, begleitet von Dalberg, in Wien erschien, wurde er gemieden wie die Pest. Er sah sich scheinbar festgegründeten Tatsachen gegenüber, aber seine Logik wußte sofort die Schwächen herauszufinden, die sich in der diplomatischen Situation ihm von selbst darboten.

Es sollte ein Kongreß der Völkerfamilien Europas einberufen werden. Aber die Abmachungen waren von vornherein schon von den vier Mächten der Allianz getroffen worden, denen die anderen eigentlich nur beizupflichten hatten.

Und so argumentierte denn Talleyrand: Die Interessen Europas verlangen die Eröffnung des Kongresses, eine Allianz hat keinen Zweck mehr. Eine Allianz ward ja nur gegen den Eroberer geschlossen. Frankreich nimmt einen ebenbürtigen Platz ein neben den anderen Nationen kraft der Legitimität.

Dieser Begriff der Legitimität, den Talleyrand im Gegensatz zum revolutionär-nationalen Prinzip formulierte, und der den Begriff des Gottesgnadentums als staatsrechtlichen Begriff festlegte, war es, der als Erisapfel auf den grünen Tisch der Staatsmänner fiel. Wie wohlgefällig klang dieser Begriff in die Ohren der versammelten Könige! Aber er hob dennoch alle die natürlichen Rechte auf, die der Sieger nun einmal gegen den Besiegten hat.

Zuerst griffen diesen Begriff die Rheinbundfürsten auf. Sie hatten es am nötigsten, ihr Teil von Gottesgnadentum durch Talleyrand zu erhalten.

Metternich, der in einem natürlichen Gegensatz zu Rußland und Preußen stand, und der schon vorher die Verbindung mit den Franzosen gesucht hatte, fügte sich gern in diesen Wandel, da er sich nun mit Frankreich auf die andere Seite der Wagschale gegen Preußen und Rußland setzen konnte.

Nach wenigen Wochen schon war Talleyrand so stark, daß er mit England die erste entente cordiale schließen konnte, die zur Folge hatte, daß Wellington nach Waterloo den Bourbonen die Krone erhielt, ganz gegen Rußlands und Preußens Willen.

Am Ende des Kongresses war Talleyrand der Mann, mit dem ein jeder rechnen mußte. Hatte er doch schon im Stillen die militärische Allianz Österreich, Bayern, Frankreich, England geschlossen gegen Preußen und Rußland, war doch schon jener Vertrag unterzeichnet, den Napoleon im Schreibtische Ludwigs XVIII. in den Tuilerien fand und dem Zaren Alexander übersandte.

Der Zar freilich verbrannte ihn vor den Augen Metternichs zum Zeichen der hehren Einigkeit Europas gegen den Eroberer.

Es war Sachsen, auf das Talleyrand den Begriff der Legitimität zunächst anwandte. Sachsen, das Preußen notwendig brauchte, das ihm aber Österreich ebenso wie der Chor der Kleinen in Deutschland nicht gönnen wollte.

Es darf wohl als sicher angenommen werden, daß Talleyrand erhebliche Summen vom sächsischen Hofe bezogen hat. Aber ein Staatsmann der alten Schule, der Geld nahm, galt nicht als korrupt, sofern er nicht den Interessen seines Landes zuwiderhandelte.

Thiers warf Talleyrand vor, er hätte jenen anderen Plan begünstigen sollen, nach dem Sachsen an Preußen fiel, und der Albertiner durch ein Reich am Rhein entschädigt werden sollte. Denn solch ein Freund wäre dort für Frankreich wichtiger gewesen als das halbe Sachsen im Zentrum Deutschlands. Wichtiger, weil alsdann nicht Preußen den Schutz der Rheingrenze übernehmen konnte. — Es ist sehr interessant hier zu bemerken, daß Talleyrand es nicht einmal für notwendig befand, in seiner sonst so ausführlichen Korrespondenz seinem königlichen Herrn Ludwig XVIII. über diesen Vorschlag Hardenbergs Mitteilung zu machen.

Aber, wer die Karte jener Zeit ansieht und sich ausrechnet, wie zerklüftet der preußische Besitz am Rheine war, besonders im Kohlenbecken der Saar, wo die kleinsten Staaten Land erhielten, damit nur nicht zusammenhängende preußische Landstücke entstanden, der wird sich sagen, daß Thiers es leicht mit seinem Tadel hatte, da er von der Warte eines späteren Zeitalters aus urteilen konnte.

Frankreich wurde diplomatisch in seinem Prestige durch Talleyrand gestärkt; Ludwig XVIII. konnte eine Sprache führen wie nur irgend ein anderer mächtiger französischer Herrscher des letzten Jahrhunderts. Dieser Mann, der vor kurzem noch ein Bettler an den Höfen Europas gewesen war, konnte sich gebärden, als wäre er der Älteste im Rate der Könige.

Das besiegte Frankreich blieb Sieger auf dem Kongresse, weil in seinem Dienste die beste Zunge Europas stand.

Neben Talleyrand, dem Vielerfahrenen und Vielgewandten, erscheinen die anderen Diplomaten einseitig, gehemmt durch Ideen oder durch ihre Marschroute.

Nur der eine, Metternich, vermag neben diesem Virtuosen der diplomatischen Schule einigermaßen die zweite Geige zu spielen, wenn er auch immer glaubte, er spiele die erste.

Metternich war durch die Schule der lockeren, üppigen rheinischen Höfe gegangen. Er wetteiferte neben dem „schönsten Manne" des Kongresses, neben Alexander, um die Gunst der Frauen. Wenn Talleyrand der größte Feinschmecker des Kongresses war und in einer der Zwischenpausen der diplomatischen Arbeit mit Würde den Käse von Brie zum Könige der Käse ernannte, so war Metternichs Urteil ausschlaggebend für die Genüsse der Venus. Behauptete man doch, daß des russischen Kaisers Abneigung gegen den schönen, blauäugigen Staatsmann mit den lässigen Manieren des großen Herrn nicht so sehr aus diplomatischer Konkurrenz, denn aus Gründen des Minnewettstreits entbrannt sei.

Metternich war der Typus jener alten Diplomaten, die ihre Kunst den damaligen Spielunsitten der Glücksritter gemäß übten: Sie betrogen mit Grazie. Wurde ihr Betrug entdeckt, so griffen sie ritterlich und frech zur Waffe.

Er hat es aber dennoch meisterlich verstanden, einen gegen den anderen auszuspielen. Besonders der taube preußische Staatskanzler Fürst Hardenberg und der kluge, in den Staatswissenschaften mestergültig durchgebildete Wilhelm von Humboldt wurden von dem leichten Causeur fast bis zum Ende des Kongresses in Vertrauensseligkeit eingelullt.

Wenn man die Noten Metternichs an die Preußen verfolgt, wenn man sieht, wie im Vordersatze Versprechungen gemacht werden, die durch irgend einen scheinbar nichtssagenden Nachsatz aufgehoben sind, so muß man diese besondere Art verhüllender Logik bewundern.

Österreich hatte den festen Willen, an Preußen Sachsen nicht zu konzedieren, aber Metternich, der in der polnischen Frage Rußland bekämpfte, suchte sich des Beistandes Preußens gegen Rußland zu versichern. Es war eine echt diplomatische Intrigue der alten Zeit, die er einleitete. Er versuchte Preußen in eine Stellung gegen den Lieblingsplan Alexanders zu bringen, der von einem Königreich Polen schwärmte, das mit Rußland durch Personalunion verbunden sein sollte. Die polnischen Freunde hatten den Zaren zu einer solchen Entschließung bewogen. Es waren in dieser Zeit besonders die schönen polnischen Damen, die sich mit Leib und Seele in den Dienst der Diplomatie ihres Landes stellten.

Hatten sie vormals auf Napoleon eingewirkt, so suchten sie jetzt den Zaren zu gewinnen.

Die Preußen gegen den Plan Alexanders einzunehmen, hieß aber die Freundschaft zwischen den beiden Reichen gründlich zerstören.

Es ist freilich anzunehmen (Delbrück), daß der geschäftlich erfahrene Hardenberg und der kluge Humboldt am Ende des Intriguenspiels den österreichischen Geschäftsträger noch durchschaut hätten, aber diese Intrige nahm in der Wirklichkeit einen mehr dramatischen Verlauf:

Friedrich Wilhelm III. von Preußen, ein Mann, dem die Natur den Glanz der Intelligenz versagt hatte, brachte durch seine Edelmannstreue die Lösung des Knotens, in dem sich so viele Intelligenzen verwickelt hatten. Als Alexander ihm vorhielt, daß die preußischen Staatsmänner gegen das Interesse Rußlands arbeiteten, jenes Rußlands, das doch den Korsen zu Fall gebracht hatte, da nahm er sich Hardenberg vor, machte ihm ernste Vorstellungen, und verkündete ihm seinen festen Entschluß, nicht von der Seite Rußlands zu weichen.

Das, was Humboldt vorausgesehen hatte, trat nun ein: Die Falschspieler, Österreich und Frankreich, schrien erbost über den preußischen Verrat, weil es ihnen nicht gelungen war, das Opfer Preußen zu rupfen, und sprachen von einem „Verkauf Europas an Rußland".

Für das diplomatische Prestige Preußens ist das ein jahrzehntelang dauernder Verlust gewesen, aber das Dazwischentreten Friedrich Wilhelms III. reinigte im Augenblicke die Luft.

Und nun begann sich jene Liga mit der Kriegsspitze gegen Rußland und Preußen zu bilden, deren Traktat am 3. Januar 1815 unterzeichnet wurde.

In diesem ganzen Spiele, das Metternich mit Talleyrand gegen Preußen spielte, glaubte der Österreicher, er hätte das Spiel in seinen Händen. In Wahrheit aber spielte er nur mit den Karten, die ihm der Franzose zuschob.

Um Metternich recht zu beurteilen, muß man bedenken, daß Österreich so gut wie bankerott war und militärisch trotz seiner großen Heereszahl auf dem Papiere, auch nur gegen

Preußen allein nicht gut abschneiden konnte. Metternich war angewiesen auf fremde Hilfe, und es dünkte ihn folgerichtig, wenn er die Versöhnungspolitik Maria Theresias mit den Bourbonen fortsetzte.

Seinem innersten Charakter lag die Intrigue näher als klares geschäftliches Verhandeln. Er war kein Mann der Arbeit, wie etwa Humboldt; er gehörte zu den Naturen, die am liebsten alles auf die lange Bank schieben, und eine Lüge, die ihm Ruhe verschaffte, war ihm lieber als die Ausarbeitung eines Aktenstückes.

Dazu mochte diesen Mann wohl die Schwerfälligkeit des österreichischen Bureaudienstes bestimmen. Es ist bezeichnend, daß er sich für seine persönlichen Arbeitsbedürfnisse einen beweglichen Geist wie Friedrich Gentz zur Hilfe nahm, der damals noch zu den glänzenden Literaten Deutschlands gehörte.

Einem solchen Manne, der seine Hilfsquellen in einer leichten Lebens- und Weltbetrachtung fand, war der alternde halb taube Vertreter Preußens, Fürst Hardenberg, nicht gewachsen.

In seiner Jugend freilich war er ein glänzender Kavalier gewesen, wie es Metternich auf dem Wiener Kongresse noch war. Bis ins Alter hinauf erhielt sich Hardenberg Züge einer besonderen Anmut, allein sein Leiden verdammte ihn zu einer gewissen Langsamkeit, die durch plötzlich ausbrechende Heftigkeit nicht ausgeglichen wurde.

Hardenberg hatte den Sturz Preußens miterlebt und auch als Staatsmann mitverschuldet. Alle seine Gedanken waren darauf gerichtet, diese Verluste auszugleichen und aus Preußen die Norddeutschland leitende und beherrschende Großmacht zu machen. Er hatte von Stein an Ideen angenommen, was er für gut und durchführbar hielt, aber er verhielt sich zu Stein, wie das Talent zum Genie.

Gleich dem Reichsfreiherrn war er Nichtpreuße, ein geborener Hannoveraner. Aber das norddeutsche Wesen sah er nirgends so stark verkörpert wie in Preußen, so daß er im

Gegensatze zu seinem Landsmanne Münster nur von Preußen das Heil für den Norden Deutschlands erwartete.

Von seiner leidenschaftlichen Art gibt sein Schreiben vom 3. Dezember an Metternich ein merkwürdiges Beispiel. Er schreibt Französisch: „Machen Sie Mittel ausfindig, teurer Fürst, den Zustand der Dinge zu ändern, in dem wir uns unglücklicherweise befinden. Retten Sie Preußen aus seiner gegenwärtigen Lage. Es kann doch nicht aus diesem schrecklichen Kriege, in dem es so hochherzige Anstrengungen gemacht hat, ganz allein hervorgehen in einem Zustande der Schande und der Schwäche und zusehen wie Alle, Alle sich vergrößern und abrunden, ihren Besitzstand sichern und noch dazu zum großen Teile vermöge dieser Anstrengungen selbst. Man kann doch nicht mit einem Schatten von Recht von ihm verlangen, daß es so schmerzliche Opfer bringe, bloß Andern zur Genugtuung. Es müßte von neuem alles aufs Spiel setzen. Ihr erhabener Souverän ist die Geradheit, die Aufrichtigkeit, die Gerechtigkeit selbst. Bei ihm lege ich Berufung ein. Legen Sie ihm diese Betrachtungen vor und was ich Ihnen gestern gab und antworten Sie mir bald."

Dann folgen die deutschen Verse:

„Fleuch, Zwietracht, fleuch von unsern Gauen! Weiche
Du Ungeheuer mit dem Schlangenhaar.
Es horste auf derselben Rieseneiche
Der Doppeladler und der schwarze Aar!
Es sei fortan im ganzen deutschen Reiche
Ein Wort, ein Sinn, geführt von jenem Paar;
Und wo der deutschen Sprache Laute tönen,
Erblühe nur ein Reich des Kräftigen und Schönen!"

Ich habe mich nicht enthalten können, dieses, was ich von ungefähr gefunden, hierher zu setzen. Möchte es das Motto unserer deutschen Verfassung und für das Wohl von Europa, von Österreich und Preußen sein.

Einem solchen Geiste mußte ein Metternich, der höchstens in Liebesdingen Verse und dann französische brauchte, notwendigerweise überlegen sein.

* * *

Diese ganze Schar von Königen, Fürsten, mediatisierten Herren, Diplomaten, Bankiers, Damen der Welt und Abenteuerinnen, fand sich in Wien ein, dieser Stadt, die durch das österreichische Polizeiregime, durch den Absolutismus und die Bevormundung die Allüren einer kleinen Landstadt hatte.

Von dem großen alten deutschen Wien, das in seinen herrlichen Kirchen sich Denkmäler deutscher Bürgerkraft gesetzt hatte, war wenig geblieben. Und aus traulich zopfigen Häusern sahen die Bürger mit einer gewissen sentimentalen Liebe auf die Denkmäler einer großen Vorzeit, die den „Steffel"* etwa wie einen guten freundlichen Nachtwächter sieht, aber nicht wie einen Recken aus vergangenen Tagen respektiert.

Neigung für große Herren war im gastfreundlichen Wien stets vorhanden. Die Magnaten aus Ungarn und Böhmen hatten die kleinbürgerliche Phantasie der k. k. Untertanen stets gefangen genommen. Nun strömten gar Könige in die Stadt, die durch die Bankozettel mehr verloren hatte als irgend eine verschlafene kleine Landstadt an der Donau. Die Folge war, daß die Preise ins Unermeßliche stiegen.

Jene noch heute zu Wien herrschende Teuernis und jene Manier, in jedem Fremden einen Baron zu sehen, stammt aus der Zeit des Kongresses.

Ein jeder Bürger suchte von den Goldströmen sein Teil zu erhaschen, und so begann in jenen langen Monaten des Kongresses eine Korruption sondergleichen einzureißen.

Das leichtlebige Naturell des Wiener Volkes kam auf seine Rechnung. Man verdiente mühelos, sah Glanz und Feste, es kam Geld unter die Leute! Konnte ein Frieden schöner sein!

Von den Wiener Kongreßteilnehmern hingegen verlangten

---

* Stefansdom.

die Staatsinteressen es als Pflicht der Repräsentation, Geld auszugeben. Einzelne der hohen Herren strebten sogar nach einer ganz gewöhnlichen Popularität, und die Wiener, die gern mit hohen Herren auf vertrautem Fuße standen, waren nicht ungefällig und erfanden hübsche Spitznamen, wie z. B. den des „Königs vom Tandelmarkt".*

So gleicht denn äußerlich der Kongreß in der Stadt Wien einem großen glänzenden Festsaale, wo sich unten die Herrschaften würdevoll und anmutig bewegen, während die Galerien von schmunzelnden Volksmassen besetzt sind.

Der Gastgeber des Kongresses, der „gute Kaiser Franz" ließ sich nicht lumpen. Trotz des Staatsbankerotts wurden für die Bewirtung der Gäste ungeheure Summen ausgegeben (pro Tag 100 Gulden), denn der hohe Wirt versprach sich einen guten Nutzen an Prestige, Nutzen an Land und Seelen.

Selbst der so nüchterne Preußenkönig Friedrich Wilhelm III. ließ sich in den Strudel der Gesellschaftlichkeit hineinreißen und wurde zum Verehrer der schönen Gräfin Zichy — aber in allen Ehren, sagt selbst die chronique scandaleuse.

Es war diese Genußsucht nicht so sehr, wie es oft dargestellt wird, ein Aufatmen nach dem Joche der napoleonischen Zeit: es galt vielmehr die Nervosität zu betäuben, die die langsam vorrückende Arbeit hinter den Kulissen verursachte. Dem zuschauenden und aufhorchenden Volke wurden schöne Geberden und schöne Worte geboten, um es über die politischen Schwierigkeiten zu täuschen. Es war ja auch zum Teil sicherer, an einem Spieltisch oder in einer Ballsaalecke schnell eine Verabredung zu treffen, als mit geschäftsmäßigem Ernst einander zu besuchen. Denn kein Edikt blieb unbeobachtet, kein Brief nach dem Auslande uneröffnet. „Metternich ist von allem unterrichtet" war eine stehende Redensart. Und so darf es einen nicht Wunder nehmen, daß sich die Intriguen in die Salons und Schlafzimmer flüchteten.

So ist auch das Leben und Treiben der Gesellschaft ein

---

* König von Dänemark.

genaues Bild der Zeit: noch ist das 18. Jahrhundert nicht geschwunden, noch wird mit den Mitteln Macchiavellis gearbeitet. Nur manchmal meldet sich in dem Unmute gegen diese Zustände, in der Verdrossenheit über die Kleinlichkeit der Mittel in spontanen Zornausbrüchen der Geist der neuen Zeit, der in der fernen Revolution gesiegt hatte und sich trotz aller „heiligen Allianzen" nicht mehr binden ließ.

* * *

So bedeutet denn die positive Arbeit des Kongresses eine Rekonstruktion, so gut als rechtliche und zeitliche Verhältnisse eine solche zuließen. Nach dem Wellenberge an Ideen und Taten der Jahre 89 bis 14 folgte ein ausgleichendes Wellental, und alle feurigen Geister blieben enttäuscht.

Es hieße aber ungerecht sein, darum die Arbeit des Kongresses als Leistung geringer zu beurteilen, weil keine Interessengruppe einseitig zum Siege gelangt war und somit der Abschluß des Kongresses kein charakteristisches Gepräge erhielt.

England behauptete mit der Seeherrschaft, dem kolonialen Erwerbe und seiner insularen Lage seine Rolle als arbiter mundi.

Rußland drang über Polen weiter nach dem ersehnten Westen vor.

Österreich erlangte die Oberherrschaft über Italien und die diplomatische Vorherrschaft in Deutschland.

Frankreich war noch immer größer als im Jahre 1793.

Preußen hatte annähernd seine Seelenzahl wieder wie im Jahre 1805. Aber die Monarchie war in zwei Stücke zerrissen. Allein befreit von seinen slawischen Landmassen, war Preußen um so enger mit den Geschicken Deutschlands verknüpft und eine nach Westen gewandte Politik war ihm vorgezeichnet.

Deutschland blieb ein Konglomerat von Kleinstaaten, ein Staatenbund mit Österreich als Vorsitzendem. Seine Geschicke waren durch den Kongreß für über 50 Jahre bestimmt. Es war ungefährlich für das europäische Gleichgewicht jener Tage.

Über diese Effekte diplomatischer Arbeit wurden in Deutschland die bittersten Urteile gefällt. Gneisenau, der geborene Sachse, schrieb an Hardenberg, den geborenen Hannoveraner, folgenden Satz am 22. Juni 1815: „Die übrige diplomatische Sippschaft ist durch Mißgriffe und Schlechtigkeiten so sehr in der Meinung der Welt gesunken und so sehr mit Verachtung belastet, daß ich meinen Sohn enterben würde, wenn er in diese Laufbahn eintreten wollte. Es ist Zeit, daß Sie, edler Fürst, dies Geschmeiß abstreifen und in Ihrem Glanze allein dastehen."

* * *

Die Phantasie der Historiker und des Volkes hat sich mit besonderer Liebe die Wirkung der Rückkehr Napoleons von Elba nach Frankreich auf dem Kongresse ausgemalt.

Tausend Histörchen existieren über das Wiedererscheinen des Kaisers, das gleich einem Donnerschlag gewirkt habe. Ratlos seien die Diplomaten nach allen Himmelsrichtungen auseinander gestoben und König Friedrich Wilhelm von Preußen sei schreckensbleich unter den Tisch gerutscht.

Selbst in den Schulen wird gelehrt, daß die uneinigen Mächte sich sofort wieder verbündet hätten, sobald die Nachricht von der Landung Napoleons in Fréjus bekannt geworden sei.

Aber dies sind Märchen, die den wirklichen Tatsachen keineswegs entsprechen.

Die Hauptarbeit des Kongresses war beendet. Europäische Fragen zu lösen gab es nicht mehr. Die Könige hatten beschlossen abzureisen, da ihre Anwesenheit in Wien nicht mehr nötig war. Tatsächlich war das Werk des Kongresses vollbracht.

Freilich, Kundigen schien es, als sei die lange Arbeit der letzten Monate nicht von langem Bestand.

Gentz schrieb in einer Art Nachruf über den Kongreß: „Wir können den Frieden für zwei Jahre lang haben. Ich möchte nicht für länger garantieren. Wenn man Zeuge der letzten Ereignisse und des Wiener Kongresses war, so ist man nicht darüber erstaunt, daß ein Mann von Eisen wie Bonaparte ganz Europa unterjochen konnte, und man würde für die Zukunft zittern, wenn heutzutage die Mittelmäßigkeit der einen nicht in ziemlich genauem Gleichgewicht mit der Mittelmäßigkeit der anderen stünde."

Der Kongreß hatte sein Ende gefunden in der Nervenerschlaffung und in der pekuniären Erschöpfung der Fürsten und Länder.

Der Frieden war gewährleistet durch die große Vernichtung und das viele vergossene Blut der letzten 20 Jahre.

So waren denn die Mächte alle eins, als am 6. März Kunde von dem Verschwinden Napoleons aus Elba anlangte.

Metternich erhielt zuerst die Nachricht, die ihm durch eine dringende Depesche von dem österreichischen Generalkonsul in Genua übermittelt wurde. Sechs Zeilen zeigten ihm an: der englische Kommissär Campbell sei soeben im Hafen erschienen, um sich zu erkundigen, ob sich Napoleon vielleicht in Genua habe blicken lassen. Von der Insel Elba sei er verschwunden.

Metternich hatte die Nacht durch in einer Sitzung des Fünferausschusses der Großmächte gearbeitet. Die Depesche wurde ihm um ½ 8 Uhr übermittelt. Augenblicklich eilte er zu Kaiser Franz, der ihn um 8 Uhr empfing und auf den Bericht mit großer Seelenruhe antwortete: „Napoleon scheint einen Abenteurer spielen zu wollen. Das ist seine Sache, die unsere ist, die Ruhe, die er jahrelang störte, der Welt zu sichern. Gehen Sie ohne Verzug zum Kaiser von Rußland und zum König von Preußen und sagen Sie ihnen, daß ich warte, um meiner Armee den Rückzug nach Frankreich zu befehlen. Ich zweifle nicht, daß die beiden Monarchen mit mir einverstanden sein werden".

Kaiser Alexander von Rußland hatte den Fürsten Metternich seit drei Monaten nicht mehr gesehen.

Gelegentlich der Verhandlungen über Sachsen war der Kaiser von Rußland durch das geschickte diplomatische Spiel Metternichs und Talleyrands in Widersprüche verwickelt worden. Es scheint aber so viel festzustehen, daß er persönlich sich nicht mehr ganz unbedingt für die Einverleibung Sachsens in Preußen ausgesprochen hat.

Davon hatte Metternich dem Staatskanzler Fürst Hardenberg Mitteilung gemacht, so daß es diesem scheinen mußte, Kaiser Alexander von Rußland habe Preußen gänzlich aufgegeben.

Hardenberg appellierte an das Gewissen des Kaisers und nun klagte Alexander Metternich an, dieser habe seine Worte falsch wiedergegeben und dadurch das ganze Mißverständnis hervorgerufen.

Ja, Alexander von Rußland ging selbst zum Kaiser Franz und erklärte, er sei entschlossen, den Fürsten Metternich auf Pistolen zu fordern, um den Schimpf zu rächen, der ihm und seinem kaiserlichen Wort persönlich angetan worden sei. Dieses Duell kam natürlich nicht zustande, aber die Folge war, daß Kaiser Alexander von Rußland Metternich persönlich von jetzt ab schnitt.

An jenem denkwürdigen Märzmorgen sagte nun der Kaiser von Rußland zu Metternich: „Wir haben noch einen persönlichen Zank auszutragen, wir sind beide Christen. Unser heiliges Gesetz gebietet uns Beleidigungen zu vergeben. Umarmen wir uns und alles sei vergessen."

Ebenso wie Alexander pflichtete der König von Preußen einem sofortigen Wiederinkrafttreten des Bündnisses bei. Um ½9 Uhr hatte Metternich sich des erneuten Einverständnisses gemeinsamen Handelns der drei ausschlaggebenden Monarchen versichert, um 9 Uhr fand er den Fürsten Schwarzenberg bereits in seiner Wohnung vor, um dessen militärische Erklärungen zu empfangen, und um 10 Uhr versammelten sich die Minister des Fünferausschusses der Großstaaten in seinem Palaste.

Keiner der Minister wußte etwas von dem, was in den letzten zwei Stunden vorgegangen war. Talleyrand war der erste, der kam. Er las die Genueser Depesche, ohne eine Miene zu verziehen und fragte nur: „Wissen Sie, wo jetzt Napoleon ist?"

Metternich antwortete: „Der Bericht sagt darüber nichts." Talleyrand meinte, Napoleon würde irgendwo an der Küste von Italien landen, um sich dann vielleicht nach der Schweiz zu werfen.

Metternich gab zur Antwort: „Er wird geradeswegs nach Paris gehen." (Diese ganze Darstellung erfolgt nach den nachgelassenen Papieren Metternichs.)

Am 12. März bereits, nachdem die Adjutanten die von Frankreich zurückkehrenden Heeressäulen allerorten zustande gebracht hatten, und neue Marschordre zum Rhein erlassen war, traten die Vertreter der acht Mächte Europas zusammen, um die Achtung Napoleons zu beschließen. Diese Achterklärung, die am 13. März erlassen wurde, hatte Talleyrand entworfen, und sie lautet folgendermaßen:

„Die in Wien zum Kongreß versammelten Mächte, die den Vertrag von Paris unterzeichnet haben, sind unterrichtet von dem Entweichen Napoleon Bonapartes und von seinem bewaffneten Eindringen in Frankreich. Sie schulden ihrer eigenen Würde wie dem Interesse der Gesellschaftsordnung eine Kundgebung der Gefühle, die dies Ereignis bei ihnen erregt hat. Indem er so den Vertrag durchbricht, der ihn auf die Insel Elba versetzt hatte, hebt Bonaparte den einzigen Rechtstitel auf, an den sein Dasein geknüpft war. Indem er in Frankreich wieder erscheint, mit der Absicht des Friedensbruchs und des Rechtsumsturzes, hat er sich selbst des Schutzes der Gesetze beraubt und im Angesichte der Welt erklärt, daß es mit ihm keinen Frieden und keine Waffenruhe gibt. Und obwohl innig überzeugt, daß ganz Frankreich sich um seinen rechtmäßigen Landesherrn scharen und diesen letzten Anschlag eines aberwitzigen und ohnmächtigen Frevlers unverzüglich ins Nichts zurückschleudern wird, geben alle Souveräne Europas, erfüllt von denselben Gesinnungen und geleitet von denselben Grundsätzen, die Erklärung ab, daß, wenn wider alles Erwarten, aus diesem Ereignis irgend eine wirkliche Gefahr entstehen sollte, sie bereit wären, dem König von Frankreich und der französischen Nation oder jeder anderen angegriffenen Regierung, sobald die Forderung gestellt wird, die erforderliche Hilfe zu leisten, um die öffentliche Ruhe wiederherzustellen und gemeinsame Sache zu machen gegen alle die, welche wagen sollten, sie zu gefährden. Die Mächte erklären demgemäß, daß Napoleon Bonaparte sich außerhalb der Gesellschaft und der Gesittung gestellt und als Feind und Zerstörer der Ruhe der Welt, sich der öffentlichen Rache ausgeliefert hat."

So war denn die Tat Napoleons, wo das ganze einige Europa widerstrebte, schon in ihrem ersten Anfange ein hoffnungsloses Unternehmen. Die Leute, die ihn als Abenteurer bezeichneten, hatten recht. Seine Rückkehr festigte nur das Friedenswerk des Kongresses.

Welche Wirkungen aber seine Rückkunft gehabt hätte, wenn sie um 3 Monate früher erfolgt wäre, das ist eine Frage, auf die die kühnste historische Phantasie keine Antwort weiß.

Bei der Auswahl der Dokumente und Berichte aus der Kongreßzeit waren die Gesichtspunkte maßgebend, die auch für die vorangegangene historische Skizze die Leitlinien ergeben hatten.

Der erste Teil: „Vor den Kulissen" soll ein Bild geben von dem gesellschaftlichen Treiben, wie es sich in den Augen verschiedener Persönlichkeiten, Männern und Frauen spiegelte, gleichsam eine Umschreibung des vorher erwähnten Wortes des Fürsten von Ligne.

Es sind zwei Damen von Welt, die den Leser in diese Festlichkeiten und Gesellschaftsintrigen zunächst einführen, die Gräfin Lulu Thürheim und die Gräfin Bernstorff.

Beide standen ungefähr im gleichen Alter, denn Elise

von Bernstorff war im Jahre 1789 zu Kopenhagen als Tochter des Grafen von Dernath zur Welt gekommen. Die Gräfin Lulu Thürheim wurde im Jahre 1788 auf Schloß Orbeck in Flandern geboren.

Doch war der Lebensgang der beiden Frauen so verschieden, daß er wohl verschiedene Anschauungen von Welt und Menschen zeitigen konnte.

Elise von Dernath war wohlbehütet aufgewachsen und ehelichte schon in jungen Jahren ihren Oheim, den dänischen Staatsminister Grafen Christian von Bernstorff, der als geschickter Diplomat galt. Bernstorff sollte die Interessen Dänemarks auf dem Kongresse wahrnehmen. So war denn seine Gemahlin den Quellen nahe, aber viele politische Einzelheiten hat sie von dem Eheherrn=Onkel nicht erfahren. Bernstorff galt stets als vorsichtig und verschwiegen, er hatte vielfache Beziehungen und machte persönlich zu Wien einen so guten Eindruck, daß er später in den preußischen Staatsdienst übernommen wurde.

Die Gräfin Thürheim erlebte den Kongreß als eine vorübergehende Lebensepisode. Die Revolution hatte ihre Eltern zur Flucht gezwungen. Über Westfalen war die Familie nach Österreich gelangt, und Lulu hatte auf Schloß Schwertberg in Oberösterreich ein Asyl gefunden. Sie führte das Leben einer Weltdame und entwickelte eine gute Menschenbeobachtung, wie ihre Memoiren* erweisen. Als Emigrantin war sie eng mit der Politik verknüpft und verfolgte die Ereignisse der Zeit eifrig.

Den beiden Weltdamen stehen zwei Männer gegenüber, die beide zu den Abenteurern der Zeit zählen. Nostitz ist der abenteuernde Soldat, de la Garde der abenteuernde Weltmann.

Karl von Nostitz wurde geboren im Jahre 1781 zu Dresden. Er begann seine Universitätsstudien zu Halle, doch ließ es ihm hinter den Büchern keine Ruhe, und so trat er als Kornett in die preußische Armee ein.

---

* Memoiren der Gräfin Lulu Thürheim sind erstmalig veröffentlicht von R. van Rhyn bei Georg Müller Verlag, München.

In Berlin führte er ein leichtsinniges, wildes Leben, zeichnete sich aber aus als Reiter, Fechter und guter Kamerad. Nach einigen Jahren wurde der fast sieben Fuß hohe reckenhafte Mann Adjutant des Prinzen Louis Ferdinand, mit dem ihn Freundschaft verband. Als Adjutant war er an der Seite des Prinzen bei dem unglückseligen Gefechte von Saalfeld. Vergeblich bemühte er sich, den Leichnam des Gefallenen den Franzosen zu entreißen.

Nach dem Feldzuge von 1806 trieben ihn Schulden und eine übereilte unglückliche Heirat wieder nach Sachsen. Von dort wandte er sich nach Österreich, wo er als Major bei den Merveldt-Ulanen in die Armee trat und 1812 gegen Rußland ins Feld zog.

Die österreichischen Dienste vertauschte er anno 1813 mit den russischen. Hier trat er in den Generalstab der russisch-deutschen Legion. Nach dem Kriege wurde er der Suite des Zaren zugeteilt und nahm auch in dieser Eigenschaft am Kongresse teil. Er verblieb in russischen Diensten, rückte mit den Russen zum zweiten Male in Frankreich ein und blieb dort bei den Okkupationstruppen des Woronzowschen Korps bis 1818.

Im Jahre 1828 nahm er als russischer General am Türkenkriege teil und 1831 focht er an der Spitze einer Gardekavalleriedivision gegen die aufständischen Polen. Bei Ostrolenka half er den Sieg mit entscheiden und wurde dafür zum Generalleutnant befördert. Beim Sturme auf Warschau wurde er schwer verwundet. 1838 starb er zu Wisiliewka.

Nostitz hat sich stets im Leben nicht allein mit dem Degen, sondern auch durch beißenden Witz ausgezeichnet. Varnhagen redet von seinem aristophanischen Salze, von seiner mephistophelischen Lauge.

Er sieht summarisch, rapid, wie es seiner rastlosen Art entspricht. Immer war er, nach zeitgenössischen Wiener Berichten, im Fiaker zu sehen, hungrig nach Neuigkeiten, nach Resultaten, und ergrimmt, daß sich ihm so wenig Tatsächliches bot.

Ist Nostitz also eher ein Satiriker zu nennen, so fühlt sich de la Garde, der Mann des Salons, der Geschäfts=
intriguen, des Spielsaales, im Strome des Kongresses wohl wie ein Fisch im Wasser. De la Garde ist noch ganz der Abenteurer=Typus der galanten Zeit. Herkunft und Lebens= schicksal mußten diesen Mann zu einem solchen machen.

Wir wissen von ihm, daß er am 3. März 1783 als Sohn des Comte Scipion=Auguste Chevalier, Capitaine de Dragons geboren wurde. Seine Mutter, Catherine Françoise, geb. Voudu, starb zwei Tage nach ihrer Entbindung, und der Vater sehr bald darnach.

Für den Verwaisten sorgte der Marquis de Chambonas, der das Haupt der Familie war. Durch die Chambonas, die mit den Fürsten Ligne verschwägert waren, hatte de la Garde seine Beziehungen zu dem Feldmarschall Fürsten de Ligne.

De la Garde emigrierte mit seinem Pflegevater, und er geriet in jenes vagabundierende Leben, das fast aus allen großen Herren jener Tage, die darin aufgehen mußten, Glücksritter machte.

Immer finden wir de la Garde in der Nähe von Menschen, die er ausnutzt, die ihn mitnehmen, die ihn dulden. Das meiste, was wir aus seinem Dasein wissen, bleibt dunkel. Er war mit der bekannten schönen Madame Recamier (geb. Juliette Bernard), mit der er zusammen erzogen war, be= freundet. Die Königin Hortense komponierte einige seiner Gedichte, denn er schrieb Gedichte, wie jeder Abenteurer der Zeit. — Nach vielen Fahrten durch Rußland und in alle Welt starb de la Garde 1853 unverheiratet in Paris.

Aus seiner Kongreßzeit teile ich zwei Aktendokumente mit, die für ihn bezeichnender sind, als eine längere Charakteristik (nach Dr. Hans Essenberger. Graf Auguste de la Garde. Gemälde des Wiener Kongresses).

Schreiben an den H. P. Direktor von Cattaney in Triest.

„August de la Garde de Messence ist ein berüchtigter französischer Abenteurer, der schon zweimal von Wien und aus den k. k. Staaten weggewiesen wurde, dasselbe Schicksal hatte er in Rußland. Vor Ausbruch des gegenwärtigen Kriegs erschien er zum zweitenmal in Wien, er kam von Konstantinopel, und er wurde damals nur deshalb kurze Zeit hier geduldet, weil er an einer galanten Krankheit bedeutend darniederlag: allein dessen ungeachtet betrug er sich äußerst auffallend und bedenklich, seiner Behauptung nach darf er nicht nach Frankreich zurückkehren, nichts destoweniger waren die französischen Botschaftssekretäre, dann der Pariser Bankier Tourton sein beständiger Umgang; als er zur Abreise gezwungen ward, reiste er auch mit letzterm von hier nach München.

„Dieser französische Abenteurer ist übrigens ein schlechter Dichter und lebt bloß auf Kosten anderer Leute, wie er denn auch von dem Engländer Griffith, der sich dermalen mit der Gräfin Zelinska in Triest befindet, unterhalten wurde.

Da La Garde de Messence aus den k. k. Staaten abgeschafft ist, so darf er auch nicht in Triest geduldet werden, und ich ersuche H. C. in Rückantwort auf dero Schreiben vom 28. v. M. ihn ohne weitern über die Grenze zu schicken, ohne auf den Paß und das Empfehlungsschreiben des k. k. Chargé d'affaires in München, der dessen Geschichte wohl nicht kannte, Rücksicht zu nehmen.

Wien, 6. März 1814."

Aus einem anderen Geheimbericht nach den Angaben eines Triester Kutschers.

„In Nr. 5 in der Jägerzeil wohnt ein junger Mann, der Sprache nach ein Pole, bei einem Frauenzimmer, die er für seine Schwester ausgibt; selbige hat Pferde und er bedient sich selbiger bald zum Fahren, bald zum Reiten. Von diesem hat der in Diensten stehende Kutscher zu einem ihm bekannten Beamten gesagt, daß er der verdächtigste Mensch von der Welt sei. Er fahre von Morgen frühe und den ganzen Tag hindurch, gewöhnlich bis spät in die Nacht, und oft bis 1 auch 2 Uhr nach Mitternacht in die ver-

worfenſten Orte in allen Vorſtädten, und krieche oft in ſolche
Löcher, Ausdruck des Kutſcher, dahin er, als Kutſcher, nicht
ginge. Und dieſetwegen ſei er ihm ſehr verdächtig vorge⸗
kommen, und würde es ihm alle Tage mehr; und hierunter
müßte viel ſtecken...."

Der zweite Teil des Buches ſoll die Arbeit des Kongreſſes
und die Wünſche und Ziele der verſchiedenen konkurrierenden
Mächte veranſchaulichen.

Die Männer, die hier zu Worte kommen, ſind geſchichtlich
zu bekannt, als daß ich lange bei ihnen zu verweilen brauchte,
und ihr Weſen wird klar aus ihren Aufzeichnungen.

Der Erzherzog Johann vertritt den großdeutſchen Stand⸗
punkt Öſterreichs. Eine durchaus edle Natur ſpricht ſich aus,
ein Mann, der an die Berufung des Hauſes Habsburg glaubt.
Aber ſein gerades Weſen, ſeine Ziele waren dem guten Kaiſer
Franz ſo zuwider, daß er den Erzherzog ebenſo wie deſſen
Bruder Erzherzog Karl jahrelang allen Einfluſſes beraubte.

Wilhelm von Humboldt war als Bevollmächtigter Preußens
mit Hardenberg auf dem Kongreſſe. In ſeinen Briefen ſpiegeln
ſich Ziele und Arbeiten der Preußen. Dieſer Gelehrte und
Kosmopolit war durch die Härte der Zeit zum Patrioten ge⸗
worden. Er hatte den Glauben an Preußen, und alles, was
er verhalten mußte, zeigt er der Frau, an deren Menſchen⸗
klugheit und Intuitivität er glaubt. Sie, die heißere Natur der
beiden, vermittelt ihm die Stimmung, die Meinung von außen.

Humboldt verkörpert in ſeiner Perſon jenes kulturell ſo
hochſtehende Deutſchland der Goethe, Schiller, zu denen er
perſönliche Beziehungen hatte. Ihm lag es auf dem Kon⸗
greſſe ob, die deutſchen Angelegenheiten zu behandeln, und
an dieſe deutſchen Angelegenheiten knüpften ſich alle Ver⸗
wicklungen, alle Schwierigkeiten.

Charles Maurice Fürſt Talleyrand erſcheint in ſeinen
Berichten an ſeinen Herrn Ludwig XVIII. von Frankreich.
Der Leſer muß beachten, daß dieſe Briefe neben dem poli⸗
tiſchen Zweck das perſönliche Ziel verfolgen, die Arbeit des

Verfassers ins beste Licht zu setzen. Trotzdem sind sie mit die beste Quelle des Kongresses, denn es berichtet der Sieger, der Mann, der alle Fäden in der Hand hielt, dem nichts verborgen blieb.

Zum Schlusse noch kommt der große Deutsche, Karl Freiherr von Stein, zu Worte. Diese Tagebuchblätter sind zuerst von Professor Lehmann gefunden und veröffentlicht worden vor etwa 25 Jahren. Ein Abdruck in einem Buche fehlte bisher. Mit Ausnahme sehr kleiner Partien sind Steins Äußerungen hier wiedergegeben; der Leser wird in ihnen die deutschen Nöte, die deutschen Sorgen von damals finden.

Buch a. Ammersee, Ende Mai 1914.

Friedrich Freksa.

Der Wiener Kongreß

Vor den Kulissen des Kongresses

Aus den Erinnerungen der Gräfin Bernstorff.

Nichts liegt der Herausgeberin ferner, als für diesen Abschnitt geschichtlichen oder kritischen Wert zu beanspruchen. Derselbe enthält nichts mehr und nichts weniger als die Eindrücke jener Zeit, wie sie sich dem jugendlich lebhaften Gemüt der Schreiberin eingeprägt haben, die, fern vom Herd der Politik, mitten in das bunte gesellschaftliche Treiben hineingestellt war.

Indem ich diese wunderbare Zeit vor meinem geistigen Auge vorüberziehen lasse, drängen sich ihm so viele und so mannigfache Bilder auf, daß ich den Faden nicht zu finden weiß, um sie daran aufzureihen, um so weniger, weil mir leider fast alle Daten fehlen. Hatte dieser Kongreß die hohen Häupter der größten Reiche herbeigezogen, weil er über die wichtigsten Interessen der Nationen, welche die lange Zwingherrschaft mit Füßen getreten hatte, entscheiden und ihre politischen Verhältnisse neu ordnen sollte, so war eben doch diese Aufgabe so gewaltig, sie war so schwierig, die Interessen der Beteiligten standen sich oft so schnurstracks entgegen, daß es anfangs schien, als würde es bei dem Beobachten aller einzelnen bleiben.

Unter gegenseitigen Freundschaftsbezeigungen schien man sich nur erforschen zu wollen, und es herrschte eine wahre Gewitterluft, es lag ein banger Druck auf den Gemütern. Um sich dessen zu entledigen, um äußere Haltung zu gewinnen, stürzte man sich in Zerstreuungen, und es nahm den Anschein, als seien die großen Herren mit ihrem zahlreichen Gefolge nur dazu nach Wien gekommen, um sich dort von ihrem kaiserlichen Gastgeber aufs herrlichste bewirten und an täglich neuen Festen erfreuen zu lassen.

Es waren in der Burg ungeheuere Veranstaltungen zu dieser Bewirtung getroffen; sie kostete täglich, wie man sagte, 500 000 Gulden. Der Kaffee ward nicht anders als in unermeßlichen Braukesseln gekocht. Zahllose Köche waren in Bewegung; vor allem aber verschlang der Marstall unendliche Summen; denn für jeden der größeren und der kleineren Herren stand eine Equipage in Bereitschaft. Nie ist wohl die Gastfreundschaft in größerem Maßstabe geübt worden, als damals vom Kaiser von Österreich. Jeder Souverän sah sich in eine Lage versetzt, in welcher er keine der Bequemlichkeiten seines eigenen Hofes vermissen konnte; Wohnung, Hofstaat, Equipage, alles war kaiserlich, alles von jener soliden Pracht, wie sie den Fürsten des österreichischen Hauses stets eigen und nur möglich ist bei dem außerordentlichen Reichtum, nicht nur des Kaiserhauses, sondern auch einer großen Anzahl von Privatleuten. Dem Wiener Hof soll der Kongreß nahezu 30 Millionen Gulden kosten verursacht haben. Damals sprach der alte Fürst Ligne das berühmt gewordene Wort: „le congrès danse, mais il ne marche pas."

Solange der Kongreß so müßig, nur Feste zu feiern, ja nur zu tanzen schien, wer konnte es da uns Frauen verdenken, daß wir uns fast wie die Hauptpersonen vorkamen. Ging es doch von Fest zu Fest, und eigentlich waren nur die vornehmsten, elegantesten und jüngsten Herren und Damen tätige Teilnehmer, während alle übrigen scheinbar nur eine Statistenrolle spielten.

Besonders komisch war das Gemisch verschiedenartigster Personen, die alle ein Geschäft am Kongreß zu haben glaubten, zum Teil auch wirklich dahin mit Aufträgen gesandt waren, wenn nicht zum Handeln so doch zum Beobachten.

Man sah Edelleute und Gelehrte, die früher nie Geschäfte geführt hatten, sich aber jetzt sehr wichtig dünkten und in diesem Wahn eine imponierende Haltung annahmen, Professoren, die im Geiste ihre akademischen Katheder in die Mitte einer ihnen lauschenden Kongreßversammlung hingestellt hatten, bald aber verstimmt umherirrten, unter Klagen, daß sie nicht erfahren könnten, was eigentlich vorgehe. Andere freilich durften nur als Privatleute auftreten, weil sie insgeheim zu wirken hofften. So mancher Philantrop trug seine schon vollendete Verfassungs= urkunde in der Tasche, aber ach! sie kam nicht zum Vorschein!

Dazu denke man sich nun die sehr zahlreichen Gefolge der hohen und höchsten Personen, den Schwarm, den der deutsche hohe Adel bildete, die Menge von Fremden, die das große Schauspiel angelockt hatte, und man wird sich den Anblick vor= stellen können, den Wien im Beginne des Oktober bot.

Wenn ich nun in meiner Erinnerung die gekrönten Häupter vorüberziehen lasse, so steht im Vordergrund der russische Zar, dessen Geschichte mich von jeher angezogen, dessen tragischer Tod mich im Jahr 1825 so sehr erschüttert hat. Seine ritterlich schöne, glänzende Erscheinung, die Liebenswürdigkeit mit der er auftrat, hätten noch siegender gewirkt, wenn nicht zugleich oft etwas rätselhaft Zurückhaltendes, ja Trübes und Bedrücktes in seinem Wesen gelegen hätte. Später erst ist mir klar gewor= den, daß er damals, unter dem Einfluß der Frau v. Krüdener stehend,* sich zum Befreier und Beglücker der Menschheit berufen glaubte und sich dabei in eine Welt von Widersprüchen ver= wickelt sah.

Neben ihm trat König Friedrich Wilhelm III. auf, auch eine Heldengestalt, aber eben so schlicht, männlich und einfach,

---

* Frau von Krüdener, ein religiös=ekstatischer Schwarmgeist, der eine „Mission" glaubte erfüllen zu müssen, hatte auf den Aber= glauben des Zaren und damit auf die russische Politik einen tiefen Einfluß gewonnen.

als sein kaiserlicher Freund glänzend und anmutig. Er imponierte durch seine ernst militärische Haltung, und die Steifheit und Strenge im Ausdruck bezog man gern auf die Trauer um seine heimgegangene Königin. Von diesen beiden Herrschern wende ich mich zu dem Fürsten, der unseren Herzen am nächsten stand, dem guten Dänenkönig Friedrich VI. Mit einiger Besorgnis sahen wir seinem Auftreten entgegen. Stand doch der als Mensch so vortreffliche Monarch in dem wohl nicht unbegründeten Ruf, das Unglück, das ihn während seiner langen Regierung verfolgt hatte, zum Teil selbst verschuldet zu haben; überdem hatte er sich durch die Bundesgenossenschaft mit Frankreich die allgemeine Ungunst zugezogen. Dazu kam seine fast abstoßende äußere Erscheinung. Aber die schlichte Freundlichkeit seines Wesens, seine heitere, anspruchslose, liebenswürdige Haltung gewannen ihm bald die Herzen und sicherten ihm eine ehrenvolle Anerkennung.

Nun bleiben mir noch zwei Könige, zwei Großherzöge und drei Herzöge zu schildern. Von allen habe ich nur wenig zu sagen. Der König Max Joseph von Bayern schien mir ein jovialer, treuherziger, der von Württemberg, Friedrich, ein sehr dicker, verschmitzter Herr. Der Großherzog Karl von Baden sah unangenehm aus und war wenig mitteilend, der von Weimar, Karl August, stand im Ruf, sehr ausgezeichnet und ein Protektor aller Künste und Wissenschaften zu sein, zeigte sich aber bald als ein sehr liberal gesinnter Fürst. Der Herzog Friedrich Wilhelm von Braunschweig-Öls trat zwar mit Lorbeeren gekrönt, aber in einer nicht anziehenden Gestalt, mit einem nicht einnehmenden, etwas scheuen Wesen auf, der Herzog Ernst von Koburg dagegen mit eitlem Anspruch auf Schönheit. Gegen den Herzog Friedrich Wilhelm von Nassau-Weilburg, der ein sehr gebildeter und sehr angenehmer Mann war, hegte man das Vorurteil, als sei er noch ein heimlicher Franzosenfreund. Der Erbprinz Leopold von Dessau und sein Bruder Georg weilten als jugendliche Zuschauer in Wien. Die beiden Kronprinzen von Bayern und Württemberg standen sich beinahe feindlich gegenüber. Der Kronprinz von Württemberg war mit Charlotte, der zweiten Tochter des Königs von Bayern, vermählt und betrieb gerade jetzt die Scheidung, um seine erste Liebe, die Großfürstin Katharina Paulowna, seit 1812 verwitwete Herzogin Georg von Oldenburg, zu heiraten. Dazu kam nun noch in Wien eine Art von persönlicher Rivalität zwischen beiden.

Die Prinzen Wilhelm* und August** von Preußen nahmen sich sehr gut, sehr stattlich aus. Der Prinz Wilhelm von Holstein-Beck, Schwager des Königs von Dänemark, war ein hübscher, lieber, stiller Mann, der sich nur zu sehr nach der Wiege seiner Kinder zurücksehnte. Prinz Leopold von Sizilien, später immer Prinz von Salerno*** genannt, dem man die Herzensgüte auf einem häßlichen Gesicht ansah und der in dem Rufe stand, recht viel Kenntnisse zu besitzen, war dennoch der Schreck der Damen durch sein bärenhaftes Tanzen. Die Erzherzöge alle traten nicht nur mit großer Bescheidenheit auf, sondern drängten sich aus natürlicher Blödigkeit so viel wie möglich in den Hintergrund. Mit den meisten von ihnen habe ich keine Art von Bekanntschaft gemacht. Von den vielen Brüdern des Kaisers Franz nenne ich nur Erzherzog Johann und Erzherzog Karl, den Sieger von Aspern, den man trotz seiner Häßlichkeit mit hohem Interesse ansah; er wechselte auch zuweilen einige freundliche Worte mit mir. Erzherzog Ferdinand von Este, jüngster Bruder der dritten Gemahlin des Kaisers Franz, Marie Louise Beatrix von Modena, war der einzige Tänzer unter den Erz-

---

* Prinz Wilhelm, der jüngste Bruder des Königs von Preußen.
** Prinz August, der Bruder des bei Saalfeld gebliebenen Prinzen Louis Ferdinand.
*** Prinz Leopold von Salerno, ein jüngerer Sohn des Königs beider Sizilien, Ferdinand I.

herzögen; ein recht artiger, angenehmer Mann. Er war ein
Enkel der Kaiserin Maria Theresia; sein Vater Ferdinand hatte
die Erbin der Häuser Este, Beatrix, geheiratet und war der erste
Herzog von Modena aus dem Hause Österreich. Von dem Erz-
herzog-Thronfolger Ferdinand erzählte man sich allerhand
Geschichten; unter anderen erinnere ich mich, wie seine Nach-
barin bei einem Souper, wo er sich hin verloren hatte, ihm nach-
sprach: „Da schlogt's schon 10 Uhr, ei doch, nun schloft der Papa
schon, nun schloft die Mama, nun schloffen sie alle! Ha, ha!"

Ein Mitglied des Berliner Hofes, den liebenswürdigen
Prinzen Anton Radziwill, will ich hier nicht unerwähnt lassen.
Wenn er auch an den Geschäften des Kongresses keinen Teil hatte,
so trug er doch in hohem Grade zur Unterhaltung bei, und ich
werde von ihm noch viel zu erzählen haben. Sein Verwandter,
der liebenswürdige Fürst Adam Czartoryski, der Freund des
Kaisers Alexander, nahm eine ganz andere Stellung am Kongreß ein. Still und in sich versunken, erschien er nur wenig bei
den Festlichkeiten, suchte aber desto eifriger für das Beste seines
Volkes zu wirken. Seine Physiognomie, sein ganzes Wesen
zogen mich sehr an, und mit Interesse und Trauer habe ich sein
Schicksal verfolgt. Pozzo di Borgo, Saint Marsan, Anstetten,
Palmella, Dalberg, dies alles sind Namen der großen Diplomaten, die ich in dieser Zeit mit Interesse sah.

Freiherr v. Stein trat, wenn auch nicht wirkend, so doch
durch seine Persönlichkeit bedeutend im Kongreß auf. Er stand
da wie ein Koloß des festesten Willens und einer ungeschwächten
Selbständigkeit, und vieler Augen sahen dankend und hoffend
auf ihn. Freiherr Hans von Gagern, der niederländische Gesandte, machte sich viel auf andere Art zu schaffen.

Bei dem Haupte der Staatsmänner, dem Fürsten Metternich, eröffnete sich uns der erste Blick in diese bunte Welt. Es
war am 2. Oktober wo wir bei ihm, noch vor dem Einzug der
Souveräne alles versammelt fanden, was sich durch den Kon-

greß hatte herbeirufen lassen. Der Wirt gab es auf, die Menge miteinander bekannt zu machen, und auch ich, des Fragens überdrüssig, erwartete von der Zeit und Gelegenheit die Bekanntschaft dieser neuen Gäste ab. Da fiel mir die wunderlich zutrauliche Anrede eines deutschen Jünglings höchst lästig auf, seine unbescheidene Annäherung trieb mich immer mehr in die Enge, bis ich mich zwischen eine Konsole und dem so bekannt tuenden Fremdling eingeklemmt fühlte.

Endlich befreite mich eine Antwort, die ihn stutzig machte, von seiner unbequemen Nähe; er hatte sein Erstaunen geäußert, daß ich so gut deutsch und nicht lieber ungarisch spräche; als er aber hörte, ich könne kein Ungarisch, ich sei ja keine Ungarin, eilte er von mir hinweg, um meinen Namen zu erfragen, und da ich ein Gleiches auch getan, wußte ich nun, daß der sogleich wieder zu mir Zurückkehrende der Kronprinz von Bayern sei. Dies konnte mich jedoch nicht mit seiner Art und Weise aussöhnen, so groß auch das Kompliment war, als er mir sagte, er hätte mich für Julie Zichy* gehalten. Jetzt äußerte er dasselbe Erstaunen abermals über meine deutsche Sprache, da ich ja doch eine Dänin sei, und so sehr ich mich wehrte, indem ich als Holsteinerin mich für eine Deutsche rechnen könne und wolle, ließ er doch nicht von seiner einmal gefaßten Idee ab und neckte mich auch späterhin immer wieder mit den Eigenheiten der Däninnen, mit ihrer Sprödigkeit usw.

Doch wie mag ich mich bei solchen unwichtigen Mitteilungen aufhalten, ehe ich von der eigentlichen Eröffnung dieser großen Epoche, von dem Einzuge der Monarchen berichte! Wir sahen ihn aus den Fenstern eines Quartiers mit an, welches das Hofmarschallamt für den Prinzen von Holstein-Beck, der unsern König begleitete, zunächst der Burg gemietet hatte. Zuerst

---

* Die schöne Julie Zichy, geborene Gräfin Festetics, deren Madonnengesicht selbst auf den ernsten König von Preußen tiefen Eindruck gemacht hatte.

zogen Kaiser Alexander und König Friedrich Wilhelm zu Pferde ein, in ihrer Mitte ritt Kaiser Franz, der sie eingeholt hatte. Diesen Zug eröffnete die köstlich uniformierte ungarische Edelgarde, Fürst Esterhazy an ihrer Spitze in seiner Magnatentracht, deren Wert auf mehrere Millionen geschätzt ward. Die Perlenbirnen an seinen Stiefeln und die Juwelen-Aigrette an seiner Kopfbedeckung sind berühmt. Der Eindruck, den das Fürstenpaar auf die Volksmenge machte, fiel ganz anders aus, als man gedacht hatte.

Des Königs Friedrich Wilhelm würdige, edle Haltung, sein männlicher Ernst gewannen ihm allgemein den Beifall, den er weder suchte noch wünschte. Alexander dagegen vermochte ihn dem Wiener Publikum weder diesmal noch später abzugewinnen, und auch mir wollte seine gar zu freundliche Miene, sein etwas gesuchtes Grüßen nicht gefallen. Der Preußenkönig schien mir allzu ernst; meines lieben Kaisers Franz ganz natürliche lässige Haltung und seine wohlwollende Freundlichkeit gefielen mir am besten.

Einige Tage später holte Kaiser Franz auch unsern guten König Frederik ein, und zwar diesmal zu Wagen. Es kümmerte mich nicht wenig, die Unschönheit unseres Monarchen jetzt noch durch einen Ausschlag vermehrt zu sehen, welcher eine Folge der Erhitzung der Reise war; dennoch sprach sich schon hier die Vorliebe aus, welche das gute Wiener Volk nachher immer dem Dänenkönig bezeugte.

Dies alles hatte noch die Septembersonne beleuchtet. Am 1. Oktober machte ein herrliches Konzert den Anfang der großen Feste auf der Burg. In der zu einem Saale umgewandelten Reitschule führten fünfhundert Singstimmen Händels großes Oratorium „Samson" auf. Später ward auf gleiche Weise sein „Alexanderfest" gegeben. Wenige Tage darauf bildete dieselbe Reitschule den Schauplatz eines Bal paré, dessen großer Reiz nicht nur in der Menge herrlich geputzter Damen und ordenbedeckter Herren, sondern ganz vorzüglich in den gewaltigen Dimensionen des Raumes lag.

Hatte man die Redoutensäle durchwandert, so eröffnete sich ein wahrhaft großartiges Schauspiel auf dem Perron einer hohen Treppe; von diesem aus liefen Galerien um den oberen Teil des Saales herum, in denen man jenen Konzerten gelauscht hatte; anstatt der Fenster sah man enorme Spiegel, aus denen der Wiederschein von hunderttausend Lichtern blitzte. Die Treppe führte, sich nach zwei Seiten teilend, hinunter in den jetzt herrlich parkettierten unteren Saal, an dessen Wänden sich Estraden amphitheatralisch erhoben. Geblendet, beinahe schwindelnd, weilte ich einige Momente oben, um dann von unten aus den glänzenden Zug anzustaunen, als der zahlreiche Wiener Hof mit allen fremden Höfen vereint, die Treppe herabkam. Man tanzte etwas, doch sah man sich noch mehr in der neuen, fremden Welt um, und fragte auch wohl nach dieser oder jener auffallenden Persönlichkeit. Auf diesem Feste sah ich zum ersten Male den Fürsten Wittgenstein.

Nach acht oder vierzehn Tagen ward ein neues Fest in diesen Räumen gegeben, ein maskierter Ball, auf welchem jedoch viele, und wohl die meisten, darunter auch ich, ohne Kostüm erschienen. Eines prachtvollen Aufzuges von vierundzwanzig schönen Wienerinnen erinnere ich mich mit Vergnügen. Sie stellten je sechs und sechs die vier Elemente vor. Für die Luft waren die jüngsten und zartesten Gestalten gewählt, sie waren in den leichtesten Flor gehüllt. Die Meernymphen waren reich geschmückt mit Perlen und Korallen, und man vermißte keines ihrer Attribute. Für das Feuer war man weniger skrupulös in betreff des Alters gewesen, und so nahm unsere Freundin, die Fürstin Kaunitz, eine Stelle unter den Sechsen ein, die sie gar nicht unwürdig ausfüllte; ihre Augen brannten um die Wette mit den feuerfarbenen Gewändern, und es ward mir ganz heiß, als dieses Salamandergeschlecht an mir vorüber=

schwebte. Ihnen nach wandelten schweren Tritts sechs wohlbeleibte Matronen, ganz mit Juwelen und Gold und andern edlen Erzeugnissen der Erde bedeckt, wovon jede sehr würdig die Mutter Erde vorstellte. Auf ihren Häuptern trugen sie goldene Körbchen, so schwer mit den Früchten des Herbstes beladen, daß der einen die Stirn unter dem Bandeau, an welchem der Korb befestigt war, blutete. Mir schien die Lust des Augenblicks durch diese Tropfen Blutes zu teuer bezahlt.

Von einem enormen Volksfest im Augarten waren wir so verständig gewesen, uns fernzuhalten. Man wußte uns nicht genug von dem Gedränge zu erzählen, welches dort geherrscht habe; es war so unerhört gewesen, daß viele der vornehmsten Damen mit zerrissenen Kleidern heimkamen und manches Stück ihres Schmuckes nachher vermißten. Der etwas starken Fürstin Colloredo war nicht nur der Rock, sondern auch die Ärmel von der Taille im Gedränge ganz abgerissen worden.

In dem zu diesem Feste aufgerichteten großen Brettersaal, der an den von Kaiser Joseph II. erbauten Pavillon stieß, gab später der berühmte, damals schon alte Admiral Sidney-Smith (geboren 1764, gestorben 1840) zum Besten der Negersklaven ein Fest und lud alle Souveräne mit ihrem Gefolge und die mächtigen und minder mächtigen Fürsten zu einem Diner ein. Man wußte im voraus, daß er gewaltige Reden im Schilde führte, in denen er das Interesse der Sklaven vertreten und den Vorschlag in Anregung bringen wollte, der Kongreß solle einmütig die Aufhebung des Sklavenhandels beschließen! Ich weiß nicht mehr, ob er bei Tafel eine Sammlung für sie veranstaltete, noch ob der nachfolgende Ball, zu dem jeder eingeladene Herr aufgefordert worden war, eine Dame mitzubringen, ein Picknick oder ein aus der Tasche des Sidney-Smith bestrittenes Vergnügen war. Wohl aber hat es sich meinem Gedächtnis eingeprägt, daß die russische Gesandtin Gräfin Stackelberg, geborene Gräfin Ludolf, mit der ich mich verabredet hatte, und ich die rechte Stunde verfehlten und ankamen, während die Herren noch tafelten. Wir ließen uns schnell in den noch leeren Ballsaal führen und baten, daß unser frühes Erscheinen nicht gemeldet würde. Dennoch hatte Kaiser Alexander es erfahren, und vielleicht froh, die endlosen Reden des Wirtes zu unterbrechen, vielleicht auch, um seine Freude an unserer Verlegenheit zu haben, beredete er den König von Dänemark, seine Dame, (das war ich), sogleich begrüßend aufzusuchen; er selbst erhebt sich von der Tafel, und beider Gefolge tut das Gleiche. Schüchtern in einem Winkel hinter einem Postament hören wir die nahenden Schritte und das Geklirr der Säbel und sehen zu unserem Schreck den König vom Kaiser geführt in unsere große Halle eintreten, uns mit den Augen suchen und dann auf uns zueilen, hören den Kaiser scherzen über den Eifer seines königlichen Bruders, der Dame seiner Wahl für die Eile zu danken, mit der sie seinem Rufe gefolgt sei. Dabei ergriff er mit großer Courtoisie meine Hand und küßte die große Stelle, die zum Unglück ein zerrissener Handschuh frei ließ. Diese Vertraulichkeit aber brachte mich beinahe aus der Fassung, weil sie mir von ihm so überraschend kam. Ich war als Fremde nicht bei der ersten Cour zugegen gewesen, bei der die Wiener Damen alle ihm vorgestellt worden waren, und war ihm daher bis jetzt ganz fremd geblieben; diese schiefe Stellung hatte ihn wie mich verlegen gemacht, und bisher hatte er nicht den Moment zu finden gewußt, um meine Bekanntschaft zu machen. Auf einem Ball bei der Gräfin Zichy hatte es sich so getroffen, daß ich in einer Tempete, dort Figaro genannt, immer vor ihm hertanzte, bei dem jedesmaligen Um- und Einanderzuwenden machte er mir das zu dem Tanz zwar gehörige, damals aber schon längst nicht mehr übliche Kompliment, und ich mußte wohl vierzigmal seine ungewöhnlich tiefe und ehrfurchtsvolle Verbeugung erwidern. Ein anderes Mal war mir's geschehen (das furchtbare Gedränge bei allen Privatfesten entschuldigte es), daß ich den runden Rücken dieses großen Herrn etwas unsanft streifte und bei meinen Bitten um Vergebung (die jedoch bald durch Nachdrängende unterbrochen wurden) einen sehr freundlichen Gruß von ihm gewann. Nach solchen, eigentlich nur pantomimischen Begrüßungen war mir diese erste spaßige Unterhaltung doppelt peinlich, und mein böser Mann, der im Gefolge des Königs gekommen war und in meiner Nähe stand, weidete sich an meiner Verlegenheit.

Glücklicherweise war diese kleine Szene bald durch die Ankunft mehrerer Damen und durch die Bitte des Wirts unterbrochen, ob die großen Herren sich nicht wieder gnädigst zur Tafel verfügen wollten. Dieser Wirt machte sich überhaupt sehr geschäftig; es war ein kleiner etwas verwachsener Mann, den bei dieser Gelegenheit seine ziemlich bedeutende Stärke insofern begünstigte, da ihm sehr viel daran gelegen war, sich mit seinen unzähligen Orden breit zu tun. Er trug sie diesmal nicht, wie man pflegt, an den üblichen Bändern, sondern hatte sich mit den Ordensketten, die man nur bei großen Gelegenheiten, und dann wohl immer nur eine zu tragen pflegt, behangen. Um recht viel auf einmal anbringen zu können, hatte er sie mit großen weißen Atlasschleifen auf der Schulter befestigt. Da aber diese Vorsichtsmaßregel nicht ausreichte und er doch keinen der gegenwärtigen Ordensspender dadurch beleidigen wollte, daß er seinen Orden nicht anlegte, so wechselte er von Stunde zu Stunde seinen Ordensschmuck, bis sie alle an der Reihe gewesen waren. Diese wie so manche andere Wunderlichkeit des guten Sidney-Smith stimmte die Gesellschaft zur Munterkeit, und da auch die Räumlichkeiten kein störendes Gedränge zuließen, tanzte man mit einem ganz neuen Vergnügen. Zum ersten Male amüsierte man sich mit Abklatschpolonaisen; man zog die Treppen hinauf und hinab durch die Galerien, und dies alles bildete ein gar schönes Schauspiel.

Am 18. Oktober, zur Jahrfeier der Völkerschlacht, ward

der große, neu von Brettern aufgeführte Saal am Rennwege, neben Fürst Metternichs Landhause, eingeweiht. Schon im Sommer, da man die Eröffnung des Kongresses früher erwartet hatte, war er erbaut worden, und Graf Fuchs, Gemahl der liebenswürdigen Laure, hatte damals schon gefragt, wo denn Billette zu den Sperrsitzen zu bekommen sein würden, von welchen aus er dieses Schauspiel betrachten könne. Dieses Fest nun, vor welchem man sich in Erinnerung an den furchtbaren Brand bei dem Schwarzenbergischen, am 1. Juli 1810 in Paris, gefürchtet hatte, gelang vollkommen.

Es waren die strengsten Vorsichtsmaßregeln gegen Feuersbrunst getroffen worden. Bei den großen, im edlen Genre gehaltenen Dekorationen waren alle Draperien vermieden. Eine rund um den Saal herlaufende Säulenreihe bildete Vorhallen, in denen man sich zur Abkühlung ergehen konnte. Längs diesen Säulen innerhalb des Tanzsaales zogen sich Estraden mit bequemen Sitzen für die Damen, und zahllose Lampen machten die Nacht zum Tage. Von den Vorhallen aus führten breite Treppen, die geheizt waren, in die großen Säle des Erdgeschosses hinunter, wo ein reiches Souper serviert war. Der Heizung hätte es kaum bedurft; denn ein köstliches Sommerwetter begünstigte die Feier so sehr, daß als auch sie, wie alles Schöne auf Erden, ihr Ende erreicht hatte und das Gedränge der Wagen so unerhört war, daß man stundenlang auf sie warten mußte, der Aufenthalt auf der Perrontreppe durchaus nicht die Unbequemlichkeiten einer kühlen Nacht darbot. Ich vergesse nie den originell schönen Anblick dieser Szene. Man denke sich eine Treppe, fast so hoch wie ein Haus, mit rotem Tuch bedeckt, mit türkischen Zelten überbaut und durch helle Pechkränze erleuchtet, darauf einen großen Teil der Gesellschaft in Mäntel gehüllt hingelagert, und für einige Damen, zu denen auch ich gehörte, Stühle auf die obersten Stufen hingestellt. So harrte ich bis an den lichten Morgen auf das Vorfahren meines Wagens. Mein Mann, der sich angegriffen fühlte, war schon früh nach Hause gefahren und hatte mich der Fürsorge seines Bruders Joachim empfohlen.

Einige Wochen später lud Fürst Metternich, um das Prachtgebäude noch einmal zu benutzen, ehe der Kongreß auseinanderging (an dessen nahes Ende man immer noch nicht glauben wollte), zu einem kostümierten Ball ein. Die Gesellschaft kam überein, dem hohen Gastgeber und seinem kaiserlichen Herrn zu Ehren die Landestrachten der verschiedenen unter Österreichs Szepter vereinten Länder und Provinzen zu wählen. Hier galt es nun, nicht nur ein Kostüm auszusuchen, sondern sich auch einer Quadrille anzuschließen oder eine zu bilden. Ich entschied mich für letzteres und freute mich, als meine liebe Henriette Schladen, ihre Freundin, die schöne Therese Wrbna, und die hübsche Marie Hügel sich mit mir vereinten. Wir hatten alle ziemlich ähnliche Figuren und erschienen in dem sehr bunten siebenbürgischen Kostüm, welches unsere Herren eigentlich besser kleidete als uns. Baron Karl v. Hügel, der spätere berühmte Reisende, war einer dieser Herren; Baron William Hammerstein aber hatte ich zu meinem Tänzer gewählt, die anderen weiß ich nicht mehr. Wohl erinnere ich mich dagegen der Ungeduld, mit der ich, schon längst angekleidet, die mich abholenden Damen, denen sich der Wagen mit unseren Herren anschloß, erwartete. Endlich mit dem Schlage 9 Uhr hielten sie vor meiner Tür, und dennoch näherten wir uns erst um 11 Uhr dem Schauplatz so vieler Herrlichkeiten, von denen uns durch diese ewig lange Fahrt natürlich gar manche verloren gingen. Der Weg dahin, der höchstens eine Viertelstunde lang ist, war nämlich durch die vielen Wagen dermaßen versperrt, daß wir uns noch freuen konnten, mit gesunden Gliedern davonzukommen.

Ein glänzendes Karoussel in der kaiserlichen Reitbahn schloß die Reihe der größeren Kongreßfeste vor Eintritt des

Advents. In Privathäusern aber fanden noch viele Gesellschaften und theatralische Vorstellungen statt. Bei der Fürstin Bagration wurden sehr hübsche Komödien gespielt, und sie selbst, im russischen Kostüm, tanzte den Nationaltanz ihres Vaterlandes mit einer Grazie und einer Natürlichkeit, wie man es kaum gern von einer Frau in der Gesellschaft sah. Im Arnsteinschen Hause sahen wir ein Wachsfigurenkabinett von lebenden, zum Teil sehr schönen Menschen vorgestellt.

Die Häuser der jüdischen Bankiers Arnstein und Eskeles waren der Sammelplatz vieler Fremden, namentlich der Preußen. Da vorzugsweise sah man stets neue Gesichter, weil nicht nur viel Ab- und Zureisende kamen und gingen, sondern weil man es auch nie zustande brachte, selbst die stehenden Kongreßmitglieder alle zu kennen, nicht einmal die Gefolge der Souveräne in ihrer ganzen Vollständigkeit. Wir Damen lernten eigentlich nur solche, die durch Stellung und Rang an den Polonaisen teilnehmen durften, kennen.

Die Russen drängten sich mit der ihnen so eigenen Anmaßung überall vor; besonders General Tschernitscheff legte es darauf an, eine große Rolle zu spielen, und das gelang ihm auch nicht übel. Das französische Personal dagegen hielt sich ziemlich im Hintergrunde. Die Preußen hatten Takt genug, sich wenig unter die eigentliche elegante Welt zu mischen; für dieselbe waren sie, wenn auch nicht zu schwerfällig, so doch zu gut und zu solide. Mit Oberst Graf Schwerin, der nur zu bald darauf bei Ligny blieb, und mit dessen Witwe ich später sehr befreundet wurde, erinnere ich mich doch öfter eine Polonaise getanzt und mich seiner deutschen biedern Treuherzigkeit gefreut zu haben. Mit dem Fürsten von Hohenzollern walzte ich, so auch mit Brauchitsch, der damals in mir schon halb eine Landsmännin zu sehen schien.

Der Gastmähler in der Stadt gab es recht viele. Fürst Metternich, Fürst Trautmannsdorff waren die fleißigsten Gastgeber. Auch die Gesandten und Kongreßbotschafter ließen es an Einladungen nicht fehlen. Mein alter Gönner und Onkel väterlicherseits, der Staatskanzler Fürst Hardenberg, richtete es gewöhnlich so ein, daß ich neben ihm saß, und wußte durch seine liebenswürdige Unterhaltung mir die Zeit sehr schnell zu vertreiben. Es gelang ihm auch mehr oder weniger mich vergessen zu lassen, was ich über seine gegenwärtigen Verhältnisse in Berlin, was ich von seiner Vergangenheit gehört hatte. Er sprach viel und gern von sich, seiner Sehnsucht nach einer gemütlichen Häuslichkeit und klagte über das Schicksal, welches ihm eine solche stets versagt habe! Humboldt blieb, wo es sich tun ließ, seiner alten Gewohnheit getreu, mir vorzugsweise den Arm zu bieten. Manchmal geschah es wohl, daß ich von ganz Fremden geführt und neben ganz Fremde gesetzt wurde. Dann erfragte ich die Namen meiner Nachbarn erst rechts, dann links; so in den allerersten Tagen, als ich mich zwischen Lord Aberdeen und dem Prinzen Radziwill befand, mit dem ich damals schon eine Bekanntschaft schloß, die in Berlin sehr befestigt werden sollte. Seine muntere Gutmütigkeit und polnische Grazie, seine deutsche Treuherzigkeit und polnische Gewandtheit ergänzten sich so angenehm, daß sein ganzes Wesen in der großen Welt gefallen und in der Häuslichkeit entzücken mußte. Er schien auch ein zärtlicher Vater zu sein. Alles, selbst das Knallen mit den Weintraubenhäutchen, welches er nicht unterlassen konnte unter dem Tische zu vollführen, erinnerte ihn an die lieben Kleinen, in deren Mitte seine Beschreibung mich einführte.

Gentz, der berühmte Staatsmann, Metternichs rechte Hand und Feder, lud uns auch öfter zu den ausgesuchtesten kleinen Diners ein; ausgesucht durch die Gesellschaft, die er bei sich zu vereinigen wußte, ausgesucht durch die Delikatesse der Gerichte, die er aus Süd, Ost, West und Nord zusammenkommen ließ. Originell scheußlich war der Eingang zu seiner Wohnung; die Einfahrt in den Hof schien mir halsbrechend, die Haustür drohte durch ihre Niedrigkeit meinen Kopfputz zu zertrümmern, die Treppe, dunkel und steil, ließ nicht ahnen, zu welchem Quartier sie führe. In diesen kleinen Stuben war alles aufgehäuft, was Reichtum, Geschmack und die raffinierteste Eleganz nur ausfindig zu machen gewußt. Dem Gesichts- und Geruchssinn, der Bequemlichkeit ward auf alle Weise geschmeichelt. Der Wirt zeigte sich bei dieser Gelegenheit in seiner ganzen Liebenswürdigkeit, und selten erlebte ich Vereine, in denen Munterkeit und Witz, Verstand und Feinheit sich auf so hinreißende Weise mitteilten, wo jeder auf so eigentümliche Art sich selbst und die Gesellschaft amüsierte. Einmal überstieg die Zahl der Gäste sogar die Zahl der Plätze, die er ihnen anzuweisen hatte; da ward aber der Tisch vergrößert und das in dem Maße, daß die Dienerschaft nicht mehr um denselben herumgehen konnte, sondern das Servieren durch drei ausgehobene doppelte Türflügel geschehen mußte. Ich entsinne mich, daß ich ein anderes Mal darauf vorbereitet wurde, eine alte Berliner Bekannte meines Mannes auf dem Gentzschen Diner zu finden, nämlich Rahel Varnhagen, die damals noch die kleine Levy genannt wurde. Ich weiß, daß ich sie zwar mit Zuvorkommenheit begrüßte, mich dann aber nicht weiter um dieses, von der Natur nur schlecht ausgestattete Wesen bekümmerte und mehr Freude daran fand, den Geistergeschichten zu horchen, die gerade diesmal am Tisch erzählt wurden. Wie erstaunte ich im Sommer 1833, als ich in dem Werke „Rahel" die Erwähnung dieses Diners fand und entdeckte, daß ich recht eigentlich auf diese Rahel eingeladen gewesen sei.

„Wien, den 7. Dezember 1814.

Gentz schrieb mir wieder ab, weil die Damen, die er für mich gebeten hätte, Tableaux bei Hofe machen mußten. Er ließ mir die Wahl, ohne die Gräfinnen Bernstorff und Fuchs mit ihm zu speisen, oder den Montag mit ihnen. Ich wählte das Letztere, weil ich gerade die beiden als Matadore der Liebenswürdigkeit sehen will. Gentz erriet dies. Gräfin Fuchs ist der Gräfin Plettenberg Schwester, und alle meine Herren sind in sie verliebt. Gräfin Bernstorff ist Graf Christians Frau, von der ich einen so reizend unschuldigen Brief gesehen habe, und so gründlich und eigenmächtig gescheit, daß sie mir ganz merkwürdig ist."

Mich intrigierte es sehr, welcher meiner Briefe ihr möglicherweise zu Gesicht gekommen sein könne, und mein lieber Mann freute sich über den Ausdruck „so eigenmächtig gescheit". Da ich mich einmal in die Diners vertieft habe, so will ich auch gleich noch von einigen erzählen, deren ich mich besonders erinnere. Das eine fand bei dem neuvermählten Münsterschen* Ehepaar statt; auch Joachim war mit eingeladen worden. Man hatte uns freundlich aufgenommen, und wir lauschten während der Tafel mehrenteils den halb scherzhaften, halb ernsthaften Vorträgen Pozzo di Borgos, des interessanten Korsen, der im russischen Dienst damals schon ein berühmter Staatsmann war. Bei dem zweiten dieser Diners ist mir nicht so behaglich zu Mut; denn statt allen weiblichen Empfanges kommt mir der Wirt Talleyrand allein entgegen. Ich bleibe die einzige Dame, weil seine Nichte, die schöne Dorothea** plötzlich erkrankt ist. Mir will's gar nicht gemütlich dort werden; für die weit- und weltberühmte Liebenswürdigkeit des Hausherrn habe ich keinen Sinn, vielleicht weil er sehr leise spricht und ich nur mit großer Mühe einige seiner Worte erhasche. Sein Äußeres widersteht mir; die starren Züge, aus denen fast wider seinen Willen Funken von Verstand hervorblitzen und in denen man vergebens eine Regung von Gefühl oder nur von Gemütlichkeit, von Behaglich=

---

* Graf Münster, hannoverisch-englischer Gesandter, 1814 vermählt mit Wilhelmine Gräfin von Schaumburg-Lippe.

** geb. Prinzeß v. Kurland, vermählt mit dem Prinzen Edmond Talleyrand-Perigord.

keit sucht, sind mir entsetzlich, und gleitet mein erschrockener Blick an ihm herab, so muß der Klumpfuß mich vollends erschrecken, indem er mich an den Herrn Gevatter mahnt! Es ward einmal von Talleyrand gesprochen; man sagte, er sei eigentlich gutmütig; seine Eigenheiten abgerechnet, wie die Wechselwirkung seines Wesens und der Welt sie ihm auferlegten, sei er gar nicht böse; „Je le crois bien, sagte R., il n'a pas besoin d'être méchant, la nature l'a été pour lui."*

Es ist Zeit, daß ich meine Erzählung über die Diners mit dem Berichte schließe, daß auch wir uns veranlaßt fanden, unsern König bei uns zu bewirten. Dreimal erzeigte er uns die Gnade, bei uns zu speisen, und man kann sich denken, daß wir alles taten, was unsere Wohnung erlaubte, um diesen Gastmählern einen festlichen Anstrich zu geben; aber in diesen Bemühungen lag eine Menge von Unbequemlichkeiten und kleineren und größeren Opfern. Mehrere Köche wurden angenommen, Tafelaufsätze und dergleichen mehr geliehen (zum Teil von Graf Schulenburg, meines Mannes Kollegen), Dienerschaft ward dazu geworben, und was das Schlimmste war, ich mußte mein Schlafzimmer jedesmal ausräumen; denn eben das, es war mit rotem Damast tapeziert, ward das Empfangszimmer. Hohe Gäste wurden geladen, doch, was ich nachträglich bedaure, keine Damen. Dennoch schien es dem guten König bei uns zu gefallen.

Schon früher hatte mich während einiger Wochen eine leichte Erkältung, welche der Wunsch nach häuslicher Ruhe beliebig verlängerte, zu Hause gehalten. Aus meinen Fenstern hatte ich unterdes einer Feier zugesehen, die einzig in ihrer Art, schon von dem Spaßmacher des Kongresses für die Mitglieder desselben als letztes und neues Schauspiel gewünscht worden war. Es war die Beerdigung eines Feldmarschalls, und zwar

---

* „Ich glaube wohl", sagte R., „er hat es nicht nötig schlecht zu sein, die Natur war es für ihn."

die des Spaßmachers selbst, die des alten Fürsten Ligne, der am 17. Dezember 1814 seine Laufbahn beschlossen hatte, eine tätige und begebenheitsreiche, deren heitere Spur wir durch mehrere Generationen hinauf verfolgten. Ein sanfter Tod endigte mit freundlicher Hand sein langes, glückliches Leben. Umringt von seiner zahlreichen Familie, Kindern, Enkeln und erwachsenen Urenkeln, starb er als frommer katholischer Christ. Dennoch blieb der Scherz ihm treu bis zum letzten Moment; denn als er seine Frau* in einer Ecke des Zimmers weinen sah, sagte er, wenn auch mit wirklich gerührter Stimme: „Ah voilà le perroquet qui pleure! pauvre perroquet!" So zärtlicher Vater und Großvater, so gleichgültiger Gemahl war er, man muß es gestehen, stets gewesen. Er und seine wirklich einem Papagei ähnelnde Frau hatten eine Ehe geführt, wie es in der großen Welt unzählige gibt; sie waren zwar ohne Haß, aber auch ohne Liebe ein langes Leben hindurch nebeneinander hergegangen. Bei alledem war ich dem alten Helden gut gewesen; das empfand ich recht lebhaft, als ich mitten in dem Pomp des Leichenbegängnisses seinen alten sehr abgetragenen Hut erblickte. Da fühlte ich mich wahrhaft bewegt; denn einem geistreicheren, einem harmlos witzigeren Mann wird man nicht leicht wieder begegnen, als dieser edle, schöne Greis es war; das sagte ich mir mit wahrer Rührung. Habe ich hier den Fürsten v. Ligne den Spaßmacher der hohen Versammlung genannt, und waren es seine Witze, welche diese vor allem amüsierten, so belustigte Lord Steward sie auch oftmalen, wenn auch auf ganz andere, ihm zumeist unbewußte und ihn leider stets herabwürdigende Weise. Es war ihm der sehr verdiente Ruf eines Helden vorausgegangen; auch seine Erscheinung konnte nur für ihn einnehmen; denn er war schön, sah in der roten Husarenuniform sehr stattlich aus, und das eine immer tränende Auge

---

* Franziska, geborene Prinzessin v. Liechtenstein; er war seit 1755 mit ihr vermählt.

gab ihm nur eine etwas sentimentale, aber nicht entstellende Miene. Dieser günstige Eindruck ward indes nur zu bald durch seine Abgeschmacktheit, die sich mehr und mehr offenbarte, verdrängt. Stewards älterer Bruder, der Premierminister Lord Castlereagh, hatte eine natürliche Urbanität, die von dem rücksichtslosen Wesen des Bruders sehr vorteilhaft abstach. Man warf ihm oft Falschheit vor, doch verdiente er diese Beschuldigung gar nicht; sein Charakter war vielmehr offene Treuherzigkeit und gutmütige Biederkeit. Sein Mangel an Festigkeit, seine zu große Nachgiebigkeit mochten seiner Politik oft den Anstrich von Falschheit geben. Nur zu häufig erlebte ich es, daß man Schwäche für Falschheit nahm. In der eleganten Welt verzieh man ihm die Jugendlichkeit und Munterkeit nicht, mit der er bei seinen Soireen nach dem Souper den Ball selbst eröffnete. Ich aber tanzte gern mit dem heiteren Staatsmann, weil es mir eben gefiel, bei ihm nicht die Mattherzigkeit und den Lebensüberdruß zu finden, der gewöhnlich die Weltleute stempelt, und der leider in unseren Tagen bei vielen jungen Männern Mode geworden ist.

Die Vergnügungssucht und Tanzlust regten sich beim Beginn des Karnevals mit erneutem Eifer. Es war gerade, als wenn man eben vom Lande käme und sich nach etwas lang entbehrter Zerstreuung sehnte. Die Eröffnung dieses Karnevals bestand komischerweise aus drei oder vier Kinderbällen; nach einigen Stunden schieden dann die kleinen Gäste, um den Erwachsenen Platz zu machen. Mein Mann hatte sich entschieden gegen dieses unkindliche Vergnügen erklärt. Nur für den Stackelbergschen Kinderball war eine Ausnahme unvermeidlich. Henriette hat noch eine lebhafte Erinnerung an diesen frühen Einblick in die große Welt. Sie erinnert sich mit Vergnügen an ihre kleinen Erlebnisse auf diesem Ball und mit Schreck daran, daß sie dem König von Preußen beinahe auf die Füße getreten habe. In dem Gedränge dieser bunten Welt von Kindern und

Fürstlichkeiten, von aufmerksamen Müttern und mit sich selbst beschäftigten jungen Damen suchte ich meine kleinen Schätze so viel wie möglich im Auge zu behalten; ich bemerkte mit Freuden ihr kindlich natürliches Wesen, welches um so mehr gegen das ihrer Gespielinnen abstach, als diese mehrenteils in einem sehr unkindlichen Putz prangten. Ihre hohen Frisuren waren mit künstlichen Blumen geziert, sie trugen Atlas- und Tüllkleider; das Bouquet an der linken Seite und der kleine Fächer vervollständigten den Damenputz. Die meisten von ihnen waren sehr hübsch; sie bildeten einen reizenden Kinderreigen, in welchen auch meine holden Pfleglinge aufs lieblichste hineinpaßten.

So einmütig und einträchtig die Fürsten und ihre Minister zu verkehren schienen, so war dennoch im allgemeinen der Anschein trügerisch; denn gerade in diesem Monat (Januar) wäre der Kongreß durch die unter ihnen immer zunehmenden Zwistigkeiten beinahe gesprengt worden.

Am 16. Januar noch hatte mir König Frederik erzählt, Kaiser Alexander habe Metternichs Einladung zum Ball mit einem Nein beantworten und hinzufügen lassen, daß er sich lieber mit ihm auf Pistolen schlagen würde. Andere behaupteten, der Zar habe dem Kaiser Franz gesagt, solange Metternich bleibe, sei nichts auszurichten; der verderbe alles.

Noch bevor die Eintracht wieder hergestellt war, zeigten sich die Souveräne alle dem größeren Publikum einmal wieder vereint, um in gleichen Gefühlen der schmerzlichsten Erinnerung das Requiem für Ludwig XVI. am 21. Januar zu feiern.

Die Zeremonie selbst ist recht feierlich und durch die schöne Musik recht erbaulich gewesen. Von der Predigt aber, die Fürst Talleyrand selber geschrieben hatte, war nicht viel zu hören, und die Kälte griff mehr als alles an. Mein lieber Mann kam erstarrt zurück. Ich aber hatte mich darauf beschränkt, die schöne Stephanskirche erst nach der Feier in ihrem Trauerschmuck, der sie gar nicht gut kleidete, zu besuchen. Gräfin Karoline zur

Lippe-Bückeburg und ich hatten uns dazu verabredet. Wenn ich bekennen wollte, weshalb ich der großen Feier nicht beiwohnte, so würde ich gestehen müssen, daß mir die zeitgemäße reiche Wintertoilette dazu fehlte. Dieser Umstand hatte mir die Glacis-Promenaden schon etwas verleidet, und doch dachte ich gar nicht daran, mir etwa einen zweiten Winterhut anzuschaffen, solange der alte noch gut erhalten und für andere Zeiten elegant genug war.

Wenn der Luxus in demselben Maße zunimmt wie in diesen letzten dreiundzwanzig Jahren, so werden meine Kinder und Enkel, die dies einst lesen, sich höchlich über diese Einfachheit verwundern. Sie würden sich auch sehr irren, wenn sie glaubten, daß ich mir viele neue Anzüge zu den nie endenden Kongreßfesten zugelegt habe. Nein, außer den unvermeidlichen Kosten für weiße Handschuhe und weiße Schuhe, den Kosten für den Friseur, der täglich kommen mußte, und für die beiden Kostüme, für das Karoussel und den Maskenball, und außer dem kleinen, aus einigen reichen und ein oder zwei Ballanzügen bestehenden Trousseau, den mir mein Mann aus Paris mitgebracht, entsinne ich mich eigentlich nicht, größere Ausgaben gemacht zu haben. Um einen Beleg zu der Einfachheit der damaligen Moden zu geben, bemerke ich noch hier, daß eine kleine Tüllhaube mit rosa Verzierung mich manchmal selbst auf den größten Soireen, auf denen getanzt wurde, schmücken mußte. Bis dahin waren Hauben für junge Frauen etwas Unerhörtes gewesen, und jetzt erst kam die Mode auf. Die reichsten Wiener Damen zeichneten sich durch große Einfachheit aus und erschienen nur bei großen Festen mit ihren Juwelen bedeckt; auch sahen sie vollends nie schnöde auf diejenigen herab, deren Einfachheit die ihrige noch übertraf.

Während eines Soupers bei der Fürstin Bagration amüsierte es mich, der Wette zu horchen, die Kaiser Alexander mit Gräfin Flora Wrbna (geborene Gräfin Kageneck, Gemahlin des Grafen

Eugen Wrbna) einging, wer von beiden schneller würde Toilette machen können. Bei der Ausführung der Wette, welche einige Tage später stattfand, war ich zwar nicht zugegen; ich hörte aber viel davon. Der Kaiser und Flora hatten sich mit dem Schlage neun Uhr bei Zichys eingefunden, sich da der Gesellschaft im gewöhnlichen Anzuge, aber weder im Überrock noch in irgend einer versteckenden Umhüllung präsentiert. Dann wurden beide von feierlich dazu ernannten Zeugen rechts und links abgeführt. Er zeigte sich nach fünf Minuten in voller Uniform, mit seidenen Strümpfen usw., fand aber Flora nichtsdestoweniger schon da, die im vollständigen altfranzösischen Hofanzuge sehr komisch aussah und Zeit gefunden hatte, sich Rot und Schönpfläster= chen aufzulegen und ihre Haare zu pudern; weder die Schuhe mit Absätzen, noch das Bouquet war vergessen; sie hatte kleine Stulpenhandschuhe angezogen, genug, es fehlte nichts. Als Preis der Wette hat sie ein artiges Schreiben vom Zaren aller Reußen und eine halbe Bibliothek bekommen.

Während der Winterfreuden war allmählich der Vorfrüh= ling eingetreten, milde Lüfte wehten und schienen nächstens die Knospen aufhauchen zu wollen. Es ward eine Lustfahrt unternommen, die man im Gegensatz zur Schlittage eine Pirut= schade nannte. Dem Erzherzog Johann hatte man mich zur Partnerin bestimmt. Es traf sich nun sehr hübsch, daß ich ge= rade am Abend vor diesem Tage, als ich einen Besuch bei den mir befreundeten Beroldingen machte, dort unseren orien= talischen Sänger, den berühmten Hammer, fand, der ein Vertrauter Erzherzogs Johann war. Ich verbarg ihm nicht, daß mir doch ein klein wenig graute vor den langen Stunden, die ich mit einem Herrn in so engem Verein zubringen solle, von dem ich zwar neben den Originalitäten seines Stammes und seiner Provinz (Steiermark) nur das Allerbeste gehört habe, den ich aber doch gar nicht kenne, kaum gesehen habe. Hammer dagegen belustigte uns durch die Mitteilung, daß des wackeren

Herrn Verlegenheit nicht geringer sei wie die meinige, und daß er um die Art und Weise besorgt sei, wie er mich zu unterhalten habe: „Sie kennen sie ja", hatte er zu Hammern gesagt, „nun so geben Sie mir doch an, womit ich sie amüsieren oder wodurch ich ihr Interesse abgewinnen kann; denn daß sie a saubres Weib ist, das woas i, aber was sie sonst ist, das woas i net!"

Und nun hatte der Frager gemeint, ob er mich wohl von Musik unterhalten könne? „O nein, von allem in der Welt," hatte unser Freund geantwortet, „nur von Musik nicht." Ich versprach dem lachenden Kreise, übermorgen wieder zu erscheinen, um Bericht von der Wendung abzustatten, die diese gefürchtete Unterhaltung nehmen würde, und ich hielt Wort, indem ich triumphierend versicherte, der Erzherzog und ich seien ganz ausnehmend zufrieden miteinander gewesen, uns sei im traulichen Verein die Zeit mit Blitzesschnelle verflogen! So war es auch wirklich gewesen; denn mein Führer hatte zu viel natürlichen Verstand und Takt, zu viel erworbene Kenntnisse, ich zu viel Interesse für alles, was er mir in sehr reinem Deutsch mitteilte, als daß mir seine Unterhaltung, die so sehr von den gewöhnlich in der großen Welt geführten abstach, nicht hätte großes Gefallen einflößen sollen, so daß ich gern übersah, was ihr an Leichtigkeit und Grazie abging.

Um zwei Uhr hatte ich meine Ausfahrt im Galawagen gehalten; ich fand den größten Teil der Gesellschaft schon in den stark geheizten Sälen der Burg versammelt; dennoch aber mußte man, in Pelze eingehüllt, lange auf einige Nachzügler warten. Endlich setzte sich der Zug in Bewegung. Durch die Hauptstraßen Wiens, dann durch die Alleen des Praters, auch die fernsten, und so durch alle erdenklichen Umwege bis zu dem Ziel der Fahrt, dem Augarten. War dieses Ziel den meisten Teilnehmern zu nahe gesteckt, so möchte das auch wohl mein Fall gewesen sein, da mein Partner eben jetzt so recht anziehend von den Kriegs- und Bedrückungsjahren erzählte. Vorher hatte er sich mit mir gefreut, daß das versammelte Volk für keinen der vorbeifahrenden großen Herren eine so lebhafte Teilnahme hegte wie für meinen Dänenkönig. Wir hatten umsomehr Gelegenheit, dies zu beobachten, als er mit der Großfürstin Marie Paulowna von Weimar (der Schwester Kaiser Alexanders) vor uns herfuhr. Nicht nur in einer Straße oder an einer Stelle, nein, überall tönte ihm der nicht verhallende Jubel des Volkes entgegen. Aber auch mein Erzherzog wurde mit der Liebe begrüßt, deren er so ganz vorzugsweise im Volk genießt.

Im Pavillon des Augartens angekommen, entledigte man sich der Umhüllungen, und dann ging es zur Tafel, wo der alte Prinz Albert von Sachsen-Teschen, ein Schwiegersohn Maria Theresias, auf meiner anderen Seite und ich den Kaiserinnen gegenübersaß. Auf einem zu dieser Gelegenheit eingerichteten Theater sahen wir Karoline Seidler in der Rolle der Agnes Sorel zuerst auftreten. Im Sommer 1812 hatte ich sie gesehen, wie sie, damals noch ein halbes Kind, die Rolle der Susanna in Figaros Hochzeit zur Geburtstagsfeier des alten Fürsten von Lobkowitz spielte. Jetzt war sie lange abwesend gewesen und hatte ihre Stimme unterdes zu größter Vollkommenheit ausgebildet. Nach dem Theater ward bei Fackelschein die Rückfahrt unternommen, und als ich spät, ermüdet zwar, aber recht vergnügt, heimkam, fand ich die Meinigen mich erwartend noch um den Teetisch versammelt.

Dies war das letzte, in sorgloser Heiterkeit begangene Fest der endlos scheinenden Reihe von Kongreßbelustigungen. Nur wenige Tage noch, und das Gerücht, der Gefangene von Elba sei entflohen, durchlief die Versammlung der sorglos Vergnügten und erfüllte die Gemüter mit banger Furcht. Dennoch stand das tägliche Getriebe der Zerstreuungsuchenden nicht still; man wollte auch nicht eingestehen, wie sehr man zagte.

Unvergeßlich bleibt der Tag, an dem die erste Nachricht von Napoleons Landung im Golf Juan (zwischen Cannes und

Antibes) in Wien eintraf. Es war an einem Sonnabend, ich glaube am 5. oder 6. März, gegen Abend, so daß mein Mann erst oben auf der Burg, wo sich die Gesellschaft zu einer theatralischen Vorstellung versammelte, diese Nachricht erfuhr und mir zuflüsterte; denn laut durfte der Name des besiegten Feindes noch nicht wieder genannt werden, wenn man auch bis zu diesem Tage gehofft hatte, daß er für immer verbannt sei.

Ungeachtet die Politiker gewöhnt waren, sich zu beherrschen, so blieb diese Schreckenstunde in ihren Mienen doch deutlich zu lesen. Am tiefsten war sie Talleyrands Zügen eingegraben; am lautesten äußerte sie sich bei Steward, und Alexanders Blässe, seine gedrückte Physiognomie sprachen deutlich aus, was sein Mund um keinen Preis gestanden hätte. Jetzt schon war seine sonst immer so triumphierende Miene gewichen. Dennoch hoffte man, den europäischen Gefangenen, den man so unbegreiflich schlecht bewacht hatte, wieder einzufangen, ehe er von neuem die Welt in Brand steckte. Und in dieser Hoffnung suchte man bonne mine à mauvais jeu zu machen und erließ am 13. März die Achterklärung gegen Napoleon, die so oft getadelt worden ist.

Acht Tage nach jenem ominösen Abend war man wieder auf die Burg eingeladen; man suchte sich in der bangen Erwartung fernerer Nachrichten zu zerstreuen; Komödien und Tableaux* sollten das Interesse der Gesellschaft noch einmal in Anspruch nehmen. Doch vergebens. Alle waren mehr oder weniger bestürzt; denn eben hatte wieder die Post Nachrichten der bösesten Art gebracht. Napoleon war unter dem Jubel der Menge in Lyon eingezogen; die ihm entgegengesandten Truppen waren größtenteils zu ihm übergegangen. Jetzt fühlte man, daß die Achterklärung nicht hinreichen, daß ein Krieg unvermeidlich sein würde; hatte doch Talleyrand gleich gesagt:

---

* Lebende Bilder.

„Il faut courir sus (nämlich auf Napoleon) comme sur un chien enragé."*

Der Kongreß glich einem Schauspiele bei brennendem Hause. Der letzte Akt wurde den Künstlern erlassen. Man dachte allein an Rettung für den Augenblick. Auch ich persönlich war tief bewegt; meine Gesundheit litt, und ich glaubte einen Augenblick, die Gelbsucht zu bekommen, deren Rhabarberfarbe ich täglich bei Koß sah, an der auch Minister Rosenkranz recht schwer darniederlag; aber zum Glück kam dieses fatale Übel bei mir nicht zum Ausbruch. Nach all den Opfern der vorigen Kampagnen sah man nun einem neuen Kriege entgegen, der schon in seinen Wirkungen und Folgen zerstörend genug sein mußte, wenn auch der Ausgang, wie man es gar nicht bezweifeln wollte, glücklich wäre. Und würden sich die guten Alliierten nicht endlich wieder betören und Napoleon abermals einem unsicheren Gewahrsam überlassen? Würden sie sich nicht abermals die Früchte ihrer Siege verkümmern lassen?

Ich kann nicht umhin, hier einen Zug einzuschalten, der freilich nicht nur der ernsten Zeit, sondern auch des Staatsmannes ziemlich unwürdig ist, von dem er ausging. So wichtig der Augenblick also dem Fürsten Metternich auch schien, so verdrießlich und betrübend ihm die Ereignisse sein mußten, so siegte dennoch seine spaßhafte Laune über den Ernst der Lage so sehr, daß er es nicht verschmähte, seinem Sekretär, dem Protokollführer des Kongresses, Herrn v. Gentz, durch eine Mystifikation einen beinahe tödlichen Schreck einzujagen. Er setzte nämlich ein Manifest auf, worin Napoleon eine Belohnung von vielen Tausenden (Dukaten) dem verhieß, der ihm Gentz tot oder lebendig ausliefere, oder nur Beweise seiner Ermordung beibringen werde. Dieses Manifest wurde in ein eigens für Gentz

---

* Man muß auf ihn losstürzen wie auf einen wütenden Hund.

gedrucktes Zeitungsexemplar aufgenommen und dem feigen Mann wie gewöhnlich mit dem Morgenkaffee vor sein Bett gebracht. Es wirkte zum größten Gaudium seines Vorgesetzten beinahe lähmend auf den Unglücklichen.

Alles sprach vom Abreisen. Die Kaiserin Elisabeth von Rußland, geborene Prinzeß von Baden, gab das Signal dazu. Wir hatten vorher eine Abschiedsaudienz mit vielen anderen zugleich bei ihr; es war ein großer imposanter Zirkel. Die Kaiserin ließ meinen Mann herbeirufen und sagte ihm sehr viel Schmeichelhaftes auf eine ebenso anmutige als wirklich herzliche Weise. Es hat sich diese Szene mir besonders lebhaft eingeprägt, so lebendig, daß ich sie malen könnte. Die sanfte Würde dieser edlen, unglücklichen Fürstin kann man nicht genug rühmen. Eines unbedeutenden Begebnisses will ich hier noch erwähnen, bloß um länger bei ihr verweilen zu dürfen. Ihr Anzug war stets einfach und nur gehoben durch die Pracht ihrer Edelsteine oder Perlen. Eine der Theatervorstellungen bei Hof sollte stattfinden; man plazierte sich eben noch vor dem gesenkten Vorhang, da löste sich die Schnur ihres köstlichen Perlenkolliers, und diese Prachtperlen entrollten ihr, sich alle bis unter die Fauteuils und Bänke verlierend! Man will aufsammeln, doch sie hemmt die unruhigen Bewegungen durch ihre freundlich befehlende Bitte, sich nicht zu bemühen, es lohne sich der Mühe nicht!!

Von jetzt an unterbrachen nur Abschiedsdiners und -soupers das tägliche häusliche Leben; denn zu den Vorbereitungen zum Krieg kamen auch die Vorbereitungen zu der Andacht, die Jeder mehr oder weniger zu Ostern halten wollte, hinzu.

Lange schon hatte ich gewünscht, den berühmten Zacharias Werner, den bekannten Dichter und Konvertiten, der noch als Protestant das Stück „Die Weihe der Kraft", in dem er Luther verherrlichte, geschrieben hatte, predigen zu hören, hatte aber in der Adventszeit nicht nur die Kälte, sondern noch mehr das furchtbare Gedränge in den verschiedenen kleinen Kirchen gefürchtet, in denen er abwechselnd auftrat und von deren Kanzeln herab er ganz besonders gegen die Frivolität des Wiener Kongresses donnerte. Auch den Leichtsinn der Wiener Damen hatte er sehr ins Auge gefaßt und ihnen versichert, er achte ihre Köchinnen mehr als sie; sie aber dabei zugleich angeredet: „Meine gnädigen, doch nun vielleicht ungnädigen Damen." Ein anderes Mal hatte er eine ebenso unpassende als skandalöse Beichte seiner eigenen Sünden abgelegt; dann hatte er wieder von Pferden und Pferdeliebhaberei geredet. Noch ein anderes Mal war er mit den Worten von der Kanzel gestiegen: „Ihr glaubt wohl, daß die Könige und Herren den Frieden geschlossen haben? Dummheiten! Amen."

Jetzt in der Karwoche fand ich zweimal Gelegenheit, ihn zu hören. Joachim begleitete mich in die Kirchen, wo ich jedoch beide Male alle Plätze besetzt fand und mich damit begnügen mußte, der Kanzel gerade gegenüber auf einer Balustrade Platz zu nehmen. Ich fand in Werner einen Zeloten, der mit sehr gemeinen und übertriebenen Gestikulationen oft ganz triviale, oft aber auch sehr erhabene Dinge sagte, so daß ich ihn den Jean Paul der Kanzel nennen möchte. Bald saß, bald stand, bald kniete er, und häufig hemmten Tränen seinen Vortrag.

Am Gründonnerstag, dem 23. März, gingen wir bei unserem Oberkonsistorialrat Wächter zum heiligen Abendmahl. Sonntag, den 26., fand ich unseren König mit seiner ganzen Suite in der dänischen Kapelle. Bis dahin hatte ich solch eine Begegnung immer vermieden. Nun saß ich da neben dem König, Henriette an meiner Seite, still und andächtig; doch, o weh! während der Predigt entfällt ihr ein kleiner für sich und mich mitgenommener Schatz von Kreuzern; sie rollten mit großem Lärm auf dem Fußboden umher, und Se. Majestät selbst sammelte den größten Teil davon auf.

Mitte Februar ging ich zu der letzten Soiree, welche das

Castlereaghsche Ehepaar vor seinem Scheiden gab. Der Abschied war fürs Leben, das sagte man sich wohl, wenn man auch nicht ahnte, welchem trüben Schicksal der Biedermann entgegenging. Wenige Jahre nachher hat er im Wahnsinn durch einen Schnitt in die Gurgel seinem so tätigen und, wie es schien, so heiteren Leben ein Ende gemacht. Seinem Nachfolger, dem Helden Herzog von Wellington, sah besonders die Damenwelt mit Ungeduld entgegen. Endlich erschien der edle, schöne Mann, bedeckt mit Orden, bedeckt mit Ruhm. Galt es diesem allein, wenn die Damen ihn umdrängten, und wenn sie bei ihrer Vorstellung sich einen Kuß von ihm ausbaten? War es norddeutsche Sitte, die mich zurückhielt, oder vielleicht mein seit der näheren Bekanntschaft mit den anderen Helden etwas abgekühlter Enthusiasmus, vielleicht auch noch ein Rest von Blödigkeit, genug, ich drängte mich nicht an ihn heran und mußte nachher noch die Gelegenheit suchen, um ihm vorgestellt zu werden; denn das gehörte zu der Etikette, die bei einem Botschafter beobachtet wurde. Von der Art seiner Geselligkeit in Wien will ich nur sagen, daß er nicht dem Beispiel seines Vorgängers folgte, alle Abende zu empfangen, sondern ein oder zwei Tage in der Woche festsetzte, an denen dann die Gesellschaft herbeiströmte. Einmal, in den ersten Tagen des März, fand man seine Tür zwar auf, sein Vorzimmer angefüllt mit seinem Gefolge, Lady Radcliffe, um die Honneurs zu machen, in dem Salon bereit, die Gäste zu empfangen; allein er selbst war verreist, hatte eine Exkursion nach Preßburg unternommen. Zu den Düpierten gehörten nicht nur viele der angesehensten Personen, sondern sogar der König von Preußen; — so etwas gewann nicht für den Botschafter Großbritanniens!

Unterdessen, d. h. noch den halben März, den April und den größten Teil des Mai, spazierte Kaiser Alexander fortwährend mit seinem Herzensfreunde, dem Prinzen Eugène Beauharnais, ehemaligem Vizekönig von Italien, umher. Die

Wiener, die von Anfang an diese Freundschaft mit scheelen Augen angeblickt hatten, waren jetzt wütend darüber. Man ist allgemein überzeugt, daß dieser Stiefsohn Napoleons Verrat gegen seine neuen Freunde und Schutzherren im Schilde führt, und hält seine demütige und seit dem Erscheinen Bonapartes sehr verweinte Miene für eine Larve.

Alexander läßt sich nicht warnen, durch Worte wenigstens nicht; da wird die Weisung handgreiflich; denn an einer Straßenecke wirft eine Fruchtverkäuferin den beiden Vertrauten verfaulte Äpfel nach, und sie müssen sich in das erste beste Haus hineinflüchten.

Aus Graf de la Gardes „Gemälde des Wiener Kongresses."

Am Tage nach meiner Ankunft beeilte ich mich, dem Fürsten von Ligne meine Aufwartung zu machen.

„Sie kommen zur rechten Zeit," sagte er mir, „um große Dinge zu sehen. Europa ist in Wien. Das Gewebe der Politik ist ganz mit Festlichkeiten durchsponnen."

Darauf stellte er mit jugendlicher Lebhaftigkeit eine Menge von Fragen an mich, über Paris, meine Familie, meine Reisen und meine Pläne, bis man uns durch die Meldung, sein Wagen stünde bereit, unterbrach.

„Ich erwarte Sie morgen bei mir zu Tisch," sagte er, „und von da wollen wir auf den Redoutenball gehen: Ich werde Ihnen dort in wenigen Augenblicken die Sehenswürdigkeiten dieses großen Gesellschaftsbildes erklären."

Um neun Uhr kamen wir in dem kaiserlichen Palast, die Burg genannt, an. In diesem alten Schlosse wurde ein Mummenschanz aufgeführt, Charaktermasken traten auf, die unter der Unbeweglichkeit des Dominos oft politische Kombinationen, Meisterstücke von Intriguen oder Plänen verbargen. Der Hauptsaal war prächtig erleuchtet und von einer kreisförmigen Galerie umgeben, durch welche man in geräumige Säle kam, die zum Souper eingerichtet waren. Auf den amphitheatralisch ansteigenden Sitzen befanden sich eine Menge von Damen, einige im Domino, der größte Teil aber in Charakterkostümen. Man kann sich nichts Glänzenderes denken, als diese Vereinigung von jungen und schönen Damen, eine jede für ihre Reize besonders geschmückt. Alle Jahrhunderte, alle Länder schienen sich in diesem anmutigen Zirkel wie auf Verabredung getroffen zu haben.

In gleichen Intervallen spielten die Orchester nacheinander Polonaisen und Walzer; in den angrenzenden Sälen tanzte man Menuette mit aller deutschen Ernsthaftigkeit, und das war keineswegs der am wenigsten komische Teil des Bildes.

Der Fürst hatte recht: Wien bot damals einen Auszug Europas und diese Redoute einen Auszug Wiens. Es gibt nichts Bizarreres als diese maskierten und unmaskierten Menschen, unter denen sich alle Souveräne des Kongresses ohne jeden Unterschied in der Menge bewegten.

„Bemerken Sie," sagte der Fürst von Ligne zu mir, „diese anmutige, kriegerische und elegante Gestalt. Das ist der Kaiser Alexander. Er reicht dem Prinzen Eugen Beauharnais, zu dem er eine aufrichtige Zuneigung gefaßt hat, den Arm. Als Eugen mit dem Könige von Bayern, seinem Schwiegervater, hier ankam, war der österreichische Hof im Unklaren, welchen Rang man ihm geben solle. Der Kaiser von Rußland hat sich aber so günstig darüber ausgesprochen, daß er seinem edlen Charakter entsprechend behandelt wurde. Der Kaiser vermag, wie Sie wissen, Freundschaft einzuflößen und selbst zu empfinden."

„Kennen Sie jenen Mann von edler, hoher Gestalt, den die schöne Neapolitanerin mit ihren rundlichen Armen umschlingt? Es ist der König von Preußen, dessen ernstes Gesicht trotzdem unbeweglich bleibt. Und diese schelmische Maske ist vielleicht eine Kaiserin oder vielleicht auch eine Grisette."

„Dies offene Gesicht, auf dem sich Herzensgüte malt, ist Maximilian, der König von Bayern, der auf dem Throne seine

Stellung als Oberst im französischen Dienst nicht vergessen hat und für seine Untertanen die Liebe hegt, welche er einst für sein Regiment an den Tag gelegt hat."

„Dort, der kleine blasse Mann mit der großen Adlernase und dem weißblonden Haar ist der König von Dänemark. Politische Rücksichten hatten bei den Souveränen eine ihm ungünstige Stimmung hervorgerufen: aber der Reiz seines Benehmens, die Offenheit und Erhabenheit seines Charakters haben ihm bald alle Herzen zugewendet. Sein lebhafter fröhlicher Geist, seine glücklichen Entgegnungen sind die Lust der königlichen Gesellschaften: man nennt ihn hier den Spaßmacher der Brigade der Souveräne. Wenn man die Einfachheit seiner Manieren sieht und weiß, welches Glück sein kleiner Staat genießt, so kann man kaum auf den Gedanken kommen, daß er der absoluteste Monarch Europas ist."

„Diese riesenhafte Gestalt, deren Umfang der schwarze Domino weder verbergen noch verkleinern kann, ist der König von Württemberg. Neben ihm steht sein Sohn, der Kronprinz, dessen Liebe für die Großherzogin von Oldenburg, die Schwester des Kaisers Alexander, ihn auf dem Kongresse zurückhält und ihn wohl noch mehr beschäftigt als die wichtigen Interessen, die einst die seinigen werden. Wir werden bald die Entwicklung dieses Romans beobachten können."

„Die beiden jungen Leute, die eben an uns vorbeikamen, sind der Kronprinz von Bayern und sein Bruder, der Prinz Karl. Des Prinzen Kopf kann dem des Antinous verglichen werden. Diese ganz wogende Menge von Menschen verschiedenen Aussehens und Anzuges sind regierende Fürsten oder Erzherzoge oder hohe Würdenträger der verschiedenen Reiche. Denn außer einigen Engländern, die man leicht an ihren gewählten Kleidern erkennen kann, befindet sich sicherlich kein einziger Mensch hier, der seinem Namen keinen Titel hinzuzufügen hätte."

„Jetzt sind Sie so ziemlich eingeführt: nun gehen Sie Ihren eigenen Weg."

Nachdem mich der Fürst verlassen hatte, setzte ich meine Wanderung durch den Saal fort und, wie zu einem allgemeinen Rendezvous versammelt, traf ich nacheinander alle die Menschen, die ich von Neapel bis Petersburg, von Stockholm bis Konstantinopel kennen gelernt hatte. Welche Buntheit der Kostüme und Sprachen! Ein Markt aller Nationen der Welt schien mir dieses Fest zu sein. Als ob es das erstemal wäre, empfand ich wieder den ganzen Rausch eines Maskenballes. Die nicht aussetzende Musik, das Geheimnisvolle der Verkleidungen, die Intriguen, von den ich umgeben war, das allgemeine Inkognito, die Lustigkeit ohne Maß und Grenze, die Fülle verführerischer Gelegenheiten, mit einem Worte: der Zauber dieses großen Gesellschaftsbildes verwirrten meinen Kopf, und auch ältere und stärkere Gemüter unterlagen zuletzt.

Ich war bald von meinen Freunden umringt und bat daher den Fürsten von Ligne in einem Augenblick, wo er wenig von Leuten umgeben war, sich für heute Abend meinetwegen keine Sorge mehr zu machen. Nun gab ich mich ganz dem Taumel des Frohsinns, der Sorglosigkeit und des Glücks hin, der überall das Gewirre dieser so außerordentlichen Versammlung zu beherrschen schien. Ich traf noch einige Freunde, in deren Gesellschaft wir die zwei Stunden, die uns noch vor dem Souper blieben, aufs beste verbrachten. Dann setzten wir uns, etwa zwanzig Gäste, an einen Tisch, um zusammen diesen fröhlichen Abend zu beschließen.

Gegen das Ende der Soirée ließ mich ein günstiger Zufall meinem vortrefflichen Freunde, dem General Tettenborn, begegnen.

Als wir uns trennten, sagte General Tettenborn zu mir: „Auf Wiedersehen morgen, ich werde um 10 Uhr bei Ihnen sein. Wir wollen dann zu dem großen militärischen Feste gehen, das zu Ehren des Friedens abgehalten wird. Bevor die Waffen niedergelegt werden, wollen die Monarchen der Vorsehung für die außerordentliche Gunst danken, die sie ihnen hat zuteil werden lassen."

Zur festgesetzten Stunde war Tettenborn mit der Pünktlichkeit eines österreichischen Rittmeisters bei mir. Es war ein milder und klarer Oktobermorgen. Bald trabten wir auf dem Glacis zwischen dem Neuen- und dem Burgtor dahin. Unterwegs gesellten sich noch einige Bekannte zu uns, die ebenfalls die Neugierde hinzog. Tettenborn trug seine glänzende Generalsuniform; die reiche Anzahl militärischer Orden, die seine Brust schmückten, bewiesen, daß er sich dem Schutze der Glücksgöttin auch würdig gezeigt hatte. Kaum waren wir im Prater angelangt, da mußte er uns verlassen, um sich der Suite des Kaisers Alexander anzuschließen; ich blieb jedoch von Freunden umgeben, und bald hatten wir einen günstigen Platz gefunden, um alle Einzelheiten dieses schönen Festes überblicken zu können. Wenn man auch zu jener ganz soldatischen Zeit häufig genug dergleichen Feierlichkeiten beiwohnen konnte, so glaube ich doch nicht, daß es eine gegeben hat, die dieser an Glanz und Majestät gleichgekommen ist. Nun war dieser Krieg, dessen Erbitterung und Dauer die Welt erschreckt hatte, vorüber. Der Riese des Ruhmes war zwar nicht besiegt, aber durch die Überzahl erdrückt; und der Jubel und die Begeisterung des Erfolges bewiesen zur Genüge die Macht des Gegners und wie unerwartet dieser Triumph war.

Mehrere Bataillone Infanterie, Kavallerieregimenter, unter anderen auch das Ulanenregiment Schwarzenberg und die Kürassiere des Großfürsten Konstantin, waren auf einem ungeheuren Rasen versammelt. All diese Truppen waren in der glänzendsten Haltung.

Die Souveräne kamen zu Pferde an. Die Truppen bildeten ein doppeltes Karree, in dessen Zentrum ein großes Zelt oder vielmehr ein Tempel zu Ehren des allgemeinen Friedens errichtet war. Die Säulen, auf denen er ruhte, waren mit Trophäen von Waffen und Standarten geschmückt, die in den Lüften flatterten. Die Erde ringsherum war mit Laub und Blumen bestreut. In der Mitte des Zeltes stand ein Altar, der mit allen Draperien und allem Pomp des katholischen Kultus von Gold und Silber reich geschmückt war. Unzählige Kerzen verbreiteten ihr Licht, das von der Sonne, die in all ihrer Pracht erstrahlte, verdunkelt wurde. Teppiche von rotem Damast bedeckten die Stufen des Altars.

Bald kamen in den mit vier Pferden bespannten Hofwagen die Kaiserinnen, Königinnen und Herzoginnen angefahren und nahmen auf den mit Samt ausgeschlagenen Lehnstühlen Platz. Endlich, als diese strahlende Versammlung, diese Menge von Militärs, von Hofleuten, Stallmeistern, Pagen sich an den ihnen bezeichneten Plätzen aufgestellt hatte, begann der ehrwürdige Erzbischof von Wien, der trotz seines hohen Alters das Hochamt hatte halten wollen, von seinem ganzen Klerus umgeben, die Messe. Die ganze Bevölkerung von Wien und der Umgebung war herbeigeströmt, um diesem feierlichen Schauspiel beizuwohnen.

Im Augenblicke der Konsekration begrüßte eine Artilleriesalve die Gegenwart des Gottes der Schlachten. Und zu gleicher Zeit fielen wie auf einen Wink alle diese Krieger, Könige, Prinzen, Generäle, Soldaten auf die Knie und beugten sich vor Dem, in dessen Hand die Entscheidung über Sieg oder Niederlage liegt. Die ungeheure Menge der Zuschauer schien das gleiche Gefühl ergriffen zu haben, ganz von selbst entblößten alle ihr Haupt und knieten im Staube. Die Kanonen verstummten, dem mächtigen Donner des Erzes folgte ein frommes Schweigen. Endlich erhebt der Priester des Herrn das Zeichen der Erlösung und wendet sich gegen die Armee zum allgemeinen Segen. Der Gottesdienst ist beendet: die gebeugten Gestalten richten sich wieder auf, und das Waffengeräusch erfüllt wieder die Luft. Nun stimmt ein Sängerchor in deutscher Sprache die Friedenshymne an, und ein zahlreiches Orchester von Blasinstrumenten begleitet ihn. Da auf einmal fällt die ganze Armee und fallen all' die unzähligen Zuschauer mit ein in den Gesang. Nein, niemals hat das menschliche Ohr etwas Ergreifenderes gehört als diese Tausende von Stimmen, die zu einer einzigen zusammenschmolzen, als es galt, die Wohltat des Friedens und den Ruhm des Allmächtigen zu preisen.

Nach der religiösen Zeremonie stellten sich die Herrscher und alle Prinzessinnen auf einer Anhöhe bei dem Burgtore auf. Die Truppen defilierten vor ihnen: der Großfürst Konstantin und andere Prinzen marschierten an der Spitze der ihnen verliehenen Regimenter. Von allen Seiten erschallten Jubelrufe und Wünsche für die Erhaltung des Friedens, des ersten Bedürfnisses der Völker. —

Die erfinderische Phantasie wurde nicht müde, jeden Tag neue Feste zu veranstalten: Banketts, Konzerte, Jagdpartien, Maskenbälle, Karussells. Nach dem Beispiele des Hauptes ihrer hohen Familie hatten sich alle Prinzen des Hauses Österreich in die Rollen geteilt, um auf würdige Weise ihren vornehmen Gästen die Honneurs von Wien zu machen. Man fürchtete dermaßen, diese Reihenfolge von Vergnügungen nicht zu stören, daß der Hof nicht einmal Trauer für die Königin Marie Karoline von Neapel anlegte. Und doch hatte diese letzte Tochter Maria Theresias ihr bewegtes Leben schon vor dem Einzug der Monarchen in Wien beschlossen. Ängstlich vermied man es, ihren Tod öffentlich bekannt zu geben: diese, nur der Sorglosigkeit und Freude geweihte Zusammenkunft sollte nicht durch eine düstere Färbung getrübt werden.

Nichts kommt der Vertraulichkeit gleich, in der die Monarchen unter einander lebten. Sie studierten es geradezu, sich gegenseitig Freundschaft, Aufmerksamkeit und Zuvorkommen=

heit zu bezeigen. Sie sahen sich jeden Tag, und doch verlor diese herzliche Offenheit, die des Zeitalters der Ritterlichkeit würdig war, nicht an Frische. Wollten sie durch dieses edle Benehmen alles widerrufen, was man über die Mißverständnisse, die ehrgeizigen Pläne, die Berechnungen persönlichen Vorteils gesagt hat, die gewöhnlich auf den Kongressen der Könige herrschen? Oder waren sie erstaunt und entzückt von einem Leben, einer Brüderlichkeit, die einen so schroffen Gegensatz zu den steifen Gewohnheiten ihrer Höfe bildeten?

Um die Verlegenheiten des Zeremoniells und die Fragen über den Vorrang zu vermeiden, ward der einstimmige Beschluß gefaßt, das Alter allein solle maßgebend sein, sowohl beim Eintritt wie beim Ausgang aus den Zimmern, auf den Spazierritten wie auf den Spazierfahrten. Die Anregung zu dieser Maßregel wird dem Kaiser Alexander zugeschrieben. Folgendermaßen wurde der Rang nach dem Alter festgestellt:

1. Der König von Württemberg, geboren i. J. 1754,
2. Der König von Bayern, geboren i. J. 1756,
3. Der König von Dänemark, geboren i. J. 1768,
4. Der Kaiser von Österreich, geboren i. J. 1768,
5. Der König von Preußen, geboren i. J. 1770,
6. Der Kaiser von Rußland, geboren i. J. 1777.

Dieser Rangordnung jedoch folgte man nur bei den Lustbarkeiten; bei den offiziellen Beratungen des Kongresses erschienen die Monarchen nicht in Person.

Eine der ersten Höflichkeiten der Monarchen war, sich gegenseitig mit den Großkreuzen ihrer Orden zu beschenken. Es war schwer, sich zurechtzufinden unter allen diesen Dekorationen von allen Formen und Namen, von den Kalenderheiligen an bis zu den seltsamsten Titeln, wie: der Elephant, der Phönix, der schwarze, rote und weiße Adler, das Vlies, usw. Dieser Austausch war nur ein Vorspiel zu etwas Wichtigerem: zu Geschenken von Königreichen, Provinzen oder einer Anzahl Seelen.

Unter anderen Zeremonien dieser Art besprach man besonders viel die, bei der Lord Castlereagh im Namen seines Königs dem Kaiser von Österreich den Hosenbandorden überreichte. Der Prinz von Ligne, der dieser Feierlichkeit beiwohnte, schilderte mir die Würde und Pracht, mit der sie vollzogen wurde. Sir Isaac Heart, der erste Waffenherold des Ordens, war eigens zu diesem Zwecke von London abgesandt worden. Er selbst bekleidete den Kaiser mit den einzelnen Stücken des Ordenskostüms und gürtete ihm das so ehrgeizig begehrte Hosenband um; Lord Castlereagh überreichte hierauf dem Monarchen die Ordensstatuten. Zum Dank für diese Courtoisie ernannte der Kaiser den Prinzregenten und den Herzog von York, seinen Bruder, zu Feldmarschällen.

Als die Herrscher ihren Ordensschatz erschöpft hatten, begannen sie, sich Regimenter ihrer Armeen zu verleihen. Und nun war es eine Ehrenpflicht, sich sofort in der Uniform des verliehenen Regimentes zu zeigen.

So verlieh der Kaiser von Österreich dem Kaiser Alexander das Regiment Hiller und dem Kronprinzen von Württemberg die Blackensteinschen Husaren. Alexander erwiderte dieses Geschenk durch eines seiner kaiserlichen Garderegimenter. Um zu zeigen, welchen Wert er diesem Geschenke beilegte, wollte er selbst seinen neuen Soldaten ihre Fahne überreichen. Diese Fahne war von der Kaiserin von Österreich prachtvoll gestickt und trug die Devise: Unauflöslicher Bund zwischen den Kaisern Alexander und Franz. Das Regiment stand in Schlachtordnung auf einem der Rasenplätze des Praters. Eine ungeheure Volksmenge drängte sich ringsumher. Nun näherte sich Alexander mit der Fahne, die er aus den Händen der Kaiserin von Österreich empfangen, den Soldaten mit den Worten: „Soldaten, erinnert euch, daß ihr für ihre Verteidigung sterben sollt, für die Verteidigung eures Kaisers und eures Obersten Alexander von Rußland."

Die Monarchen statteten sich gegenseitig Besuche ab und überraschten sich wie gute alte Freunde. Es war mit einem Wort: eine königliche Kameradschaft. So zum Beispiel verabredeten sich der Kaiser Alexander und der König von Preußen, den Kaiser Franz an seinem Namenstage beim Lever zu überraschen: der eine überreichte ihm ein Hauskleid mit Marderzobel gefüttert, der andere ein Waschbecken und eine Kanne der vorzüglichsten Berliner Arbeit. Diese Szenen häuslicher Vertraulichkeiten waren bald in aller Mund und bildeten den Gegenstand aller Tagesgespräche. —

... Der Fremde ist in Wien gut aufgenommen: die Privatleute kommen ihm mit herzlicher Gastlichkeit, die Behörden mit Offenheit und Wohlwollen entgegen. Dafür verlangt man von ihm nur eines: nicht gegen die Regierung zu sprechen oder zu handeln.

„Erfreuen Sie sich," sagt man zu ihm, „an allen Annehmlichkeiten, die Sie umgeben; genießen Sie unsere reichen, schönen Gegenden; besuchen Sie die Theater, die Kasinos, die Bälle; jedoch trüben Sie unsere Lustbarkeiten nicht durch politische Betrachtungen. Enthalten Sie sich aller Kritiken, die zu Ihrem Wohlbefinden nicht gerade beitragen, dem unsrigen aber schaden würden."

Das waren die Bedingungen für eine gute Aufnahme; aber wehe dem Fremden, der gegen diese Gesetze der Klugheit sündigt: am selben Tage noch empfängt er ein kleines Billett, das ihn höflichst bittet, am nächsten Tage vor dem Polizeibeamten zu erscheinen. In der freundlichsten Weise gibt man ihm vor, seine Pässe seien nicht in Ordnung und seine Geschäfte seien beendet. Vergebens protestiert er, beruft sich auf seine Anhänglichkeit an alle Regierungen, beteuert, daß er nur daran denke, sich zu vergnügen. Alles umsonst, er muß reisen. —

Zwei Ereignisse von sehr verschiedener Bedeutung beschäftigten damals die Gemüter: das Schicksal des Königreichs Sachsen und die Ankündigung eines Karussells, eines Ritterspiels, das schon seit Beginn des Kongresses lebhaft besprochen wurde und das in der kaiserlichen Reitbahn stattfinden sollte. Man sprach einige Worte über Sachsen, von dem Plane, es Preußen zur Entschädigung zu geben; die Vorbereitungen zu dem Karussell jedoch behandelte man bis in die kleinsten Einzelheiten. Es sollte unter den Festlichkeiten des Hofes eines der schönsten werden. Man vertiefte sich in die Beschreibungen und Abbildungen der Karussells unter Ludwig XIV. und war sicher, diese an Pracht zu übertreffen.

Es wurden aufs ausführlichste die Farben der verschiedenen Quadrillen und die vermutliche Geschicklichkeit der einzelnen Champions besprochen; man zitierte mehrere Devisen, deren Sinn die Damen zu enträtseln suchten. Der vortreffliche König von Sachsen und seine Staaten waren gänzlich vergessen; diese Angelegenheit hatte einer wichtigeren weichen müssen . . . —

. . . Fürst Talleyrand empfing mich mit der ihm eigenen leutseligen Anmut, nahm mich mit einer Freundlichkeit bei der Hand, die mich an eine andere Zeit erinnerte und sagte:

„Ich muß also nach Wien kommen und Sie in aller Form einladen, mein Herr, damit Sie mich besuchen?"

Ich weiß nicht, ob ich mich irrte, doch in diesem Augenblicke schien er das Axiom zu verleugnen, das ihm so lange zugeschrieben wurde: das Wort ist dem Menschen gegeben, um seine Gedanken zu verbergen. Hierauf stellte er mich, ohne meine Antwort abzuwarten, die, wie er an meiner Verlegenheit merken konnte, nicht sehr gut ausgefallen wäre, dem Herzog von Dalberg vor und begleitete diese Vorstellung mit einigen artigen, schmeichelhaften Worten.

Ich hatte den Herrn von Talleyrand seit dem Jahre 1806 nicht mehr gesehen; er hatte noch dieselbe geistvolle Feinheit im Blicke, die unerschütterliche Ruhe in seinen Zügen, die Haltung eines überlegenen Mannes, den ganz Europa damals als den ersten Diplomaten aller Zeiten bewunderte; er hatte noch dasselbe tiefe, klangvolle Organ, dieselben freien, natürlichen Manieren, denselben Weltton, den Abglanz einer Gesellschaft, die nicht mehr war, und als deren letzter Repräsentant er galt. In diesem Salon, einem solchen Manne gegenüber, konnte man ein unwiderstehliches Gefühl von Schüchternheit und Furcht nicht leicht bekämpfen.

Das Lob der französischen Bevollmächtigten beim Kongresse verkündeten schon ihre Namen; aber Herr von Talleyrand schien durch die Anmut und die Kraft seines Geistes besonders zu dominieren. Immer der gleiche, trieb er Diplomatie, wie er sie schon ehemals in seinen Salons zu Paris oder Neuilly nach einer gewonnenen Schlacht getrieben hatte. Trotzdem die Rolle Frankreichs damals ebenso schwierig war wegen der äußeren Umstände wie wegen innerer Verlegenheiten. Von vielen Hindernissen umgeben, die eine Folge der neuen Organisation und der mangelnden inneren Harmonie waren, konnte die französische Diplomatie keine mannhaften Schritte tun. Man wußte wohl, solche lagen weder in der Macht noch in dem Willen der Regierung. Die Großmächte, die die Schiedsrichter des Kongresses waren, traten mit einer Einstimmigkeit auf, die in den diplomatischen Annalen ohne Beispiel war. Nichts auf der Welt schien ein Glied dieser geschlossenen Kette loslösen zu können. Die Repräsentanten Frankreichs waren daher allein darauf angewiesen, durch die Quellen ihres Genies oder Talents zu ergänzen, was die Hindernisse ihnen entzogen, die eine Quadrupelallianz mit dem ganzen Gewicht ihres augenblicklichen Ansehens und ihrer Einigkeit ihnen in den Weg legte.

Die Macht aber, die Herr von Talleyrand bei seiner Regierung nicht fand, fand er in sich selbst, denn man kann sagen: in ihm konzentrierte sich die französische Gesandtschaft beim Kongresse, wie groß auch das Verdienst der einzelnen und ihr persönlicher Einfluß sein mochte. Mit jenem wunderbaren Verständnisse, das die Ereignisse vorauszusehen und zu bestimmen schien, wußte er bald den Frankreich zukommenden Platz zurückzugewinnen.

In dem leitenden Komitee, das aus den vier Großmächten bestand, stieß er alle Ansichten und Absichten gänzlich um. „Ich bringe Ihnen mehr als Sie besitzen," sagte er zu ihnen, „die Idee der Legalität." Er teilte die Mächte, die bis dahin so einig gewesen waren; er ließ die Gefahr merken, die es bedeute, wenn Rußland, unmäßig vergrößert, auf dem übrigen Europa laste und wies die Notwendigkeit nach, es gegen den Norden zurückzudämmen. Er verstand es, England und Österreich davon zu überzeugen. Deshalb sah auch Kaiser Alexander, der sechs Monate vorher unter dem Einfluß und im Salon Talleyrands die Wiedereinsetzung des Hauses Bourbon bestimmt hatte, mit Mißvergnügen seine Pläne durch den Vertreter eines Staates gehindert, der ihm seine Existenz verdankte. In übler Laune sagte er häufig: „Herr von Talleyrand spielt hier den Minister Ludwigs XIV."

Man hat gesagt und gewiß mit Recht, Fürst Talleyrand sei niemals größer gewesen als in dem Augenblicke, in dem Frankreich durch das Unglück von 1814 niedergeschmettert war. Ich hatte ihn acht Jahre vorher gesehen, als Minister des französischen Kaiserreiches, damals als den allmächtigen Gesetzgeber Europas. In Wien, als der Bevollmächtigte eines unterlegenen Volkes, war er ganz der gleiche, seiner Macht ebenso gewiß. Es war dieselbe vornehme Würde, vielleicht um eine Nuance Stolz mehr, dieselbe Haltung, die einer besiegten, aber zum europäischen Gleichgewicht notwendigen Nation würdig war, die selbst aus dem Gefühle ihrer Niederlage neue Kräfte schöpfen konnte. Seine Haltung, ein Wort von ihm war der beredteste Ausdruck der Größe unseres Vaterlands. Wenn man diesen Blick sah, den kein Mißgeschick getrübt, den Gleichmut, den nichts verwirren konnte, fühlte man, dieser Mann habe eine starke und mächtige Nation hinter sich.

Was er in der Politik war, galt er auch im Privatleben, in seinem Salon. Er hatte in Wien seine Pariser Gewohnheiten beibehalten. Seine Visiten empfing er täglich zu seiner Toilettenzeit; und während ihn sein Kammerdiener frisierte, entspann sich oft die ernsthafteste Diskussion. In seinem Salon habe ich ihn so manches Mal neben der schönen Gräfin Edmond de Perigord sitzen sehen, rings um ihn alle diplomatischen Berühmtheiten, alle Minister der siegreichen Mächte, die sich stehend mit ihm unterhielten und wie Schüler ihrem Lehrer zuhörten. In unserem Jahrhundert ist Herr von Talleyrand vielleicht der einzige, der dauernd solche Triumphe gefeiert hat.

Der Herzog von Dalberg war würdig an der Seite des Fürsten von Talleyrand zu stehen. Als Sproß einer der ältesten und edelsten deutschen Familien hatte er am 31. März sehr zu den Entschlüssen beigetragen, die die bourbonische Familie wieder auf den Thron brachten. Gleichzeitig aber hatte er sich auch für die Anwendung konstitutioneller Maßnahmen eingesetzt, die geeignet waren, die Meinungen zu beschwichtigen und Frankreich wieder zu vereinigen.

Herr von Talleyrand hatte, bevor er sich nach Wien begab, seine Instruktionen selbst redigiert: man versichert, er habe sich treu daran gehalten und die verschiedenen Phasen, die die Verhandlungen zu durchlaufen hatten, mit einem bewundernswerten Scharfsinn vorausgesehen und bestimmt. Es ist nicht allgemein bekannt, daß die französischen Botschafter zwei Korrespondenzen nach Paris führten: die eine, von Herrn Besnadière abgefaßt, war ausschließlich anekdotisch und an den König Ludwig XVIII. gerichtet. Herr von Talleyrand streute da jene originellen, pikanten Einfälle, jene so feinen und tiefgehenden Bemerkungen ein, die ihn charakterisierten. Die andere, die ganz politisch war und hauptsächlich vom Herzoge von Dalberg redigiert wurde, ging direkt an das Ministerium der äußeren Angelegenheiten.

Oft war ich zu jener Zeit versucht, einen Vergleich zwischen den beiden Männern zu ziehen, die in einer so bedeutenden Gesellschaft die Aufmerksamkeit aller auf sich lenkten, zwischen dem Fürsten von Ligne und Herrn von Talleyrand. Beide hatten mit den Berühmtheiten des achtzehnten Jahrhunderts gelebt und schienen der neuen Generation gleichsam als Muster und Zierde hinterlassen zu sein; beide waren Repräsentanten dieser so geistreichen Gesellschaft, jedoch in verschiedener Weise: der eine hatte ihr leichtes und unruhiges Wesen, der andere ihre Natürlichkeit, ihre Anmut und den Adel des Benehmens. Beide verstanden es, durch den Zauber ihres Geistes zu gefallen: der eine auf glänzendere, der andere auf tiefere Weise. Herr von Talleyrand war geboren, um die Menschen durch die Kraft seines stets scharfen und leuchtenden Verstandes hinzureißen; der Fürst von Ligne entzückte und blendete durch die bezaubernde Anmut seiner unerschöpflichen Einbildungskraft. Dieser brachte in die Literatur die Feinheit, Anmut und den Glanz eines Hofmannes; jener beherrschte die wichtigsten Angelegenheiten mit der ruhigen Leichtigkeit eines vornehmen Mannes und der unerschütterlichen Mäßigung eines überlegenen Menschen. Der eine wie der andere war an glücklichen Gedanken, Witzen, originellen und pikanten Zügen reich, die des Staatsmannes waren charakteristischer, die des Kriegers unerwarteter, sprühender. Allen beiden endlich war jenes Wohlwollen eigen, das gleichsam die Mitgift eines Mannes von Geburt ist; bei dem einen zeigte es sich auf stillere, bei dem andern auf mitteilende Weise. Glücklich, sagte ich oft zu mir, wer den Morgen beim Fürsten von Ligne und den Abend bei dem Herrn von Talleyrand verbringen kann! Wenn der eine den Geist durch Belehrungen aus einer großen Erfahrung, durch wahre und schöne Schilderungen bereichert, wird der andere den Geschmack durch sicheren Takt, scharfsichtige Bemerkungen, und den Zauber des Gespräches, welches alle besiegt, die es nicht überzeugen kann, läutern. —

Ich begab mich zum Fürsten von Ligne, um ihm meinen

täglichen Besuch zu machen. Er lag noch im Bette, und ich ging in das Bibliothekszimmer, das zugleich sein Schlafzimmer war. Der Ort, den ein berühmter Mann bewohnt, ist immer interessant; überall findet man die Spuren seiner Neigung, und der besondere Charakter seines Genies spricht aus den geringsten Einzelheiten; alles hier ist würdig, die Neugierde zu erwecken oder die Aufmerksamkeit zu fesseln. Umgeben von seinen Büchern, seinen zerstreuten Manuskripten schien der Fürst von Ligne ein General unter seinem Zelte zwischen Waffen und Trophäen.

Die Freiheit, die Dichtern gestattet ist, eine schöne Unordnung für künstlerisch zu halten, mißbrauchte er ein wenig sehr und ließ um sich herum einen Wirrwarr herrschen, der nicht ohne Anmut war. Hier Montesquieu, Rousseau aufgeschlagen neben einer Liebeskorrespondenz, dort kleine Verse neben militärischen Werken des Erzherzogs Karl, angefangene Briefe, Gedichte und entworfene strategische Schriften. Ein wundersames Gemisch von Eigenschaften eines vornehmen Mannes, eines Soldaten, eines Mannes von Geist, gehörte der Fürst von Ligne zu einer Menschenart, die man nicht mehr findet; die ausgezeichnetsten Frauen fesselte er durch seine verführerisch blendende Unterhaltung, setzte die bedeutendsten Generäle durch die Tiefe seiner Pläne in Erstaunen und bezauberte alle durch die Schärfe und Wahrheit seiner Bemerkungen.

Vor sich hatte er ein Pult, auf dem er schrieb.

„Ich gehe heute nach Schönbrunn," sagte er zu mir, „Sie begleiten mich, nicht wahr? Ich habe das Ehrenamt, bei dem kleinen Herzog, dem geborenen Könige,* die Honneurs zu machen; gestatten Sie mir nur noch, dieses Kapitel zu vollenden, in dem ein Auftritt dieser Zeit geschildert wird, dann stehe ich zu Diensten."

„Ich werfe meine Ideen aufs Geratewohl aufs Papier," fügte er hinzu, „damit ich sie nicht vergesse. Dieses große Ge-

* Napoleons Sohn, der König von Rom, seit 1814 Herzog von Reichstadt.

mälde begeistert mich; inmitten dieser berauschenden Freuden kommt mir vielleicht ein Gedanke, der eines Tages sein Gutes oder Vergnügliches haben wird. In diesen Kreis von Chimären gezogen, höre ich nicht auf, Beobachter zu sein. Obgleich ich selbst in diesem Schauspiele mitwirke, sehe ich alles, was um mich herum geschieht, als einen Fußtritt an, den man in einen Ameisenhaufen tut."

Und er begann wieder zu schreiben. Plötzlich wendet er sich zu mir, da er etwas nachzuschlagen hat: „Tun Sie mir den Gefallen und geben Sie mir den Manuskriptenband dort, den Sie in der dritten Bücherreihe sehen."

Ich stehe auf und suche den Platz, den er mir bezeichnet hatte; aber da ich einen Augenblick ungewiß bin, springt er aus dem Bett, klettert die Leiter hinauf, nimmt das Buch, und legt sich dann mit einer Geschwindigkeit wieder nieder, die schneller ist, als Worte. Ich drücke mein Erstaunen aus über eine für sein Alter so ungewöhnliche Beweglichkeit.

„Es ist wahr," sagte er zu mir, „ich bin immer sehr leichtfüßig gewesen und oft zu meinem Vorteil. Auf jener wundervollen Reise, bei der ich Katharina die Große nach Taurien begleitete, segelte die kaiserliche Yacht um das Vorgebirge von Parthenizza, wo angeblich der Tempel Iphigeniens gewesen ist. Man stritt über die größere oder geringere Wahrscheinlichkeit dieser Überlieferung, als Katharina die Hand nach dem Ufer ausstreckte und sagte:

„Fürst von Ligne, ich schenke Ihnen das strittige Gebiet." „Im Augenblicke stürzte ich mich in Uniform, den Hut auf dem Kopfe, ins Meer, und erreichte schwimmend das Vorgebirge."

„Ich sprang an das Ufer, zog meinen Degen und rief aus: „Ihre Majestät, ich nehme von dem Lande Besitz." Der Felsen trägt seitdem meinen Namen und ich bin sein Besitzer. Sie sehen, mein Kind, die Beweglichkeit hat oft glückliche Erfolge, und man muß es verstehen, im Leben schnelle Entschlüsse zu fassen. Einige Jahre vor der Revolution hielt ich mich in Paris auf. Im Genusse des Augenblicks, der Sorglosigkeit der Jugend hatte ich nicht an den Stand meiner Börse gedacht; sie war leider ebenso leer an Geld, als mein Herz voll Glück und mein Kopf voll Hoffnungen. Ich mußte aber am anderen Tage in Brüssel sein, um bei der Erzherzogin, Regentin der Niederlande, zu speisen. Ich war in diesem großen Paris fremd und daher in äußerster Verlegenheit. Mit dem Prinzen Max — damals Oberst in französischen Diensten, heute König von Bayern — war ich durch aufrichtige Freundschaft verbunden. Sie kennen seinen Edelmut, seine bewunderungswürdige Hingebung; alles, was er besaß, stand jederzeit seinen Freunden zur Verfügung. An ihn wendete ich mich: jedoch der vortreffliche Max war noch nicht König und hatte noch keinen Finanzminister zur Seite zur Verwaltung seiner Einkünfte. Der Zufall wollte es, daß seine Börse gerade ebenso leicht war als die meine. Was sollte ich nun tun? Der Postillion ist der unerbittlichste der Menschen und kommt auf jeder Station mit dem Hute in der Hand, um seine Bezahlung zu verlangen. Ich erfuhr, daß mein Vetter, der Herzog von Aremberg, noch an demselben Abende mit Extrapost nach Brüssel reise. Augenblicklich war mein Entschluß gefaßt. Du wirst vor ihm dort sein, sagte ich mir. Ich begebe mich, gestiefelt und gespornt wie ein Kurier, auf die Post, lasse mir ein Pferd geben und reite fort, um auf der nächsten Station Relais für den Herzog zu bestellen. So eile ich von Paris bis nach Brüssel, ihm immer einige Minuten voraus und halte ihm auf dem ganzen Wege die Postpferde in Bereitschaft. Mein Vetter, der keinen Kurier vorausgeschickt hatte, konnte sich nicht erklären, welcher unsichtbaren Vorsehung er diese Pünktlichkeit verdankte, die seine Reise bedeutend beschleunigte. Bei seiner Ankunft erzählte ich ihm dieses Schelmenstück, worüber wir sehr viel lachten und das mir ermöglichte, mein Diner bei der Erzherzogin nicht zu versäumen.

Während er so plauderte, kleidete er sich an. Als er seine glänzende Uniform eines Obersten der Leibgarde angezogen und sich mit einem halben Dutzend Orden geschmückt hatte, sagte er zu mir:

„Wenn mir heute die Illusion ihren Spiegel vorhielte, wie gern würde ich diesen Pomp mit der einfachen Fähnrichs= uniform vom Regimente meines Vaters vertauschen. Ich war noch nicht sechzehn Jahre, als ich sie zum ersten Male trug, und glaubte damals, mit dreißig wäre man schon sehr alt. Alles änderte sich mit der Zeit. Jetzt, als Achtzigjähriger, fühle ich mich noch jung, obgleich manche Spötter finden wollen, daß ich es zu sehr bin. Was liegt daran? Ich tue alles, was ich kann, um ihnen zu beweisen, daß ich jung genug bin. Im großen und ganzen war meine Laufbahn glücklich. Weder Reue, noch Ehr= geiz, noch Eifersucht haben ihren Lauf gehemmt, ich habe meinen Kahn so ziemlich gut geführt, und bis ich in Charons Nachen steige, will ich nicht aufhören, mich für jung zu halten, allen denen zum Ärger, die darauf beharren, mich als alt zu betrach= ten."

Selbst bei diesem Scherzen verlieh er allen seinen Worten eine Anmut, von der man sich keine Vorstellung machen kann. Ich wiederholte ihm, das Alter sei stets an ihm vorbeigeglitten ohne ihn zu berühren und die Zeit tue ihm die Ehre an, ihn zu vergessen. Er glaubte mir, und ein Ausdruck inniger Freude erhellte sein schönes Antlitz.

Als wir die Treppe hinunter stiegen, fanden wir einige der Zudringlichen, die ihn stets belagerten. Sein Gesicht verfinsterte sich. Er befreite sich von diesen Lästigen mit einigen Höflichkeiten und ging weg.

„Ach," sagte er, „diese Wortkrämer, Witzjäger, diese wan= delnden Lexika, die statt Begabung nur Gedächtnis haben. Das beste Buch zum Lernen ist die Welt, aber dieses Buch wird ihnen stets verschlossen sein."

Bald rollten wir auf dem Wege nach Schönbrunn dahin. Leider verdiente der Wagen des Fürsten nicht das Kompliment, das ich eben dem Fürsten selbst gemacht hatte. Es war unmöglich zu glauben, daß er jemals jung gewesen sei, und seine Federn verlangten mit lautem Geschrei, sie mit den elastischeren unserer Zeit zu vertauschen. Noch sehe ich sie vor mir, diese alte, graue, mit zwei mageren, weißen Pferden bespannte Karosse. Auf den Türen war das breite Wappen gemalt und darüber der Wahlspruch des Hauses Egmont, aus dem des Prinzen Linie abstammt, zu lesen:

Quo res cumque cadunt, semper stat linea recta.*

Hinten auf diesem altertümlichen Wagen stand ein sechs Fuß hoher Heiducke, ein alter Türke, den ihm der Fürst Potemkin bei der Belagerung von Ismail geschenkt hatte und der den Namen der eroberten Stadt führte. Aber der Marschall wußte den langen Weg abzukürzen, wie er es auch verstand, seine nicht gerade üppigen Mahlzeiten durch seine Unterhaltung reicher zu machen. Die Fahrt von beinahe einer Stunde erschien mir kurz, und bald hatten wir das Tor des Schlosses erreicht.

Im Vorzimmer wurden wir von einem französischen Diener, noch in der napoleonischen Livrée, empfangen. Er kannte den Marschall und eilte, uns der Frau von Montesquiou** anzumelden.

„Ich hoffe, wir werden nicht warten," sagte der Prinz zu mir, „denn, wie ich Ihnen schon gesagt habe, ich bin in Schönbrunn ein Graf von Ségur."

Diese Anspielung galt der Stelle eines Groß-Zeremonienmeisters, die Herr von Ségur bei Napoleon bekleidete; der Fürst von Ligne hatte den Grafen am Hofe Katharinens kennen gelernt.

---

* Wo alles fällt, steht in mir die gerade Linie.
** Erzieherin des kleinen Napoleon.

Einige Augenblicke darauf erschien Frau von Montesquiou und entschuldigte sich höflichst, uns nicht sogleich einlassen zu können.

„Der junge Prinz," sagte sie zu uns, „sitzt jetzt zu einem Gemälde, das Isabey von ihm entwirft, und das für die Kaiserin Maria Louise bestimmt ist. Da er den Herrn Marschall sehr liebt, so wird dessen Besuch ihm gewiß eine sehr angenehme Zerstreuung sein. Ich werde die Sitzung möglichst bald zu beenden suchen."

„Es dürfte Ihnen bekannt sein," sagte der Fürst, als Frau Montesquiou uns verlassen hatte, „was mir bei meinem ersten Besuche hier widerfuhr. Als man dem Kinde meldete, der Marschall Fürst von Ligne wolle ihn besuchen, rief es aus:

„‚Ist das einer von den Marschällen, die meinen Vater verraten haben? Er soll nicht eintreten! Es kostete viel Mühe, dem Kinde begreiflich zu machen, daß Frankreich nicht das einzige Land wäre, in dem es Marschälle gäbe.'"

Bald darauf führte uns Frau von Montesquiou ein. Als der junge Napoleon den Fürsten von Ligne erblickte, sprang er von seinem Stuhle auf und warf sich ihm in die Arme. Es war wirklich das schönste Kind, das man sich denken konnte. Seine Ähnlichkeit mit der Großmutter Maria Theresia war erstaunlich; der engelhafte Schnitt seines Gesichtes, das blendende Weiß seiner Hautfarbe, das Feuer seiner Augen, die schönen blonden Haare, die in dichten Locken auf seine Schultern fielen, boten dem Pinsel Isabeys das anmutigste Vorbild dar. Es war in eine reichgestickte Husarenuniform gekleidet und trug auf seinem Dolman den Stern der Ehrenlegion.

„Ein Franzose, mein Prinz," sagte der Marschall zu ihm und zeigte auf mich.

„Guten Tag, mein Herr," sagte das Kind zu mir, „ich habe die Franzosen sehr gerne."

Ich erinnerte mich eines Wortes von Rousseau: niemand

liebe es, ausgefragt zu werden, besonders Kinder nicht; daher bückte ich mich schweigsam zu ihm nieder und umarmte ihn.

Nun näherten wir uns Isabey, der an der Vollendung des Bildes des jungen Prinzen arbeitete. Es war von überraschender Wirkung und anmutig, wie alle Produktionen dieses großen Künstlers. Es ist das Bild, das Isabey im Jahre 1815 Napoleon bei seiner Rückkehr von der Insel Elba überreichte.

„Was mir am meisten an diesem Porträt gefällt," sagte der Fürst von Ligne, „ist seine außerordentliche Ähnlichkeit mit einem Jugendbildnis Josephs II., das ich von der Kaiserin Maria Theresia erhalten habe.

Unterdessen war der junge Napoleon in eine Ecke des Saales gegangen, um ein hölzernes Ulanenregiment zu holen, das sein Großonkel, der Erzherzog Karl, ihm vor einigen Tagen geschenkt hatte. Durch einen sehr einfachen Mechanismus ahmten die Reiter, die auf bewegliche Stäbe gesteckt waren, alle militärischen Evolutionen nach, brachen ab, stellten sich in Kolonnen usw.

„Zum Exerzieren, mein Prinz," rief der Fürst von Ligne mit lauter Stimme.

Sogleich wird das Regiment aus der Schachtel genommen und in Schlachtordnung aufgestellt.

„Achtung!" kommandierte der alte Marschall, der seinen Degen gezogen und die Haltung eines Generals auf der Parade angenommen hatte.

Unbeweglich und aufmerksam, ernsthaft wie ein russischer Grenadier stellt sich der junge Prinz auf den linken Flügel seiner Truppen, die Hand am Griff der Stäbe. Ein Kommando erschallt, augenblicklich erfolgt die Ausführung; ein anderes, derselbe Gehorsam; derselbe Ernst von beiden Seiten. In der Tat, wenn man das anmutige Gesicht dieses Kindes bei diesem Schlachtenspiel aufglühen, und die Züge des alten berühmten Kriegers wieder aufleben sah, so hätte man sagen mögen: der eine habe von seinem Vater die lebhafte Leidenschaft für die Kriegskunst geerbt und der andere wolle, um vierzig Jahre verjüngt, seine glorreichen Feldzüge noch einmal beginnen; ein köstlicher Kontrast und ein Bild, würdig, das Genie unserer Maler zu begeistern.

Diese großen Manöver wurden unterbrochen, indem man die Kaiserin meldete. Da sie es liebte, mit ihrem Sohne allein zu sein, dessen Erziehung sie selbst leitete, zogen wir uns zurück; Isabey blieb, da er ihr seine Arbeit zu zeigen wünschte.

Als wir wieder im Wagen saßen, sagte der Fürst von Ligne, von dem Besuche noch ganz bewegt, zu mir:

„Ach, als Napoleon in Schönbrunn die Unterwerfung Wiens entgegennahm, hier die denkwürdige Schlacht von Wagram entwarf, als er in diesen weiten Höfen seine siegreichen Phalanxen vor den erstaunten Wienern aufmarschieren ließ, war er weit davon entfernt, vorauszusehen, daß einst der, dessen Geschick damals ganz in seinen Händen lag, den Sohn des Siegers und die Tochter des Besiegten als Pfand zurückhalten werde. In meiner langen Laufbahn habe ich viel Ruhm und Mißgeschick gesehen, aber nichts gleicht der Geschichte, von der sich soeben ein Kapitel uns enthüllt hat."

Als wir über das Glacis zwischen den Vorstädten und der Stadt fuhren, bemerkten wir einen breiten, offenen und außerordentlich niedrigen Wagen, den eine einzige Person mit ihrer umfangreichen Körperlichkeit ausfüllte.

„Halt," sagte der Prinz zu mir, „wir müssen grüßen, das ist auch eine Majestät von Gottes und Robinson Crusoes Gnaden: der König von Württemberg. Bis jetzt," fuhr der Fürst fort, „haben wir nur Festen der Könige beigewohnt, morgen will ich Sie zum Volksfest abholen."

Das Volksfest ist eine der glänzendsten Feierlichkeiten der Stadt Wien und war schon lange Gegenstand der allgemeinen Erwartung.

Ich hatte daher gern die Einladung meines berühmten

Führers, des Fürsten von Ligne, angenommen. Vor Mittag begab ich mich zu ihm und wir machten uns auf den Weg nach dem Augarten; dort wurde das Fest gefeiert.

Eine ungeheure Menschenmenge drängte sich auf dem schönen Platze. Das Wetter war herrlich. Die für die Monarchen und die Berühmtheiten des Kongresses aufgestellten Tribünen waren von Zuschauern und Zuschauerinnen im glänzendsten Putz besetzt. Der Fürst zog es vor, sich unter das Volk zu mischen. Das war mir sehr erwünscht, da ich hoffen konnte, es werde sich Gelegenheit bieten, seine geistvollen Bemerkungen zu hören. Viertausend österreichische Veteranen waren zu diesem Feste eingeladen worden. Beim Klange der Militärmusik defilierten sie vor den Tribünen der Souveräne und nahmen dann unter den großen Zelten Platz, die für sie bestimmt waren. Darauf wurden Spiele aller Art, die den ganzen Tag ausfüllten, aufgeführt.

Den Abschluß der Vorführungen bildete der Aufstieg eines Ballones von ungeheuren Dimensionen; der Aëronaut, der mit ihm aufstieg, ein Nebenbuhler der Garnerin und Blanchard, nannte sich Kraskowitz. Bald sah man ihn majestätisch über der Menge schweben und eine große Anzahl Fahnen schwenken in den Farben der in Wien vertretenen Nationen.

„Wahrhaftig," sagte der Fürst von Ligne zu mir, „wenn dieser Luftreisende nur ein wenig Skeptiker ist, so kann er oben in seiner windigen Höhe eine philosophische Abhandlung machen über die menschlichen Eitelkeiten und das Schauspiel, das er hier unten erblickt. Alle diese vornehmen Leute, die so klein erscheinen, wenn man sie von dort oben mit freiem Auge betrachtet, müssen sehr viel von ihrer Wichtigkeit verlieren. Wenn aber plötzlich ein Windstoß käme und ihn noch ein wenig höher trüge, schwänden alle Majestäten, alle Berühmtheiten, alle diese unsterblichen Menschen seinen Blicken und vermischten sich mit dem Staube, den ihre und ihrer Pferde Füße auf=

werfen. Bald kann sein Blick nichts mehr unterscheiden als unbestimmte Massen, ein Chaos ohne Namen."

Eine Stunde darauf war der Luftschiffer ganz sanft auf der Insel Lobau gelandet.

Die Monarchen bewegten sich indessen ohne Begleitung in der Menge umher, betrachteten alles, plauderten herablassend mit den alten narbenbedeckten Soldaten. Es lag etwas Patriarchalisches darin, wie sie so mitten unter der Bevölkerung umhergingen, die sich um sie drängte.

Als es Abend wurde, erleuchteten hunderttausend Lampen den Augarten mit Tageshelle. Nun wurde vor dem Schlosse ein prächtiges Feuerwerk abgebrannt: die schönsten Bilder desselben stellten Baudenkmäler von Mailand, Berlin und Petersburg dar. Eine ungeheure Menge wogte in den Alleen des Augartens, und doch herrschte überall wunderbare Ordnung. In dieser Fröhlichkeit lag etwas Ruhiges und Bedachtes, wie es nur dem deutschen Charakter eigen ist.

. . . In dem Gasthof „Zur Kaiserin von Österreich" versammelten sich die meisten Fremden, die der Hof nicht frei hielt, oder die sich gerne der gastlichen Etikette entzogen. Diese erst wenig bemerkenswerte Gesellschaft wurde bald eine beratende Macht und hatte, wenn auch nicht Stimme, so doch Einfluß auf den Kongreß.

Wir nahmen an einem Tische Platz, an dem bereits zwanzig Personen verschiedener Nationen saßen.

Einer meiner Nachbarn machte mich auf eine junge Dame aufmerksam, deren blaue Augen, blendende Hautfarbe und Schmuck alles überstrahlte, was sie umgab.

„Diese Dame," sagte er zu mir, „wird dank eines wunderbaren Zufalles vom Glücke wie ein Lieblingskind verzogen."

„Sie scheinen sie näher zu kennen; erzählen Sie mir doch von ihr."

Vor acht Tagen ging ich mit einigen Freunden von den

Bädern der Diana weg, wo wir gespeist hatten und begaben uns zu Karoline, so heißt diese Dame, und bestellten Punsch bei ihr. Dieser brachte uns bald in lustige Stimmung, und die Folge davon war einiger Lärm, der die Nachbarschaft belästigte und eine große Verwüstung, die ich beim Weggehen zu bezahlen vergaß. Zwei Tage darauf kehrte ich dahin zurück, um die Unaufmerksamkeit wieder gut zu machen und die tollen Köpfe meiner Kameraden zu entschuldigen. Ich steige mit der Ungezwungenheit eines mit den Verhältnissen des Hauses Vertrauten die Treppe hinauf, trete ein, und wen erblicke ich im Vorzimmer — einen Kammerherrn im Hofkostüm, der mit dem goldenen Schlüssel an seinem Rocke es sich zur Pflicht macht, mir den Eingang zu verwehren.

„Mein Herr," sagt er zu mir, „hier dürfen Sie nicht eintreten."

„Der Befehl, mein Herr, kann nicht mir gelten; ich habe nur ein Wort zu sagen und werde es schnell tun."

„Erlauben Sie, daß der König, mein Herr, vor Ihnen eines spreche. Seine Majestät ist da und ich bin hier im Dienste."

„Ich verstehe, mein Herr; ich kam wegen einiger zerbrochener Möbel, und überlasse nun den Platz jemanden, der besser als ich Unrecht wieder gut machen kann."

Dann zog ich mich zurück.

Aber die Sache ist noch nicht zu Ende. Seine Majestät gehört gerade nicht zu den großen Sprechern und seine Unterhaltung war bald beendigt. Gerade als er sich anschickte, von dem schönen Kinde Abschied zu nehmen, bringt ein Polizeiagent einen nicht gerade wie einen Liebesbrief zusammengefalteten Befehl, dessen Bedeutung nicht einen Augenblick zweifelhaft sein konnte. Er kam vom Rat Siber, dem Direktor der Wiener Polizei.

„Mamsell," sagte der Polizeiagent zu Karoline, „Ihre Nachbarn haben sich bei dem Herrn Direktor über den Lärm, der vorgestern bei Ihnen herrschte, beklagt. Ich habe den Befehl erhalten, Sie nach seiner Wohnung zu führen, damit Sie Ihr Betragen rechtfertigen."

Nun muß man wissen, daß die Wiener Polizei, als getreue Anhängerin der alten Sitten und Gebräuche, für Personen vom Geschlecht und Range der Mademoiselle Karoline einen gewissen Gebrauch beibehalten hat. Wenn dieselben für derartige Vergehen bestraft werden sollen, so unterwirft die Polizei ganz väterlicherweise die Sünderin einer Züchtigung, wie sie ein erzürnter Vater seinem mutwilligen Kinde angedeihen läßt. Alles geschieht mit mustergültiger Wohlanständigkeit; eine Frau vollzieht die grausame Bestrafung in einem entlegenen Zimmer des Hauses des Polizeidirektors. Das einzige Mittel, eine Milderung der Strafe herbeizuführen, ist eine mehr oder weniger große Anzahl Gulden, die die Schuldige ihrer Henkerin in die Hand drückt.

Die arme Karoline kannte alle diese Einzelheiten. Beim Anblick des Polizeiagenten und seines Befehles erbleicht sie; ein kalter Schauer läuft durch ihre Glieder und sie sieht schon die rächende Furie mit dem schmachvollen Strafinstrumente bewaffnet; daher wirft sie sich, in Tränen aufgelöst, zu den Füßen ihres königlichen Anbeters und ruft mit aller Kraft der Furcht:

"Sire, Sie sind König, schützen Sie mich, retten Sie mich!"

Der Anblick des gekrönten Hauptes macht den Polizeibeamten stutzig; er erklärt dem König den Vorfall. Der Monarch, durch die rührende Bitte seines Schützlings bewegt, hebt mit der einen Hand die schöne Weinende auf und winkt mit der andern dem erstaunten Boten, zu dem er spricht:

"Sie können sich zurückziehen, Madame gehört zu meinem Hauswesen und sie ist nur mir allein Rechenschaft über ihr Betragen schuldig."

Das Unerwartete gefällt den Königen wie den Frauen: aus diesem Auftritte, der nur eine vorübergehende Laune hätte sein sollen, ist ein wahrer, dauerhafter Schutz geworden. Auf diesem Kongresse des Vergnügens wurde alles bald aufs beste abgeschlossen ohne andern Bevollmächtigten als die Liebe. Seitdem wurde die junge Favoritin mit Geschenken aller Art überhäuft; seine Majestät zeigte sich sogar neulich mit ihr auf dem Redoutenballe und hat ihr, bloß von einem leichten Domino umhüllt, den Arm gereicht, was den Fürsten von Ligne zu der Bemerkung veranlaßte:

„Das ist die dänische Dubarry; ich wünschte ihr nichts mehr, als einen kleinen Zeugen der Vergnügungen des Kongresses, und das Glück wird einen goldenen Nagel in ihr Rad geschlagen haben." —

Der Salon der Russen war vornehmlich der bei der Fürstin Bagration. Diese Dame, die Gattin des Feldmarschalls, machte in gewisser Weise ihren Landsleuten die Honneurs von Wien.

Bei einer der Soiréen, die die Fürstin gab, saß ich neben dem Fürsten Koslowski und dem Baron Ompteda und konnte sicher sein, daß sie beide in dem so zahlreichen Kreise ein weites Feld für ihre beißenden Bemerkungen finden würden.

„Sehen Sie," sagte der Baron, „dort hinter dem Stuhle des Kaisers Alexander steht sein Bruder, der Großfürst Konstantin, die dritte Person im Reiche und wahrscheinlich der Thronfolger. Welche knechtische Haltung nimmt er dem Zaren gegenüber an! Mit welcher Affektation zeigt er sich als den ersten seiner Untertanen! Man könnte ihn wahrlich für die Unterwürfigkeit begeistert halten, wie andere es wohl für die Freiheit sind."

„Haben Sie," sagte der Fürst Koslowski zu mir, „von einem Auftritte gehört, der alle politischen Salons in Aufruhr brachte? Der Freiherr von St.*, der jetzt dort bei Herrn von Hardenberg steht, spielte dabei die Hauptrolle. Von Natur aus heftig und leicht aufgeregt, hat dieser Staatsmann trotz der Berührungen mit der diplomatischen Welt, in welcher er gelebt,

---

* Wahrscheinlich der Freiherr von Stein.

niemals die Heftigkeit seines Charakters mäßigen können. Schon viele seiner Kollegen haben über ihn zu klagen gehabt. Vor acht Tagen läßt sich der Geschäftsführer eines kleinen deutschen Prinzen bei dem Freiherrn melden. Dieser war gerade sehr beschäftigt und wollte allein sein. Der Besucher tritt bescheiden ein und will mit jener achtungsvollen Ehrfurcht das Wort ergreifen, die er dem Repräsentanten einer Großmacht zu erweisen schuldig war. Der Freiherr blickt auf, und ohne den Ankömmling nach seinem Namen oder nach dem Zwecke seines Besuches zu fragen, stürzt er sich plötzlich auf ihn, nimmt ihn beim Kragen und wirft ihn zur Türe hinaus. Das alles geschah mit Blitzesschnelligkeit. Indessen wurden von dem Beleidigten Erklärungen darüber gefordert. Der jähzornige Diplomat hat seine unschickliche Handlung entschuldigen müssen, aber der Eindruck derselben ist noch nicht vorüber. Man muß gestehn, daß es ein trauriges Gegenstück zu der Ruhe und Geduld ist, die die Ordner unserer Geschicke in ihren Beziehungen zu einander bezeigen. —

Ich hatte dem Fürsten Ypsilanti versprochen, ihn abzuholen und zusammen mit ihm die Fürstin Suwarow zu besuchen. Ich begab mich in aller Eile zu ihm. Ypsilanti war zu dieser Zeit von jenen leichten Liebschaften förmlich belagert, die so sehr geeignet sind, einen jungen Kopf trunken zu machen; seine edle kriegerische Gestalt, sein hoher schlanker Wuchs waren durch den Verlust seines Armes keineswegs entstellt.

„Sehen Sie," sagte er zu mir und hielt mir ein Paket Briefe hin, „das sind sechs seit gestern und in allen möglichen Sprachen, italienisch, französisch, ja sogar griechisch. Meiner Treu, ich habe Rendezvous in allen Kirchen von Wien."

„Kommen Sie, mein Freund," fuhr er fort, „mich beschäftigen wichtigere Dinge, wir wollen von Griechenland sprechen."

Das Dejeuner bei der Fürstin Suwarow verlief sehr anregend. Unter den Frauen der hohen russischen Gesellschaft vereinigt keine besser die Vorteile einer hohen Intelligenz mit den Reizen einer zartsinnigen weichen Seele. Wir unterhielten uns von den interessanten Vorfällen in Petersburg, seit ich es verlassen hatte, und von allen auf unsere Freunde bezüglichen Gegenständen. Eine Geschichte folgte der anderen.

Ypsilanti hörte uns schweigend zu, jedoch verriet das Aufleuchten seiner Augen, der Ausdruck seiner Mienen jene Exaltation, zu der er den Keim schon seit seiner ersten Jugend in der Seele trug. Durch den Tod seines Vaters war er der Erbe eines ungeheuren Vermögens geworden; trotz des im Kriege errungenen Ruhmes, trotz der Verführungen des Vergnügens und der Liebe richtete er doch alle seine Gedanken, alle seine Zukunftsträume auf Griechenland, sein Vaterland, dessen Knechtschaft er beklagte, und suchte überall Rächer für dasselbe.

Ich bemerkte bald, daß ihn die Fürstin Suwarow in diesen Freiheitshoffnungen ermutigte; die ganze vornehme russische Gesellschaft befaßte sich gern mit diesen Gedanken, die seit einem Jahrhundert von Geschlecht zu Geschlecht wie eine fromme menschenfreundliche Erbschaft überliefert wurden.

„Der große europäische Krieg," sagte der Fürst Ypsilanti mit Wärme, „ist beendet; jetzt ist der Zeitpunkt da für Griechenland. Seine Sache wird die des ganzen Kongresses werden; von Wien aus muß das Zeichen zu seiner Unabhängigkeit gegeben werden."

„Nun wohl," sagte die Fürstin, „warum untätig sein? Was für eine Aufgabe, als Dreiundzwanzigjähriger der Befreier eines unterdrückten Volkes zu sein! Unser Jahrhundert ist das Jahrhundert der Jugend; es übersteigt alle Hindernisse."

„Der Kongreß kann nicht taub sein für die Stimme der Religion und der Menschlichkeit. Schon zählt Griechenland viele Rächer im Peloponnes, den beiden Fürstentümern, dem Archipel und einigen Punkten anderswo auch. Nur noch ein Tropfen und das Maß ist voll." —

Den nächsten Tag sollte ich mit dem Fürsten von Ligne in seinem Landhause auf dem Kahlenberg zubringen. Als ich zu ihm kam, war Herr von Nowosiltzow bei ihm anwesend, ein Staatsmann von wahrem Verdienste, der das Vertrauen des Kaisers von Rußland in hohem Maße besaß. Der Kaiser nahm damals, wie man sagte, lebhaften Anteil an dem zukünftigen Schicksale Polens. Als Geheimer Rat des Zaren, Mitglied der provisorischen Regierung zu Warschau, arbeitete Herr Nowosiltzow gerade an der Redaktion einer Verfassung, die der Kaiser von Rußland dem neuen Königreiche geben wollte.

Der Fürst von Ligne empfand ein lebhaftes Interesse für Polen. Deshalb hörte er auch sehr aufmerksam die Entwicklung der Pläne Alexanders an, Pläne, welche man damals noch glauben durfte.

„Nach so vielen unerhörten Bemühungen," sagte Herr Nowosiltzow, „nach soviel getäuschten Hoffnungen und Opfern ohne Ergebnis soll Polen endlich wieder aufatmen."

„Die Fürsorge des Kaisers für seine neuen Untertanen dürfte wohl nicht zweideutig sein: werfen Sie einen Blick auf dieses Manuskript. Es ist die Verfassung des Königreichs Polen. Der Kaiser Alexander selbst hat sie verbessert. Sie werden daraus ersehen, daß es kein edleres Herz gibt als das seinige, wenn die großen Gedanken aus dem Herzen kommen. Die Gesetze und die Verfassung des Königreiches werden für den Frieden von Europa den Schlußstein bilden."

In der Tat, welche Stellen er uns auch aus dem Manuskripte vorlas, sie machten dem Staatsmanne ebenso sehr Ehre als dem Menschenfreund.

Wir wurden bei dem Kommentar, den der Geheime Rat uns nach der Vorlesung gab, unterbrochen durch den Besuch des Grafen Arthur Potocki, eines jungen Freundes des Fürsten von Ligne. So sehr er auch Pole und für sein Land von den edelsten Gesinnungen erfüllt war, veranlaßte seine Anwesenheit

Herrn von Nowosiltzow doch), sein Manuskript ohne ein weiteres Wort zusammenzurollen; er empfahl sich bald darauf.

„Ich bringe Ihnen, mein Fürst," sagte der junge Graf, „die Billetts zu dem kaiserlichen Karussell, das in der nächsten Woche unwiderruflich stattfinden wird. Es wird eines der glänzendsten Schauspiele werden, die man je gesehen."

Und ohne sich weiter aufzuhalten, verließ er uns.

„Sie kommen," sagte der Fürst zu mir, „um heute einige Stunden mit mir in meinem Hause auf dem Kahlenberg zu verbringen. Bevor wir uns dorthin begeben, schlagen Sie es mir nicht ab, mich zu Isabey zu begleiten. Ich muß ihm heute zu meinem Porträt sitzen. Während dieser Marterstunde können Sie in Muße seine Bildergalerie betrachten. Kommen Sie, sein Gespräch ist ebenso geistreich als sein Pinsel."

Wir erreichten bald die Wohnung des Künstlers, die in der Leopoldstadt gelegen war. Isabey wohnte prächtig, wie einst Benvenuto Cellini im Louvre. Die Wände seines Ateliers waren ganz mit Skizzen seiner Gemälde und Entwürfen von Gemälden behängt; es glich einer Laterna magica, in der der Reihe nach alle Berühmtheiten des Kongresses zu sehen waren.

Herr von Talleyrand hatte, wie er sagte, ihm den Gedanken gegeben, nach Wien zu kommen, und dieser Reise verdankt die Kunst seine vortreffliche historische Zeichnung, die eine Sitzung der beim Kongresse Bevollmächtigten darstellt. Der Sturz Napoleons hatte ihn um all seine Stellen gebracht. Eines Tages beklagte er sich im Kabinette des Herrn von Talleyrand, der sehr wesentlich zu dieser großen Katastrophe beigetragen hatte, über die Folgen einer Restauration, die für ihn die Ursache zum Ruin sei. Vor Talleyrands Augen lag gerade ein Kupferstich vom Frieden zu Münster nach dem Gemälde von Terborch. Er wies mit dem Finger darauf und sagte zu dem Künstler:

„In Wien wird soeben ein Kongreß eröffnet, gehen Sie dorthin."

Diese wenigen Worte waren für Isabey ein Lichtstrahl und sein Entschluß stand fest. Herr von Talleyrand ermutigte ihn dazu in der wohlwollendsten und schmeichelhaftesten Weise.

Die Stunde, welche der Fürst saß, erschien mir kurz.

Sein Bildnis war schon vorgeschritten genug, um die Ähnlichkeit beurteilen zu können. Ich machte dem Künstler mein Kompliment darüber. Alle, die den bewunderungswürdigen Greis gekannt haben, fanden ihn ganz und gar darin wieder.

Bald darauf begannen wir denn fröhlich unsere kleine Wanderschaft.

Unterwegs unterhielten wir uns über die Wiener Vergnügungen.

„Um die feenhaften Feste, die hier ohne Unterbrechung aufeinander folgten, entsprechend zu schildern," sagte der Fürst von Ligne, „müßte man dazu nicht ein poetischer Zauberer wie Ariost sein? Wahrhaftig, ich würde mich nicht wundern, wenn das Festkomitee nächstens durch alle Städte und Dörfer der Monarchie verkünden ließe, dem Glücklichen setze es einen Preis aus, dem es gelänge, für die hier versammelten Monarchen ein neues Vergnügen zu erfinden."

Bei den letzten Worten traten wir in den Hof seiner bescheidenen Residenz ein. Das Haus war klein aber bequem. Der Fürst von Ligne hätte ohne Mühe den Wunsch des Sokrates in Erfüllung bringen können, hier nur wahre Freunde um sich zu haben. Die Seite des Hauses, die der Donau gegenüberliegt, ist mit französischen Versen beschrieben, deren Verfasser er ist; einer derselben gibt die Ruhe seiner edlen Seele deutlich wieder:

Sans remords, sans regrets, sans crainte, sans envie.*

„Ich fühle so sehr die Leere von fast allem," wiederholte er häufig, „daß es mir nicht zum großen Verdienst angerechnet werden kann, wenn ich weder ehrgeizig, noch boshaft, noch ruhmsüchtig bin."

---

* Ohne Reue, ohne Kummer, ohne Furcht, ohne Ehrgeiz.

Er führte mich darauf in seinen Garten.

„Ich würde," sagte er, „ganz von der Gewohnheit jedes Eigentümers abgehen, wenn ich nicht damit anfinge, Ihnen alle Einzelheiten meines Fürstentums zu zeigen; aber da mein Haus und sein Umkreis klein ist, wird das nicht lange Zeit beanspruchen."

„Nichtsdestoweniger aber genieße ich hier endlich meiner selbst, dem Lärm der Feste, der Ermüdung der Vergnügungen entronnen. Hier erfrischt mich ein Luftbad, hier schöpfe ich neue Kräfte, die ich dann jeden Abend in dem unaufhörlichen Freudenrausch des Kongresses wieder vergeude."

Es war drei Uhr geworden; man servierte in einem kleinen, an die Bibliothek grenzenden Zimmer einige Vorräte, die der Fürst selbst mitgebracht hatte. Wir begaben uns zu Tisch und begannen eines der reizendsten Diners, das in meiner Erinnerung lebt. Der Prinz erzählte gern, und er erzählte gut und voller Anmut. —

... Die Kaiserin von Österreich war in gewisser Beziehung die Seele dieser Bälle, Banketts, Reunionen, Maskeraden usw. In Italien geboren als Sproß des berühmten, von Ariost und Tasso besungenen Hauses Este, hatte sie von ihren Ahnen Geschmack und Talent für alle Künste geerbt. Sie war von außerordentlicher Güte; ihre frische Phantasie erfreute sich an den Einzelheiten dieser Feste. Zwei französische Künstler, Herr Isabey und Herr Moreau, letzterer ein Architekt von bedeutender Begabung, halfen ihr beim Ersinnen und Arrangieren der Feste. Sie erfand, ordnete an, und die Aufgabe der Künstler war es, ihre lachenden, reizenden Einfälle zu verwirklichen.

Es gehörte zu ihren Lieblingsvergnügungen, in ihren Salons Theatervorstellungen zu geben. Sie selbst war der Impresario und scheute keine Mühe, eine Vereinigung von Schauspielern aus der Gesellschaft zusammenzubringen. —

Ich begab mich heute morgen zum Prinzen Eugen Beauharnais. Wir kannten uns schon seit meiner Jugend, und bei allen Gelegenheiten, die mich in Paris, Mailand, Wien ihm nahe brachten, wurde mir, wie allen seinen Freunden, aufs neue sein hingebendes Herz und seine wohlwollende Gesinnung offenbar.

Er war leidend; ich bemerkte, daß seine Gesundheit unter dem Einfluß seelischer Schmerzen litt. Wieviel herbe Schmerzen hatte er auch zu ertragen! Im Verlauf einiger Monate das Mißgeschick Frankreichs, den Sturz Napoleons, den Verlust eines glänzenden Ranges und den Tod einer angebeteten Mutter!

Seine Stellung in Wien hatte etwas Gezwungenes und Schiefes. Sie war für ihn eine Quelle dauernder Unbehaglichkeit. Seinem Empfange waren diplomatische Erörterungen vorausgegangen; er verdankte ihn dem Einflusse des Königs von Bayern, seines Schwiegervaters, und der Zuneigung des Kaisers Alexander. Aber man konnte es nicht vergessen, daß er der Adoptivsohn Napoleons war, man wußte, daß er seinen edlen Charakter nie verleugnen würde, und daß er sicher seinen ganzen Einfluß zugunsten eines Mannes verwenden werde, der sein Wohltäter gewesen war. Durch diese Stellung zwischen den siegreichen Mächten, die über Frankreichs Unglück triumphierten, und den Vertretern der Regierung der Bourbonen, schien er inmitten dieses Stromes von Vergnügungen ganz isoliert dazustehen. —

Ich verbrachte den Abend im Salon der Gräfin Fuchs. Wie immer waren dort sehr viele Persönlichkeiten anwesend; glücklicherweise fand ich noch einen Platz neben dem Baron Ompteda. Niemand verstand es so wie er, mit wenigen Zügen ein Porträt zu skizzieren. Seine Zunge war jedoch ebenso gefürchtet als seine Skizzen.

„Seit Ihrer Abreise," sagte er zu mir, „hat Wien eine Belagerung und eine feindliche Besetzung erlitten: Sie werden indessen keine großen Veränderungen bemerken. Die Lächerlich=

keiten sind unverändert geblieben, und das entspricht der Unbeweglichkeit der österreichischen Regierung. Nur fallen sie jetzt schärfer ins Auge vermöge der fortgeschrittenen Aufklärung des Jahrhunderts.

„Auch die Salons sind noch so, wie Sie sie verlassen haben, besonders der hiesige ist nach wie vor der Sammelplatz der Freunde unserer reizenden ‚Königin‘. Niemals war ein Titel verdienter als dieser und niemals haben ihre Untertanen sich gegen ihr Joch aufgelehnt.

„Da tritt Nostiz mit Borel ein. Nostiz hat nur einen Fehler: ich glaube, er wohnt im Fiaker. Zu jeder Stunde, man mag auf dem Graben, im Prater, auf der Bastei sein, sieht man ihn vorbeifahren. Er ist halb Mensch, halb Wagen, wie einst die Zentauren halb Mensch halb Pferd waren.

„Auch Gentz ist anwesend. Er hat alle Geheimnisse Europas in Händen: bald wird er auch Besitzer aller europäischer Orden sein. Er ist eines der Organe des schweigsamen Wesens, das man die österreichische Regierung nennt. Vielleicht sind seine Manifeste, seine Zeitungsartikel und seine Proklamationen Napoleon ebenso verderblich gewesen als Rußlands Eis. Aber Ehren und Orden genügen ihm nicht als Lohn. Die Monarchen wissen, daß er auch das Geld liebt; und sie geben es ihm zur Genüge. Von Arbeiten und Geschäften erdrückt, abgestumpft gegen alle Vergnügungen, sucht er sich zu betäuben, indem er sich in den Strudel der Welt stürzt." —

... Eines der schmerzlichsten Ereignisse meines Lebens, der Tod des Fürsten von Ligne, trübte die Freuden des Kongresses, der Eindruck dieses unerwarteten Ereignisses war lebhaft und schmerzlich.

Die Trauer für den edlen Toten wurde nicht offiziell angekündigt. Sie war aber allgemein, denn sie war im Herzen. Seit langen Jahren brachten die Wiener dem Fürsten de Ligne Ehrfurcht und Bewunderung entgegen, Gefühle, die der Ent=

husiasmus der Fremden für ihn noch erhöhte. Ohne Zweifel erinnerten sie sich daran, wie sehr ihn der Kaiser Joseph geliebt, welche Ruhmesbrüderschaft sie in ihren Kriegen vereint hatte, in welcher Vertraulichkeit er mit allen Berühmtheiten des letzten Jahrhunderts gelebt.

Einige Tage später wurden dem Andenken des Fürsten von Ligne die aufrichtigsten Tränen geweint. Man hielt für den Marschall, als Ritter vom goldenen Vließe, einen feierlichen Gottesdienst in der Hofkapelle. Alle seine Freunde, seine Familie und seine Bewunderer hatten sich eingefunden. Diese zahlreiche und trauernde Menge bewies deutlich, daß der berühmte Mann nicht ganz ins Grab gestiegen sei. —

Als ich über den Graben ging, fand ich hier wie immer eine Menge von Spaziergängern und Neuigkeitskrämern. Ich schloß mich einer dieser Gruppen an. Das Gesprächsthema war ein Fest, das Herr von Metternich gegeben hatte.

„Das Arrangement," sagte einer, „war wie gewöhnlich reich und geschmackvoll. Und dennoch gab es nie eine frostigere Gesellschaft. Man erwartete die Monarchen; alle hatten versprochen, das Fest mit ihrer Gegenwart zu beehren, aber kein einziger ist erschienen. Man verliert sich in Vermutungen darüber."

„So wären also," meinte ein zweiter, „diese sonst so einigen Brüder schon Kains? Sie hatten geschworen, das Sprichwort, das den Königen keine Eintracht zugestehen will, Lügen zu strafen."

„Ja, der Horizont, um in der Art unserer Zeitungen zu reden, verdunkelt sich. Man spricht von neuen Mißhelligkeiten im Innern des Kongresses; auch über Zusammenziehungen von Truppen in Polen unter dem Oberbefehl des Großherzogs Konstantin wird gesprochen. Doch kein Auge ist imstande, den Nebel zu durchdringen, hinter dem die politischen Neuigkeiten sich verbergen. Selbst die bedeutungslosen Ereignisse, die Besuche, die die Monarchen sich abstatten und der Austausch von Ehrenzeichen, womit sie höchst zweckmäßig ihre Mußestunden erheitern oder ihre Sorgen zerstreuen — alles schwebt im Dunkeln."

Ich brach mit einigen Freunden, abends das Leopoldstädter Theater zu besuchen, auf, um dort der Aufführung eines kleinen Stückes „Die Fremden in Wien" beizuwohnen, das vorzugsweise ein volles Haus zu machen pflegte. Um sieben Uhr hatten wir uns mit vieler Mühe Billetts verschafft und betraten den Saal, der bereits gefüllt war. Das Stück verdiente tatsächlich seinen Erfolg. Die Kunst des Schauspielers Scholz, der sich darin auszeichnete, sowie mehrere geistreiche Anspielungen fanden großen Beifall. Alle Nationen Europas, in Wien durch das Vergnügen einig, spielten darin ihre Rolle.

„Der aus den Beratungen des Kongresses verbannte Friede," sagte der Fürst Koslowski zu mir, „hat sich auf die Bretter geflüchtet. Ist es nicht ein ergötzliches Bild, wie Europas Nationen auf der Leopoldstädter Bühne sich die Hand reichen und ein allgemeines Ballett tanzen, während ihre Vertreter unweit von hier auf dem Sprunge stehen, handgemein zu werden?"

Kurze Zeit darnach gab die Gräfin Zichy einen großen Ball, den die Monarchen mit ihrer Gegenwart beehren sollten. In der ganzen Stadt unterhielt man sich von nichts anderem, als der nächtlichen Feuersbrunst, die die Hauptstadt Österreichs einer ihrer schönsten Zierden, des Palastes des Fürsten Razumowski, beraubt hatte. Aber damals drängte eine wichtige Angelegenheit die andere, und abends wiederholte man überall ein Wort des Herrn von Talleyrand. Als man ihm von jenem unglücklichen Ereignisse erzählte, war er eben im Begriffe, seine Toilette zu machen.

„Eine sehr gelinde Strafe für das Glück, ein Hofmann zu sein!" war seine Antwort.

Und ruhig hatte er sein Haupthaar den Händen seines Kammerdieners überlassen.

Die Gesellschaft der Gräfin Zichy war glänzend und eine der besuchtesten, die man seit langem gesehen. Alle Monarchen hatten sich eingefunden; sie waren mit Ungeduld erwartet worden. Man beobachtete aufmerksam ihre Mienen, man suchte ihre geheimsten Gedanken zu erraten. Als man sie so einig sah, war Freude auf allen Gesichtern. Seit einigen Tagen verbreitete sich das Gerücht und es schien sich auch zu bestätigen, alle Fragen des Kongresses, selbst die schwierigsten seien endlich entschieden, und unter den uneinig gewesenen Herren der Welt herrsche wieder die vollkommenste Eintracht; die öffentliche Ankündigung einiger bedeutender Entscheidungen und des allgemeinen Friedens werde das neue Jahr eröffnen.

Indessen hatte ein zahlreiches Orchester die anmutige Weise einer Polonaise begonnen. Kaiser Alexander war nach seiner Gewohnheit an der Spitze der tanzenden Kolonne. Seine Partnerin war die Fürstin von Paar, ebenso berühmt durch ihre Reize wie durch die Feinheit ihres Geistes. Die Uhr schlägt Mitternacht: das neue Jahr beginnt. Es ist bekannt, daß Österreich die ehrwürdige Sitte unserer Väter beibehalten hat, durch Glückwünsche die erste Stunde des neuen Jahres zu begrüßen. Mit dem Glockenschlage bleibt die Fürstin stehen, wendet sich zu dem Kaiser von Rußland und sagt:

„Ich bin glücklich, Sire, als erste einem so großen Monarchen Wünsche für das neue Jahr darzubringen. Erlauben mir Eure Majestät die Fürsprecherin ganz Europas für die Aufrechterhaltung des allgemeinen Friedens und der Einigkeit aller Völker sein zu dürfen."

Wünsche, die von einem so schönen Munde ausgesprochen wurden, konnten nicht verfehlen, wohl aufgenommen zu werden. Der Kaiser empfing die Bitte und die Fürsprecherin huldvollst. Er erwiderte, alle seine Hoffnungen und Wünsche gingen dahin, dieses ersehnte Ziel zu erreichen, und kein Opfer sei ihm zu groß, um einen Frieden zu befestigen, der das erste Bedürfnis der Menschheit sei.

Ein ungeheuerer Kreis hatte sich gebildet: nach den letzten Worten des Kaisers brachen die Damen in ein kleines Hurra aus, ein kleiner Triumph, der dem Kaiser nicht zu mißfallen schien. Denn neben anderen Eigenschaften Ludwigs des Großen strebte er auch die Würde seines Betragens mit der feinsten Artigkeit zu verbinden. Das Orchester nahm die unterbrochene Musik wieder auf, und die Polonaise wurde unter freudigem Gemurmel und unterdrückten Beifallsbezeigungen beendet. —

Eines der seltsamsten Feste während des Wiener Kongresses war wohl das Diner oder Picknick, zu dem der Admiral Sidney Smith die Fürsten, die Berühmtheiten und die Menschenfreunde, die Wien damals in seinen Mauern zählte, einlud.

Dem Admiral Smith schien der Wiener Kongreß eine vortreffliche Gelegenheit, die Tätigkeit seines Geistes zu entfalten. Er war daher einer der ersten, die sich nach Wien begaben. Der Admiral nannte sich den Bevollmächtigten Gustav Adolfs, des früheren Königs von Schweden, der ihn unter dem Titel des Herzogs von Holstein mit der Zurückforderung der ihm genommenen Krone beauftragt habe. Diesen ehrenvollen Auftrag verdankte er seiner Eigenschaft als früherer schwedischer Marineoffizier und Ritter des Schwertordens.

Gleich bei dem Beginn der Kongreßberatungen beeilte sich Sir Sidney Smith, die Sache seines erhabenen Klienten dem höchsten Gerichtshofe Europas zu unterbreiten. Der Augenblick schien gut gewählt: die Worte „Gerechtigkeit", „Entschädigung", „Legitimität" wurden täglich gewissenhaft angerufen. Indem der entthronte Monarch durch Sir Sidney Smith den Fürsten dieselben vors Gewissen führte, suchte er, sie mit ihren eigenen Waffen zu bekämpfen.

Aber in der Politik sind die folgerichtigsten Gründe nicht immer die erfolgreichsten. Tage und Monate verstrichen, ohne daß nur die leiseste Erwähnung gemacht wurde, dem entthronten König sein Szepter zurückzugeben.

Die Verhandlungen wegen des Picknicks fanden jedoch weniger Schwierigkeiten. In den Wiener Beratungen, die den Wahlspruch zu haben schienen, die Kleinen zum Vorteile der Großen zu berauben, war es leichter, jede Art von Vergnügen als die Wiedererlangung eines Thrones zu bewerkstelligen. Der Zweck dieser allgemeinen Einladung war eine Subskription, an deren Spitze der Admiral seinen eigenen Namen gestellt hatte.

Die Monarchen hatten die Einladung angenommen und, wie behauptet wurde, mit großem Eifer unterzeichnet.

Alle hatten ihren Gefallen an Sidney Smiths menschenfreundlichen Zwecken durch ihre Unterschriften und durch ihre Gegenwart bei seinem Picknick zu bezeigen gesucht. Alle, mit Ausnahme zweier: des Kaisers Franz und des Königs von Württemberg. Ersterer wurde durch eine Unpäßlichkeit von seinem Erscheinen bei dem Feste abgehalten, er hatte jedoch tausend Dukaten gezeichnet; der zweite aber hatte seit zwei Tagen Wien verlassen und seine trotzige Abreise war der Gegenstand aller Gespräche. —

Von Natur aus gebieterisch und heftig, ertrug König Friedrich von Württemberg nur mit Ungeduld den langsamen Gang der Beratungen. In den Gesellschaften sah man ihn fast immer entweder mit sorgenvoller oder mürrischer Miene. Bald ergab sich eine Gelegenheit, die ganze Heftigkeit seines Charakters zu entfalten. Unter den vielen Zurückforderungen, die der Entscheidung des Kongresses vorgelegt wurden, war auch der unmittelbare Adel Deutschlands beteiligt und hatte seine Deputierten geschickt, um seine frühere Stellung und seine Rechte aufs neue geltend zu machen. In einer Konferenz, bei der Seine Majestät der König von Württemberg zugegen war, sprach man von diesen Forderungen und der Wiederherstellung des heiligen römischen Reiches. Der König beherrschte sich nur mit Mühe. Als man aber auf die Maßregeln zu sprechen kam, die man für geeignet hielt, die Vorrechte der Souveräne zu beschränken, sprang er wie außer sich von seinem Sitze auf. Vor ihm stand ein Tisch, an dem unglücklicherweise der runde Ausschnitt fehlte, der sich an der kaiserlichen Tafel befand, um seinem ungeheuren Umfang den nötigen Raum zu geben. Durch den hervorragenden Bauch des Monarchen emporgehoben, stürzte der Tisch mit lautem Gepolter zu Boden. Die üble Laune des Königs wird dadurch nur gesteigert: unverzüglich bricht er auf, eilt in seine Wohnung, und verläßt noch an demselben Abend die Hauptstadt Österreichs, nachdem er seinen Bevollmächtigten noch die beharrliche Zurückweisung aller Forderungen des Adels eingeschärft hatte. —

Wer hat es nicht schon versucht, den Herrn von Metternich zu schildern! . . . Wie Herrn von Talleyrand ist auch ihm von seinen Zeitgenossen aller Ruhm der Geschichte zuerkannt. Obwohl schon berufenere Hände als die meinigen sein Porträt entworfen haben, kann dennoch auch ich dem Wunsche nicht widerstehen, ihn zu schildern wie ich ihn inmitten der glänzenden Macht und der diplomatischen Zurückhaltung, in der er sich seit seiner Jugend bewegt hat, beurteilen konnte.

Man konnte Herrn Metternich zu jener Zeit noch für einen jungen Mann halten. Seine Züge waren schön und von vollkommener Regelmäßigkeit; sein Lächeln verführerisch; sein Gesicht drückte Klugheit und Wohlwollen aus; er war von mittlerem Wuchs, wohlgestaltet, und sein Gang hatte etwas Edles und Elegantes. Beim ersten Anblick war man angenehm überrascht, in ihm einen jener Männer zu finden, die die Natur reich ausgestattet hatte, um ihnen Erfolge in der Gesellschaft zu sichern. Unterzog man aber seine Physiognomie einer aufmerksameren Betrachtung, so fiel einem eine gewisse Geschmeidigkeit und Festigkeit der Züge auf; und beobachtete man die Tiefe seines Blickes, so durfte man an seinem außerordentlichen politischen Talente keinen Zweifel hegen; man erkannte in ihm den Staatsmann, gewöhnt, die Menschen und die höchsten Angelegenheiten zu leiten.

Seit dreißig Jahren bei den riesigen Erschütterungen, die Europa bewegten, beteiligt, hat Herr von Metternich die ungewöhnliche Gewandtheit seines Geistes, jenen seltenen Scharfblick, jenen durchdringenden Verstand bewahrt, der die Ereignisse voraussieht und lenkt. Sein Urteil, die Frucht langen Nachdenkens, ist unwiderruflich, und sein Wort entscheidend, wie es einem Staatsmanne, der von der Macht seiner Worte überzeugt ist, geziemt. Überdies ist Herr von Metternich einer der besten Erzähler unserer Zeit. Seiner Politik hat man vorwerfen wollen, sie gehorche gar zu sehr den Gesetzen des Stillstandes. Gewiß wird ein so entwickelter Geist wie der seinige wohl erkannt haben, daß es nicht in der Bestimmung des Menschen liegt, stets auf derselben Stufe zu bleiben, und daß Stillstehen in unserem Jahrhundert nichts anderes bedeutet, als rückwärts gehen. Aber er weiß auch wohl, daß Erschütterungen nicht immer Fortschritte sind, und daß man in der Leitung der Menschen auf ihre Gewohnheiten und wirklichen Bedürfnisse Rücksicht nehmen muß. Wenn auch der Augenblick noch nicht gekommen ist, über Herrn von Metternich ein entscheidendes Urteil zu fällen, muß sich die zeitgenössische Geschichte darauf beschränken, das friedliche und wolkenlose Glück außer Zweifel zu setzen, das seine ruhige und geräuschlose Leitung den Erbstaaten Österreichs zu geben wußte. Dieses Glück, das ihnen genügt, gibt ihm ein Anrecht auf seinen Ruhm. —

Der Zufall hatte mich wieder mit dem Baron Ompteda zusammengebracht.

„Was hört man Neues?" fragte ich ihn.

„Alles ist beendigt, oder doch nahe daran, es zu werden. Der Abreise Lord Castlereaghs verdankt Europa den glücklichen Ausgang der Verhandlungen."

„Mylord war also das einzige Hindernis für den Frieden?"

„Weit gefehlt. Seit vier Monaten beratschlagte man, ohne einig werden zu können. Plötzlich wird Lord Castlereagh zur

Eröffnung des Parlaments nach England berufen. Sie begreifen, er konnte dort nicht erscheinen, ohne mindestens vom Festlande irgendwelche Neuigkeiten mitzubringen. Er gab also den Verhandlungen einen neuen Schwung, beeilte den Gang der Konferenzen und beschleunigte die Resultate. Warum haben nicht die übrigen Nationen ebenfalls Parlamente zu eröffnen? Der österreichische Hof geht sehr gemächlich vor," fuhr der Baron fort. „Der europäische Gerichtshof hat über das Schicksal Neapels und seines improvisierten Königs Joachim entschieden. Der Thron soll wieder den Bourbonen gehören. Es ist Ihnen gewiß bekannt, daß die kaiserliche Kanzlei sich entschlossen hatte, den Tod der Königin Christine nicht offiziell bekanntzugeben, da sie nicht wußte, welchen Titel sie ihr geben sollte. Jetzt ist das Hindernis behoben."

. . . Der Fürst Koslowski bestätigte mir die inhaltsschwere Nachricht, die ich von dem Fürsten Ypsilanti morgens erfahren hatte. Napoleon hatte in der Tat die Insel Elba verlassen; der Gebieter und Gefangene Europas, wie man ihn genannt hat, war mit seinem Ruhm bewaffnet dem Kerker entflohen und hatte einem leichten Fahrzeuge „Cäsar und sein Glück" anvertraut.

Die hohen Schiedsrichter des Kongresses wünschen, diese Nachricht solle nicht bekannt werden, bevor sie nicht einige Maßregeln, dem Ernst der Lage entsprechend, getroffen haben.

Sei es, daß das Geheimnis bewahrt wurde oder daß der Taumel des Vergnügens den Sieg über dasselbe davontrug: die Stadt Wien hatte ihren gewohnten Anblick beibehalten, die Wälle und die Leopoldstadt, die zum Prater führt, waren von Spaziergängern gefüllt, die nach den ersten Strahlen der Sonne seufzten. Noch kündigte nichts den Widerhall des Donnerschlages an: überall Sorglosigkeit und Vergnügen.

Fast fünf Tage lang blieb Wien ohne weitere Nachrichten. Die Festlichkeiten und Vergnügungen dauerten fort wie gewöhnlich. Endlich aber war es unmöglich, noch länger zu zweifeln: der Donner brach los. Napoleon war in Frankreich. Dieser Abenteurer, wie ihn Pozzo di Borgo zu nennen wagte, war von dem französischen Volke empfangen worden. Die Soldaten stürzten ihrem General entgegen, nichts widersetzte sich seinem Triumphzug.

Die hohen Herren waren eben auf einem Balle bei Herrn von Metternich versammelt, als die Nachricht von Napoleons Landung in Cannes und von seinen ersten Erfolgen eintraf. Die Kunde verbreitete sich mit der Schnelligkeit eines elektrischen Funkens; der Walzer wird unterbrochen; vergebens spielt das Orchester weiter. Der Kaiser Alexander nähert sich dem Fürsten von Talleyrand: „Ich habe Ihnen wohl gesagt, daß dies keine Dauer haben wird."

Der französische Gesandte verneigt sich mit unveränderter Miene ohne zu antworten.

Der König von Preußen winkt dem Herzog von Wellington: beide verlassen den Ballsaal. Gleich darauf folgen ihnen der Kaiser Alexander, der Kaiser Franz und Herr von Metternich.

Aufzeichnungen des Freiherrn von Nostitz.

Wien, Dezember 1814.

— Gern entziehen sich die Fürsten der beengenden Etikette und suchen, ohne äußeren Prunk, auf Promenaden und in kleinen Zirkeln eine Unterhaltung, welche die Hoffeste jetzt selten geben. Am öftersten begegnet man dem Kaiser von Rußland und dem König von Preußen zur Mittagsstunde auf der Bastei und in den Abendgesellschaften, von denen sie die des Ministers Zichy am häufigsten, doch stets nur unerwartet, besuchen. Die schöne Schwiegertochter des Hauses, die Gräfin Julie, scheint bei diesen langen Abendbesuchen ein Magnet zu sein, der auch die gewohnte Kälte und Zurückhaltung des Königs anzieht, indem man denselben, nach dem Beispiel des Kaisers Alexander, oft sehr beflissen um die Frauen sieht.

Der Kaiser Franz lebt seine Art fort, zeigt sich nur, nach dem Gebrauch, an öffentlichen Orten, oder wo die Etikette oder die Artigkeit des Hausherrn seine Gegenwart erheischt.

Überhaupt haben seit dem letzten Caroussel die großen Hoffeste aufgehört, und es werden jetzt nur die Monarchen bei kleinen Gelegenheiten versammelt, welchen man durch Konzerte, Tableaux und dramatisch dargestellte Romanzen von Herren und Damen aus der Gesellschaft einen freieren Reiz zu geben sucht.

Was nun eigentlich das innere Getriebe des Kongresses,

seinen diplomatischen Hergang betrifft, so hat er noch kein einziges bedeutendes Resultat gegeben, und es ringen im Verborgenen feindselige Geister mit den Dolchen der Intrige unter den Sammet- und Purpurmänteln gegeneinander.

Die Politik erscheint auch hier wieder einseitig und kleinlich gewinnsüchtig, teils aus dem Grunde bösen Willens, oft auch aus jenem von Verschiedenheit der Ansichten unter den hier zusammengetretenen Unterhändlern. Dadurch werden sie ränkevoll und mißtrauisch, und es verlieren die fürstlichen Zuschauer immer mehr und mehr die Lust, sich auf dem Felde der Diplomatie zu vereinigen, wo bald diesem, bald jenem die Kabale Rechte angreift, welche auf einem anderen Felde die offene Gewalt nicht würde untergehen lassen. Darum scheint die Anwesenheit der Fürsten nichts Gutes zu bewirken, und wird sie nicht noch durch einen schnellen und unvorhergesehenen Wechsel so heilbringend und segenreich wie das Sonnenlicht, so haben zu keinem guten Zweck die Fürsten sich gesehen und gehen mit Verdruß und Widerwillen gegeneinander, mit Abneigung und Verachtung gegen die Minister auseinander, um sich des Giftes bei der nächsten Veranlassung zu entladen.

Die Männer, welche in diesem finsteren Kampfe durch Gewandtheit des Geistes und schöpferische Kraft zu immer neuen Mitteln am höchsten stehen, sind der Kaiser Alexander und der Fürst Metternich.

Die öffentliche Meinung stimmte vor Jahren in dem Lob der Rechtlichkeit und Biederkeit des Kaisers Alexander überein, sie nannte ihn einen rêve-chevalier, und glaubte durch dieses günstige Zeugnis einen Mangel an Charakter zu verdecken. Nach und nach hatten nun schon die letzteren Jahre das Publikum auf andere Meinung gebracht; der Kongreß hat das Urteil nun ganz berichtigt, und der Kaiser erscheint als ein schlauer, ernstwollender Mann, der nicht selten über der Entdeckung an Wahn verliert. Darum sucht auch seine Planmäßigkeit die Meinung zu verwirren durch Unbefangenheit und scheinbare Hingebung, indem er auf Promenaden und sonst an öffentlichen Orten sich immer Arm in Arm mit den unbedeutendsten Menschen zeigt, die nichts als Form und jugendliche Gefälligkeit für sich haben, sonst aber bei aller äußeren Liebenswürdigkeit als beschränkt und unerfahren bekannt sind. Dazu gehören Moritz Woina, der am höchsten in der Gunst steht, der kleine Liechtenstein, und was sonst von Jugend sich durcheinander herumdreht.

Metternich hat in England so viel Schlauheit und Feinheit entwickelt, daß ihn die Russen, deren Kaiser dort gegen den Prinzregenten und die Ministerpartei seine Zeit verloren hat, einen sehr gewandten und durchtriebenen Diplomaten nennen. Das Mystifizieren gehört zu den natürlichen Anlagen des Ministers, welches er im geselligen Verkehr oft bis zur Verzweiflung der Menschen treibt, und welches er nun jetzt im Kabinett zu einer Fertigkeit gesteigert hat, die durch Zartheit und studierte Unbefangenheit eine schützende Ägide für Österreichs sonstige Schwäche sein soll.

Talleyrand kann sich weniger geltend machen, als sollten wir in unseren Zeiten allen Schimmer von den Franzosen abfallen sehen. Man meint: „sa politique ne valait plus rien, n'étant point appuyée de quatre-cent-mille bayonnettes."* Auch hat dieser Minister eigentlich nichts durchgesetzt; er hält aber gewiß durch manche geschickte Intrigen die Teile, die Frankreich nicht vereint zu sehen wünscht, auseinander. „Je ne veux rien pour moi", sagt er, „la France ne demande rien; je ne suis ici que pour maintenir les principes politiques et pour empêcher, qu'aucun attentat n'y soit porté."** — Trotz dieser Rede muß

---

* Seine Politik war nichts mehr wert, da sie nicht durch 400 000 Bajonette gestützt wurde.

** „Ich will nichts für mich", sagte er, „Frankreich verlangt nichts; ich bin nur hier, um die politischen Prinzipien zu erhalten, um ein Attentat auf sie zu verhindern."

man doch wohl an eigentliche Instruktionen glauben zu irgend einem positiven Zweck; er hat aber noch keinen erreicht. Muß man nicht glauben, daß Ludwig XVIII. daran liege, die Bourbons wieder auf den Thron von Neapel zu heben? — Muß man nicht ganz natürlich an das alte Interesse Frankreichs denken, sich nur von kleinen Fürsten umgeben zu sehen?

Nesselrode könnte durch den Standpunkt seines Monarchen eine sehr bedeutende Rolle spielen; doch die Anwesenheit und eigene Tätigkeit desselben verweiset den Minister in die untergeordnete Rolle eines Bevollmächtigten, der alles nur durch seinen Herrn ist und von diesem bis auf seine diplomatischen Noten bedingt wird.

Allgemein rühmt man die Verständigkeit und Weisheit der portugiesischen Gesandten, Lobo, Saldanha, Palmella. Durch solide Kenntnisse in jedes besondere Interesse eingeweiht, nehmen sie dasselbe nur insofern auf, als es Bezug hat auf das ihrige.

Wien, Dezember 1814.

— Dringt man von der geglätteten, trügerischen Oberfläche in den Sinn ein, den das erhabene Schauspiel der großen Fürstenversammlung bieten soll, so trifft man auf heillose Ränke, wo man Offenheit, auf Neid, wo man Vertrauen, auf Kleinlichkeit, wo man Liberalität erwarten sollte. Scheint man doch kaum noch zu wissen, warum die Monarchen hier versammelt sind. Die Wiederherstellung des royalistischen Prinzips nennen die einen und die daraus folgende Wiedereinsetzung der unrechtmäßig verdrängten Herren in ihre Länder. Dieses Prinzip soll Friedrich August* wieder auf den Thron führen. Dagegen sagt Rußland: „que, s'il y avait un malheur, il valait mieux celui

---

* König von Sachsen.

de la dynastie que du pays."* Die Preußen behaupten: es handle sich nicht von dem Regenten allein, sondern auch vom Lande, und Sachsens Lage erheische eine Vereinigung mit ihnen, sobald der Verlust von Südpreußen dem Lande seinen topographischen Kern entnehme, worauf die Festigkeit gegen Norden und gegen Westen gleich stark begründet sei." Diesen politisch-militärischen Grund spricht Humboldt ganz unverhohlen aus; Hardenberg und der König haben gleichfalls keine andere Idee, und das preußische Volk setzt in den Besitz Sachsens mit einer solchen Festigkeit seinen Stolz und seine Sicherheit, daß kürzlich eine Adresse aus dem Lande dem Könige alle Kräfte zur Behauptung Sachsens angeboten hat.

Der russische Kaiser verharrt nach seinem eigentümlichen Willen fest bei Preußen, das auch nicht ein Dorf will fahren lassen und sich auf eigene 260 000 Mann stützt und auf eine russische Armee in Polen unter Barklai, die auf 360 000 Mann angegeben wird, ohne die Garden in Petersburg und ohne die 60 000—80 000 Mann starke Südarmee unter Bennigsen und ohne die Kosaken.

Der Kaiser Franz sagt in seiner Naivetät zu allem dem politischen Hin- und Hertreiben: „'s ist halt ein hartes Ding, einen Regenten vom Thron zu stoßen."

Wegen Polens wird ebenso lebhaft und bis jetzt mit noch unentschiedenem Erfolg gestritten. Man möchte Preußen in diesem Lande seine Millionen** anweisen, um es von Deutschland, und Rußland vom Westen abzudrängen. Ohne daß durch die Kollision Metternich seinen eigentlichen geheimen diplomatischen Zweck erreicht, haben sich vielmehr Rußland und Preußen zu einem kräftigen Gegensatz vereinigt und bestehen auf der

---

* Wenn es ein Unglück gäbe, so wäre besser ein Unglück der Dynastie als des Landes.

** An Seelenzuwachs.

Forderung, welche Sachsen den Preußen und Polen den Russen zusichert.

„Welche große Rolle könnte der Kaiser von Rußland spielen, wie unsterblich könnte er sich in der Geschichte machen, wenn er die große Ausgleichung vollenden wollte, ohne auf ein paar Joch Erde zu sehen" — so schreit Österreich; das heißt, wenn man alles täte, was es will.

Über Deutschland und seine zukünftige Föderativ=Verfassung ist noch nichts, auch gar noch nichts zustande gekommen. Es sind mehrere Projekte eingereicht worden, unter anderen auch von Metternich am 16. Oktober eines zu einem Bunde, das ziemlich bunt aussieht. Seine Hauptgrundlagen sind allgemeine Repräsentation unter der Bedingung einzelner Entsagungen von Rechten zur Gewinnung allgemeiner Kraft und ständische Verfassung. Darauf haben Württemberg und Bayern, die nur egoistisch glauben, bewahren und gewinnen zu müssen, gleich gewaltig gegen die Beeinträchtigung ihrer Souveränität geschrien.

Es haben die kleinen Mächte auch den Zutritt verlangt zu den Konferenzen über Deutschland, und so ist es denn bis zu den wichtigeren Entscheidungen geblieben. — Stein ist in den Unterhandlungen nur als russischer Bevollmächtigter aufgetreten. — Was sich nach dem herrschenden Zeitgeist allgemein aufbringt, wird in Deutschland nicht ausbleiben, und ordnet es sich nicht gütlich, so gestaltet es sich in Erschütterungen, denen politische Mißhelligkeiten den nächsten Funken geben.

Frankreich rennt à tête perdue gegen die deutschen Angelegenheiten, vorzüglich die sächsischen, wovon der geheime Zweck scheint, sich durch andere zugestandene Gunstbezeigungen gewinnen zu lassen. Man macht, wohl nicht mit Unrecht, dieser Politik den Vorwurf von Seiten Rußlands und Preußens, „sie vergesse, daß die Alliierten Bonaparte vom Thron gestoßen, daß also der Rheinbund aufgehört und ein Bourbon diese Fürsten als Protektor nicht mehr zu vertreten habe." Auch soll sich Talleyrand zu weit in die Verhandlungen verirrt fühlen und durch seine Unbehaglichkeit die Verwirrung des Kongresses noch vermehren.

England spielt in diesen Verwickelungen eine bedeutende Rolle des Hemmens und Aufhaltens. Es entwickelt durch sein neues Königreich Hannover ein Kontinentalsystem, welches der Graf Münster durch den Herrn von Gagern, Bevollmächtigten von Oranien, durch Herrn von Lübecker und durch den Grafen Keller, an Holland, Braunschweig und Hessen reiht, wodurch in Norddeutschland ein hannöverisch-deutscher Bund entsteht. Die persönliche Abneigung, welche in England zwischen dem Kaiser Alexander und dem Prinzregenten entstanden, sowie des letzteren Widerwille gegen die ministerielle Partei haben dem englischen Kabinette gegen Rußland eine feindselige Stellung gegeben, welche die Vergrößerungslust des letzteren nach Polen nun noch politisch bedingt, gegen Preußen aber alle die deutschen Staaten in Opposition stellt, welche der unmittelbaren Kontinentaleinwirkung Englands durch Hannover unterworfen sind. Österreich hat dagegen durch die Feinheit des Fürsten Metternich eine sehr günstige Stellung in England gewonnen, wo sich der Kaiser Alexander Feinde und der König Friedrich Wilhelm keine Freunde gemacht. Damit entsteht im deutschen Norden ein Verein, der Preußen als engem Verbündeten Rußlands Nachteil und Gefahr droht.

Bayern will von allen den Bundesprojekten nichts wissen, die seine politische Existenz in einer deutschen Allgemeinheit beschränken könnten. Es strebt vielmehr durch Forderung neuer Erwerbungen nach dem Rang einer europäischen Macht und ist bereit, das Schwert nach allen Seiten hin zu ziehen, von wo ihm Widerspruch droht. In dieser Politik ist die brutalste Kampflust; sie neigt sich jetzt ganz zu Österreich.

Württemberg hingegen fühlt sich aufs tiefste durch Österreich) gekränkt und der Kronprinz durch seinen Mentor, den Minister Stein, von Ideen belebt, die ihn Preußen und Rußland zu eigen machen, wenn auch der starre Vater weniger zugänglich ist. Die Heirat des Kronprinzen mit der Großfürstin Katharine bringt eine kluge, einsichtsvolle, kräftige Frau an diesen Hof.

Frankreich neigt sich nur wohl gegen England, um vermittelst des Friedens die See wieder beschiffen zu können; — und so kreuzen sich hier so viele Interessen, die bei dem langersehnten Friedensbund die Völker wollen zur Sprache bringen, daß sich dieselben zu den wunderbarsten Gestaltungen zusammenfügen, sowie ein neuer Anstoß von Mißhelligkeit sie gegeneinander wirft. In dieser Krise seltsamer politischer Verhältnisse hat Metternich neuerdings ein großes Übergewicht in den Verhandlungen sich verschafft, indem vor kurzem Lord Castlereagh unerwartet seiner Partei beigetreten ist. Eine fulminante Depesche des Prinzregenten hat dem Minister bedeutet, nicht im sansculottisch-monarchischen Sinn zu verfahren, sondern das Prinzip von Erhaltung der Dynastien aufrecht zu halten und keinen Ideen Eingang zu geben, die, wie die seitherigen, revolutionärer Tendenz wären. Eine gänzliche Umstimmung des noble Lord ist die Folge gewesen, welche Metternich überrascht, doch sehr vergnügt hat. Der Kaiser Alexander, der immer selbst durch persönliche Gespräche mit Metternich den Fortgang der Unterhandlungen geleitet, hat zu dieser Zeit sich den Minister rufen lassen. Auf die Bekehrung des Engländers gestützt, hat dieser so heftig diskutiert, daß man Zank und Streit im Vorzimmer gehört. Der Kaiser hat nachher den Minister Stein als einen Kampffertigen in die Unterhandlung ziehen wollen, doch Metternich sich geweigert, mit demselben in neueren Beziehungen zu traktieren. Noch lauer durch diesen Widerspruch sind nun die letzten mündlichen Erörterungen durch den General Radetzki gegangen, bis sie ganz in dem Notenwechsel erstickt worden sind. Nun gegen Neujahr sollen sie wieder angehen, um die Stockung von neuem zu beleben, doch wollen, nach einer diesfalls von Preußen in demselben Sinn eingereichten Note Kaiser Alexander und König Friedrich Wilhelm ihren Bruder Franz persönlich klagend gegen Metternich angehen. Auch hat der gewandte Mann mehrere Stürme gegen sich selbst jetzt schon auszuhalten gehabt. Wer aber sollte ihn ersetzen?

Wo man nur hinsieht, Widerspruch und Verwirrung, ohne Aussicht, daß es anders werden könnte. Wie klug war Gentz, der allein gegen das Kongreßprojekt auftrat.

Täglich häufen sich die Forderungen, wie immer mehr und mehr böse Geister aufsteigen, sobald ein Zauberer die Hölle beschwört und das Lösungswort vergessen hat. Wer verlangt und nichts erhält, ist unzufrieden und hetzt. — Sogar die von Napoleon Dotierten haben ihren Abgesandten, und die Marschälle fordern frech ihre Güter in Deutschland zurück.

Ende 1814.

Den 27. Dezember ist der König von Württemberg abgereist und hat Tausende von Dukaten an Küche, Stall und Keller geschenkt; auch die Dosen sind reich von außen und meistens voll von innen. „Le plus gueux est le plus généreux", sagt das Wort. Tun es die anderen Fürsten nur halb nach, so endigt der Kongreß wie die großen Spielpartien, wo zuletzt die Dienerschaft allein (das Kartengeld) gewinnt. Dazu gehören denn auch wohl die französischen Tänzer und Tänzerinnen, unter denen Demoiselle Bigottini als Nina und Demoiselle Aimé die vorzüglichsten waren. Sie sind nun fort; erstere hat 40 000 Gulden Wiener Währung mitgenommen und ein Kind, zu dem sich Franz Palfy bekennt, der dem Balg 100 000 Gulden W. W., der Mutter aber 6000 Franks jährlich versichert. Wer dieses Geld nicht genug findet, der zähle die sechsunddreißig Jahre der Bigottini dazu.

Große Feste gibt es nicht mehr.

Januar 1815.

Wie es den letzten Krieg durch in Italien gegangen ist, so scheint es auch jetzt im Frieden gehen zu wollen: jeder Bote, der vom Rhein einen frischen Lorbeer brachte, traf in der Burg eine Trauerpost aus Italien an. Immer noch hören die bösen Botschaften nicht auf: Ungeschicklichkeit, Förmlichkeit, Fremdartigkeit, Forderungen und Armut sind Ursachen, die auch dort traurig gegen die neue Regierung wirken. Der Feldmarschall Bellegarde glaubte sich zuletzt nur durch offene Gewalt sicher, und in der letzten Zeit des vergangenen Jahres haben die Truppen ganze Tage unter'm Gewehr gestanden. Eine Verschwörung des Generals Lecchi, eines politischen Freibeuters, hat die letzten Besorgnisse gegeben; man will auch den König Joachim* darin verwickelt wissen. Wer übrigens aus Italien kommt, spricht von der Abneigung des Landes gegen die Deutschen und von der Regung und dem Streben nach eigener Selbständigkeit. Irgend ein Krieg Österreichs würde das unruhige Volk bald entfesseln, und dann würde Murat seine vorteilhafte militärische Lage sicher benutzen.

7. Januar 1815.

Niemand ist hier zufrieden und auch der Zuschauer wünscht diesem Leben ein Ende. Wann und wie das nun aber geschieht, das mag Gott wissen. Es wogen und stürmen tagtäglich neue Gerüchte durch die Stadt, die bald den Krieg und bald den Frieden posaunen. Heut, den 7., ist der Ölzweig ausgesteckt, morgen ertönt vielleicht der Schlachtruf. Rußland will die Kosten des Kriegs durch Polen sich zahlen lassen, es will von diesem Lande den eisernen Fuß aufgehoben behalten, um nach Westen weiter zu schreiten. Preußen ist beruhigt durch die Freundschaft Rußlands, erleichtert durch die Entsagung auf Südpreußen

---

* Murat.

dessen Wunsch und verlangt den Tausch von Sachsen dagegen. Leicht kann man sich denken, wie Witz und dialektische Gewandtheit diese Forderungen unterstützen, und wie sie dagegen ankämpfen durch Österreich, das mit Frankreichs und Englands Unterstützung seinen Worten Gehalt und Nachdruck gibt. So ist es gegangen in Noten und jetzt wieder in mündlichen Konferenzen. Metternich spricht von dem Prinzip der monarchischen Rechte, Hardenberg von dem des Wohls der Völker, auf solide Grenzen begründet; und es geht immer durcheinander, bis man das Schwert zieht, oder, was das Wahrscheinlichste ist, eine Teilung macht, der Stempel der Mittelmäßigkeit, eine erbärmliche Aushilfe der Not und Schwäche. Plectuntur Achivi etc.!

An Krieg glaube ich nicht; er wird sich hier nicht an der Herzglut der Parteien entzünden: sein Zunder bleibt aber hier liegen und wird in wenig Jahren auflodern. Übrigens sind die Preußen sehr kampflustig, und auch Alexander scheint dem Kriege nicht zuwider. Unterdessen ringt eine schlaue Politik nach dem höchsten Standpunkt, den Rußland jetzt mehr dadurch erhält, daß es nicht über den anderen, sondern mitten zwischen den anderen steht und durch sein Mehr oder Weniger, durch sein Ja oder Nein den Gang der Begebenheiten leitet.

Frankreich sieht dem Spuk gern zu und vermehrt das Gedränge, um dann als Hilfsmacht zu scheinen, was als erste handelnde es nicht sein konnte. England ist durchaus für Österreich und macht sich durch seine Politik bei der Gegenpartei, durch die Roheit und Insolenz seiner Repräsentanten aber bei jeder Partei verhaßt.

Mit den anderen steht es, wie es gestanden hat, und der Kronprinz von Württemberg verengt seine Bande immer mehr. Er ist das Augenmerk noch nebenbei von einer anderen Partei, welche die Deutschen gern in die Höhe bringen möchte und sich mit; von jenen, die im Kriege so gewaltig zum Volke geschrien.

Österreich oder vielmehr Metternich, der sich in eigenen Irrgängen wohl ein wenig zu weit weg verirrt hat, trotzt gewaltig auf seine Macht und seine Allianzen; und alles berechnet, sind auch wohl in den K. K. Staaten so viel Truppen verteilt, als die Monarchie noch nie gehabt. Mit allen Reservetruppen beträgt ihre Macht gegen 500 000 Mann. Doch auch 1809 gaben sie so viel an, und was davon konnte sich schlagen? Zeit und Umstände sind wohl günstiger, doch der Geist ist noch morscher, und die moralische Kraft liegt ganz gelähmt darnieder.

15. Januar 1815.

Bei den mündlichen Konferenzen sind jetzt Wessenberg, zuweilen Metternich selbst, Humboldt, oft auch Hardenberg, Münster, Talleyrand, Castlereagh. Dieser außerordentliche Botschafter sieht beschränkt und als Engländer fremd aus. Dagegen ist seine Frau ganz im Kostüme, lächerlich-theatralisch gekleidet; kolossal und disgraziös, plump und geschwätzig, macht sie den Scherz der Gesellschaft und gleicht der Frau Wirtin des Kongresses.

Humboldt arbeitet mit viel Tiefe und Fleiß, als ein vortrefflicher Ausführer; erfinden kann er nichts, hat auch keine besondere Freude an dem öffentlichen Gang und löst die Erscheinungen nach ironischer, weltmännischer Weise, wie Aufgaben geselliger Intrigue, denn die Gesellschaft ist sein Element.

Der Fürst Repnin ist hier wieder in seinen beschränkteren Kreis als Adjutant getreten. Die Syrenentöne aus Dresden schmeicheln jetzt weniger seinem Ohr, doch die Herzlichkeit seiner Freunde und die Anerkennung seines redlichen Eifers muß ihm bleiben, wenn er auch als ein Opfer der politischen Verkettung das gehaltvollste Jahr seines Lebens mit einer Kritik muß belastet sehen, die ihm „Mangel an Kenntnis und Fähigkeit" vorwirft.

Der Kaiser Alexander ergibt sich mit einer mehr als gewöhnlichen Aufmerksamkeit dem Umgange der hiesigen Damen, so daß die russischen sogar unzufrieden scheinen. Eine sultanische Auszeichnung findet aber nicht statt, und man muß durchaus sagen, daß die Sitten der Wiener durch die Russen nicht verdorben werden. Die aimables vainqueurs haben zwar unter dem Vortritt von Czernischeff oft angesetzt, aber mit nur wenig Erfolg, und mancher Siegesruf geht ganz an den Wiener Damen zugrunde. Am genügsamsten ist wohl der Kaiser; Wort und Blick scheinen ihm zu genügen. Seine Galanterie hat sechs Schönheiten hier bezeichnet: la beauté coquette, Karoline Szecheny; la beauté triviale, Sophie Zichy; la beauté étonnante, die Esterhazy Rosine; la beauté céleste, Julie Zichy; la beauté du diable, Gräfin Sauerma; la beauté, qui inspire seule du vrai sentiment, Gabriele Auersperg.

Außer diesen Damen, die wohl zu den hübschesten gehören, gibt es noch andere genug, die fähig sind, Gefühle einzuflößen, nach gegenseitigem Wunsch und Bedürfnis. Zu den jungen aufblühenden Schönheiten des Landes gehören die Gräfinnen Stharemberg, Wrbna usw., die lebendig, zart und so frisch sind, als es das Stadtleben in engen Mauern, bei Kerzen und immerwährendem Tanz zuläßt. Die einheimischen Schönheiten haben durch die neu zukommenden sich vermehrt, indem die älteren deswegen nicht abtreten. Namen, die vor zehn Jahren die Schönheit und Liebenswürdigkeit der Hauptstadt bezeichneten, werden noch auf den Lippen, wenn auch nicht in den Herzen getragen, die Gräfin Lory Fuchs, die Prinzessinnen von Kurland usw.

Die arme Lory sträubt sich gegen das Altwerden, und ihr Kampf würde weniger verzweifelnd sein, wenn zu Hause die Kasten voll Geld oder Papier wären, das sich noch besser ausgibt; und ihre Abendzirkel fangen an, weniger besucht zu werden. Die Prinzessinnen von Kurland waren mir stets zuwider. Sonst waren sie nur Weiber und machten ihr Geschlecht mit der vollen Lebhaftigkeit ihres Blutes geltend. Jugend, Wechsel des Lebens und Leichtigkeit in Verhältnissen machten diese hübschen Frauen gleich interessant; doch jetzt ist seit Jahren ihr munterer Lauf innerhalb der Grenzen Österreichs beschränkt worden. Sie haben sich aus Lebenslust zuerst an die Männer, später aus Überlegung an die Frauen, und zugleich durch die Fügsamkeit ihres Geistes an die hiesigen Verhältnisse, die hiesige Denk- und Handlungsweise angeschlossen, daß man nun gar nicht mehr weiß, was die Damen eigentlich sind. Bald weibisch, bald herrisch, bald politisch, bald sentimental, bald ein wenig bigott, bald wieder frivol, und das alles so launenhaft und so gelangweilt durcheinander, daß es einem angst und bange um sie wird. Auch der lustige Lebenswechsel im Spiel der Gefühle hört auf, sich um diese Damen zu drehen und eine Solidité de gout macht sie alten Bekannten unkenntlich. Die Herzogin von Sagan, als die beste, die klügste, und auch die natürlichste, hat stets die meiste Festigkeit in ihrem Hange gezeigt. Jetzt ist nun seit Jahren der Fürst Windischgrätz ihr Herzens- und Liebes-Getrauter. Eine liaison ganz in der Sphäre der großen Welt, ohne den Reiz irgend eines Opfers, einer Etourderie, eines Widerspruchs, ganz alltäglich und ruhig hingehalten, was diese lebendige, entschlossene Frau sonst nicht tat. Jeanne langweilt sich mit einem Holländer, Borel, der vor acht Jahren hier ein junger frischer Ritter war, dem nun aber die angeborene Natur, das dicke Leben und die dumpfe Welt so zugesetzt haben, daß er allen Mut und alle Kraft verloren und jetzt noch auf Sofas und Stühlen herumliegt wie die Marken vom vorigen Fasching. Pauline hat sich, nach langem Herumsuchen von beiden Teilen, an Wallmoden fester und fester gehängt, der mit seiner phlegmatischen Tollheit die Frau rasend liebt.

Die Fürstin Bagration hat immer noch einen Salon, in dem sich zu bestimmten Tagen die Menschen sehen. Eine lebenslustige, hübsche, vornehme Frau kann durch solch' ein Leben ihren Reizen immer neuen Glanz geben.

Die junge Prinzessin Taxis, die Gemahlin von Paul Esterhazy, ist ein neuer Stern an dem Wiener Firmament. Sie ist ein junges verlangendes Weibchen mit brennenden Augen und starkem Gliederbau, oft gelangweilt, weil sie zu wünschen scheint; dann wendet sie sich zu dem kleinen Karl Liechtenstein, den ihre Hand und ihre Augen immer zu finden wissen. Wenn der junge Mensch von der Freude der ersten Überraschung sich erholt haben wird, dann mag das Verlangen wohl Mittel schaffen, und Paul wird in den großen Männerorden an- und aufgenommen, zu dem er jetzt, als junger Greis, sich herrlich vorbereitet mit dem wackligen Gestell des Geistes und Körpers.

Unter den fremden Damen ragt durch Größe die Gräfin Bernstorff vor den anderen hervor. Sie hat Jugend und die Frische der Abendbeleuchtung, ist jedoch ohne Grazie, so dänisch in die Höhe getrieben.

Unter den Engländerinnen belacht man die sonderbaren Aufzüge der Siebenschläfer, die nun wieder aus der bergenden Höhle in die fremdgewordene Stadt kommen. Lady Castlereagh ist kolossal und plump; ihr Aufzug immer überraschend durch die lächerlichste Mannigfaltigkeit geschmackloser Überladung; ihr Wesen wild und unbekümmert.

Lady Rumboldt ist an Sir Sidney Smith verheiratet und hat zwei reizende Töchter. Auch ein fremdartiges Geschlecht mit anderen Kleidern und Sitten; doch die Schönheit der jüngsten Tochter möchte jedes Land als einen herrlichen Besitz sich aneignen. Das Mädchen hat ein Fell wie weißer Sammet, auf dem die Morgenröte glüht, Zähne wie Perlen, einen Mund wie Rosen, einen Fuß wie in Paris, einen Wuchs hoch und voll wie in Alt-England, und ein Paar Augen, die immer sagen: komm her! Der Prinz August von Preußen ist dem Rufe auch gefolgt, mit aller Hast und Geschäftigkeit seines eiteln Strebens. Das

Mädchen hat diese falsche Münze nicht gekannt, die Fürsten meistens ausgeben, und nun, da das Gepräge sich abgreift, ist sie trostlos über den schlechten Handel, da sie echte Ware daran gesetzt. Diese Erkenntnis ist gut für den Meistbietenden, der nun zum Markte geht, denn mit dieser Regsamkeit und Wärme verschließt sich das Mädchen nicht in das leere Kämmerlein ihres Herzens. Gestern auf einem Ball bei Karl Zichy sprach ich viel mit Mutter und Tochter, nachdem mich der Kontre-Admiral vorgestellt. „Dites moi, Monsieur, en conscience, vous avez été chez le Prince Louis, il doit avoir été un si bel homme, est-ce qu'il ressemblait beaucoup au Prince Auguste?"

Vous vous adressez mal, j'ai été aide de camp et ami de feu le Prince Louis, et je suis par conséquent payé d'être partial.

„Mais cela ne vous empêche pas de voir, et tout le monde assure, qu'il y a une grande ressemblance entre ces deux Princes."

Dans ce cas je me rapporte à quiconque les connait comme moi et qui dira, que le Prince Auguste n'est que la carricature du Prince Louis.*

Das hat gesessen. Abends acht Uhr ist mir durch Vater und Mutter das Haus geöffnet.

Sir Sidney Smith ist kein Engländer nach Blick und Rede; nach Tat und Wort kennt ihn die Welt. Unter den vielen Ster-

---

* „Sagen Sie, mein Herr, waren Sie wirklich bei dem Prinzen Louis, er soll ein so schöner Mensch gewesen sein, sieht er dem Prinzen August sehr ähnlich?"

„Sie wenden sich nicht an die richtige Adresse; ich bin Generaladjutant und Freund des Prinzen Louis gewesen, daher bin ich bezahlt, um parteiisch zu sein. —"

„Aber das hindert sie nicht zu sehen und alle Welt versichert, daß zwischen den beiden Prinzen eine große Ähnlichkeit sei."

„In diesem Falle beziehe ich mich auf irgend jemanden, der die beiden kennt, und sagen würde, Prinz August sei die Karrikatur des Prinzen Louis."

nen und Kreuzen, die er trägt, hat die meiste Bedeutung eine Medaille, die der Bischof von St. Jean d'Acre nach der Verteidigung der Festung ihm gegeben mit den Worten: „Cette médaille est de Richard coeur de lion, nous la tenons de lui; je la rends à son compatriote en souvenir de sa présence glorieuse chez nous dans la ville, où son roi a également porté la gloire de son nom, il y a des siècles."*

Der Gesandte, Lord Stewart, ist ein insolenter Engländer, der alles mit Füßen zu treten scheint. Die Fiakerkutscher, die gesundesten Kerle im Wiener Menschenspital, haben dem Herrn Lord schon das Trinkgeld gegeben. Was die Zeitungen von seiner Stärke und Kraft, seiner Herrlichkeit und Freigebigkeit auch sagen, so bleibt es doch immer wahr, daß die Kutscher tüchtig auf seine Herrlichkeit losgedroschen und gestoßen haben.

Unter den alten Damen, die hier die Gesellschaft versetzen, zeichnet der Kaiser von Rußland die Gräfin Festetics besonders aus, nicht ihretwegen, sondern als Mutter der Gräfin Julie Zichy. Sie spricht in ihrem Lande ungrisch; in Wien und wo das Leben ihren unbehilflichen Körper sonst noch hin verschlagen könnte, deutsch. Mühsam arbeitet sich der Kaiser durch die fremden Wörter durch, noch mühsamer als durch die trostlose Dürftigkeit der Matrone. Neulich war sie sehr traurig. „Was fehlt Ihnen?" fragte der Kaiser. — „Ach ich muß weinen; ich höre, Ew. Majestät wollen uns den Krieg machen; das wäre ja ganz entsetzlich usw." O Einfalt, wie wahr und treffend! — Wird die Alte ausgefragt, was sie mit dem Kaiser gesprochen, so sagt sie: „wir unterhalten uns von Politischem."

---

* Diese Medaille ist von Richard Löwenherz, wir erhielten sie von ihm; ich gebe sie seinem Landsmanne zur Erinnerung an seine glorreiche Anwesenheit in der Stadt, wohin sein König ebenfalls den Ruhm seines Namens vor Jahrhunderten getragen hatte.

Januar 1815.

Der Tanz ist langweilig und verändert wie ganz Wien. Sonst schwebte alles im Taumel des Walzers bunt durcheinander, und man erholte sich nur an Quadrillen und Ecossaisen; jetzt fast nichts als Polonaisen, die von alten Damen mit den großen Herren durch die Reihen der Zimmer abgetanzt werden.

Auf dem Theater hat die Pantomime ihre Meisterin in der Bigottini hier gehabt: der höchste Stil im Ausdruck der Leidenschaft, die edelste Haltung und zugleich der gefühlvollste Ausdruck. Nina ist ihr Triumph; um nun den Sinn ihres Spiels zu erheben, sagt man, sie habe diese Wahnsinnige aus Liebe in dem Affekt wegen Duroc's Tod so meisterhaft gegeben. Wer aus Leichtsinn und Gewinnsucht so viele Wechsel in der Liebe gemacht, den erschüttert der Tod nicht so sehr. —

Reinoldy bleibt der vortrefflichste Pantomimiker im Komischen, z. B. im blöden Ritter.

16. Januar 1815.

In der Entfernung glaubt man wohl, hier sei alles sinnig und bedeutend; jeder Tag gebe neue Beobachtungen, jeder Zirkel, jedes Gespräch neues Licht. Mit nichten; denn einmal sieht man den Wald vor lauter Bäumen nicht, und dann sind wieder Wald und Bäume fort. Der liebe Kongreß! Man weiß ja kaum, ob er angefangen hat. In Leipzig wird wenigstens jede Messe eingeläutet; auch das nicht. Wird der Kongreß aber ausgeklingelt werden? Nun das auch nicht! —

Bald ist Krieg, und bald ist Frieden. Jetzt heißt es nun, man sei einig über die Basis der Unterhandlungen. Österreich hat längst schon über den ewig herumgeschleuderten Zankapfel von Sachsen erklärt, es willige nicht in die Absetzung von Friedrich August. England und Frankreich stimmen bei, und Talleyrand hat deshalb in den letzten Tagen des verflossenen Jahrs eine Note an den österreichischen Kaiser erlassen, worin er ihm zu dem heldenmütigen Entschlusse festen Widerspruchs Glück wünscht. Diese Note gleicht einem Epos und fliegt zwischen Griechen und Römern in hohen Phrasen herum. Im Eingang heißt es: „la politique est la vertu, et la vertu de la politique est la justice"* usw.

Rußland widersetzt sich nicht mehr dem Willen der Mächte und überläßt die Entscheidung an Preußen, wodurch der Kaiser Alexander aufhört, Partei zu sein und nur als Alliierter Preußens auftritt, wenn dieses auf seinem Willen verharrt. Polen kommt mit Ausnahme des österreichischen Anteils ganz an Rußland, das es zum Königreich mit Hinzufügung anderer ehemaligen russisch-polnischen Provinzen macht. England, das dem Widerspruch wegen Einverleibung Sachsens beigetreten, hat demnach eine Note erlassen: „man müsse vor allen Dingen erst Preußen in seiner Forderung der stipulierten Menschenzahl befriedigen." Kurz, die großen Resultate des großherzigen Kongresses werden nichts anderes sein als eine Seelenverkäuferei, wie die der Regensburger und Augsburger Versammlung, wo durch die Mediatisierung nach dem Lüneviller Frieden die Fetzen rechts und links durcheinander verteilt wurden. Alles, was geschieht, ist um nichts besser, als was Napoleon auch getan, weil man sich immer in demselben Dilemma von Eigennutz, Engherzigkeit und Beschränktheit herumdreht. Schlechte, mittelmäßige Minister, die eine demoralisierte Politik handhaben und ohne Rücksicht auf die Persönlichkeit der Völker nach eigener schlechter Persönlichkeit handeln. Zu allen diesen Übeln kommt noch eine faule Scheu vor der Arbeit, und was nur unbestimmt zu lassen, das bleibt es, uneingedenk der Folgen. „Cela reste une que-

---

* Die Politik ist die Tugend, und die Tugend der Politik ist die Gerechtigkeit.

stion vide"* ist der Kunstausdruck für solche Fälle. — Welch'
eine fromme heilige Geschäftigkeit und Sorgsamkeit dagegen
gibt uns der westfälische Friedenskongreß! —

Alles kommt auf die Begebenheiten der nächsten Jahre
an; sind diese friedlich, so könnte sich wohl ein haltbarer Kitt
ansetzen; erhebt sich aber ein neuer Sturm, so entwurzelt er
alle Stämme, die jetzt in lockerer Erde stehen.

Das allgemeine Mißvergnügen über den Gang der politi=
schen Angelegenheiten äußert sich am lebhaftesten gegen die
Minister. Metternich wird gewaltig angefallen, man nennt ihn
den ministre papillon, und der Kaiser Alexander kommt nicht
einmal mehr zu seinen Gesellschaften, was als von dem bedeutend=
sten Monarchen ihm wohl zur Ehre gereichen könnte, wäre er
der Mann von Kraft und Grundsätzen, der dem Unwillen der
Fürsten unter dem Schutz seiner Prinzipien Trotz böte. Gentz
ist der viel überhäufte Geschäftsmann und gleicht der gebärenden
Mutter, parturiunt montes etc. Dieser Mensch, ehedem mit
dem flatternden Sinn und der üppigen Lebenslust, ist ein
ganzer Philister geworden; das Freie, Geniale ist von ihm ge=
wichen, und durch seine trippelnde Weisheit wird er nichts
Großes hinstellen.

Binder muß viel in der Staatskanzlei arbeiten; täglich sieht
man ihn mit einem neuen Stern; er selbst aber glänzt dadurch
eben nicht mehr.

Von Hardenberg spricht man am besten. Er ist ein Mann,
der zart, liberal und jetzt sogar fest ist; Humboldt ist ihm eine
treue Stütze. Der Staatsrat Stägemann gehört zu seinen
nächsten Unterinstanzen. Die Jordan usw. machen auch ihren
gehörigen Lärm.

Aber wann soll nun endlich durch die vielen Macher etwas
gemacht werden? Alles noch unbestimmt. Metternich scheint

---

* Das bleibt eine leere Frage.

die Monarchen bis zum Jasagen langweilen zu wollen, er hofft dabei für den schlimmsten Fall auf Frankreichs militärisches Aufleben zu seiner Beihilfe, stützt sich zugleich aber auch auf die Scheu, die jeder Staat hat, schon um der Meinung willen, jetzt den Krieg anzufangen. Rußland erreicht, was es will, und solange es das tut, versäumt der Kaiser nichts. England gedenkt auch die Folgen seines amerikanischen Friedens hier abzuwarten, zur Begründung eines größeren Nachdrucks. Was die anderen betrifft, die müssen geschehen lassen, was sie nicht hindern können; und so kann es noch lange beim alten bleiben.

Über Castlereagh hörte ich neulich einen Schotten sagen: „c'est un ministre, qui travaillera bien dans les affaires du congrès, ayant déjà fait ses épreuves d'infidelité contre l'Ecosse."*

20. Januar 1815.

Den 18. Januar hat der englische Gesandte Stewart einen bal paré zur Geburtstagsfeier der Königin von England gegeben. Es war eine glänzende Versammlung von reichen Männern und Frauen und hohen Häuptern. Die Fürstin Taxis, die Großfürstin, die Kaiserin waren mit Juwelen wie übersäet; die Königin von Bayern war nicht arm. Allenthalben herrschte englisches Komfort, nirgends Freude, die unter Schmuck und Pracht sich nicht gern verliert. Unter den hiesigen jungen Mädchen zieht die junge, recht hübsche Gräfin Kohary das Verlangen auf sich, weil sie 500 000 Gulden vom Vater einst erbt. —

Die Neigung des Kaisers Alexander für die junge Gräfin Auersperg wird immer lebhafter, vielleicht durch den Reiz des reinen Gemüts, auf das sie gefallen. Der Kaiser fragte mich auf dem Ball der Fürstin Bagration, „si je connaissais d'an-

---

* Das ist ein Minister, der in den Geschäften des Kongresses gut arbeiten wird, da er den Beweis der Untreue gegen Schottland schon erbracht hat.

cienne date la Princesse." — „Je l'ai beaucoup vu chez son père, lors-qu'elle était encore enfant; elle s'appèle Gabrièle, et elle est digne d'un Henri IV."*

22. Januar 1815.

Zu den jetzigen Konferenzen ist wieder Talleyrand, auf Castlereaghs Verlangen, zugelassen worden, so daß Rasumowski (oft mit Capo d'Jstria), Hardenberg (oft mit Humboldt), Castlereagh und Wessenberg, oft auch Metternich das Komitee ausmachen. Man findet durchaus eine auffallende Übereinstimmung im politischen Benehmen zwischen England und Frankreich, und wer sich streng an das System der Wiederherstellung der ehemaligen Staatsgestaltungen hält, der schiebt die ganze Last des verworrenen Kongresses auf den Kaiser Alexander, der schon zu Paris ganz eigenmächtig über das Schicksal von Polen entschieden und sich zum König des neu entstandenen Reichs gemacht habe, wodurch Preußen zur Entschädigung für Südpreußen an Sachsen verwiesen worden sei. Der Fürst Czartoryski, der, mit dem Kaiser erzogen, dessen Jnneres kennt, wird jetzt als der Anreger desselben genannt durch die Macht des Reizes zweier Kronen.

23. Januar 1815.

Das Unbeachtetste in Wien sind die Fürsten, weil man so sehr an ihren Anblick gewöhnt ist.

Der Kaiser Alexander ist einfach glänzend und vornehm zuvorkommend. Sein Hang für die Frauen spricht sich so deutlich aus, daß die russischen Damen manchmal ungehalten sind über die Aufmerksamkeit, welche ihr Monarch den Wienerinnen

---

* ob ich die Gräfin schon lange kenne." — „Jch habe sie oft bei ihrem Vater gesehen, als sie noch ein Kind war, sie heißt Gabriele und ist würdig eines Heinrich IV.

bezeigt. Doch bleiben, so viel man weiß, alle Gunstbezeigungen in den Schranken des öffentlich gesellschaftlichen Lebens.

Der König von Preußen sieht immer aus wie Groll und Zorn; wenn er auch von dieser Kongreßkost sich zuweilen nährt, so täuscht das Ansehen doch gar sehr. Er ist im Gegenteil sehr empfänglich und bezeigt eine romantische Beständigkeit für Julie Zichy, die man auch für Gewöhnung auslegen möchte. Die Frau weiß, wie in Potsdam die Parade sich stellt, wie sonst und jetzt die Preußen angezogen waren usw. und regaliert dafür die kourtisierende Majestät mit Erhabenheit und Religion. Diese Gespräche dauern oft ganze Abende, in traulichen, doch scheinbar finsteren têtes-à-tête.

Der Prinz August ist die Langeweile der Gesellschaft: Phrasen und Fragen entströmen in der tötendsten Einförmigkeit seinen Lippen. Wie ist es möglich, daß Wissen, Figur und Geburt, in einem Prinzenhaupt zusammengenäht, sich so unausstehlich machen können?

Prinz Wilhelm ist der Mignon der Frauen: seine jungfräuliche Zurückhaltung intriguiert das Geschlecht. „Qu'il serait intéressant, s'il n'était point de la manchette!"*

Der König von Dänemark, hier König von Dantelmarkt genannt, läuft allenthalben herum, ist gutwillig und zuweilen verständig, nur zu gemein herablassend, immer unter der Menge verloren. Man sagt, er sei witzig, doch das Bonmot ist nicht bekannt, das ihm den Ruf gegeben**; vielleicht kommt es auch von seinem Generaladjudanten, dem General Steigentesch.

Mit dem Könige läuft immer sein Verwandter, der Prinz

---

* Wie interressant wäre er, wenn er nicht P. wäre!
** Doch wohl eins. Als der Kaiser Alexander ihm beim Abschiede sagte: „Vous emportez tous les coeurs," („Sie rauben alle Herzen.") antwortete der König sehr geistreich: „mais pas une seule âme!" („aber keine einzige Seele!"), indem Dänemark trotz aller seiner Bemühungen leer beim Kongreß ausging.

von Holstein-Beck, herum, ein Männchen so dünn, daß man es in ein Blaserohr betten könnte, weder von Anstand noch Haltung.

Der König von Bayern sieht aus wie ein grober, verdrießlicher bayerischer Fuhrmann, hat aber dabei einen Anstrich von Biederkeit und Rechtlichkeit. Es ist der bürgerlichste König.

Der Kronprinz von Bayern sieht schlecht aus, ein fahles Haar, ein Mund ohne Zähne, eine Gestalt ohne Ausdruck. Es ist ein Prinz, der das Gute will, doch es nie tun wird, wenn's Geld oder Entschlossenheit fordert. Er spricht gern, hilft sich, wo es nicht anders geht, durch Fragen, die oft ungeschickt herauskommen, breitet sich aber lieber über das beliebte Thema deutscher Gesinnungen usw. aus. Doch das Deutschland der Bayern hört bei ihren Grenzmarken auf. Die Sprache des Prinzen ist schwer. Noch schwerer aber sein Gehör. Seine Art ist gütig und zuvorkommend, doch nimmt sie niemand für gnädig, weil sie sich so rund und leer hingibt.

Der Prinz Karl von Bayern ist ein junger munterer Bursch, dem seine Verhältnisse, seine Jugend und sein hübsches Aussehen un air de fatuité geben, das die Glücksgünstlinge so leicht annehmen. Er verspricht einen guten Soldaten, ist aber ein großer enragé.

Der Großherzog von Baden, groß, dunkel, leer und gesund.

Der Graf Hochberg, badischer General und zweiter seiner Familie, gehört durch gleichen Vater zum regierenden Fürstenstamm. Das Geschlecht ist anerkannt, doch Bayern will sich dessen Erbfolge nicht gefallen lassen. Der Graf ist ein junger hochgewachsener Mensch, der viele Dinge in der Welt gesehen, davon aber wohl nichts scheint behalten zu haben, als sein Handwerk. Er spricht sehr gewöhnlich, ist aber ein tüchtiger Soldat.

Der Prinz Leopold von Sizilien hüpft und springt mit seinem Bourbonengesicht herum. Edel ist sein Stil nicht; sein

Wesen scheint mir höchst langweilig. „Il restera Prince d'une Sicile, et cela est assez pour lui."*

Der Herzog von Koburg ist groß und stark, doch nicht zum vorzüglichen Ruhm großer Menschen, denen man nicht mit Unrecht nur zu oft Kleinheit des Geistes vorwirft. Es ist überhaupt eine redliche, gutartige Familie, die Koburgische, doch meist dürftig an Geist, vorzüglich der Prinz Ferdinand, jetzt österreichischer General, der ein schönes geregeltes Gesicht hat, mit einer dünngezogenen Nase, worin alles, nur nicht Geist liegt.

Der alte Herzog von Weimar lebt so burschikos fort, wie er es immer getrieben. Die Welt gefällt ihm, und er ist ihr immer durch Lebenslust verbunden, wenn auch die Jahre seine Beweglichkeit schwächen.

Talleyrand ist unter den diplomatischen Personen die wichtigste, ob er gleich zurücktritt durch den veränderten Standpunkt seines Landes, durch eigene zunehmende Indolenz und vielleicht auch aus Grundsatz. Er sagt von den Fürsten: „ils n'ont ni le courage de se brouiller, ni le bon sens de s'entendre."** Wie aus einer anderen Welt, sei es auch die höllische, sieht der alte Kämpfer auf die Bahn, und tut nichts, als daß er jeden Einzelnen durch die Noten, die er diesem oder jenem zusendet, auf seinen Vorteil aufmerksam und durch die bloße Ansicht des Vorteils sie bocksteif und stätisch gegeneinander macht. So geschieht es denn auch, daß durch die Illiberalität der Grundsätze und über der Unbiegsamkeit der Geister man dem Kongresse kein Ende mehr absieht, und er der Schraube ohne Ende gleicht, mit der die Herren sich allgesamt schrauben. Alle die Staaten haben nach und nach eine schiefe Stellung gegeneinander bekommen. Was nun den Kongreß selbst betrifft, so wird der wohl am Ende aufhören, durch irgend einen äußeren Anlaß, der

---

* Er wird Fürst von Sizilien bleiben, und das ist genug für ihn.

** „Sie haben weder den Mut miteinander zu brechen, noch den Verstand sich zu verstehen.

zuletzt die Verhältnisse bestimmt, wenn der Verstand ihrer nicht Herr werden kann. Der einfachste Anlaß wäre die Notwendigkeit des Auseinandergehens. Freilich bleiben dann noch zu den Einzelheiten die Minister, welche auch bis zum Sommer ihre Quartiermiete verlängert haben, und die dann gewiß einen Samen streuen werden, der zur giftigen Blüte auf dem Schlachtfelde wuchern wird. Was nur erst diplomatisch gemacht werden soll, das ist so gut wie mit Blut geschrieben, wenn Einfachheit des Willens und Übereinstimmung der Ideen nicht im voraus die bessere Einleitung getroffen.

Da zanken sie sich um Provinzen und übersehen den Urquell der eigenen inneren Kraft, indem sie ihn verkleben und verkleistern. Gewiß werden die Fetzen herumgeteilt werden, und dadurch ist jedermann unzufrieden, die Sachsen und die Preußen. Graf Langenau, Unterchef des hiesigen Generalstabes, arbeitet an diesem kleinlichen à peu près; darum werden ihm wohl auch die Schulden in Dresden bezahlt, und der gerupfte König macht ihn zu seinem Kriegsminister. Wieder ein Gewinn für Österreich, das dann eine vertraute Schildwache auf der Dresdener Brücke hat. Ja, ja, Bernadotte sollte auch am botnischen Meerbusen Napoleons Vorposten sein, und die Zeit gestaltete es anders.

24. Januar 1815.

Zu den Zerstreuungen, die es hier gibt, gehörte auch das Seelenamt, welches man am zweiundzwanzigsten Jahrestage der Guillotinierung Ludwigs XVI. hier gehalten hat. Talleyrand hatte es in der St. Stephanskirche bereiten lassen, und es war wie eine schlechte Theaterdekoration anzusehen.

Ist es doch manchmal, als drücke unwillkürlich ein mächtiger Geist den Stempel auf menschliche Handlungen, um an der wahrhaften Währung den eigentümlichen Sinn zu zeigen. Talleyrand war gewiß stolz, diesen Tag mit geretteter Ehre begehen zu können, und ich glaube, er gab das Fest mehr sich selber. Freilich votiert hat er nicht mit, davor haben ihn die Umstände gerettet, die viel Gutes an ihm gemacht; doch erkennt man den Menschen an seinen Werken und nicht an seinen Worten, so sehe man auf die Grundsätze, nach denen der Autun gehandelt,* und man wird Ludwigs Kopf nicht für gesicherter halten, wenn er diesem Richterspruch wäre übergeben gewesen.

Zu den mauvaises plaisanteries über den jetzigen König von Frankreich gehört: „Les Anglais ont nourri un cochon, les Français l'ont acheté pour XVIII Louis, mais il ne vaut pas I Napoléon.**

25. Januar 1815.

Auch mit England steht es schlecht, nur daß es weniger als schlecht erscheint wegen der Verblendung der Londonreisenden und wegen der Parteilichkeit der Engländer selbst, die, nie unparteiisch, entweder in der Opposition Englands nahen Untergang, oder von der Ministerialpartei Englands Unfehlbarkeit mit so viel Zahlen und Reden deduzieren, daß man nicht weiß, was man am Ende glauben soll. Als Resultat denke ich: England hat sich über seine Kräfte und auch nicht selten über sein eigentliches Interesse angestrengt. Diese Ermattung äußert sich in zwei Dingen: in der Unmöglichkeit der Erhöhung des Maximums und in der geistigen Armut des Ministers. Das jährliche Budget weist genau die Staatsbedürfnisse nach, und die Bewilligung der Auflagen deckt dieselben. Diese Auflagen haben nun zu Gegenständen das Leben und den Verkehr; ein Kapital, das liegt, wie in anderen Ländern, gibt es nicht, und es rührt sich dort alles. Das Leben hat nun bereits hergegeben,

---

* Talleyrand war Bischof von Autun, als er sich der Revolution anschloß.

** „Die Engländer haben ein Schwein gemästet, die Franzosen haben es für XVIII Louis gekauft, aber es ist nicht I Napoleon wert."

was es leisten kann, durch Besteuerung seines Unterhaltes und seiner Zierden. Was Tisch und Keller geben, ist aufs Höchste belastet, wie Kleidung und Wohnung, kurz alles, was das Bedürfnis fordert, und mehr noch und mit Recht, was der Luxus erheischt. Werden nun jetzt neue Auflagen zur Deckung neuer Staatsbedürfnisse gemacht, so ergibt sich die Summe wohl augenblicklich, doch das natürliche Verhältnis der Möglichkeit der Leistungen wird durch nötige Ersparnisse gleich wieder hergestellt, und so schwindet auf eine andere Art der Ertrag der erhöhten Auflage. Würde diese z. B. die Equipagen in irgend einem noch nicht belasteten Teile betreffen, so ist augenblicklich der Ertrag wohl da, doch die Unmöglichkeit des Eigentümers, den Stand seines Einkommens höher besteuern zu lassen, nötigt zu Ersparnissen in anderen Dingen, auf deren Abgabenertrag die Regierung schon ein früheres Budget angelegt hatte.

Das andere Einkommen der Minister, das von dem Handel und Verkehr, hemmt auch durch Belastung jeden Artikels mit Auflagen, schneidet dem Handel seine Fäden ab und schwächt seine Urkraft. Daher die Armut unter den Fabrikanten, da doch la civilisation ouvrière der höchste Punkt von Englands Kultur ist.

Die Dürftigkeit der Minister hingegen zeigt sich in der Unmöglichkeit, sich unter Stürmen zu erhalten; keiner von ihnen hat Vertrauen zu seiner Kraft erweckt. Castlereagh, den der Prinzregent als Freund auszeichnet, ihm als einem Baron das Hosenband gibt, dieser Mann hat von Canning hören müssen, „er könne nicht mit ihm im Ministerium sitzen, weil er zu dumm sei." Endlich haben sich beide wegen der Injurie geschossen, Canning hat die Kugel in den Hintern gekriegt, und beide mußten des Skandals wegen aus dem Ministerium.

27. Januar 1815.

Ende Januar sollte von Österreich ein Ultimatum eingegeben werden über Sachsen; sein Inhalt hatte schon transpiriert; es war kurz und bündig und erklärte rund heraus: „Preußen dürfe höchstens auf 400 000 bis 500 000 Seelen in Sachsen rechnen, die anderen fielen an den verschmähten König zurück." Nach der Stellung dieser Note war durch Hardenberg nur mit „Ja" oder durch Blücher mit „Vorwärts" zu antworten; doch kurz vor der Eingabe erscheint ein englischer Kurier, welcher als den wichtigsten Punkt die Heiligkeit der Traktaten mit Preußen und sehr laue Äußerungen für Friedrich August mitbringt; des gepriesenen royalistischen Prinzips (der Legitimität) wird neben dem politischen nur schwache Erwähnung getan; gleich zieht also Österreich seine Meinung zurück, und es wird seit dieser Zeit schon an der Zerstückelung Sachsens mit so schnellem Fortgang gearbeitet, daß der rückkehrende König kaum einen entblätterten Stamm behält. Welch' eine Schmach für ein Kabinett, das nach seiner Macht, die es stolz ausruft, nichts für seinen Willen vermag! Und doch möchte Österreich am Ende das Verdienst haben, als tue es alles für Sachsen, da es nichts als kleinliche Intriguen gesponnen hat. Soll Preußen nicht von Wut und Verachtung durchdrungen sein!

Die Furcht vor Krieg hat die auflodernde Flamme in England niedergedrückt; desto besser für uns: was die anderen nicht wollen, muß man tun, wenn es die Umstände nur begünstigen.

Ende Januar 1815.

Gentz ist alt und grau geworden; Seele und Körper zittern ihm in ewigem Fieberfrost von moralischer und physischer Erkältung. Die Gemütlichkeit der Jugend erwacht wohl noch zuweilen, doch ist sie stets geregelt und erlaubt durch Zwang keine Gegenseitigkeit der Hingebung. Zudem ist der alte Diplomat eingeengt in die Beschränkung seines jetzigen Vaterlandes und erschrickt vor dem Geiste, der ihn sonst bewegte; darum ist es ihm auch nicht wohl in der Umgebung seiner Freunde von ehedem, wenn er sie nicht genau auf seinem Wege findet. Doch was geschrieben steht, gehört der Welt, und der Gentz von Berlin ist ein anderer als der von Wien; man lese nur, was jener damals geschrieben.

Binder ist ein fleißiger Arbeiter in der Staatskanzlei; doch was Großes kann dieses Männlein nicht aushecken. Hätte ich einen kleinen Hof, so wäre mir Binder als ernsthafter Spaßmacher sehr wert; ich bäte ihn mir zum Gesandten aus.

Wozu von diesen Leuten sprechen; man versündigt sich nur an ihnen. Denn gut und angenehm, billig und drollig für sich, sind sie in ihrer Stellung nichts. Wenige unter den Kongreßmännern möchten da standhalten.

Die Unterhändler, statt durch gründliche staatswissenschaftliche Kenntnis belehrt zu sein, ergreifen nur immer das Nächste und klammern ihr Ziel an den ersten günstigen Schein; ja sie greifen oft aus gutem Vorbedacht zu etwas Falschem, Irrigem, um durch scheinbare Nachgiebigkeit den eigentlichen Zweck zu gewinnen; auf solchem Kunstgriffe beruht die ganze List der Mystifikation, die mit kecker Stirn in dem großen Leben gehandhabt wird. Ihr Ursprung liegt in unserem geselligen Umgang, in dem Verkehr mit Weibern, eine Bahn, die unsere jetzigen Minister oft durchlaufen sind und deren Künste sie nun in die höheren Geschäfte übertragen, als Ersatz der ehemaligen geistigen und wissenschaftlichen Mittel. Metternich ist ein Hauptkünstler auf dieser Arena, in dem Geiste eines großen diplomatischen Parteigängers, wie Napoleon oft in dem eines großen militärischen gehandelt hat. Ohne eigentlich feste Basis eines europäischen Staatensystems will der Minister die Russen zurückdrängen dans leurs frimas. Alle Mächte sollen ihm nun beistehen, in seiner diplomatischen Notenlitanei gegen diese Neu-Türken zu siegen, doch muntert er keine Macht durch festen, redlichen, kräftigen Sinn auf. Den Preußen wird Sachsen zugesagt; da sie nun aber nicht gegen das russische Projekt auf Polen auftreten, zieht Österreich sein Wort zurück, und nun das Hin- und Hergezerre von mehreren Monaten. Die Saiten von Polen werden aufs Höchste gespannt und nur endlich nachgelassen, damit Rußland Preußen nicht länger unterstütze in seinen Anforderungen wegen Sachsens. Frankreich freut sich des Haders, weil es durch die Gewandtheit seines Ministers und durch die Charlatanerie seiner neu auflebenden Kraft allein imstande ist, die eigentliche innere und äußere Nullität zu verbergen. England wagt auch nicht, mit zu derben Worten drein zu fahren, weil Mangel an großen allgemeinen Ansichten es verhindert, den eigentlichen Gesichtspunkt zu fassen, und weil das Gefühl des Überreizes seit den letzten Jahren jeden Stand auf der Insel drückt. Preußen will freilich für sich und seine Angelegenheit nichts aufgeben, doch was kann es allein, et elle sera quitte d'un ridicule.

Seine pomphafte Besitznahme von Sachsen macht die Regierung lächerlich, doch die Nation wird beschwichtigt durch einen Kraftanwachs, an dem sich die Gegenwart begnügt und an den die Zukunft neue Hoffnungen knüpft. Es erhält nämlich den nördlichen Strich von Lauban bis Merseburg. Um Leipzig zankt man sich noch hin und her, ob es preußisch oder sächsisch werden soll, oder zur Beruhigung beider Teile eine freie Reichsstadt. Kommt es an Sachsen, so opfert Preußen es seinem bösen Willen auf, und der Schlag mit der unlängst gemachten Anleihe wird der erste sein.

Zur Beschwichtigung wegen der entrückten sächsischen Ländergesamtheit kommt nun an Preußen nach dem System des politischen Seelenhandels in Deutschland eine Anzahl von drei Millionen Seelen an dem Rhein. Luxemburg kommt an Belgien, was man hier nach einer üblichen Wortverwechslung an England nennt, und Mainz soll eine deutsche Bundesfestung werden.

Das sind nun so die Teilungsprojekte, doch fest steht noch keins; und stände es auch fest durch die Ultimatums des Kongresses, steht es dann auch fest für sich? Die Unzufriedenheit der Völker, die getäuschten Erwartungen, der Mangel an Vertrauen und das Unverhältnis der Teile zum Ganzen sind zu groß. Darum werden harte Gewitter ausbrechen, und der erste Sturz, welcher freilich kein gewaltsamer sein wird, droht den Ministern, die jetzt in Wien den Gifttrank bereiten. Hardenberg hat vor kurzem einen gewaltigen Auftritt mit seinem Könige gehabt. Eine lange verhaltene Unzufriedenheit ist über den Gegenstand der preußischen Besetzung von Sachsen endlich ausgebrochen. „Ich hab's immer," hat der König in seinen gebrochenen Redensarten herausgeworfen, „hab's immer gesagt, daß es ein voreiliger Schritt sei — haben aber alle klüger sein wollen — nun ist die Prostitution fertig, wenn man wieder abziehen muß. Geschieht gar nichts Kluges mehr, soll aber alles so aussehen." — Hardenberg hat gar nicht können zu Wort kommen. Dergleichen Auftritte sind üble Vorboten auf den Fall ungünstiger Wendungen. Castlereagh wird auch nicht mit Pomp empfangen werden, nach den jetzt gepflogenen Reden zu urteilen. Kommt es gegen Österreich zum Bruch, so wird Metternich als Sündenbock geschlachtet.

Anfang Februar 1815.

Die Ankunft von Wellington ist die neueste interessante Kongreßerscheinung. Er soll Castlereagh ablösen, weil dieser das neue Parlament eröffnen muß, und man erwartet auch von diesem Umstande eine Beschleunigung in den Geschäften, weil der right honourable Lord doch mit einigen Nachrichten im Parlament auftreten möchte. Es tut mir leid, den Herzog von

Wellington als Diplomaten zu sehen. Wer als Krieger so hoch gestanden, erniedrigt sich jetzt als Politiker: er sollte das Schwert nur führen, um den schlechten verwirrten Knoten zu durchhauen. Britannien sollte mit dem Sieger der Welt nicht so freigebig sein; mir scheint es aber auch, er wolle mehr imponieren als wirken.

Das erste Auftreten des edeln Lords war bei seinem Bankier Herz, wo er sich den Tag nach seiner Ankunft zum Essen bat. Da bei jenen Geldmännern sich jetzt alle Großen der Erde zusammenfinden, so war es kein Wunder, bei dieser Gelegenheit die ganze hohe Diplomatie vereinigt zu sehen. Metternich, Talleyrand, Löwenhielm, Castlereagh, Cathcart, Palmella, Gentz, General Koller, Tschernischeff und einige wenige Artigkeitsgäste, zu denen ich auch gehörte.

Wellington trat auf mit allen ersten Orden, weil er von dem Diner zu einer Soirée bei Castlereagh ging. Er ist von großer Statur, seine Haltung ist zuverlässig, einfach und fest, er trägt Kopf und Brust frei, hat eine sehr bestimmte römische Nase, eine hohe Stirn und frische, doch weder sehr glänzende, noch strahlende Augen. Er läßt die Leute ruhig sprechen und hört aufmerksam zu; seine Antworten sind kurz, sein Widerspruch artig. Es liegt in dem ganzen Wesen des Mannes mehr Ruhe als vorspringende Größe, und ein Ernst, der viel Gefälliges hat. Weniger angenehm ist sein sonst gehaltener und adeliger Blick, wenn er anfängt zu sprechen; er zeigt dann einen Mund, dessen schiefstehende Zähne die Harmonie des Ganzen stören. Doch ohne Zergliederung des Einzelnen ergreift einen das ganze lebendige Bild des Mannes durch den Ausdruck der Sicherheit und der Einfachheit.

Den Abend war alles gespannt, den Lord auf der Redoute zu sehen; ein gedrängt voller Saal, in dem nur mühsam sich in dichten Haufen die dampfende Menge durchzog, bezeichnete diesen Tag eine brillante Redoute, ein Ruf, den die vierte im

Fasching immer hat. Da meine Größe mich das Gewühl übersehen läßt, so blieb ich oft stehen, sah lange den Leuten über die Köpfe und rief dann meinen Bekannten zu: „Da ist Lord Wellington!" Hunderte faßten gleich auf, was ich sagte, und es wogte nun die Menge ungeduldig nach der Richtung, die ich angegeben. Ich zog mit ihr, drängte mich durch, und was ich am Südpol des großen Saales getan, wiederholte sich am Nordpol. Nun wirft sich von hier aus wieder ein Strom von Menschen vor mir her, und einige Tausend wogen durch diesen einigemal wiederholten Schwank wie Wellen, vom Sturm gegeneinander gepeitscht, sich entgegen und vermehren auf einzelnen Punkten das Gedränge bis zum Erdrücken. Doch immer wurde man des großen Mannes nicht ansichtig, bis er auf einmal dastand, von Madame Castlereagh und Lord Stewart geführt. Der Herzog Karl machte in dem Augenblicke seine Bekanntschaft, und wechselten sie nicht schnell den Standpunkt, so waren sie beide dem Erdrücken ausgesetzt. Wellington sah gefällig in die strömende Menschenmasse und nahm ohne Ausdruck von Eitelkeit mit Anstand die stummen Huldigungen an.

Wie ehedem Lord Nelson mit Lady Hamilton reiste, so hat auch Wellington die bekannte Sängerin Grassini bei sich, die schon oft die Begleiterin bemerkter Männer gewesen ist, wie z. B. des Herzogs von York in Deutschland*). Sie ist, was die Franzosen belle femme nennen, also schönes Fleisch, große Figur, vornehmer Anstand, darf aber bei dem Titel wohl an fünfzig Jahre alt sein. Es ist im altheroischen Stil, den Ruhm von der Kunst begleitet zu sehen, die vornehmste Mischung menschlicher Vortrefflichkeit und zugleich eine so veredelt natürliche in der Verschiedenheit der Geschlechter, ein jedes nach seiner höheren Verklärung.

---

*) Auch Bonaparte hatte sie schon in Italien bei sich gehabt, später auch in Paris, freilich aber heimlich. Sie schien eine andere Lola Montez gewesen zu sein.

Februar 1815.

Unter allen Monarchen, die jetzt Wien versammelt, erscheint mir, nicht allein der Figur, sondern seinem ganzen Sein nach der König von Dänemark doch am komischsten. Er möchte auch was haben, wartet von heute auf morgen, daß nun auch die Reihe an ihn komme, und spielt in seiner Person noch einmal die ganze lächerliche Passivität seines Kabinetts durch.

Wie klug sich doch die Dänen dünkten, als der jetzige König, noch Kronprinz, in Holstein seine militärischen Gaukeleien trieb und seine Neutralität bekräftigen wollte. Das schlaffe, engherzige Kabinett meinte, wenn Frankreich und England sich raufen, stehen wir neutral dazwischen, und beide schützen uns bei unserem Handel aus gegenseitigem Interesse. Die Sache ging auch erst recht gut und war gar nicht übel vom alten Bernstorff ausgedacht; doch als Napoleon anfing, dem Handel den Krieg zu machen, wie seine Armeen sich in Deutschland festsetzten, da mußte Dänemark eine entscheidende Partei nehmen und durfte nicht mehr lauern.

Februar 1815.

Neulich auf dem Balle des russischen Gesandten Stakelberg ereignete sich ein Fall, der alle Anwesenden in Erstaunen setzte. Der Kronprinz von X. fing auf einmal hinter dem Stuhle des Freiherrn von Stein mit gedehnter Stimme an zu rufen: "Gewesen! — Gewesen! — Der Kronprinz von X. ist sonst ein hoffnungsvoller Prinz gewesen — er entspricht durch sein jetziges Benehmen aber nicht mehr den Hoffnungen! — Haben das Ew. Exzellenz auch gehört?"

"Habe nichts davon gehört," antwortet Stein ganz brüsk.

"Nun, der Verfasser wird doch seine eigenen Sachen lesen", erwidert der Kronprinz.

Hier springt Stein schäumend auf und schreit: "Mon Prince,

c'était un propos insolent, que Vous vous êtes permis de tenir, et (mit gehobener Faust) gare à quiconque osera le répéter."*

Nach einer Weile kam der Kronprinz, Stein um Verzeihung zu bitten, oder sich wenigstens mit ihm zu erklären.

Man sollte aber nicht glauben, welche pamphletistische Mordbrenner jetzt die Bayern sind; ihr Schlachtfeld ist die Allgemeine Zeitung von Cotta, und am meisten schwingt der Marschall Wrede seine Fackel, ein Mann, der die günstigsten Eindrücke des letzten Krieges durch ein steifstolzes, kaltes und arrogantes Benehmen, ohne äußeren Anstand, allenthalben verwischt, nur nicht bei den Österreichern, deren Dürftigkeit sie in dem ehemals abtrünnigen Bayern einen guten Feldherrn für die verbündete österreichisch-bayerische Armee hoffen läßt. Die politischen Ausflüsse durch den Kanal des Fürsten Wrede entquellen zum Teil dem Kloak des General Langenau, vorzüglich was Sachsen betrifft.

Ein anderer bayerischer General, der sehr an Österreich hängt, ist Graf Pappenheim, ein Mann, der sonst in der Armee gedient hat und als biederer Rittersmann die Schuld eines vornehmen Namens der Welt und seinen Freunden redlich abzahlt. Voller Freude, nun endlich des französischen Zwanges enthoben zu sein, dem er nur, um sein Vermögen zu retten, mit dem größten Widerstreben gefolgt war, steht der Rittersmann nun ganz barsch und trotzig gegen alle die Leute, die seiner Partei als Störer der Ruhe vorkommen, weil sie nicht zu den politischen Verdrehungen Ja sagen und, nach der Sache ringend, gegen den Schein sich bloßstellen. So waren auch sonst in dem stämmigen Mittelalter die deutschen Haudegen; nur statt der jetzigen Diplomaten gab es damals Pfaffen als Deutler; die Gewappneten waren aber immer die Ritter.

---

* „Mein Prinz, das war ein vermessener Einwurf, den Sie zu machen gewagt haben, und man hüte sich, ihn zu wiederholen."

Februar 1815.

Wenn man die Fürsten aus ihrem öffentlichen in das Privatleben verfolgt, so leben sie alle fein bürgerlich und sittlich mit den Ihrigen. Die Kaiserin von Rußland ist viel mit der Königin von Bayern, ihrer Schwester, zusammen, der Kaiser aber öfters mit seinen Schwestern, den Prinzessinnen Marie und Katharina, zweien sehr interessanten Frauen, von denen jene das Gemüt, diese den Geist des Bruders anzieht. Die Großfürstin Marie sieht zart und sanft aus, doch immer wie hinter einem Trauerflor; sie muß sehr empfänglich sein für trübe Eindrücke von außen; freilich war ihre Seele lange beunruhigt um das Schicksal ihres Bruders und ihres Vaterlandes!

Katharina tritt dreister ins Leben und eignet sich gern dessen Glanz zu mit wahrhaft herrischem Sinn. Sie hat besonders schöne Partien, als Mund, Gestalt, das brennende Auge; ihr Geist ist sehr gebildet, aufgeweckt und scharf, ihre Sprache aber nicht weiblich genug, mehr in Sentenzen und Phrasen. Ich sehe in dieser Prinzessin Peter den Großen, Katharinen und Alexander, nach den Eindrücken ihrer folgenden Zeiten, bald greller, bald sanfter gemischt. Durch ihre Verbindung mit dem Kronprinzen von Württemberg kommen zwei strebende, gebietende Geister zusammen, die die Welt nach ihrer Art einrichten werden. Das Projekt des Generalats der tief im Hintergrunde schlummernden Reichsarmee soll dem Kronprinzen die erste Stufe seiner öffentlichen Gewalt werden, die er vielleicht gern mit der Kaiserkrone einmal krönen möchte.

8. Februar 1815.

Während der große Gang der Unterhandlungen sich langsam ab- und verwindet, schreien die kleinen Fürsten wie die Raben am Bach, und es ist kein Unsinn auszudenken, den ihre

Noten nicht enthalten. Alle wollen haben, und nicht bloß, was sie hatten, wenn man z. B. auf die Grundlage des Westfälischen Friedens wollte zurückkommen, nein, auch damit speiset man die Hungrigen nicht ab. So hatte ich mit dem vierundsechzigsten Reuß, einem jungen Menschen von viel Tiefe und praktischer Brauchbarkeit, eine Erörterung über die Entschädigung der Fürsten und über ihre zukünftigen Rechte. Er protestierte gleich gegen den Westfälischen Frieden und wollte kaum die Goldene Bulle statuieren: es waren alles Eingriffe in der Fürsten Rechte. So sprechen die Klügsten, was soll man nun mit den Menschen anfangen?

Neulich haben sie gegen alle Lehensverpflichtung von ihrer Seite an die größeren Souverains gesprochen, haben aber die statuiert, ja heiß verfochten, welche die Untertanen gegen sie haben müßten.

Februar 1815.

Werfe ich noch zum Abschied einen Blick auf die Fantasten und Beutelschneider des Kongresses, so gehört zu denselben, außer denen, die sich jeder selbst vor Augen stellen wird und kann, Friedrich Schlegel und Werner.

Schon seit Jahren von Berlin nach Wien versetzt, hat Friedrich Schlegel eine Anstellung in der Staatskanzlei gefunden und ist nun ein Abtrünniger von seinem Glauben und seiner ehemaligen Lehre. Er verdient den Schimpf eines Apostaten, denn es ist nicht Überzeugung, was ihn zum Katholiken gemacht, vielleicht höchstens geistige Schwelgerei, bei der er jedoch in keiner Beziehung der weltlichen entsagt. Er hat sich den Katholizismus auf eigene Art zurecht gemacht, bis auf die äußeren Formen, indem der heilige Mann ganz freigeisterisch sagt: „Kriechen tue ihm weh." Neben der Orthodoxie des christlichen Glaubens hat er auch eine große politische, die er ausspricht. Neulich sagte er: „Friedrich II. hätte müssen den Kopf verlieren, denn er war ja in der Acht."* Darauf hat ihm eine Dame geantwortet: „Nehmen Sie sich besser mit Ihren Reden in acht, sonst gibt darauf kein Mensch mehr acht, und das bringt Sie in die Acht."

Ebenso gleißnerisch beschränkt sind auch seine Vorlesungen jetzt über Geschichte und Kunst, in denen er sich so widerspricht, daß er über Goethe den kleinen Kollin setzt, nicht einmal den Tragiker, sondern den Dichterling.

Schlegels Frau, die Tochter von Moses Mendelssohn, ist auch katholisch geworden und mit Andacht und Ergebenheit bigott; sie meint es redlich, läuft in alle Frühmessen und ist in der Heiligkeit ihres lügenhaften, fantastischen Mannes befangen.

Werner, der Verfasser der Weihe der Kraft, dieser antikatholische Dichter, erscheint hier auf einmal als Geistlicher auf allen Kanzeln und predigt den katholischen Glauben. Er tobt wie ein Narr, spricht populär wie ein Fiaker und freut sich, einen Ort gefunden zu haben, wo ihm niemand widersprechen darf. Ein Ärgernis der katholischen Geistlichkeit wird er durch den Erzbischof und Fürsten Metternich aufrecht erhalten, mag es aber sonst wohl, wie ein Schwärmer, ganz redlich meinen. Lebt übrigens auch still und ohn' Ärgernis wie ein guter Pfaffe. Eine unglückliche Liebe hat den Werner zum Narren gemacht.

---

* Friedrich II. wurde, als er den 7jährigen Krieg begann, vom deutschen Reichstage in die Acht erklärt. Als die Acht seinem Vertreter, dem Freiherrn von Plotho, von einem Secretarius überreicht wurde, warf dieser den Überbringer der Achtserklärung mit eigener Hand die Treppe herunter.

Aus den Erinnerungen der Gräfin Lulu Thürheim.*

Die Gesichtszüge Alexanders sind nicht regelmäßig, trotzdem bilden sie ein hübsches Ganzes; die Augen liegen tief, verraten aber Witz und Munterkeit, die Nase ist etwas à la Kalmück, der Mund klein und wohlgeformt und die Zähne auffallend weiß. Seine Gestalt ist sehr majestätisch, doch hält er sich, wohl infolge seines hohen, engen Militärkragens, vorgebeugt und schaukelt den Körper beim Gehen, um sich ein ungezwungenes Ansehen zu geben. Der Ausdruck seiner Züge zeigt ein Gemisch von natürlichem Stolz und ihm fremder Leutseligkeit. Der Blick ist hart, doch das Lächeln hinreißend. . . . Anfangs, wenn der Kaiser seine Rolle spielt, glaubt man eine Charakterfigur vor sich zu haben, wenn er sich aber dann gehen läßt, merkt man seine Mittelmäßigkeit, ja er macht den Eindruck eines „guten Kerls", und das dürfte auch der Kern seines Innersten sein. Die französische und deutsche Sprache spricht er ohne den geringsten Akzent. Seine Konversation ist keineswegs besonders geistreich; seit seiner Ankunft in Wien weiß man von ihm kein einziges „mot saillant",** während man sich in Paris, wo man ihn vergötterte, eine Unzahl Bonmots erzählte, die Alexander gesagt haben sollte. Nur über militärische Themen läßt er sich in längere Gespräche ein und wiederholt bei jeder Gelegenheit die Phrase: „Wir Soldaten," wo-

---

* Aus „Gräfin Lulu Thürheim, Mein Leben (1788—1819). Erinnerungen einer österreichischen Gräfin." Herausg. von René van Rhyn. Verlag Georg Müller in München.

** bedeutendes Wort.

mit er Metternich ärgern will, der nichts weniger als Soldat ist. Mit Offizieren ist er besonders liebenswürdig und begrüßt die einfachsten Leutnants mit dem Ehrenworte: Freunde und Brüder.

Alexander ist ungemein fleißig, sein Staatssekretär Nesselrode behauptet, es bliebe ihm nichts zu tun übrig. Übrigens ist die Politik des Kaisers nicht sehr kompliziert, sie gipfelt darin, Polen zu bekommen. Weder der Widerstand mehrerer Kabinette, noch die Kniffe eines Metternichs, Talleyrands und Castlereaghs konnten ihm ein Jota seiner Wünsche abringen. Man glaubt, daß er erst aus Langeweile und wenn er die Geduld schließlich verliere, in dem nachgebe, was er vorher trotzig verweigerte. Will man ihn so lange blockieren, so kann aber das Resultat auch sein, daß die Belagerer aus Hunger sterben!

Eines Tages sagte er zu Kaiser Franz: „Ich sehe es kommen, daß wir uns innerhalb zwei Jahren die Kriegserklärung zuschicken, wenn wir kein Arrangement treffen können." Unser Kaiser antwortete darauf sehr mutig: „Nicht in zwei Jahren, Majestät, sondern augenblicklich, wenn es Ihr Wunsch ist."

Inmitten der Verführungen und Liebesaffären der Kongreßzeit müssen wir das reine Verhältnis bewundern, das Kaiser Alexander mit der Prinzessin Gabriele Auersperg, geb. Prinzessin Lobkowitz und den König von Preußen mit der schönsten Frau Wiens, der Gräfin Julie Zichy, geb. Festetics verband. Gabriele Auersperg war Witwe und genoß den Ruf einer tugendhaften Frau, ihre Schönheit und ihr Verstand galten aber als höchst mittelmäßig. Kaum zwanzig Jahre alt, war sie bereits seit zwei Jahren Witwe. Gut, einfach und trotz ihrer kaiserlichen Eroberung sehr bescheiden, hielt sie das Herz Alexanders während der ganzen Zeit des Kongresses und auch später in Fesseln. Viele Wiener Damen, die vermutlich die Taktik des Widerstandes überhaupt nicht kannten, behaupteten, daß der Kaiser es nie ernstlich versucht habe, die Festung zu erobern, andere wieder erklärten spöttisch, die schöne Gabriele treffe kein Verdienst, da sie kalt und leidenschaftslos sei. Ich bin der Ansicht, daß sich beide Teile täuschen. Die Tatsache nämlich, daß man es versuchte, das Schlafzimmer der Prinzessin trotz der Riegeln zu öffnen, daß man ein unscheinbares Möbelstück im anstoßenden Salon entwendete, ohne daß sonst irgend ein Wertgegenstand fehlte, wirbelte viel Staub auf und setzte die ganze Polizei in Bewegung. Dieser Einbruch bewies eine an Verwegenheit grenzende Kühnheit. Da aber Diebe nicht die Gewohnheit haben, in die Paläste der Prinzen einzudringen, vor den Türen der Prinzessinnen zu lauern und statt Gold und Silber eine kleine Porzellanvase davonzutragen, so mußte ich, wie jedermann, über diese angebliche Diebsgeschichte lächeln. Die Polizei erwischte auch keinen Einbrecher und die Türe des Schlafzimmers wurde nicht geöffnet. Was die Gleichgültigkeit der Prinzessin Alexander gegenüber anbelangt, so beweist eine andere Tatsache, daß die schöne Frau schwere Seelenkämpfe auszufechten hatte. Am Tage der Abreise des Kaisers überraschte sie eine Freundin in ihrem Toilettezimmer tränengebadet auf den Knien liegen. „Hélas, ce ne sont pas toujours les remords, mais les regrets,"* meinte die Gräfin Fifi Palffy-Ligne, als sie von ihrer Jugend sprach.

Der König von Preußen ist nach Charakter und Verstand dem Kaiser Alexander nicht ebenbürtig. Einst im Unglück schwach, mutlos bis zur Herabwürdigung, ist er jetzt im Glück stolz, hart, unversöhnlich und habsüchtig. Bei den ersten Verhandlungen erklärte er, zwölf Millionen Untertanen, nämlich Sachsen zu beanspruchen. Vergeblich wies man ihm die Ungerechtigkeit einer solchen Anmaßung nach, vergeblich wollte man ihn auf einer anderen Seite entschädigen, der gute König rechnet und überschlägt, und weil er eben nirgendswo zwölf Millionen Untertanen findet, will er das arme Sachsen. Die untergeordnete Rolle, die er Alexander gegenüber spielt, gleicht der eines Adju-

---

* Ach, es sind nicht immer Gewissensbisse, sondern das Bedauern.

tanten mehr, als der eines Königs. Er gehört zu jenen Charakteren, die die Erniedrigung zu ertragen wissen, die Unabhängigkeit aber bedrückt. Groß, steif und kalt — der Prinz von Ligne nannte ihn bezeichnend „figure d'arsenal" — spricht der König nur wenig und stoßweise. Seine Züge entbehren nicht einer gewissen Regelmäßigkeit, tragen aber den Ausdruck des Unglücks, des Mißtrauens und der Härte. Das einzige Interesse, das Friedrich Wilhelm wachruft, ist seine ehrliche Trauer um seine Gemahlin, die er täglich beweint und der er gerne alle seine Gedanken und Handlungen erzählen möchte. Trotz dieser großen, ehrlichen Trauer wird der König nicht müde, während der Zeit des Kongresses der schönen Gräfin Zichy zu huldigen. Es ist sicher, daß diese Anbetung keinen Schatten auf den tadellosen Ruf der Gräfin werfen kann, jedenfalls scheint es mir, ohne die beiderseitigen Verdienste schmälern zu wollen, daß der Kampf der tugendhaften Frau kein großer gewesen sein wird, in Anbetracht der Kälte und Langweiligkeit ihres Verehrers.

Prinz Wilhelm von Preußen bietet inmitten dieser Versammlung ehrgeiziger und egoistischer Menschen ein Beispiel alter Ritterlichkeit, fast möchte ich sagen, eine Erscheinung einer besseren Welt, die als Trösterin zwischen Himmel und Erde herabschwebt, um den strafenden Blitz aufzuhalten, der die verderbte Menschheit vernichten will. Er wäre der gute Geist des Kongresses, wenn er dabei etwas zu sagen hätte. Sein Antlitz ist engelhaft schön, es vereinigt männlichen Stolz mit weiblicher Milde. Er liebt die Einsamkeit, er tanzt nicht, er spricht nur wenig, wenn er aber am Gespräche teilnimmt, so vermeint der Angeredete, den Prinzen schon lange zu kennen und ihn lange schon geliebt zu haben. Seit zehn Jahren ist er mit einer Prinzessin von Hessen vermählt, einer reizenden, himmlischen Frau, welcher er, sowie ihren Kindern, Zwillingen, all seine Liebe widmet. Während er vor 1814 nur dem häuslichen Glücke gelebt hatte, eilte er beim ersten Anzeichen der Erhebung seines Vaterlandes zu den Waffen und wurde dessen Held. Der König trug ihm das Vizekönigtum über Sachsen an, doch diese Auszeichnung dünkte ihm ungerecht und er lehnte ab. Bei seiner Ankunft in Wien waren alle schönen Frauen in den Prinzen vernarrt, erst als sie sahen, daß er keine bevorzugte, hörten sie auf, sich um ihn zu kümmern. An ihre Stelle traten alle jene Personen, die für die gute Sache begeistert waren. Die Aufführung und die politischen Ansichten galten geradezu als exemplarisch, was man von den andern Fürstlichkeiten gerade nicht sagen konnte. . . .

Betreffend die Prinzessin Bagration will ich eine Begebenheit erzählen, die ihre Perfidie in das grellste Licht stellt. Ich erfuhr sie durch den Adjutanten des Erbprinzen* selbst, der Augenzeuge war. Am Tage der Abreise von Wien saß Herr von Münchingen, dies der Name des Adjutanten, neben seinem Herrn in dem Wagen, der auf der Straße nach Purkersdorf fuhr. Beide schliefen, um sich für das zeitige Aufstehen zu entschädigen. Plötzlich ruft jemand „Halt!", eine Dame reißt den Kutschenschlag auf und heißt den verdutzten Herrn von Münchingen gebieterisch aussteigen, nimmt rasch dessen Platz ein und schreit dem Kutscher zu „Fortfahren". Das alles geschah in wenigen Sekunden. Die Prinzessin hatte sich ein letztes tête-à-tête ertrotzt. Der Erbprinz ließ sie jedoch bei der nächsten Post aussteigen und sie mußte mit ihrem Fiaker nach Wien zurückkehren. Die größte Perfidie aber lag darin, daß die Prinzessin beim Einsteigen in ihren Wagen dem Kutscher laut zurief: er solle sie zur Fürstin Leopoldine Liechtenstein fahren, einer unbescholtenen und schönen Dame, die der Erbprinz verehrt hatte und an der sich die Prinzessin Bagration rächen wollte. In den Polizeirapporten wurde sicherlich der ganze Vorfall der unschuldigen Rivalin in die Schuhe geschoben.

Inmitten dieser glänzenden und galanten Prinzen verbarg

---

* Erbprinz von Württemberg.

sich demütig und bescheiden der König von Sachsen, ein Opfer seiner Bundestreue für Napoleon Bonaparte. Des größten Teiles seiner Länder verlustig, seiner Generäle und Soldaten beraubt, die offen zum Feinde übergegangen waren, suchte er Gerechtigkeit oder doch wenigstens Trost im Gebet. Die Besucher der Messe und Vesper konnten ihn häufig im Stephansdom in einem Winkel kniend finden, mit einem unscheinbaren, braunen Mantel bekleidet, den König der Welten anflehend, ihm die nötige Geduld zu verleihen, um die Intrigen der Könige der Erde ohne Murren über sich ergehen zu lassen. Eines Abends besuchte die Gräfin Hatzfeld, eine sächsische Dame, zur Zeit des englischen Grußes den Dom und fand alle Bänke besetzt. Ihr Lakai, das Gebetbuch seiner Herrin in der Hand, näherte sich einem unscheinbaren Manne und bot ihm eine Kupfermünze für den Platz an. Der Mann rührte sich nicht, worauf die Gräfin ihrem Bedienten befahl, ein Silberstück zu geben. Die verheißene Belohnung hatte aber wieder den gleichen Erfolg. Zornig über den Eigensinn des Betbruders, wollte die Gräfin gerade ihren Namen nennen und sich damit ihr vermeintliches Recht verschaffen, als ihr die Worte versagten. Sie hatte — ihren König erkannt ...

Ende September starb der witzige Marschall Fürst de Ligne. Noch auf dem Totenbette bemerkte er heiter: „Unter den Festlichkeiten des Kongresses fehlte gerade noch das Leichenbegängnis eines Feldmarschalls." Mit ihm starb einer der letzten Grand-Seigneurs. Mit der Ruhe eines guten Christen und eines wahren Edelmannes sah er sein Ende herankommen, er gab, wenn der Ausdruck erlaubt ist, seine schöne Seele seinem Schöpfer mit eben demselben Anstande zurück, wie seinem Kaiser das Maria-Theresien-Kreuz ...

Ein anderes, ernsteres und mehr poetisches Fest war das des Jahrestages der Schlacht von Leipzig. Nach einem großen Manöver wurde den Offizieren der verschiedenen Korps ein Diner auf unzähligen Tischen im Prater serviert, während die

Soldaten um große Kochkessel auf dem Rasen lagerten. Die Souveräne, Prinzen, kommandierenden Generäle und mehrere hervorragende Persönlichkeiten dinierten in der Reitschule des Prinzen Rasumoffsky in seinem schönen Palais auf der Landstraße. Die Reitschule war mit vielen Fahnentrophäen malerisch ausstaffiert worden und Rasumoffsky weihte sie mit dieser Veranstaltung festlich ein. Gab es etwas Idealeres, als die triumphierende Versammlung der Alliierten an diesem denkwürdigen Tage! Mögen auch kleinliche und egoistische Leidenschaften gewisse engherzige Geister beherrscht und entzweit haben, gewiß ist, daß der Toast des Kaisers Alexander auf die Schlacht bei Leipzig den einstimmigen Beifall aller derjenigen fand, die ihn wiederholten und dieser Gefühlsausdruck mußte wohl edel und wahr sein.

Mit stolzer Genugtuung empfing Rasumoffsky die vielen Glückwünsche der Bewunderer seines Festes und seines neuen Palastes, nicht ahnend, daß ein Brand alle diese Herrlichkeiten noch im nämlichen Jahre würde in Asche legen. Jahre hatte er dem Bau gewidmet. Es bot sich ihm freilich noch Gelegenheit, mehrere hübsche und glänzende Bälle zu geben, doch am Sylvesterabend des Jahres 1814 gelegentlich eines Festes fingen die überhitzten Heizröhren Feuer, und bei Tagesgrauen lohte das Feuer nahe beim Schlafzimmer des Fürsten auf. Dieser, durch den Qualm erwacht, konnte sich gerade noch in den Garten retten. Ein ganzer Flügel seines Palastes samt einer Fülle wertvollster Gegenstände wurde vernichtet. Die Charakterstärke des Fürsten verriet nicht die geringste Schwäche trotz des empfindlichen Verlustes, aber dieses Unglück wurde der Beginn der Erschütterung seines riesigen Vermögens, das sich nie wieder in gleicher Höhe aufrichten sollte.

Wenige Tage darauf gab Metternich im Gegensatze zu dem Feste des Sieges ein Fest des Friedens dem Hofe und der Stadt in seinem Palast. Alle Damen, von der Kaiserin angefangen, hatten dem Programm gemäß in blauer Toilette mit einer einzigen Blumengirlande aus Oliven oder Eichen im Haare zu erscheinen. Die Säle und Treppen waren mit dem nämlichen Symbol geschmückt. Man konnte nichts Frischeres und Freundlicheres sehen, als diesen Aufputz, der auch allegorisch von gutem Geschmacke zeugte. Noch einen andern Ball gab das Haus Metternich, wobei die ganze Gesellschaft in den Kostümen der verschiedenen Kronländer erschien. Meine Schwester und ich, sowie einige unserer Freundinnen hatten das oberösterreichische Bauernkostüm angelegt, die dunkle Haube und das farbige Busentuch über dem schwarzen Mieder gekreuzt. Das Kostüm war allerdings und besonders bei den Männern etwas idealisiert. Bei der Quadrille bildeten wir nebeneinander die Paare, und unsere jungen, frischen Gesichter nahmen sich unter den Hauben sehr anmutig aus. Man zeichnete uns vielfach aus und Kaiser Franz sagte uns, als er die Tracht seiner geliebten Provinz bemerkte, lächelnd: „Ach, das sind ja meine Stiegelhupferinnen!" wobei er auf den Spottnamen der oberösterreichischen Bäuerinnen, namentlich des Salzkammergutes, anspielte, der diesen aus dem Grunde zuteil geworden, weil die zahlreichen Fußwege durch Hecken und Zäune abgesperrt sind, über welche hie und da eine kleine Stiege führt. Viel belacht wurde das Kostüm der Lady Castlereagh, die sich eine eigene österreichische Nationaltracht erfunden hatte. Sie trug das Kostüm einer Vestalin mit dem Hosenbandorden ihres Mannes um die Stirne und der Devise „Honny soit qui mal y pense".*

* Über die Lady Castlereagh schreibt die Baronin du Montet in ihren Memoiren: „Beim Balle des Fürsten Metternich trug sie den Hosenbandorden ihres Mannes in Diamanten in ihren Haaren. Man wundert sich über diese Bizarrerie; man könnte es aber auch bezüglich der Indezenz ihrer Kleidung tun; ihre Kleider oder vielmehr ihr Futteral (leurs fourreaux), sind so enge, daß man alle ihre Formen sieht. Sie sind bis zum Magen dekolletiert." Sie war zudem weder hübsch noch jung, sondern groß und hager.

... In der Tat war diese Schreckensnachricht wenige Stunden vorher eingelangt, man flüsterte sie sich auf der Bühne, hinter den Kulissen, auf den Bänken des Parkettes und besonders auf denen der Minister und den vergoldeten Sesseln der Fürsten zu. Diese Herren der Welt ließen sich nichts anmerken. Mit heiterem Gesicht, das Lorgnon in der Hand, stellten sie sich, als ob sie nur das Schauspiel aufmerksam verfolgten. — Doch verriet manche verfinsterte Stirne die innere Bewegung, und die geflüsterten Bemerkungen, die sie untereinander tauschten, betrafen gewiß mehr die nächste Zukunft, als den Olymp. Man hatte den Kaiser Alexander dem Kaiser Franz ins Ohr flüstern hören: „Ich verfüge über dreihunderttausend Mann, die der Koalition jederzeit zu Diensten stehen..." Beruhigende Worte, wenn nicht zu viele unlautere Leidenschaften den Kongreß getrübt und das wechselseitige Vertrauen schwankend gemacht hätten. Manch Gewissen wird infolge seines eigenen Verhaltens an diesem Abend bange Zweifel über die Aufrichtigkeit des Nächsten gehegt haben, manches Kopfkissen der Vertraute seltsamer Selbstanklagen gewesen sein. Bei Metternich war dies sicherlich der Fall; das Gerücht über seine Allianz zwischen Österreich, Frankreich und England gegen Rußland schien selbst bis in das Publikum gedrungen zu sein. Seit einiger Zeit verriet die eisige Kälte Alexanders gegen den Staatskanzler dessen Zorn. Wie leicht konnte der Zar gegenüber den Alliierten Rache üben und, Polen als Beute in der Tasche, sich einfach von der Koalition zurückziehen. Das Wiedererscheinen Napoleons auf der Weltbühne konnte Rußland nicht mehr erschrecken; es hatte bewiesen, daß es sich ganz allein verteidigen könne. Wie dem auch sei, jedenfalls verbarg Metternich seine geheimen Gedanken höchst sorgfältig und eröffnete am anderen Tage wie gewöhnlich die Ministerkonferenz; Capo d'Istria, der Vertreter Rußlands, hatte sich verspätet. Schon zogen sich einige Gesichter bedenklich in die Länge, als der Graf endlich, sein Portefeuille unter dem Arm, mit heiterer, ruhiger Miene eintrat. Mit raschem Blicke hatte er die Situation überblickt und durch sein absichtliches Schweigen einen kleinen Triumph gefeiert. (Er erzählte es mir einige Tage darauf lächelnd.) Dann ergriff er das Wort und erklärte mit feurigen Worten, daß der Zar alle seine Kräfte der Koalition zur Verfügung stelle gegen den gemeinsamen Feind. Im selben Augenblicke glätteten sich die besorgten Gesichter der Anwesenden, und jeder folgte dem edlen Beispiele des russischen Herrschers. An diesem Tage wurde Napoleon von der Menschheit in Acht erklärt und der Rache aller überliefert.

———

Hinter den Kulissen des Kongresses

Briefe Wilhelms von Humboldt an seine Frau.

Zürich, 1. August 1814.

Ich bin sehr traurig, liebe, süße Li, wieder auf Monate von Dir getrennt zu sein, ich bin es doppelt, weil ich Dich leidend weiß und nicht ohne Unruhe an Dich denken kann. . . .

Nach Wien gehe ich zwar jetzt recht ungern, indes doch noch lieber als an irgendeinen anderen Ort. Denn ich fühle, daß es sehr viel dort zu tun geben wird, ich weiß auch, daß ich gerade da mehr als ein anderer imstande bin, das Mögliche zu leisten, und eine solche Tätigkeit zieht natürlich immer an. Auf der anderen Seite aber stößt mich die ebenso feste Überzeugung zurück, daß trotz dessen sich das eigentliche Gute nicht wird bewirken lassen. Es ist mit den Menschen und unter den Umständen reinweg unmöglich, und ich bin glücklich, wenn ich nur verhindern kann, daß nicht eigentlich Schlimmes geschieht.

Noch eine höchst widrige Idee ist mir die Unmöglichkeit, Dir über irgend etwas allgemein Wichtiges zu schreiben. Wir haben jetzt genug Beweise von der unwürdigen Wut, alle Briefe zu öffnen, um überzeugt zu sein, daß keiner der unsrigen ungelesen bleibt. Ich werde gewiß keine sichere Gelegenheit verfehlen, um Dir von dem, was vorgeht, Nachricht zu geben, wenn ich Dir aber einmal durch die Post etwas schreibe, was

Dir wunderbar vorkommt, so tue ich es gerade in der Absicht, daß es gelesen werde.*

Mit Dir über die Angelegenheiten meines Geschäftes zu reden, ist mir wirklich ein ernstes Bedürfnis. Ich tue es gar nicht bloß, weil ich weiß, daß es Dir Freude macht, so hinreichend natürlich auch dieser Grund wäre. Ich tue es noch weniger aus Bedürfnis, mich mitzuteilen, Gott weiß, daß es selbst mein Fehler ist, dies nicht zu haben. Aber ich tue es, weil Du immer so rein, so aus tief gemütvollen Maximen und mit so richtiger Ansicht über die Begebenheiten, wie sie an sich, wenn sie von allem Zufälligen und Unwesentlichen entkleidet sind, dastehen, urteilst, daß kein Mensch auf Erden solcher Leitung entbehren möchte. Ich weiß und werde nie vergessen, wie unendlich sie mir in der schwierigsten Zeit meiner jetzigen Laufbahn geholfen hat, wo alles und fast auch die sonst Besten daran arbeiteten, mich herunterzuziehen.

Diese Art, auf männliche Entschlüsse einzuwirken, liegt tief im weiblichen Gemüt, nur daß wenige Frauen je dazu gelangen, ihr inneres Bestes, oder vielmehr das ihrer Natur zu erreichen und noch weniger damit so viel Geist und eine so schöne Eigentümlichkeit verbinden, die nicht mehr der Natur angehört, als Du. Immer aber besitzen die Frauen auch hiervon viel mehr, als davon Gebrauch gemacht wird, da die elende Aufgeblasenheit und der Leichtsinn der Männer es mutwillig von sich stößt. Auch darin sind sie sehr undeutsch, denn in den besten deutschen Zeiten war es immer anders. Dagegen verstatten sie gerade auf verkehrte Weise den Frauen tausendfachen Einfluß auf die Ausführung im einzelnen, was man schon darum nicht tun muß,

---

* Es sind hier vorwiegend die Briefe abgedruckt, die durch sichere Gelegenheit gingen, und in denen sich Humboldt ohne Rückhalt ausspricht. — Soweit nicht das Umgekehrte besonders durch Ueberschrift hervorgehoben ist, sind die folgenden Briefe von Humboldt an Caroline.

weil wirklich große und edle Frauen diesen verschmähen und von selbst meiden. Der Rat der Frauen ist wie ein Stern, der durch die Wüste des Lebens leitet. Er zeigt die Richtung. Wie man es machen soll, um dieser Richtung durch Klippen und Umwege zu folgen, ist der eigenen Betriebsamkeit überlassen, die immer bei weitem kleinlicher ist und sein muß, woraus dann auch wieder die Pflicht der Frauen entsteht, zufrieden zu sein, wenn man im Sinn und Geist gehandelt hat, und das Mangelhafte in der Ausführung zu übersehen und zu verzeihen.

Ich habe hier noch manches vorzubereiten gesucht. Am meisten denke ich auf eine feste Vereinigung der Schweiz mit Deutschland, die aber sehr schwierig ist, weil die Schweiz leider! wenig mehr deutsch ist. Man büßt hierin die Schuld der Väter, die alle Bande haben locker werden lassen. Ich mache noch einen besonderen Bericht an den König über die Verbindung der Schweiz mit Deutschland. Alles dies Schreiben wird wenig helfen. Es gibt in so wenigen Sinn für diese rein vaterländischen Dinge, die der Ansicht der meisten nach gar nicht recht zur vornehmen Politik gehören. Indes muß man immer arbeiten, wäre es auch nur für sich und für die, die einmal künftig ein altes Archiv durchblättern.

Es hat vielleicht nie einen Zeitpunkt gegeben, wo man hätte mit so eiserner Hand darüber wachen müssen, daß hier die Grenze zwischen der billigen Gewalt und der notwendigen Freiheit, die ebenso notwendig als die Luft ist, richtig gehalten werde. Bei der eisernen Hand fällt mir ein Diktum Napoleons ein, das eins der witzigsten ist, die ein Mensch je gesagt hat, und das Du vielleicht nicht kennst. Er hat einmal gesagt: „Que le peuple Français demandait à être conduit par une main de fer avec un gant de velours."* Man kann die Nichtigkeit einer Nation nicht besser beschreiben als dadurch, daß sie das

---

* Das französische Volk verlange von einer eisernen Hand in einem Handschuh aus Sammet geführt zu werden.

Eisen braucht, gezügelt zu werden, und nicht den Mut hat, es anders anzusehen, als wenn es mit Samt überzogen ist oder sich durch diese glatte Außenseite täuschen läßt.

Ach, ich danke Dir unendlich, süßes Kind, für alle Güte und Liebe und Nachsicht, die Du in diesen Tagen mit mir und für mich gehabt hast. Ich bin unendlich glücklich gewesen, mit Dir zu sein, nur weh wegen Deines Leidens.

Mit inniger Liebe ewig Dein H.

Wien, 10. August 1814.

Bei Gentz frühstückte ich. Von solchem Essen hast Du keinen Begriff. Ehe er mir noch anbot, aß er schon von allem. Indes ich bescheiden zwei kleine Tassen Kaffee trank, ohne zu essen, trank er vier und verzehrte zwei Dritteile eines tellergroßen Solila, wenn Du weißt, daß dies ein in Fett schwimmender Butterteig ist, in eine Art Pastete gebannt, die, wenn man sie aufmacht, raucht, viele Kipfeln mit fingerdicker Butter ungerechnet. Die Nüchternheit und Mäßigkeit sind unendlich edle Eigenschaften, und mir kommt es schon immer eine schlimme Einrichtung in der Schöpfung vor, daß das Essen und Trinken ein Bedürfnis und nicht eine bloße Liebhaberei wie das Pfeifen und Singen ist.

Auch in allem übrigen ist Gentz, wie ich ihn sonst immer kannte. Ich sehe ihn immer mit Interesse und Liebe, ob ich gleich fühle, daß andere es anders empfinden können und müssen. Ich glaube ihn sehr richtig zu kennen und auch so geschildert zu haben in Schriften über mein Leben, die Du einmal nach meinem Tode finden wirst.* Jetzt sind unsere Ansichten, sogar mehr als sonst, übereinstimmend, und ich habe daher doppeltes Interesse an ihm. H.

---

* Derartige Schriften wurden nicht gefunden.

Wien, 14. August 1814.

Es war, wie Du weißt, die Abrede, daß bis zum 5. ich hier sein sollte, und daß ich dann hier meine Instruktionen aus Berlin finden würde. Ich bin zur rechten Zeit mit unglaublicher Eile gekommen und habe mir schon ein Gewissen daraus gemacht, daß ich drei Tage später kam. Von den Übrigen ist aber alles rein ausgeblieben, die schönste Zeit geht verloren, und es wird hernach wieder vieles übereilt werden müssen. Ich hätte so ruhig und schön bei Dir sein können und muß mich nun mit Leuten herumtreiben, die mir gleichgültig, zum Teil widrig sind, und von denen mir kein einziger fast nur das mindeste Interesse einflößt. Freilich kann [sich] das mit jedem Tag ändern, allein bis jetzt hat es den Anschein nicht. Die gewöhnlichen Gesandtengeschäfte leiden unter ähnlichen Schwierigkeiten. Metternich ist in Baden und dort so entfernt von Geschäften, lebt so in den Gesellschaften, die Du Dir denken kannst, daß es fast unmöglich ist, zu einem ordentlichen Gespräch zu kommen. Gegen mich ist er gut und freundlich, hat mich gern in Gesellschaften, wiederholt, was ich hier und da sage, aber für Geschäfte nährt er die alten Vorurteile und nennt mich, wie ich recht gut weiß, zu pedantisch. Was diese Beschuldigung bedeutet, wirst Du, ohne meine Erklärung, begreifen.

Die Gesellschaft ist nichtiger, leerer und einförmiger als je. Der ewige Zwist der beiden nordischen Damen*, bei deren einer sich drei Prätendenten in das Reich teilen, und der nicht zu entwirrende Klatsch, der damit zusammenhängt, ist der große und würdige Gegenstand, um den sich alle Gedanken und Unterredungen herumdrehen. Ich mische mich auf keine Weise hinein, lebe zwar, meinen alten Gewohnheiten nach, und weil es bequemer ist, mehr mit der einen, vernachlässige aber die andere nicht und bin daher nur der ennui leidende Teil. Gentz hat

---

* Herzogin von Sagan und Fürstin Bagration.

nicht dieselbe Weisheit gehabt. Er hat sich weit auf das stürmische Meer begeben und sich nicht ganz, aber doch ziemlich stark, von der einen getrennt. Unter allen diesen Umständen glaubst Du nicht, wie sehr es mich freut, daß ich nur noch kurz in diesen Verhältnissen bleibe. Paris wird mir dadurch schon zu einem lichten Punkt. Es hat wenigstens viel mannigfaltigere Gegenstände des Interesses, die Gesellschaft macht keine Ansprüche darauf, vertraut zu werden, läßt einen aber auch freier von allen ihren kleinlichen Verhältnissen.

Ich suche noch immer eine Wohnung, bin noch immer im Römischen Kaiser. Bei Gentz pflege ich zu frühstücken. Ich bleibe bei meiner einfachen Tasse Kaffee, indes er Unendliches ißt und trinkt. In dieser Fülle von Bedürfnissen, die er hat, und der Armut an Bedürfnissen, die ich habe, können sich zwei Menschen nicht ungleicher sein, als wir es sind.

Wien, 1. Oktober 1814.

Du endigst einen Deiner Briefe damit, in welchem Trubel wir hier leben müssen. Ja, holde Seele, dieser Trubel hat jetzt seinen Gipfel erreicht. Ich spare meine Zeit, wo es nur möglich ist, ich bin neulich z. B. keineswegs zum Feuerwerk im Prater gewesen, denn die Geschäfte, Hofpflichten, gesellschaftliche Höflichkeiten und die Besuche bei mir wachsen nunmehr so ungeheuer an, daß ich kein anderes Mittel mehr kenne, als nur immer festzuhalten, was der Augenblick fordert. Darin aber bin ich auch stark, und so erhalte ich mich in Besonnenheit, Heiterkeit und Ruhe. Stürme gibt es daneben auch von Zeit zu Zeit, die haben mir aber von jeher wenig getan.

Vorzüglich unbequem sind die hier sich aufhaltenden Preußen. Du hättest mich nur gestern abend sollen nach Hof fahren sehen. Ich hatte 25 hinter mir in einem Zuge, der in ganz Wien Aufsehen machen mußte. Es war der erste Cercle in Gala, allein die Menschenmenge war so entsetzlich im Saal selbst, daß die Operation, die jeder vorzunehmen hatte, bloß ganz simpel darin bestand, daß man, ohne sich zu rühren, dastand und sich den Schweiß von der Stirn fließen ließ. Von meinem ganzen Gefolge konnte ich dem Kaiser nur fünf nennen, und ich gehörte noch unter die wenigen Gesandten, mit denen der Kaiser wirklich sprach.

Graf Münster hat gestern einen sehr unangenehmen Vorfall gehabt. Er fuhr mit Hardenberg, dem Perfiden, am Morgen in einem Mietswagen zur Kaiserin von Rußland. Auf einmal läuft ein Hinterrad ab und der Wagen fällt um. Münster fühlt gleich einen heftigen Schmerz, und es findet sich, daß er eine Rippe gebrochen hat. Ich besuchte ihn gestern abend, er klagte über sehr heftige Schmerzen, lag auf dem Rücken und muß in dieser Lage einige Tage wenigstens bleiben. Ohne allen Neid habe ich ihn nicht ansehen können. So auf einmal aus aller Unruhe in sein hübsches, einsames Bett geborgen zu sein, keine Schuld zu haben an dem, was geschieht, und durch die Zerbrechlichkeit aller menschlichen Rippen so aus der eignen Schuld, untätig zu bleiben, gesetzt zu sein, hat einen gewissen Reiz. Ich scheine noch einige Zeit in der Bewegung bleiben zu sollen und finde mich auch darein. Geriete ich aber auch einmal in solche Stockung, so denke ja, daß ich nicht traurig darüber bin.

Wien, 2. November 1814.

Meine Lage hier, süßes Kind, ist, wenn Du willst, sehr ehrenvoll, aber gar nicht angenehm. Ich bin bei allen Beratschlagungen und bei manchen allein, es ist keine Sache, um die mich der Staatskanzler nicht sehr bestimmt um Rat fragt, und es ist sogar die wirklich, da der Kanzler sehr viel selbst arbeitet und eine sehr entschiedene eigene Meinung besitzt, falsche Idee verbreitet, daß ich alles, was Preußen betrifft, hauptsächlich mache, und daß, wo man Widerstand findet, dies wenigstens hauptsächlich immer von mir herkommt.

Ich bin jetzt auch mit Metternich gut. Er könnte mich auf keine Weise übergehen, allein er fühlt auch das Bedürfnis, sich meiner Meinung zu versichern, und er arbeitet also oft und in gutem Sinne mit mir.

Den König sehe ich in Geschäften eigentlich gar nicht, was im Grunde ein Gewinn ist. Denn es ist schlimm mit ihm streiten, wo er nicht von selbst gleicher Meinung ist, und in der jetzigen Lage der Dinge muß oft das Gegenteil eintreten. Ich sehe ihn aber fast alle Abend in Gesellschaft, und er ist immer sehr freundlich mit mir. Von allen diesen Seiten kann ich daher keine Klage führen.

Aber die Geschäfte gehen langsam und schlecht, und in diesem Augenblick ist nicht einmal die Art des Endes und möglichen Ausganges abzusehen. Der schlimme Punkt in dem allen ist Rußland, oder vielmehr des Kaisers (gar nicht von den Russen) begünstigte Ideen über Polen, da er, obgleich ihm niemand bestreitet, den größten Teil des Herzogtums Warschau zu behalten, nicht einmal Preußen und Österreich eine gute Grenze geben will, und die Absicht hat, sich zum König von Polen zu krönen. Beides ist gefährlich und kaum zu dulden, und das Sonderbarste ist, daß er dabei gewiß viel weniger ehrgeizige Absichten hegt, als er philanthropische und nur übelangewendete Ideen hat.

Mit Sachsen ist man freilich im reinen, da England und Österreich darin auf unserer Seite sind, und nur die öffentliche Unterhandlung noch darüber fehlt. Allein das hängt doch immer noch unendlich viel mit jenem ersten Hauptpunkt zusammen, so daß jene Stockung alles übrige hervorbringt.

Neben diesen wichtigen Negoziationen hat man nun noch sich durch die Unvorsichtigkeit im Pariser Frieden, einen Kongreß hierher zusammenzuberufen, eine ganz unnütze Not von Formen auf den Hals geladen, die keineswegs gleichgültig ist, da Frankreich und Spanien, die sonst nichts zu tun haben, ewig damit treiben und quälen. Frankreich hat natürlich noch die Nebenabsicht, immer zu suchen unter dem Vorwande des Kongresses, Hand in Dinge zu bekommen, die evident nur der Entscheidung der anderen Mächte vorbehalten bleiben müssen. So kommen jetzt die üblen Folgen, die das Aufschieben vieler Dinge von einer Epoche zur andern gehabt hat, zutage, man kann jetzt nicht mehr aufschieben, und weiß nun nicht aus der Verlegenheit zu kommen.

Während des ganzen Krieges hat man schlechterdings nur immer Napoleons Sturz vor Augen gehabt, seinen eigenen Kräften lange nicht genug getraut, und alles nur mit Begierde ergriffen, was jenen Zweck noch sicherer zu machen schien, sowie alles entfernt, was ihn nur einen Augenblick in Zweifel gesetzt hätte. Darum hat man sich nie vorher in dem einzigen richtigen Moment über Polen mit Rußland vereinigt und hat nie gegen Bayern und Württemberg die rechte Sprache geführt. Alles das rächt sich jetzt schmählich, und es erwachsen Schwierigkeiten, wo man sonst ganz ebenen Pfad gehabt hätte.

Caroline an Humboldt.

Berlin, 7. November 1814.

Des Kaisers von Rußland Ideen über Polen glaubt man in Frankreich zu kennen, und ich hörte davon bei Frau von Staël, die ihre Freude darüber nicht verbergen konnte. Alles Französischgesinnte betet den Kaiser von Rußland an, denn einmal hat er der französischen Eitelkeit am meisten geschmeichelt, dann aber auch kennt man seine philanthropischen Ideen über Polen und hofft wohl heimlich, daß dort im Norden ein neuer Krieg sich entspinnen werde, während dem es ihnen, den Franzosen mein ich, möglich sei, einen neuen Unfug anzuspinnen.*

---

* Auf dem Kongreß vertrat Frankreich offiziell die entgegengesetzte Ansicht.

Über Sachsen fand ich in Deutschland, wo ich davon reden hörte, nur eine Stimme. Gar kein Bedauern des Königs, nur eine Furcht, daß Preußen die dortige Verfassung ändere. Sachsens Nationalität kann, dünkt mich, bestehen wie z. B. Ungarns Nationalität zu der österreichischen seit so vielen Jahren besteht. Alles wird darauf ankommen, wie Preußen sich in Sachsen beträgt, und seine Politik muß durchaus sein, die Lasten des Landes womöglich zu erleichtern, seine Verfassung zu ehren, und die Veränderungen, die nicht zu umgehen sind, auf die sanfteste und gerechteste Weise vorzunehmen. Man sieht hier in der Wahl des Ministers von Reck [als Bevollmächtigter in der Verwaltung Sachsens], der beinah kindisch sein soll, die Garantie, daß dort nichts vorderhand verändert oder durchgesetzt werden soll. Der Wunsch nach repräsentativen Formen scheint allgemein in Deutschland zu sein, und wenn nach beendigtem Kongreß Preußen in Deutschland mit diesem Beispiel vorangginge (der Trieb des menschlichen Wollens ist es unstreitig), so würde es im Frieden das Höchste erreicht haben, wie es im Kriege das Höchste erreichte.

Apropos, der Hubern ihre Tochter hat sich von ihrem jungen, vor sechs oder acht Monaten erheirateten Mann wieder scheiden lassen, weil sich beide nicht über die deutschen und französischen Gesinnungen vertragen konnten.

Wien, 7. November 1814.

Dalberg aß nicht bei mir. Er war engagiert. Wir haben uns aber beide miteinander humanisiert. Er fragt nach Dir, und wir reden sogar von politischen Dingen, allein noch auf dem alten Erfurtischen Fuß, uns bittere Wahrheiten zu sagen. So sprach er mir neulich über Sachsen, und das Gespräch wandte sich so, daß ich sagte, daß ich unseren Plan für vollkommen gerecht hielte. Er wollte das mit einiger Ironie für eine offizielle

Sprache nehmen. Ich sagte ihm darauf: ich hätte Beweise gegeben und wäre bekannt dafür, daß ich in Geschäften nur in Übereinstimmung mit meiner Meinung handelte. Ich wünschte, setzte ich hinzu, daß dies immer der Fall ebenso mit denen sein mag, die mit mir reden. Ein andermal wollte er Preußen die Schuld des Umsturzes des alten Deutschen Reiches beimessen. Ich sagte ihm erst, daß ich schwiege, weil ich sonst zu unangenehme Dinge für seine Familie sagen müßte, da er aber nicht aufhörte, so sagte ich ihm denn, daß nur sein Onkel das Reich den Franzosen übergeben hätte. Er nimmt aber alles hin, und wir bleiben immer auf demselben Fuß.

Wien, 9. November 1814.

Es war gestern abend ein großer Maskenball bei Metternich, der sehr schön gewesen sein soll. Ich bin nicht hingegangen, sondern habe zu Hause gearbeitet. Diese Gesellschaften sind mir in den Tod verhaßt, und man hat jetzt wichtigere Dinge zu tun.

Die Hauptschwierigkeit machen wirklich ungerechte und der Ruhe von Europa gefährliche Forderungen Rußlands. In welchem peinlichen und delikaten Verhältnis dabei Preußen und doppelt sehr das Ministerium steht, brauche ich Dir nicht zu sagen. Ich nehme mich mit so vieler Vorsicht und Klugheit als möglich; ich werde aber meinen bisherigen Grundsätzen treu bleiben und auch mit großer Festigkeit handeln. Ich fürchte auch diesmal nicht gerade, wie es in Prag der Fall war, daß ich würde zu extremen Schritten kommen müssen. Wenn es indes wäre, würde ich sie nicht fürchten. Ich werde meine innere Unabhängigkeit immer und unter allen Umständen behaupten.

Die deutschen Angelegenheiten gehen ebensowenig günstig. Man hat zuerst die Beratschlagungen zwischen Österreich, Preußen, Bayern, Hannover und Württemberg angestellt. Dies konnte nicht anders sein, aber meinem Vorschlag nach hätte man mit

diesen fertig sein sollen, ehe nur die Souveräne hierher kamen.
Der eingetretene Verzug hat alles schlimmer gemacht. Bayern
und Württemberg selbst sind sehr schwierig, und die übrigen
Fürsten halten eigene Volksversammlungen, in denen sich eine
Opposition bildet, die immer mehr oder weniger Schwierig=
keiten machen wird, wenn man mit der Beratung bis zu ihnen
kommt. So geht jeder einen eigenen Weg oder versucht es
wenigstens, und die das Ganze zusammenhaltende Macht oder
Vernunft wird oft vergebens gesucht.

Ich muß schließen und zu einer Privataudienz zum König
von Württemberg gehen. Er hat mir sehr naiv sagen lassen,
daß er mich kennen zu lernen wünsche, und es kam ungefähr so
heraus, als hätte er bisher nichts recht von mir gewußt und
höre nun auf einmal einen gewissen Spektakel von mir auf dem
Kongreß. Auch Talleyrand hat mir vor einiger Zeit gesagt,
que j'étais un homme terrible. Du siehst, daß ich den Herren
wenigstens nicht gleichgültig bin.

Caroline an Humboldt.

Berlin, 17. November 1814.

Wie übrigens auf den Kongreß von allen Seiten her ge=
wartet, geachtet wird, merkst Du dort im Mittelpunkt vielleicht
nicht, allein ich, die ich eben jetzt einen großen Teil Deutschlands
durchstrichen habe, ich habe es überall ausgesprochen gehört.
Sollte das alberne Souveränitätswesen der ehemaligen Rhein=
bundsfürsten nicht abgeschafft und die Rechte der Völker gegen
ihren kleinen Tyrannen nicht in Schutz genommen werden,
so kannst Du gewiß glauben, bleibt es im Württembergischen,
im Badenschen und Darmstädtischen nicht ruhig. Das Volk
ist tief erbittert und hart bedrückt, und der letzte Krieg hat der
Masse überall laut gesagt, was sie vermag.

Sage mir doch gelegentlich mit einem Wort, ob denn die

Holsteiner sich gar nicht geregt haben beim Kongreß, sich dem sogenannten dänischen Königsgesetz zu entziehen, dem man sie so widerrechtlich unterworfen hat? und ob sie nicht eine genauere Wiedervereinigung mit Deutschland wünschen. Hier in der Stadt geht das Gerede, England werde Dänemark gegen Hannover eintauschen, welches denn wohl ein Stadtgerede gleich so vielen andern ist. So sagt man seit gestern auch wieder, daß, da man sich im allgemeinen nicht über Polen vereinigen könne, wir den größten Teil unseres ehemaligen Besitztums in Polen wiederbekommen und von Sachsen den Strich von Wittenberg und Torgau, das übrige dem König von Sachsen zurückgeben würde.

Wien, 13. November 1814.

Hier ist Frankreich ganz gegen Rußland und seine Ideen mit Polen, sowie auch ganz gegen Sachsen. Sollten wir uns wirklich geradezu entscheiden müssen, mit Rußland oder mit Österreich und England in dieser Sache zu stehen, so bin ich so entschieden für die letzte Meinung, daß ich alles daransetzen werde. Ich habe, aber das ist tiefes Geheimnis, ein deutsches Memoire darüber für den König gemacht, das ihm freilich nicht gefallen wird.

Caroline an Humboldt.

Berlin, 26. November 1814.

Wenn es mit Sachsen zurückginge, wie es hier in Berlin heißt, so gestehe ich, wäre es mir nun sehr fatal. Denn was sich in kurzem bei gutem Benehmen mit uns ausgeglichen hätte, das würde nun in schrecklichem Haß und Bitterkeit auflodern. Nichts ist schlimmer als das, was man gewollt hat, nicht durchsetzen. Und dann, im größeren Gesichtspunkt genommen, wo soll denn Deutschland seine Sicherheit hernehmen für künftige Zeiten, wenn dieses Land nicht mit Preußen vereint ist? Soll etwa Bayern, das sich erfrecht, noch einen Montgelas zu haben und zu ehren, Deutschlands Gewährsmann sein?

Der Prinz Eugène Beauharnais bekommt doch gewiß nichts von Deutschland?

Caroline an Humboldt.

Berlin, 28. November 1814.

Deine heutige Äußerung über Sachsen stimmt nur zu sehr mit dem, was hier im Publikum munkelt. Ich gestehe gern, daß es mich sehr verdrießen würde, wenn wir es nicht bekämen. Wie mir vorkommt, so kann der König nicht wohl zurück, ich meine der unsere. Es würde keine Großmut mehr für den König von Sachsen, es würde eine Schwäche dem unsrigen ausgelegt werden, ein Wollen und Nichtdurchsetzenkönnen, was immer von allem Benehmen das Fatalste ist, und am allerwenigsten dem Lande und dem Könige ziemt, das unter allen Ländern und allen Fürsten Deutschlands am glänzendsten gehandelt hat, und dem Deutschland eigentlich allein seine Befreiung vom französischen Joch zu verdanken hat. Alle haben daran teilgenommen, ich weiß es wohl und will den Ruhm der anderen nicht schmälern, allein Preußen ist das Herz dieser großen Unternehmung gewesen, das Herz, in dem alle Lebenspulse schlugen. Wenn Sachsen jetzt nicht unser würde, so ist auch zu bedenken, daß wir einen sehr boshaften und erbitterten Nachbar an ihm haben werden, dahingegen weise und liberale Behandlung uns in wenig Jahren mit diesem Lande einen müßte. Und allen Wohldenkenden durch das ganze weite Vaterland hin wäre die moralische Garantie genommen, die sie in Preußens vergrößerter konsolidierter Macht allein für die Ereignisse der Zukunft finden können. Schonung gegen den König von Sachsen scheint mir in diesem Fall nur Schwäche. Der Fall scheint mir aber der, wo man sein ganzes verräterisches Betragen der Welt darlegen muß. Ein Fürst, der wie er gehandelt hat, dem kann man nicht den Mittelpunkt von Deutschland anvertrauen, auch scheint mir, kann man die Erbfolge fürstlicher regierender Familien nicht wie die Erbfolge gewöhnlicher Privatpersonen betrachten. Gäbe es ein Reich, einen Kaiser von Deutschland, so dünkt mich, hätte der König von Sachsen verdient, in die Acht erklärt zu werden. Daß es keinen Kaiser gab, entbindet ihn doch nicht der Fürstenpflichten gegen sein Land, und daß er diesen zuwider gehandelt, läßt sich, glaube ich, beweisen.

Das Königreich Hannover mißfällt mir auch sehr, ich gestehe es Dir. Nicht wegen der tieferen Plane, die vielleicht für die Zukunft damit verbunden sind allein, aber wegen der Nachahmung französischer alberner Standeserhöhungen. Bei Gott, es kommt ja heraus, wie ein Avancement unter den großen Herren. Das hätte, meine ich, einer der ersten Schritte sein sollen, daß man den avancierten Fürsten unter Napoleon, wie Bayern, Württemberg usw. angedeutet hätte, freiwillig auf ihre Titel als etwas sie selbst Befleckendes zu entsagen und ihre früheren Namen wieder anzunehmen. Namen sind nicht eine so ganz gleichgültige Sache. Und soviel Spuren wie möglich der Herrschaft Napoleons bei uns in Deutschland zu vertilgen, sollten wir uns doch wirklich angelegen sein lassen, ach, die Spuren des Elends, die diese veruchte Herrschaft über uns gebracht hat, vernarben doch so bald nicht!

Alles gratuite Beibehalten derselben, alles Tragen von Orden aus jener Zeit und dergleichen, was eben in denselben Artikel gehört, kommt mir vor, wie wenn man die Kleidung aus dem Zuchthause trüge, nachdem man daraus entlassen ist.

Ich versichere Dir, daß trotz meiner Freude, hier zu sein, wo es mir vorkommt, daß doch die reinste politische Luft weht, ich doch manchmal ganz traurig bin, nicht in Wien zu sein, um

Dich hie und da ein Viertelstündchen bei der Arbeit zu erheitern, denn es muß doch das Sehen mancher Leute ein bestimmt unangenehmes Gefühl erwecken.

Gentz scheint hier in schlimmem Ruf zu stehen. Eine ganz fremde Person, die aber viel in der Welt ist und überall hinhorcht, sagte mir gestern: „Ich höre, daß einer unsrer eifrigsten Widersacher in Wien Gentz sein soll, und daß er sich alle erdenkliche Mühe gibt, Preußen unterzuhalten". Ich weiß nicht, ob ich Dir in Bern erzählt habe, daß er einmal im Frühjahr der Jeanne* gesagt hat, wie die Armeen schon in Paris waren, „nun, wenn's zu den Verhandlungen kommt, da wird mein größtes Bemühen sein, Preußen hinters Licht zu führen". Und wie im Februar 1814 Blücher die ungünstigen Affären hatte, da gab er mit ordentlich satanischer Freude den „eitlen Preußen" und ihrem törichten Vorlaufen die Schuld. O glaube mir, dem ist das Gemüt auch untergegangen in Liederlichkeit und physisch- und moralischem Gehenlassen. Das Heiligste, was diese Zeit belebt hat, hat ihn nicht durchdrungen. Mir ist er, weil ich das recht tief an ihm gefühlt habe, auch rein eklig geworden, und in seinen rednerischen Floskeln höre ich nur Bombast und nichts mich tief Ergreifendes mehr. Sieh ihn auch nur an, sieht er nicht eigentlich aus wie ein Gespenst? Man kann alt werden, das meine ich nicht, aber wie eine hohle Schale sieht er aus! Trau ihm nicht!

Wien, 4. Dezember 1814.

Über Sachsen wäre höchstens die Frage, ob man den alten König in einem kleinen Teile ließe, und dann soll auch das, denk ich, nicht der Fall sein. Aber freilich wird fürchterlich gegen uns hierin gearbeitet, und am Ende ist die Sache nicht. Du redest ganz richtig darüber und über Preußen. Allein es ist ein mehr noch für die anderen als uns niederschlagendes Faktum,

---
* Herzogin v. Acerenza.

daß hier bei dem Kongreß und namentlich bei den deutschen Fürsten gerade Preußen beargwöhnt, verleumdet, beinahe angefeindet wird, daß man es der Freiheit Deutschlands gefährlich hält und sich mit Vorliebe an Österreich wendet. — — — —

Gentz sehe ich sehr wenig, ich kann sagen fast gar nicht. Es gab, seitdem ich in Wien bin, nur zwei Dinge, die mich zu ihm hinzogen, einmal der Nutzen, den man oft aus seinen bekannten Eigenschaften ziehen kann, dann eine gewisse Anhänglichkeit, die er gegen mich bewies, ob ich gleich, wenn ich sonst nicht selbst einen Menschen achte und liebe, dagegen ungläubig und undankbar bin, wie man mir oft mit Recht vorgeworfen hat. Die Preußen sind alle gegen ihn und bestätigen darin Dein Urteil. Stein sagte neulich zu mir nach einer Unterredung mit ihm, worin Gentz glaubte, sich ganz mit Stein versöhnt zu haben: „Was wollen Sie, er gibt mir in allem recht, weil er sich vor mir fürchtet. Es ist ein Mensch von vertrocknetem Gehirn und verfaultem Charakter." Der Kanzler traut ihm nicht und ist ihm nicht gut.

Caroline an Humboldt.

Berlin, 12. Dezember 1814.

Allerdings ist es ein niederschlagendes Faktum, daß die Gunst der deutschen Fürsten sich mehr nach Österreich als Preußen neigt, allein ich begreife es aus zwei Ursachen. Einmal intrigiert und machiniert gewiß Metternich darüber auf alle nur erdenkliche Weise und hat vor Preußen einen unberechenbaren Vorsprung an Mitteln es zu tun, da die Zusammenkunft aller Fürsten und Minister in Österreichs Hauptstadt gehalten wird. Andernteils ladet der eigene, schwankende und oft sogar nicht rein deutsche Sinn die Fürsten und Minister ein, sich mehr an Österreich als an Preußen anzuschließen, denn eine innere Stimme sagte ihnen, daß alles so liegt, daß Preußen es viel strenger und ernster mit ihnen nehmen muß als Österreich. Indessen hoffe ich und weiß es auch zum Teil, daß die Völker nicht so denken wie ihre Fürsten, und meine Hoffnung ist, daß der Geist, der diesen letzten Krieg gemacht hat, auch noch waltend ist und die großen Weltbegebenheiten lenkt.

Wien, 8. Dezember 1814.

An Paris zweifle ich zwar eigentlich nicht. Aber manchmal ist mir's auch, als wenn alles ganz anders kommen würde, und wenn ich mich mit Talleyrand sehe, kommt's mir auch wunderbar vor. Äußerlich sind wir zwar selbst freundlich miteinander, allein im Grunde eine arge Spannung. Ich habe eigentlich nur zwei Unterredungen mit ihm gehabt, solange ich hier bin. Eine lange bei Stackelberg vor Tisch über Sachsen. Die fing fremd an und endete so. In einer zweiten behauptete er, wie gern Frankreich in gutem Vernehmen mit Preußen sein wollte, lobte mich, meinen, Alexanders Ruhm, und ermahnte mich dann wieder wegen Sachsen, es sei eine ungerechte Sache, mein ganzer Ruhm werde daran scheitern. Darauf mußte ich wieder so antworten, daß es auch die Freundschaft nicht befestigte.

Caroline an Humboldt.

Berlin, 14. Dezember 1814.

Mein Gott, gib doch nicht zu, daß Frankfurt bayerisch wird. Es ist so eine namhafte Stadt, dies Frankfurt, wo die deutschen Kaiser gekrönt wurden. Es ist der Stadt die Freiheit zugesagt worden, als die Armeen oder vielmehr die Monarchen hinkamen, dies müßte eine üble Wirkung überall machen. Bayern ist unglaublich überall verhaßt, wo es nicht seine alten Provinzen sind. Es tut mir so leid genug, daß wir nicht Ansbach und Bayreuth wiederzubekommen scheinen.

Wien, 29. Dezember 1814.

Es ist mir sehr lieb, wenn Du Gneisenau öfter siehst. Er ist, seine Schwäche, nämlich eine beinah kindische Eitelkeit abgerechnet, sehr brav und sehr klug. Er meint, daß ein Krieg über Polen der erste und nächste sein werde? An einen über Sachsen scheint er also nicht zu denken. Ich zweifle auch daran, allein die Ansichten sind doch sofo, und daß wir ganz Sachsen, wie ich immer darauf bestehen werde, ohne Krieg oder dringende Gefahr des Krieges haben können, glaube ich nicht.

Es war noch heute eine Konferenz bei Metternich, und es ist mir immer ganz sonderbar, daß in derselben Stube, in der ich soviel von der Allianz gesprochen, jetzt ganz andere Reden fallen. Im Grunde ist's aber immer dasselbe. Es ist auch jetzt noch der gleiche Kampf, zwischen denen, die dem Französischen unter allen Gestalten und den alten Anhängern Napoleons geneigt sind, und denen, die dies in Abscheu haben.

Blücher grüße, wenn Du ihn siehst. Ich habe ihn gern und habe ihn freilich sehr lustig gesehen. Er ist ein närrischer Mensch, dem man immer sehr gut sein muß.

Caroline an Humboldt.

Berlin, 31. Dezember 1814.

In der ganzen, ganzen Stadt ging seit der Ankunft des vorletzten Kuriers das Gerede, unsere Angelegenheiten seien beendigt worden, wir behielten alles am Rhein, was wir jetzt besetzt hätten, bekämen ganz Sachsen außer einem kleinen Teil für Weimar, und die Grenze gegen Polen sei auch berichtigt. Dies Gerede ging so herum, daß Theodorn am ersten Weihnachtsfeiertage einige seiner Kameraden um den Hals gefallen sind und gesagt haben: „Nur Humboldt soll leben, er hat uns das alles durchgefochten."

Wien, 5. Januar 1815.

Der Kanzler ist gar nicht wohl, er hat heute bei sich, nicht mit uns gegessen. Du glaubst nicht, welche Angst ich habe, daß er so krank werden könnte, daß er die Unterhandlungen nicht zum Ende führte oder gar erläge. Es bliebe dann niemand wie ich, und schlimmer könnte man keine Geschäfte antreten. Es wäre ein Unglück für die Sachen und eine entsetzliche Lage für mich. Dennoch kann ich nicht leugnen, daß ich in Besorgnis bin. Der arme alte Mann entbehrt hier alles, was er liebt. Dabei ärgert er sich unglaublich über alles, was vorgeht, sieht seine Hoffnungen getäuscht, und dies alles wirkt auf ihn und seinen Körper zurück. Er kann vorzüglich nicht schlafen, noch diese Nacht ist er bis 2 in seiner Stube herumgegangen, hat dann bis 6 gearbeitet und schlief nun nur auf dem Stuhl, als ich vor zwei Stunden wegging.

Dabei strengt sich der Kanzler und unnötiger Weise zu sehr an, lebt den ganzen Tag in Arbeit und Leidenschaft oder in bloß geselliger Heiterkeit, die wohl ausruht, aber nicht hebt. Persönlich verlöre ich an ihm alles. Denn er ist überhaupt gut und liebreich mit mir, und ich liebe ihn, wie sonst selten einen Menschen, mit dem ich nur so in Geschäftsverbindung bin. Sprich aber ja nicht von seiner Kränklichkeit. Er gesteht sie nicht einmal hier gern ein.

Wenn der Kongreß ein friedliches Ende nimmt, so wird man natürlich den Gesandten Dosen geben. Mir werden sie sehr verhaßt sein. Ich verabscheue nichts so sehr in der Seele, als Privatvorteile für Dinge, die ich nicht für das Ganze gelungen halte. Indes wird es nun doch, wenn nicht ein Bruch entsteht, so sein. Nun sind unsere großen Konferenzen von acht Mächten; bloß diese also gerechnet kann ich und werde ich vermutlich sieben Dosen bekommen. Die französische habe ich auch noch. Was soll ich nun damit machen? Die Steine wären vermutlich genug, um etwas recht Hübsches daraus zu machen und Dir auf einmal

Juwelen zu verschaffen, in Geld kann man acht Dosen auf 20 bis 24 000 Taler anschlagen. Du machst Dir nichts aus dem Schmuck, aber ich hätte auch gern, daß Du Diamanten besäßest. Sage mir, was Du davon denkst.

Caroline an Humboldt.

Berlin, 5. Januar 1815.

Eine göttliche und authentische Anekdote muß ich Dir erzählen. Vorgestern gab der Fürst Hatzfeld ein Diner von 15 Personen und saß oben an bei Tisch, neben ihm rechts der Graf Caraman*, links der Graf Lottum**. Beim Dessert kommt sein Sohn, ein Knabe von sechseinhalb Jahr herein, der Fürst gibt dem Kinde Biskuit und ein Glas süßen Wein. Der Kleine stößt mit Graf Lottum an und sagt: „Wir wollen Brüderschaft trinken", und so geht er um den Tisch herum, stößt mit jedem an und trinkt. Wie er zum Graf Caraman kommt, ist das Glas leer. Der Fürst ruft ihn an und sagt: „Komm Kind, ich will Dir einschenken, daß Du mit Graf Caraman trinken kannst." „Nein," schreit der Knabe, „ein Hundsfott, der mit einem Franzosen trinkt." Die Bestürzung Hatzfelds über diese Worte soll über jeden Begriff gewesen sein.

Es waren sehr beunruhigende Gerüchte dieser Tage in der Stadt. Ich sage beunruhigend, Du weißt, wie ich das meine. Wenn einmal Friede unmöglich ist, so möchte ich lieber, der Krieg wäre jetzt. Die Konstellationen für Preußen scheinen nicht unglücklich. Die Armee muß sich fühlen in dem, was sie getan hat. Österreich ist doch in seinem inneren Zustand wandelbar und zerrüttet, sollte England ihm Subsidien geben? Mit Galizien bekommt Österreich einen schweren Stand unter diesen Kombi-

---

* Französischer Gesandter in Berlin.
** Graf Karl v. Wylich und Lottum, geb. 1767, † 1841, General und Staatsminister.

nationen, und in Italien ist es nichts weniger wie ruhig. Frankreich hat das Materielle seiner Verluste nicht ersetzt, die französische Armee verlangt jetzt und wird in zwei bis drei Jahren nach Krieg verlangen, durch Deutschland blicken gewiß alle Gutdenkenden, sie mögen Namen haben wie sie wollen, auf Preußen. Nur Preußen hat sich musterhaft betragen und Europas Undank gegen Preußen ist empörend.

Verzeih, Geliebter, diese Digression. Gott weiß, wie mir das Herz bluten würde über einen Krieg, aber fühlen muß man doch immer, daß es etwas Höheres gibt als das Leben und des Lebens zeitliche Güter.

Caroline an Humboldt.

Berlin, 12. Januar 1815.

Wegen der Möglichkeit, Brillanten zu haben und durch die wahrscheinlichen Geschenke welche zu bekommen, weiß ich kaum, was zu sagen ist. Es gibt allerdings in Deiner Karriere einige Gelegenheiten, wo es hübsch wäre, wenn ich Brillanten hätte, allein sie kommen in keinen Anschlag gegen den reellen Nutzen, den in unserer Lage das Geld uns bringen kann. Wir haben doch noch viel Schulden, und bei unserer sich immer erneuernden Abwesenheit ist es nicht unwichtig, wenn wir ganz frei davon würden. Dann finde ich auch bei Umständen wie die, die in unserm Vaterlande obgewaltet haben und die sich erneuern können, wenn schon auf andere Art, nobler, keinen Schmuck zu haben. Ich glaube auch, daß künftig den Männern der Mädchen ein schuldenfreies Gut mehr Freude machen wird als ein Brillantenkollier.

Es geht so hier ein Gerede über Dich und Hardenberg im Schwange. Er soll schon einmal vor vier oder sechs Wochen unpaß gewesen sein, und da erzählt man, der König habe gesagt:

„Mit dem Staatskanzler geht's doch gar nicht mehr, Humboldt werde ich doch müssen bei ihm behalten."

Wien, 17. Januar 1815.

Des Königs Wort, das Du mir schreibst, hat mich gewundert. Aber man erfindet so etwas nicht leicht. Ich möchte wissen, wie er jetzt über mich denkt. Als ich ihm bei seiner Herkunft entgegenfuhr, war ich mit Knesebeck. Er fing ein politisches Gespräch an, Knesebeck behandelte das so ungeschickt, daß der König unangenehm stritt und die Sache fatal wurde. Ich hielt mich wie ich konnte, konnte ihm nicht immer Recht geben und auch gar nicht, wegen des anderen, das Gespräch lenken. Dies ist mein letztes Gespräch mit ihm gewesen. Hier hat er mich nie rufen lassen, er allein bittet nie jemand, wenn er auf seinem Zimmer ißt, und ißt jetzt ganz allein, indem er sich von seinem eigenen Koch kochen läßt. Die kaiserliche Küche und Wein soll jetzt schrecklich sein.

Von selbst hätte ich wohl Anlässe nehmen können, zu ihm zu gehen, aber ich habe das vermieden. Die Sachen sind nicht gut, sie sind großenteils, meiner eigenen Überzeugung gemäß, anders gegangen als sie sollten. Du fühlst, daß ich darüber nicht mit dem König reden kann.

Wien, 30. Januar 1815.

Ich habe Dir seit Abgang des letzten Kuriers, liebe Li, zweimal ohne Nummer geschrieben. . . .

Aufgemacht werden unsere Briefe bestimmt nicht. Deine Siegel sind immer von glänzender Schönheit. Allein ich würde mich auf die Siegel doch nicht so verlassen, weil man sich da irren kann. Aber es ist so bestimmt gegen den Charakter des Staatskanzlers, ohne dessen Wissen es nicht geschehen könnte, daß ich mir nie das geringste Mißtrauen dagegen erlauben würde. Übrigens wäre es mir gleichgültig.

Caroline an Humboldt.
Berlin, 4. Februar 1815.

Mit den Juden gehe doch vorsichtig um. Ich finde es nicht angemessen, so alle Zustände mit ihnen zu überspringen und sie in den Genuß aller bürgerlichen Rechte auf einmal zu setzen. Alles, was sich natürlich macht, geht schrittweise. Warum sollen denn die Juden Salti mortali machen? . . .

Caroline an Humboldt.
Berlin, 9. Februar 1815.

Körners, mein liebes Kind, tun mir unbeschreiblich weh, und überhaupt die Masse der Menschen, die der König behält, einmal weil das sächsische Kreditwesen unter diesen Umständen wohl zusammenbricht, dann — aber das ist ein Abgrund von Übeln. Ich glaube wohl, daß es sich nicht unsrerseits in Wien ändern ließ, desto mehr bemitleide ich die, die diesen König, diese Fürstenfamilie wieder in ihrer Mitte aufnehmen müssen. Körners gehen mir ungemein nahe. Ich bin überzeugt, sie denken auch ernstlich aufs Weggehen, und ich möchte, daß der König dem Alten hier einen Wirkungskreis anwiese. Sie haben's nicht verdient, so unglücklich zu werden, und der Name hat einiges Gewicht und Anhang in Deutschland.

Wien, 5. Februar 1815.

Mit den Geschäften, die uns am meisten interessieren, bleibe ich dabei, daß sie in kurzem abgemacht sein werden, und setze noch immer die Abreise der Souveräne in diesen Monat.

Recht gut wird die Sache nicht, weil Sachsen immer geteilt wird, wir Leipzig höchstwahrscheinlich nicht erhalten, doch natürlich Wittenberg und Torgau, und weil also immer nichts recht und nichts ganz ist. Allein wir werden dennoch zehn Millionen Untertanen haben, ungefähr zweieinhalb um den Rhein herum, unsere alten westfälischen Provinzen mitgerechnet, und siebeneinhalb um die Elbe, Oder und Weichsel. Denn wir haben nun ganz eigentlich zwei Preußen. Es wird aber schwerlich so in der Länge bleiben. Das Unnatürliche setzt sich in Gleichgewicht.

Das Vernehmen mit Österreich ist, meiner Meinung nach, recht tief untergraben. Metternichs Benehmen hat den König und den Kanzler unversöhnlich erbittert. Beide sind ganz entgegengesetzte, immer durchaus rechtliche, durchaus wahre Naturen. Allein sie haben nicht meine Toleranz, und ich sage mir oft, daß vielleicht nie eine Allianz mit Österreich gegen Frankreich zustandegekommen wäre, wenn ich recht ehrlich Metternichs auch damaliges Benehmen jedesmal geschildert und nicht immer alles zum Besten gekehrt und allen Erfolg auf mich genommen hätte. Jetzt hat man sich unmittelbar zu nah gestanden, und da gehn einem die Augen mehr auf, als man wünscht, und manchmal selbst, als es gut ist. Bei allen seinen Fehlern ist Metternich, und zum Teil durch sie, uns doch nützlicher und geneigter als die anderen, Stadion, Zichy, Schwarzenberg, Langenau hier, und es ist immer viel mit ihm anzufangen. Allein jetzt ist es vorbei. Krusemarck wird es nicht herstellen, und selbst ich könnte es nicht mehr. Dies ist die traurigste Frucht des Kongresses.

Mit Deutschland stellen wir uns jetzt besser als vorher. Die Kleinen fangen an, Vertrauen zu mir zu bekommen. Ich vernachlässige darin auch nichts; Preußen muß den wichtigsten Einfluß auf Deutschland haben, aber — das predige ich immer — nicht als zwingende Macht, sondern Deutschland gewinnend und mit seinem eigenen freien Willen. Wodurch wir uns am meisten auszeichnen, ist unsere Beschützung der Mediatisierten, allein das macht uns freilich einige Fürsten nicht zu Freunden.

Wien, 8. Februar 1815.

Ich schreibe Dir, liebe Li, in Metternichs Konferenzzimmer, von allen Bevollmächtigten, jetzt auch Lord Wellington umgeben, im Augenblick, wo die letzte Konferenz über den Negerhandel gehalten werden soll. Es ist nämlich heute einer der Tage, an denen es unmöglich ist, eine halbe Stunde zu erübrigen, und also muß Dich bitten, mir nicht zu zürnen, wenn ich Dir heute nur einige flüchtige Worte sage.

Unsere Sachen sind übrigens, seit ich Dir zum letztenmal schrieb, vollkommen abgemacht, wenigstens ist das das Resultat der Gespräche zwischen Hardenberg, Metternich und Castlereagh gewesen, denn eine wahre Konferenz haben wir erst heute abend darüber. Leipzig haben wir nicht, aber Görlitz, Zeitz, Naumburg und Weißenfels von Städten mehr als erst, ungefähr 900 000 Seelen, allein dem Flächeninhalt nach bekommen wir mehr als die Hälfte. Thüringen und die Saale auf beiden Seiten haben wir ganz, und Schwarzburg ist also auch jetzt unter unserem Einfluß.

Wie ich über dies ganze Abkommen denke, weißt Du. Der alte Metternich* hat unter seinen berühmten dictis auch einmal gesagt: „Cette affaire, comme toute affaire finira d'une manière quelconque",** und so wie das in dem tiefen Gleichmut des Vaters ausgesprochen ist, dem am Ende alles einerlei ist, so handelt der Sohn, und so entsteht, was jetzt entstanden ist.

Indes leidet Preußen doch nicht eben. Es stellt sich jetzt her, und jener Teil Sachsens kann ihm nicht entgehen künftig, und in Deutschland siegen wir gewiß.

---

* Vater des Staatskanzlers.
** Diese Sache wird wie jede andere in irgend einer Weise erledigt werden.

Wien, 12. Februar 1815.

Endlich, liebe Li, schreibe ich Dir wenigstens einmal wieder an meinem Tisch, obgleich auch noch unendlich gedrängt und geplagt. Castlereagh geht morgen ab, und man will nun diesen Umstand wenigstens dazu benutzen, noch so viel und so fest als immer möglich ist abzumachen. Wir haben gestern abend alles unterschrieben, was Sachsen und Polen betrifft, und werden heute abend mit den übrigen Gegenständen fortfahren. Der König von Sachsen wird nach Preßburg gerufen. Dort soll er unterschreiben. Ob er es tun wird, steht dahin. Ich täte es nicht. Die Teilung von Sachsen ist eine dem Lande zu verderbliche Sache, als daß ein 74jähriger Mann sich auch noch den Fluch aufladen sollte.

Dabei fällt mir eine Anekdote ein, die mir neulich Wrede erzählt hat. Als Wrede aus Rußland im Jahre 12 kam, sagte er dem König, wie die Sachen ständen, und redete ihm — wie er behauptet — sehr zu, seine Maßregeln danach zu nehmen. Der König aber antwortete: „Lassen Sie nur ihn machen. Mit seinem Genie wird er uns schon noch heraushelfen." Und dieser Mensch soll wieder regieren! Allein es ist nun einmal so. Man will ausdrücklich, daß es nie eigentlich mit Gerechtigkeit zugehen soll, und diesen Zweck erreicht man denn leicht und reichlich. In Sachsen wird der Ausgang der Sache eine um so tiefbösere Sensation machen, als er ganz unerwartet sein wird. Körner wenigstens schreibt mir vom 1. und scheint noch in vollkommener Sorglosigkeit über eine Teilung. Ich werde ihm noch heute einige Worte sagen.

Es ist auch dies ein hübscher Zug am Kanzler, daß er, wie es ausgemacht war, daß Dresden sächsisch bliebe, mir gleich sagte, daß wir nun Körner in unsere Dienste nehmen müßten.

Für uns ist die jetzige Einrichtung, obgleich eine bessere möglich gewesen wäre, immer viel zu gut, als daß wir nicht sehr unrecht gehabt hätten, ihr Krieg oder auch nur zu lange Fortsetzung des ungewissen Zustandes vorzuziehen.

Bedenke nur, daß das bloße Stehen der Armee auf dem Kriegsfuß monatlich über zwei Millionen Taler kostet. Die Vorteile, die wir doch noch errungen haben, außerdem, daß wir reichlich und mit einigem Überschuß die Volkszahl von 1805 wiedererhalten, sind:

1. Daß wir alle militärischen Punkte in Sachsen und Thüringen ohne alle Ausnahme nunmehr inne haben.

2. Daß die Staaten nahe dem Rhein einen Umfang und eine Abrundung erhalten haben, daß, wenn man alles, was wir dort zu beiden Seiten des Stromes vereint besitzen, und nur die ganz kleinen, meist mediatisierten Fürsten, die doch immer zu unserm politischen System und unserer Armee gehören, hinzunimmt, dieser Teil der Monarchie ohngefähr dieselbe Volkszahl hat als die ganze preußische Monarchie bei Friedrichs II. Regierungsantritt. Bekamen wir ganz Sachsen, so wurde jener Staat offenbar teils kleiner, teils durch eine Entschädigung, die noch immer dem König von Sachsen in Westfalen gegeben werden sollte, zerrissen.

3. Daß wir schlechterdings nicht gelitten haben, daß Mediatisierte uns als Untertanen angerechnet würden (wie in Bayern und Württemberg). Erstlich machen wir uns dadurch alle Mediatisierten, die nun mit uns politisch verbunden werden, zu Freunden, zweitens zählen politisch und militärisch diese Mediatisierten für uns doch und sind also ein wahrer Zuwachs, nicht an Einkünften, aber an Macht. Auch glaubst Du nicht, wieviel wir an Popularität, nicht bei den Fürsten des Rheinbundes, aber bei den übrigen und den Bedrückten gewonnen haben. Dazu hilft uns denn auch noch Österreich, Metternich und Wessenberg. Man sieht jetzt deutlich, daß Österreich gar kein Interesse an Deutschland nimmt, sondern bloß gern den Schein zur Schau trägt. Metternich spricht niemand auf Erden und ist rein unzu-

gänglich. Wessenberg ist auch sehr beschäftigt und hat zu wenig
Einfluß, um dies Verschließen gutzumachen. Ich sehe jeder-
man so oft und so lange man will, lade die Leute selbst ein,
wiederzukommen, wenn ich einmal abweisen muß, und beant-
worte das unbedeutendste Billet; und wenn auch der Kanzler
nicht dasselbe tun kann, so bittet er immer alle, und nicht bloß
zu steifen Diners, zum Essen, sondern so oft er zu Hause ißt,
können viele kommen, wie sie wollen, und andere bittet er und
spricht dann. Wir sind nie unter 20, 24 Personen am Tisch.

Weimar hat sich jetzt ganz auf unsere Seite geschlagen.
Es nimmt den großherzoglichen Titel an. Es ist dies gestern
unterschrieben worden. Daß dies geschah, fand keine Schwierigkeit. Allein daß es gleich jetzt unterzeichnet ist, darauf habe ich
gedrungen und es durchgesetzt. Der Herzog bekommt auch eine
Vergrößerung. Mich freut alles sehr, was ihn betrifft. Er war
schon immer sehr freundlich und nachsichtig, als wir im Elephanten
wohnten und wirklich einige Nachsicht brauchten. Gott! welche
schöne Zeit, und wieviel ist seitdem dahin, zerrissen und gestört!

Oranien nimmt den Königstitel an.

Was Preußen eigentlich erhält, damit halte ich Dich nicht
auf, weil es, wenn dieser Brief ankommt, bereits in Zeitungen
stehen wird.

Dem König hat es sehr leid getan, daß wir Leipzig nicht
haben, und wirklich rein als Ehrenpunkt. Auch hat er darin ganz
recht. Allein jetzt war dies Bedingung aller Mächte, ohne die
sie nicht abgeschlossen hätten. Eine Idee wird jedoch der König
noch ausführen. Er wird sich nämlich, gemeinschaftlich mit Österreich, einen Platz auf dem Schlachtfeld von Leipzig ausbedingen,
um ein Monument darauf zu errichten und ein Invalidenhaus
für in der Schlacht verwundete Krieger aller Nationen darauf
zu stiften. Es ist wirklich eine schöne Idee.

Wie Metternich bei allen jetzigen Verhandlungen, wo unter
so vielen, zum Teil gar nicht einfältigen Gesandten politische

Taschenspielerkünste nicht mehr für Verstand und Talent gelten, herunterkommt, davon hast Du keinen Begriff. Bei einer großen Sitzung von 20 Abgeordneten neulich (der ersten, der Wellington beiwohnte) ging es so weit, daß man sich als Deutscher schämen mußte. Er hatte die Arbeit des Schweizer Komitees fünf Wochen bei sich behalten, brachte sie nun, da doch sein Gesandter im Komitee gewesen war, mit plötzlichen und bedeutenden Abänderungen (die freilich nicht er, sondern Wessenberg gemacht hatte) vor und konnte schlechterdings nicht einmal Rede und Antwort geben, worin die Änderungen beständen, weil er weder den Rapport des Komitees noch Wessenbergs Änderung gelesen hatte. Man hat keinen Begriff davon, welchen Effekt solche Dinge machen. Auch ist jetzt in den letzten Konferenzen selbst Talleyrand immer mit uns gegen ihn gewesen, weil er wenigstens Ordnung in Geschäften hat und sie kennt. Metternich allein merkt davon nichts oder will es nicht. Allein wirklich verläßt ihn die Verblendung nicht, und ich bin fest überzeugt, daß er sich für den Geschicktesten und Gewandtesten, ja für den einzigen, mit dem keiner verglichen werden kann, hält.

Dazu kommt, daß Wessenberg nichts sagen darf, und der Unterschied, wie Wessenberg neben Metternich sein muß, und wie ich neben Hardenberg handeln kann, muß jedem auffallen. Mich sucht Metternich in Gesellschaft immer auf und spaßt und erzählt und ist wie sonst. Das beweist aber bloß seine absolute Gemütlosigkeit, die auch nicht des Hasses fähig ist. Denn ich weiß, daß es ihm ordentlich zur Gewohnheit geworden ist, alles, was ihm in Geschäften übel geht, auf mich zu schieben und immer auf mich zu schimpfen und sich damit zu trösten, daß er mir auch einmal einen Streich spielen würde, was nun ziemlich schwer sein wird. . . .

Caroline an Humboldt.

Berlin, 18. Februar 1815.

Man hat mir eine gewöhnliche Reisekarte illuminiert,* Preußen hier und am Rhein, wie wir's nach dem, was wir wissen, tun konnten. Es streckt gewaltig seine Arme nach Deutschland hinein. Gott gebe uns Segen, reinen Willen und Gedeihen, so wird eine Zeit kommen, hoffe ich, wo der Name Preußen aufgehen wird in dem deutschen.

Hat der König, oder der Staatskanzler für den König, nie gewünscht oder gewollt, den Titel Kaiser anzunehmen?

Über des Staatskanzlers Äußerung wegen Körner freue ich mich unbeschreiblich. Es war mir ein recht peinliches Gefühl, die braven, rechtlichdenkenden Menschen in Angst und Sorge zu wissen. Weißt Du, daß die Offiziere der Ehrenlegion in der sächsischen Armee den 23. Dezember am Geburtstag des Königs von Sachsen auf Ehrenbreitstein ein Mahl gehalten, wo die Büste des Königs und — Napoleons auf dem Tisch gestanden, und sie auf die Gesundheit beider viele Lebehochs ausgebracht haben? Die Offiziere, die die Ehrenlegion nicht haben, haben auch dabei sein wollen, und in der Unzufriedenheit, nicht zugelassen zu werden, haben sie dies saubere Fest ausgeplaudert. Gneisenau hat mir diese Geschichte erzählt. Was sagst Du dazu?

Wien, 18. Februar 1815.

Es waren kleine Komödien, zwei einfältige Stücke bei der Bagration, alles im gewöhnlichen Schlag, wo man sich seit vielen Jahren nicht über ein französisches Proverb hinausschwingt. Diesmal war man wirklich bis zu einem Vaudeville gekommen. Der Kaiser und König und Prinz Wilhelm waren da. Der König sprach zwischen dem Stück und dem Essen, wo-

---

* = mit Farben angelegt.

zwischen sehr viel Zeit verstrich, fast ganz ausschließend mit mir. Es ist das einzige Gespräch, was ich, seit er hier ist, mit ihm hatte. Er redete über die eingegangenen Verträge recht vernünftig und in sehr edler, einfacher Gesinnung, besonders im Ärger, nicht ganz Sachsen zu haben, allein freilich auch in der Manier, die immer schwarz sieht, nie zufrieden ist und gern tadelt. Da ich der Menschen wegen vermeiden wollte, daß er nicht zu tief einginge und vielleicht heftiger würde, hielt ich mich auf einer Mittelstraße des Zugebens und Streitens. Mit mir war er ungemein freundlich, und auch der Erbprinz von Strelitz versichert, deutlich zu bemerken, daß er mir sehr wohl will.

An der letzten wirklichen Zustandebringung und Unterschrift der eingegangenen Punkte habe ich wirklich viel Teil, und der Teilung Sachsens habe ich dadurch eine für uns sehr günstige Wendung gegeben, daß ich, ohne Aufsehen und mehr durch Vermeidung als Bestreitung der Einwürfe, die Bevölkerung zum Grundsatz der Schuldenteilung angenommen habe, da dieser Grundsatz so sehr für uns ist, daß wir nur sehr wenig Schulden übernehmen, dahingegen, wenn ich, wie man verlangte, die Einkünfte angenommen hätte, sehr viel auf uns gefallen wäre. Denn fast alle Domänen und Königlichen Waldungen sowie alle Salzwerke liegen in unserem, dagegen weniger bevölkerten Anteil.

Körner hat nun dem Staatskanzler geschrieben, und ich arbeite darauf hin, daß er Staatsrat in Berlin wird. . . .

Wien, 23. Februar 1815.

Wir wissen nun, daß man mit den getroffenen Einrichtungen in Berlin höchst unzufrieden ist. Nach den meisten Briefen wird die Schuld auf die Umgebungen des Kanzlers und namentlich auf mich geschoben. Sage mir doch, ob Du das auch hörst? Zu machen ist dagegen nichts. Man muß im Leben den unverdienten

Tadel gegen das unverdiente Lob aufrechnen. Wie alles gekommen ist, weiß ich sehr gut, aber was hilft das?

Preußen ist jetzt die größte deutsche Macht, ohngefähr acht Millionen Deutsche, also eine Kriegsmacht in Deutschland von 240 000 Mann, und der erste Krieg, der entsteht, muß Preußens deutsche Besitzungen da, wo sie noch lückenhaft sind, vergrößern. Als mir im Kriege der Kanzler zum erstenmal von der Idee sprach, Provinzen an dem Rhein haben zu wollen, sagte ich ihm: Ich billige es, es ist eine Hand, die man ausstreckt und mächtig hinlegt.

Die Unzufriedenheit kommt auch daher, daß man sich erst wirklich überspannte Begriffe gemacht hat, und daß besonders das Militär das, was Preußen bekommen sollte, nach den wirklichen Verdiensten der Armee, nicht nach den politischen Möglichkeiten berechnet. Das Gefühl, alte Provinzen ungern zu entbehren, ist sehr edel, allein übertreiben muß man es doch auch nicht. Und wie alt sind denn die einzigen verlorengegangenen Länder? Ostfriesland gehört seit etwa 70 Jahren unser, und ohne Ansbach und Bayreuth habe ich den preußischen Staat sehr lange gekannt.*

Allein eine wirklich äußerst wahre Sache liegt dennoch der Unzufriedenheit zu Grunde, und in der ich ganz mit übereinstimme. Es ist nicht sowohl, daß Preußen nicht genug erhält, wodurch die Menschen gekränkt sind, aber es ist, wenigstens liegt das in der Seele, auch wo es sich nicht geradezu ausspricht, daß die, die sich schändlich benommen haben, erstlich alle wieder zu Land und Leuten kommen oder dabei bleiben, zum Teil noch vergrößert werden und endlich zum anderen Teil noch Ursache sind, daß wir dies und jenes, woran man bei uns hängt, nicht haben. Man muß die Stimmung unterhalten, daß dieser Zustand nur wie ein Übergang anzusehen ist. Der Kampf gegen

---

* Ostfriesland war 1744, Ansbach-Bayreuth 1791 an Preußen gefallen.

das Böse ist nicht ausgekämpft und wird, wenn auch nicht gleich jetzt, wieder angehn. Sich dafür zum aufbewahrten Kämpfer anzusehen, sich aber auch in der Zwischenzeit des Friedens würdig zu machen, für diese Sache zu kämpfen, wäre eine eines Preußen und aller Preußen sehr würdige Ansicht. Ich sehe eine solche Zukunft fast mit Gewißheit voraus.

Es scheint wirklich, als sollte der Kongreß nun zu seinem Ende gelangen. Der Kaiser Alexander scheint beim 15. März als Abreisetag zu bleiben.

Zu den Amüsements der großen Welt hier gehört auch eine Wette, die neulich der Kaiser Alexander mit Flore Wrbna gemacht hat, wer sich würde am schnellsten ganz und gar anziehen können. Sie sind abends beide im Negligé zur Zichy gekommen und haben sich nun in den größten Hofstaat gesetzt. Flore hat gewonnen. Sie hat sich in 1½, der Kaiser in 2½ Minuten angezogen. Wie er wieder in den Salon getreten ist, hat er alle übrigen anwesenden Damen auch völlig angezogen gefunden und zwar in einer Art Maskerade in alten Hoftrachten. Wie das alles geistreich und amüsant ist!

Du fragst mich, ob der König den Kaisertitel annehme? Das würde er nicht wollen und wäre nicht durchzusetzen. Auch können wir ohne den Namen gleich viel Einfluß haben.

Aber solltest du denken (dies unter uns), daß Stein jetzt die Tollheit hat, darauf und durch Rußland zu arbeiten, daß man Österreich als Kaiser anerkenne, Österreich, dem politisch fast gleichgültig sein kann, ob Frankreich wieder einen Teil der Rheinprovinzen nimmt oder nicht, wie mir Gentz selbst gestanden hat! Das Göttliche ist, daß Stein in seinem Aufsatz eine überlange, bittere Tirade über die Undeutschheit Österreichs hat, allein verlangt, daß man eben deswegen ihm die Kaiserwürde geben soll, um es enger an Deutschland zu knüpfen. Ich habe einen Aufsatz gestern dagegen gemacht.

Daß man Bayern so groß gelassen hat, ja vielleicht noch

größer macht, ist ein ewiger Fehler, aber rein Österreichs Schuld. Metternich hatte ja eine solche Angst vor Napoleon, daß er Wrede wie einen Heiland ansah. Nachher hat Metternich teils falsche Politik befolgt, teils sich übertölpeln lassen, kurz, durchaus unklug gehandelt, und das ist einmal in Koalitionen nicht zu ändern, daß die Fehler einer Macht nicht immer von den anderen verhindert, ja nur verbessert werden können. Und indes wird Bayern nie gefährlich sein können, und ein ernsthafter Krieg gegen uns wird vielmehr ihr reines und entschiedenes Verderben.

Caroline an Humboldt.

Berlin, 6. März 1815.

Jetzt steht Preußen allerdings mit weit hingebreiteten Armen, allein mit weniger konzentrierter Kraft, man sieht es der bloßen Landkarte an, daß bald wieder ein blutiger Krieg sein muß, denn die vorhergegangene Zeit, das Prinzip des Bösen, war überall reichlich gewuchert, Preußens weit alle anderen überstrahlender Waffenruhm muß Neid, bittren Neid erregen. Um alles muß man wünschen, daß man sich rüste im Geist und in der Tat und sich rege erhalte in jeder Tugend und Stärke.

Von Steins Projekt mit Österreich spricht man seit 14 Tagen in der Stadt.

Aber einer Sache muß ich doch hier Erwähnung tun, und das ist das wirklich indezente Reden des Hannoverschen Gesandten v. Ompteda. Er sagt z. B.: „daß man wirklich nicht leugnen könne, daß Preußen sich recht gut in diesem Kriege betragen, daß es schade sei, daß man eben nichts Rechtes aus Preußen machen könne, daß es wirklich verdient hätte, besser gesetzt zu werden, allein die Gewalt der Umstände mache es unmöglich, daß auf dem Kontinent mehr wie drei große Mächte seien, und diese würden ewig Rußland, Frankreich und Österreich sein." Daneben läßt er ahnden, daß, wenn es eine vierte geben könnte, dies nur mit der Zeit Hannover sei.

Daß ich Dir nicht aus der Luft Gegriffenes geschrieben habe, dies, liebes Herz, kann ich Dir versichern. Wenn Ompteda beauftragt ist, solche Reden zu führen, so muß man sie nicht für unbedeutend nehmen, ist er nicht beauftragt, so dächte ich, muß man sie ihm legen, denn sie geben Ärgernis. Dazu weiß man, daß wir keinen mächtigeren Widersacher in Wien gehabt haben, als Münster, Langenau und Gentz. Münster ist vorzüglich hier dafür notiert.

Jemand hat kürzlich hier ein Empfehlungsschreiben von dem einzig noch lebenden Bruder Gentzens an Gentz haben wollen, wo aber dieser geantwortet: "Nein, nimmermehr, daß ich ihm an solch einen verworfenen Menschen einen Brief mitgeben sollte."

Nur um das eine bitte ich Dich, wenn meine Bitten und Dein Einfluß etwas vermögen. Steure, daß der Eugen Beauharnais kein deutscher Fürst wird, ich kann Dir nicht genug, nicht ernstlich genug sagen, welchen üblen Eindruck das machen muß. Sündlich und frevelhaft finde ich es, wenn man es tut. Er erbe das Vermögen seiner Mutter, der König von Bayern, der ihm seine Tochter gegeben, gebe ihm zu leben, wahrlich, Bayern hat dazu genug gestohlen und praßt täglich genug dazu zusammen, aber daß dieser Eugen etwas erblich in dem von ihm oft gemißhandelten Teutschland haben soll, finde ich abscheulich, gottlos und sündlich. Wenn er ein Engel von Charakter wäre, soll er nichts haben, aber er ist dazu höchstens ein guter General, übrigens ein Räuber wie die anderen, wie denn sein Abzug aus Mailand bewies und seine erpreßte Kontribution. Ich gebe mich nicht zufrieden, wenn der auch etwas bekommt. Wenn wir unsre eignen entarteten Kinder wie den Primas, den König von Sachsen behalten und zu Tode füttern, so mag es ein Werk der Barmherzigkeit sein. Allein diesen Eugen sende man doch hin, woher er gekommen ist. Der Kaiser von Rußland muß doch auch keinen Tropfen deutsches Blut in sich haben, wenn er das nicht fühlt. Und doch sollte er!

Wien, 7. März 1815.

Ich habe Dir heute, geliebtes Herz, eine merkwürdige Neuigkeit zu sagen, die Dich freilich nicht wundern wird, weil Du dies Ereignis oft vorausgesagt hast. Napoleon ist mit seiner ganzen, freilich nur 1000 bis 1500 Mann starken Armee von der Insel Elba verschwunden, und man weiß bis jetzt nicht, wohin er sich gewendet hat. Die Nachricht ist heute durch einen Kurier des englischen Gesandten in Florenz hier angekommen und ist also zuverlässig. Es ist eine große Unvorsichtigkeit der Engländer, nicht wenigstens, solange es in Italien im stillen gährt, Schiffe um die Insel gehabt zu haben. Dennoch hatten sie keine. Eine Art englischen Aufsehers, Campbell, war dort, aber mit einem sehr kleinen Schiff. Dieser merkte auch wirklich Napoleons Pläne, allein unvermögend, sich ihm zu widersetzen, entfernte er sich selbst aus Furcht mitgenommen zu werden. Sobald er es für sicher hielt, kehrte er zurück und erfuhr nun, daß Napoleon am 26. abends um 7 Uhr unter Segel gegangen war. Er hatte sich auf einigen kleinen Schiffen, ich glaube drei, von denen er zwei gemietet hatte, eingeschifft und auf sechs Tage Lebensmittel eingenommen. Am 27. war er noch im Gesicht der Insel. Er nahm seine Richtung nordwärts. Die Mutter, die Borghese* und die Generalin Bertrand waren zurückgeblieben. Die Borghese hat nach Rom zu gehen verlangt. Wohin er gegangen sein mag, darüber erschöpft man sich in Raten und Vermutungen. Gewiß ist, und das ist noch das einzig Gute daran, daß, wenn es ihm nicht glückt, er sich nun auch nicht mehr vom wahren Untergang rettet. Man hat gar keine Art der Schonung mehr

---

* Pauline Bonaparte.

gegen ihn zu beobachten und kann ihn wie einen Räuber totschießen. Das hätte man freilich auch früher das Recht gehabt zu tun, daher möchte ich noch jetzt nicht dafür einstehn, selbst wenn man ihn zum Gefangenen machte.

Hier wird zwar mit großer, aber nur angenommener Gleichgültigkeit über ihn gesprochen. Allein im Grunde sind sie sehr in angst. Sie sehen einen Krieg in Italien voraus und sind nicht die Mutigsten. Schwarzenberg wird sogleich hingeschickt, Truppen waren schon dahin beordert, soviel, daß 140 000 Mann in allem in Italien sein sollten. Aber sie sind erst vor wenigen Tagen aufgebrochen.

Das Ende des Kongresses wird dies Ereignis unfehlbar beschleunigen, Talleyrand zog schon heute diese Moral der Beschleunigung daraus, weil nunmehr jeder bei sich zu tun habe.

Du glaubst nicht, wie die ersten in Besorgnis sind und Vorkehrungen treffen wollen. Nur der Kanzler ist davon ausgenommen. Er ist ruhig und würde, wenn Gefahr entstünde, doch am kräftigsten handeln. Überhaupt kann man sich eigentlich nur auf Preußen verlassen. Auch ist es merkwürdig, daß alle Preußen hier fast froh über die Nachricht sind. Sie scheinen dies Ereignis ordentlich als ein Mittel anzusehen, an dem man prüfen kann, wo noch in Völkern und Menschen ein Falsch ist, und daß dies ausgerottet werden muß, ist eine sehr richtige Ansicht.

Caroline an Humboldt.

Berlin, 14. März 1815.

Dein lieber Brief Nummer 82 [vom 7.] ist mir gestern nachmittag zugekommen. Von früh 9 Uhr an war die ganze Stadt voll von dem Gerücht der Flucht Napoleons. Ja, mein liebes Herz, wunderbar genug ist sie, und so tollkühn wird er ja nicht sein, sie zu unternehmen, wenn er nicht in großen Einverständnissen lebte. Daß diese kund und offenbar werden, daß die Spreu sich mehr und mehr sondre von dem Korn, dazu mag es gut sein. Ich wünsche, daß er in Frankreich landen möge. Wir aber, denk ich, müssen Vorteil von dem Ereignis ziehen. Sachsen muß von uns besetzt bleiben, der König habe sich nun, wie ihm gut dünkt. Ich könnte wünschen, daß Napoleon augenblickliche Vorteile habe (denn daß er untergehen muß, versteht sich am Ende doch), damit dieser Montgelas und die Fürsten dort am Rhein hin eigentlich entlarvt würden. Denn wie schnell würden sie nach ihm sich wenden, wenn nur einiges ihm glückte.

Die nächste Nachricht, wo er gelandet (denn nach Amerika, wie einige glauben, glaube ich durchaus nicht, er käme auch nicht hin), erwarten unstreitig die Monarchen in Wien. Sollte aber diese Nachricht auf tiefere und zusammenhängende Pläne schließen machen, so nimmt wohl jeder bald seinen Entschluß. Nach Neapel kann ich mir doch nicht recht vorstellen. Murat mußte ja doch wissen, daß, wenn Napoleon überglücklich wäre, er ja dann nichts mehr wäre. Ich denke immer, Napoleon hat Frankreich im Sinn. . . .

Wien, 13. März 1815.

Der König von Sachsen weigert sich nämlich unbedingt, „Ja" zu sagen, und will negoziieren. Er hat Wellington und Metternich ziemlich unsanft angelassen. Diese nun sind aber jetzt auch sehr gegen ihn. Da er eine Justifikationsnote übergeben hat, sagte mir Wellington: „Il faut y répondre, il faut le noircir qu'il devienne plus noir que mes bottes."*

Von Napoleon weiß man nichts. Wir machen aber heute abend eine Deklaration, nach der jeder ihn totschießen kann, und die überall gedruckt und ausgebreitet werden wird.

---

* Darauf muß derb geantwortet werden. Er muß so dreckig behandelt werden, daß er sich dreckiger fühlt als es meine Stiefel sind.

Wien, 14. März 1815.

Man lebt hier in einer wunderbaren Erwartung der Begebenheiten. Die öffentliche Erklärung, die ich Dir hier schicke, damit Du sie eigen habest, ist bis jetzt die einzige große Geburt des Kongresses über die Sache. Der Grund ist von Gentz, hernach korrigiert von allen Menschen und gestern abend zuletzt in einer vierstündigen Konferenz von 20 Personen, mit denen es schwer ist, etwas Ordentliches zu machen. In der ersten Ausgabe stand eine Stelle, daß jeder, dem er aufstoße, ihn vertilgen. (exterminer) könne.

Dies hatte dem Kaiser Franz zu arg geschienen, und er hatte gesetzt: Jeder, der seiner Regierung, den Gesetzen usf. anhängt, soll ihn vertilgen können. Die Engländer haben gefunden, daß so ein Privatvergnügen des Ermordens auch eines Tyrannen dennoch zu arg sei, und so ist die ganze Stelle weggeblieben, die mir eigentlich allein das Ganze lieb machte.

Heute hat Metternich in einer kleinen Konferenz erzählt, er habe der Marie Louise die Erklärung gebracht, sie habe ihn gefragt, was man mit ihrem Mann machen würde, wenn man ihn bekäme? Er habe geantwortet, wenn man ihn in Österreich hätte, werde man ihn festsetzen, in Frankreich könne er leicht gehangen werden. Sie habe geantwortet, es sei doch traurig, daß ihr Sohn einen Gehangenen zum Vater haben soll. Wenn man auch viel von der Wahrheit dieses Gesprächs abrechnen muß, so ist es doch schrecklich, daß Metternich, der die Person, die unglücklich sein würde, wenn sie Stoff dazu hätte, so elend und schändlich hingeopfert hat, noch wagt, so mit ihr zu reden oder so etwas zu erdichten und zu erzählen. Es gehört eine mehr als eiserne Stirn dazu.

Caroline an Humboldt.

Berlin, 21. März 1815.

Ich bin nicht eigentlich angst über das Evenement mit Napoleon. In dem großen Weltgericht, das gehalten wird — denn ich gestehe Dir, mir kommen alle Begebenheiten so vor — wird es nötig sein, daß dieser Stoff der Gärung dazwischen falle, damit das Gute und das Böse, die Wahrheit und die Lüge sich schärfer sondern.

Auf jeden Fall muß dies Unternehmen seiner Laufbahn ein Ende machen, früh oder spät.

Die von Ludwig XVIII. gegen ihn erlassenen Befehle haben aber eine sonderbare und beinah feindlich klingende Einleitung gegen die anderen Mächte, denn es scheint beinah, als wolle er den Franzosen glauben machen, die Feinde Frankreichs hätten den Bullenbeißer Napoleon gegen sie losgelassen, um das schöne Frankreich zu zerstückeln.

Gentz ist mir mit seinen Ansichten ein Greuel, er hat sich wirklich überlebt.

Wien, 17. März 1815.

Die Sachen stehen sehr ernsthaft. Napoleon ist am 8. wirklich in Grenoble eingerückt, und nie hat man solche Illumination und Freude gesehen. Ehe er nach Grenoble kam, ging ein von Chambéry kommendes Regiment zu ihm über. Wie er den ersten französischen Truppen mit seinen 1000 Mann begegnete, ging er der Linie, die Hände auf dem Rücken, entgegen und sagte ihnen: „Voici votre général."* So umarmte ihn der Oberst**, und das Regiment ging über. Der Oberst ist Cousin von Flahault und Adjutant Eugens gewesen. In Grenoble versagte die Truppe

---

* Da habt Ihr Euren General.
** Huchet de Labédoyère.

den Gehorsam, die Generals Marchand und Desirailles blieben treu, mußten sich aber mit 160 Mann und wenig Kanonen heimlich retten. Alles übrige fiel Napoleon zu. Er marschierte nun mit 6000 Mann auf Lyon.

Du müßtest Talleyrand sehen. Ich schreibe Dir in der Konferenz, die wir eben haben. Wellington sagte, man muß auch wissen, was wir tun, wenn Napoleon in Paris ist und sich ganz Frankreich unterwirft. Man schwieg einen Augenblick. Ich sagte: „Was wir 1813 getan haben, und was jetzt ausgesprochen ist, kein Friede und kein Waffenstillstand mit ihm." Dann fielen die anderen bei, und nun sprach Wellington sehr vernünftig. Er wird kommandieren.

Adieu, süßes, teures Kind. Ich kenne Dich. Es wird Dich schmerzen, aber Du hast den wahren Haß und die wahre Liebe es muß einmal rein ausgemacht werden, und wie die Dinge stehen, wozu kann man das Leben besser anwenden?

Wien, 19. März 1815.

Ich habe, liebe Li, Deinen Brief vom 14. bekommen und mit inniger Freude gesehen, wie Du das Ereignis mit Napoleon aufnimmst. Ich dachte mir gleich, daß es Dich auf keine Weise niederschlagen würde. Unsere Nachrichten aus Paris gehen nur bis zum 11., nach diesen erwartete man mit Gewißheit, daß Napoleon nach Lyon gekommen sein würde. Diesem nach sollte man ihn für den Meister von Frankreich halten.

Mein System, weil ich gern habe, daß Du genau weißt, was ich denke und beabsichtige, ist, daß wir ganz ehrlich und treu, aber freilich immer mit vorzüglicher Rücksicht auf unsere Selbstverteidigung, Napoleon bekämpfen; daß wir uns aber dazu alle Mittel gehörig sichern und daher jetzt Sachsen nicht herausgeben; und daß wir während des Kampfes einen ordentlich geregelten Einfluß auf Deutschland ausüben, und endlich, daß weder wir noch) unsere Verbündeten uns die Hände gegen die Bourbons binden und ohne Not Verbindlichkeiten übernehmen.

Wie viel oder wenig ich davon durchsetzen werde, weiß Gott, ich bin in einer höchst schwierigen Lage, und es gibt in der unsrigen (d. h. preußischen) unendlich bedenkliche Dinge, die mir tiefe Sorgen machen, über die ich Dir aber nur durch Hedemann schreiben kann.

Gneisenau hat, wie ich aus einem Aufsatz von ihm, den er aber nicht mir mitgeteilt hat, [sehe], andere Ideen, die ganz von allem gemeinschaftlichen Handeln abweichen, nach denen man allenfalls auch Napoleon stehen ließe, wo wir nur für uns, obgleich dadurch immer für das Rechte zugleich föchten. Diese Ideen kann ich nicht teilen, sie sind an sich nicht in meiner Politik und wären höchstens und auch da als Wagestück ausführbar, wenn wir einen König wie Friedrich II. in seinen ersten Jahren hätten. Eine Minister- und Staatskanzlerregierung unter einem gewiß anders denkenden König muß ein mehr anschließendes System befolgen.

Wien, 23. März 1815.

Napoleon ist am 11. in Lyon eingerückt. Man hatte Pallisaden vor das Tor gestellt, um es zu verrammeln. Wie nun die Avantgarde ankam und sich „Français de l'Empereur" nannte, sprangen die Offiziere der Wache selbst hin, die Pallisaden wegzunehmen und sie einzulassen. Macdonald wollte sich mit 3000 Mann bei Lyon verteidigen. Napoleons Soldaten kamen gegen sie, schossen aber nicht. Nun wollten auch sie nicht fechten und gingen zu Napoleon über, und Macdonald mußte nach Paris zurück. Ohngefähr 4000 Mann der alten Garde hatten Befehl bekommen, zu marschieren. Wie sie auf dem Wege waren, erklärten sie, daß sie nicht für aber auch nicht gegen Napoleon fechten würden. Wie es nun gehen wird, wenn die 30—40 000

Mann, meist Nationalgarde, in das Angesicht seiner Truppen kommen werden, muß man sehen. Ich sehe nicht ab, wie und warum er nicht nach Paris kommen sollte. Göttlich ist es, daß er vorgibt, oder sich einzubilden scheint, daß Österreich auf seiner Seite sein wird.

Er hat, doch glaube ich, wird dies vom hiesigen Hofe geheimgehalten werden, der Kaiserin Marie Louise einen Brief geschrieben, der heute früh angekommen ist, und den ich, soweit sich diese Klaue, von deren Fürchterlichkeit man keinen Begriff hat, lesen läßt, gelesen habe. Er hat diesen Brief an Bubna, der beim König von Sardinien in Genua ist, besorgt und dazu einen General gebraucht, der wieder einen Offizier Nyons damit beauftragt hat, indem er sich das Ansehen gegeben, durch diesen dem königlich französischen Gesandten am Sardinischen Hof Nachrichten zu schicken. Bubna hätte freilich besser getan, den Offizier verhaften zu lassen und den Brief nicht anzunehmen, allein alle diese Menschen haben einmal tief in diesen Schlamm getaucht, und es wäre unvernünftig, eigentlich reine Handlungen von ihnen zu erwarten.

In dem Brief erzählt er mit wenigen Worten, was er bis Lyon, von woher am 11. der Brief geschrieben ist, getan hat, und vorzüglich mit großem Wohlgefallen, daß Monsieur* und der Herzog von Orleans hätten vor ihm fliehen müssen. Er ladet sie ein, zu ihm nach Paris mit dem König von Rom zu kommen, und schließt damit, daß er hoffe, sie noch in diesem Monat dort zu umarmen. Im Eingang nennt er sie: „Ma bonne Louise" und am Ende: „Ma bonne amie". Es ist aber in sich ein ganz gemeiner, sich durch nichts auszeichnender Brief, keine Phrase, kein Wort, wie solch ein Glückswechsel, solch ein Unternehmen sie hätte von selbst eingeben müssen, wenn die Hand-

---

* Titel, den Ludwig XIII. dem ältesten Bruder des Königs von Frankreich verliehen hatte, und den nun der Bruder Ludwigs XVIII. Graf von Artois, der spätere König Karl X. führte.

lungen in diesem Menschen irgendeine Bedeutung hätten, die von den ganz platten Absichten unabhängig wäre. Die Aufschrift, mit seiner eigenen Hand geschrieben, ist: „L'Empereur Napoléon à l'Impératrice des Français à Vienne." Sie selbst hat den Brief noch nicht gesehen, aber in diesen Tagen einen an ihren Vater geschrieben, in dem sie sich ganz in seinen Willen und seine Ansichten ergibt.

Ich glaube Dir neulich geschrieben zu haben, daß Neipperg* in ihrer höchsten und tiefsten Gunst ist. Es ist immer einer der anderen wert. Von Neipperg aber ist auch dies, wie seine ganze häusliche Aufführung, doppelt unwürdig, da ich selten eine Frau gesehen habe, die mit solcher Hingebung am Manne hängt, als die seinige an ihm. . . .

Caroline an Humboldt.

Berlin, 22. März 1815.

Ich war gestern abend mit vielen und den ausgezeichnetsten bei Gneisenau. Boyen sprach lange und vertraut mit mir. Er glaubt, daß es höchst notwendig sei, daß eine sichere etwa 40—50 000 Mann starke Truppe von den Unseren in Frankreich hineinrücke, damit die dem König anhängenden Franzosen sich an dieses Korps anschließen und es als einen Kern betrachten. Denn eine Partei für die Bourbons wird und muß es doch gewiß in Frankreich geben, und der König und die Prinzen und alle Emigranten müssen doch erst auf französischer Erde ausgeblutet haben, ehe Napoleon im Besitz, im eigentlichen Besitz von Frankreich ist? An Weggehen ist jetzt nicht mehr zu denken. Oh, wie furchtbar ist das Racheschwert Gottes! Sie, die das Elend und den Jammer über die Welt gebracht, sie werden nun sich würgen untereinander.

---

* Adam Albert Graf v. Neipperg, Gemahl der Kaiserin Marie Louise.

Wellington, sagst Du, wird kommandieren? Heißt das das Oberkommando, wie 1813 Schwarzenberg es hatte? Wird das Blücher, Gneisenau nicht vor den Kopf stoßen? und selbst die Truppen? Eine andere Nationalität ist immer eine Scheidemauer.

Wird Österreich Energie entwickeln? Metternichs Rede zur Marie Louise ist roh, wenn sie wahr ist. Man kann tun, aber nicht vorher damit drohen. Wenn sie nicht wahr ist, so spielt er damit eine Komödie gegen Euch.

Der König von Sachsen kommt nun doch, hoffe ich, um das Übriggebliebene. Du weißt gewiß, daß Gaudi Kanonen in Dresden auffahren lassen mußte, um das Vivatrufen des Volkes für Friedrich August und Napoleon zu stillen? und daß diese schlechtgesinnten Menschen unser Armeeband und das Band des Eisernen Kreuzes an die Knebel banden, die man gezeichneten Hunden anzubinden pflegt, und so die Hunde herumjagten? Über allen Begriff niederträchtig. Hier hat der Graf Roß das Band des Eisernen Kreuzes auch seinem Hund angebunden!

Alles nimmt hier ein ganz kriegerisches Ansehen, Kanonen und Munitionswagen fahren, und schöne, tüchtige Regimenter marschieren einem vor den Augen vorbei. Das Militär ist unglaublich froh, und alle sehen dies Ereignis wie die große Krise an, deren es noch bedurfte, um auch Deutschland zu reinigen und zu vereinen. Gott gebe, daß es so sei!

Wien, 24. März 1815.

Was ich Dir also sagen wollte, ist, daß der Staatskanzler vorzüglich seit 14 Tagen bis drei Wochen in einen Zustand auch geistiger Schwäche verfällt, der jetzt höchst beunruhigend ist, allein mich glauben läßt, daß an eine Mission für mich, auch wenn die kriegerischen Unruhen nicht lange dauerten, doch nicht zu denken sein würde.

Seit den erſten Wochen hier hat ſich der arme Mann ſchlecht befunden und gekränkelt. Im ganzen ſind körperlich die ſitzende Lebensart, die veränderte Exiſtenz, da er hier bis 12 und 1 Uhr aufbleibt und ſpät, d. h. um 8 aufſteht, von dem er in Berlin das Gegenteil tat, und überhäuftes Arbeiten daran ſchuld. Allein weit wichtigeren Anteil haben daran die moraliſchen Urſachen. Es fehlt ihm ſchlechterdings an aller Erholung. Keine Art der Vergnügungen, die er hier haben kann, iſt nach ſeinem Geſchmack. Er muß eine Art gemütlichen Umgangs haben, der ihm hier ganz fehlt. Ich habe gedacht, ihn ihm bei Bernſtorffs zu ſchaffen, aber er hat auch keine Luſt dazu gehabt. Die Geſchäfte haben ihn zu gleicher Zeit angegriffen. Das Mißlingen der ſächſiſchen Sache, das, wie man nicht leugnen kann, großenteils Fehlern zuzuſchreiben iſt, die er, ohne zu fragen, auch zum Teil gegen beſſeren Rat begangen hat, gab ihm den erſten Stoß. Sehr empfindlich war ihm nachher die in Berlin und überhaupt in Preußen ausgebrochene allgemeine Unzufriedenheit mit den Reſultaten der hieſigen Verhandlungen. Allein endlich kam etwas hinzu, worauf er noch weniger vorbereitet war. Der König äußerte die gleiche Unzufriedenheit, ſagte es geradezu, ſtark und auf unangenehme Weiſe, und es iſt eine Tatſache, daß er in den letzten vier Wochen äußerſt ſchlecht mit dem König ſtand. Man ſagt mir, daß es jetzt etwas beſſer ſein ſoll, allein der Schade iſt geſchehen. Er iſt gar nicht eigentlich krank, er geht herum, aus, er wohnt allen Konferenzen bei, bei denen es nötig iſt, er iſt auch, wenn man um ihn iſt, heiter und geſellſchaftlich wie gewöhnlich. Aber er klagt über ſein Befinden. Er ſagte mir ſelbſt neulich, daß er das Gedächtnis verliere, einfältig werde und oft ganz weg ſei, er hat dasſelbe Wittgenſtein mit Tränen in den Augen geklagt, und er iſt in Konferenzen niedergeſchlagen, ſtill, auf keine Weiſe vergleichbar mit ſeiner ſonſtigen Lebhaftig= keit. Daß ihn wirklich das Gedächtnis verläßt, oder er in dem= jenigen, was er ſagt, wahre Geiſtesſchwäche verrät, kann ich aus eigener Erfahrung nicht behaupten, allein andere sagen es mir. Thile erzählte mir noch heute und kam ausdrücklich zu mir, sich mit mir über diesen Zustand zu besprechen, daß er gestern mitten im Reden mit ihm im Stuhl hintenübergesunken sei, einige Minuten wie weg gewesen sei und nachher von etwas ganz anderem zu reden angefangen habe. So, teure Seele, ist der Zustand dieses Mannes, der schon, wenn man ihn auch sonst nicht liebte, als das Untergehen einer sonst nicht verächtlichen Kraft etwas Rührendes haben würde.

Wien, 27. März 1815.

Über die Lage Frankreichs geht ein Gerücht, das im höchsten Grade beunruhigend ist, nämlich das von Neys Abfall und Suchets Wankelmut. Sind diese beiden Dinge wahr, so kommt Bonaparte wohl ohne Zweifel, ohne daß ein einziger Flintenschuß fällt, nach Paris — eine Schmach, die nicht leicht eine Regierung je größer erleben kann.

Es wird jetzt (unter uns) ein Allianztraktat zwischen Österreich, Preußen, Rußland und England geschlossen, den wir heute abend unterschreiben. Er ist in ganz allgemeinen Ausdrücken abgefaßt. Ich habe mit vieler Mühe am Ende doch glücklich alles daraus entfernt, was ihn zu einem bloßen Hilfstraktat mit den Bourbons gemacht hätte. Einen Artikel hat man mir doch noch hineingebracht, in dem der Ausdruck vorkommt: „wenn die Bourbons unsere Hilfe erforderten". Indes ist es unschädlich gestellt und wird noch mehr unschädlich sein, da die Bourbons, wenn die Sache schlimm geht, sich gar nicht einmal werden in Frankreich halten können.

Lebe innigst wohl.

Wien, 28. März 1815.

Die Sache in Frankreich hat für den Augenblick ihren Gipfel erreicht. Wir haben heute durch Baden die telegraphische Nachricht aus Straßburg bekommen, daß Bonaparte vermutlich am 22. in Paris eingezogen ist. Eine Stunde darauf wurde die weiße Fahne vom Turm abgenommen. Was aus dem König geworden ist, weiß man bis jetzt noch nicht. Neys Abfall soll gewiß sein. Man versichert, er habe bei seiner Abreise zur Armee dem Könige mit Tränen die Hand geküßt und ihm versprochen, wenn es nicht anders sei, ihm als Volontär zu dienen. Talleyrand sagte mir heute: „Avouez qu'il n'y a pas de nation aussi indigne que la mienne."* Die Art, wie der zur Erkenntnis kommt, ist mir oft lächerlich.

Caroline an Humboldt.

Berlin, 28. März 1815.

Gestern abend, mein geliebtes Herz, bekamen wir die Nachricht von dem noch am 20. wahrscheinlich vorgefallenen Einzug Napoleons in Paris.

Ich kann Dir nicht genug sagen, wie es mich im Inneren getroffen hat. Nicht sowohl das Faktum, als die Nichtswürdigkeit einer zertretenen Nation, die ihren Dränger, ihren Tyrannen, ihren ungesetzmäßigen Unterdrücker ohne Kampf, beinah ohne Schwertstreich wieder einführt. Die Verworfenheit, die dazu gehört, brennt mir in der Brust wie ein Feuer.

Für uns sehe ich den Krieg als entschieden an, er wird blutig werden, ach Gott, man kann nicht genug wünschen, beten und flehen, daß jetzt große, sehr ernste, sehr konsequente

---

* „Gestehen Sie, es gibt keine unwürdigere Nation als die meinige."

Maßregeln genommen werden. Ist man Österreichs ganz sicher? Bayerns? Die deutschen Völker sind gut, aber mit Recht sind sie unzufrieden mit vielem, was seit dem Frieden von Paris geschehen ist. Dieser Krieg trägt einen ganz anderen Charakter als der vorige. Im vorigen war trotz seiner herrlichen Waffentaten ein Fehler, sein Zuschnitt war nicht gemacht, wie er es hätte sein sollen. Gott gebe, daß man sich diesmal sage, daß mit Napoleon kein Frieden, keine Unterhandlung, kein Waffenstillstand ist. Doch verzeih, daß ich Dir dies alles sage, der Du es tausendmal besser als ich weißt und fühlst.

Vernichtet bin ich in meinem Innern von der Schlechtigkeit jetzt, jetzt in diesem Augenblick von der Einsetzung des Königs von Sachsen zu reden. Wenn Österreich darauf bringt, ich meine Metternich, so scheint es mir bestimmt, hat er verräterische Absichten. So bin ich, wie Du weißt, längst in meinem Innern überzeugt, daß Eugen Beauharnais und Murat Verräter sind. Gott wird sie strafen, ich zweifle nicht, daß Deutschland siegreich hervorgehen wird aus diesem Kampf des Bösen, aber es wird große Anstrengungen kosten.

Caroline an Humboldt.

Berlin, 30. März 1815.

Von Unterredungen gibt's jetzt nur eine, Napoleon, die Bourbons, das versteht sich von selbst. Wir haben hier seit Napoleons Einzug in Paris keine Nachrichten mehr, keine authentischen wenigstens, und die Spannung ist, wie Du Dir denken kannst, ungeheuer. Denn ungeheuer ist der Kampf, wenn er beginnen muß, und nicht abzusehen, wo er endet. Doch ist er unvermeidlich, denn keine Gemeinschaft kann und darf mit dem Teufel sein.

Dabei fällt mir ein, daß der Kaiser Franz dem Prinzen

August beim Abschiednehmen in Wien gesagt hat: „Nun, wenn die Franzosen halter den Napoleon wollen, so muß man ihn ihnen lassen."

Aus einem Brief der Herzogin von Kurland an ihre Schwester, die Recke, sehe ich, daß diese jammert und wehklagt, daß es in Europa so wenig Weise gibt, alles, sagt sie, Habsucht und Egoismus. Das ist in der Feder, und da sie unter den Weisen unstreitig Talleyrand und Dalberg und unter den Habsüchtigen die Deutschen versteht, die das Ihrige behalten und Deutschland nicht in dem Fall sehen wollen, von Frankreich wieder zerfleischt zu werden, spaßhaft genug.

Wien, 30. März 1815.

Von Napoleon wissen wir nur, was die Zeitungen sagen, die wir bis zum 22. kennen. Er führt ganz das alte Leben, und es ist, als wäre kaum eine Änderung gewesen. Dieselbe Nationalgarde, die für den König sterben wollte, hat sich gleich nach seiner Ankunft von ihm mustern lassen. Der König ist am 20. um 1 Uhr morgens abgereist, Napoleon am Abend um 8 eingezogen. Der König ist nach Lille gegangen. Auch eine wahre Emigrantenstraße. Nach Bordeaux oder überall anders tief ins Reich hinein, wäre würdiger gewesen.

Von Beauharnais Arrestation ist man weit entfernt. Noch geht er in alle Gesellschaften. Die Absicht, gefährlich zu sein, hat er gewiß immer, und jetzt besonders kann er es auch sein.

Der alte Sickingen, der heute abend bei mir war, und der noch eben mit dem Kaiser, der Marie Louise und dem kleinen Römerkönig spazierengegangen war, versichert, daß Marie Louise ganz auf Napoleon Verzicht tun will, und daß der Kleine die Rückkehr nicht weiß oder nicht begreift.

Österreich schickt 150 000 Mann, wie es behauptet, an den Oberrhein. Allein sie haben so lange mit Bayern wegen des

Durchmarsches unterhandelt, daß noch nicht einmal die ersten Truppen über die Grenze haben gehen können. Bei uns ist aber alles in vollem Marsch. Daß noch am Tage der Abreise Wellingtons ein gehöriges Zusammenhandeln zwischen ihm und Gneisenau verabredet worden, ist mein Verdienst. Wellington kommandiert bloß die Engländer, Holländer und Hannoveraner. Er muß aber freilich noch mehr Truppen haben und wollte alle Norddeutschen ordentlich in Sold nehmen. Dagegen habe ich von Anfang an gestritten und mich nicht eben sehr beliebt bei ihm gemacht. Österreich und der Kaiser von Rußland unterstützten die Sache mit Gewalt, und die preußische Armee hätte gar keine deutschen Truppen bei sich gehabt, da alle Süddeutschen mit Österreich, alle Norddeutschen mit Wellington gewesen wären. Ich habe indes endlich in einer Konferenz die beiden Grundsätze durchgesetzt und zur Unterschrift gebracht, daß, wenn auch deutsche Truppen zur englischen Armee unter Wellington stoßen, diese nie als Soldtruppen angesehen werden können, sondern diese Verbindung nur aus der Lage der Umstände und zum Behuf der Kriegsoperationen geschieht, und zweitens, daß eine verhältnismäßige Zahl dieser Truppen sich an die preußische Armee anschließt. Dann versprechen die Mächte zu bewirken, daß alle deutschen Fürsten Subsidien empfangen, obgleich noch für uns selbst nicht einmal jetzt welche bestimmt sind. Auf diese Weise stellt sich die Sache vernünftig, denn wir selbst haben Interesse, daß ein so guter General wie Wellington auch eine zahlreiche und gute Armee habe, und Engländer und Holländer gibt es immer nicht genug.

Blücher kommandiert ganz für sich und Schwarzenberg ebenfalls.

Wien, 3. April 1815.

Gestern abend waren wir mit Metternich, Razoumoffsky und Nesselrode ganz allein, und es war sehr merkwürdig. Ich werde es Dir der Kuriosität wegen genau erzählen. Es sollte von den letzten Territorialverhältnissen in Deutschland die Rede sein. Solltest Du nun glauben können, daß Nesselrode vorschlug, Eugen 70 000 Seelen in Deutschland, und ob er gleich das Wort Souveränität nicht laut auszusprechen wagte, doch eigentlich mit ihr gleichkommenden Rechten zu geben? Kaum hatte er nur Eugen über seine Lippen gebracht, so fing der Kanzler nach seiner inneren edlen Manier mit entsetzlicher Heftigkeit zu sagen an, daß er sich nicht so entehren werde, so etwas zu unterschreiben, und berief sich auf mich. Ich tat dasselbe, und es entspann sich nun ein Streit, in dem im Grunde keiner für Eugen war, da selbst Nesselrode sich schämte, aber doch Stich halten mußte. Er sagte, Eugen sei zufrieden, sich zurückzuziehen und nur nach Beendigung des jetzigen Krieges sein Etablissement anzutreten. Ich erwiderte, daß ihn festzusetzen das einzige sein müsse, was zu tun übrigbliebe, daß ich das nicht bewirken könne, daß ich es schon für schlimm halte, wenn er auch nur in Bayern beträchtliche Besitzungen erhalte, daß aber das wenigstens nicht die Ehre angehe, daß aber von Souveränität und von Seelen nie die Rede sein könne, indem ich nie zugeben würde, solange ich es hindern könnte, daß nur eine deutsche Seele von ihm abhinge usf.

Da wir so entschieden sprachen, tat Metternich, als hätte er die gleiche Festigkeit, und versicherte auch, aber sehr lahm, daß er in so etwas nicht eingehen könne. Razoumoffsky genoß alles gegen Eugen Gesagte, redete gar nicht, Nesselrode verteidigte sich schwach und gab alle Souveränität auf. Da die Ausfindung des Territoriums in Verlegenheit brachte, machte ich den Vorschlag, da doch Murat nicht bleiben könne, an Eugen Benevent zu geben, das einmal gewohnt sei, unter solchen Beherrschern zu leben, worüber viel gelacht wurde. Es fand sich aber, daß Wellington schon Talleyrand versprochen hat, ihm dies zu erhalten, und ich trug also meinen Vorschlag auf Pontecorvo, das man, wenn der alte König von Neapel zurückkäme, vergrößern könnte, über. Dies nahm man wirklich vorläufig an, und man muß jetzt nur sehen, ob Rußland es auch noch förmlich genehmigt. Dann wäre er auf diese Weise aus Bayern herauskomplimentiert und auf einen Besitz verwiesen, der erst erobert werden muß.

Du siehst zugleich aus dieser ausführlichen Erzählung, wie die Sachen gehen.

Was mich jetzt wieder am meisten beschäftigt, ist die deutsche Verfassung. Es soll nun wirklich noch und zwar gleich zu einem Bunde kommen, man will indes hier bloß die hauptsächlichsten Grundsätze feststellen, jedoch womöglich gleich die Bundesversammlung zusammentreten lassen. Es kostet Kunst, das alles so zu machen, daß jeder hineingeht, aber ich denke doch, daß es möglich sein soll. Nur ist Metternichs Trägheit und Lauheit dabei ein entsetzliches Hindernis. In dieser wird er vermutlich durch Gentz' Furchtsamkeit bestätigt. Denn da dieser neulich die Note sah, in der ich den deutschen Fürsten den Willen, wirklich jetzt den Bund zu schließen, angekündigt habe, und deren Unterschrift ich Metternich auf gute Manier abgenötigt habe, schlug er die Hände zusammen und versicherte, daß dies ein entsetzliches Wagestück sei.

Wien, 9. April 1815.

Von Napoleon und der Hortense sind wieder Briefe angekommen, die jetzt immer in den Konferenzen selbst erbrochen und gelesen werden. Napoleon schreibt mit einer Klaue, die fast niemand lesen kann, immer auf einem Duodezblatt. Darüber steht ‚Tuilleries‘, dies schreiben zu können, mag ihn besonders gefreut haben, und das einzige Wort ist freilich auch die größeste Schmach für die Bourbons. Dann fangen die Briefe immer an mit: „Ma bonne Louise" und immer alles in Du. Die hauptsächlichsten Phrasen sind, denn das Ganze ist nur eine kleine Seite:

„Je suis maître de toute la France. Le soi-disant roi s'est embarqué pour l'Angleterre. Je passe tous les jours en revue 25 000 hommes. La France ne craint rien de personne."* Diese Phrase ist aber so undeutlich geschrieben, daß der Kanzler noch jetzt behauptet, daß sie das nicht heißt. La France ist deutlich, rien de personne habe ich dechiffriert, craint, das mit ne ein Wort ist, Wessenberg. Dann sagt er ihr zu kommen, und am Ende steht: „Fais que tu sois le 15 ou 20 Avril avec mon fils à Strassbourg."** Der Schluß ist: „Adieu, tout à toi."***

Die Hortense schreibt dem Bruder† nur sehr wenige Worte. Er müsse so schnell als immer möglich nach Paris kommen, doch wolle er das nicht, so müsse er dem Kaiser hier nützlich sein und schreiben, was er zu diesem Endzweck schon getan habe. Eins von beidem sei unumgänglich notwendig, sonst würden ihm andere in der Gunst zuvorkommen. Sie sagt, daß Napoleon den Pariser Frieden bestätigen will und setzt hinzu: „Si les puissances veulent pourtant la guerre, elle sera horrible; le peuple et l'armée n'ont jamais été aussi unis." Von sich sagt sie: „On me traite assez bien, mais tout dépend pourtant de ton arrivée."†† Mir fällt bei dem allen nur immer des alten Antonio göttlicher Ausdruck ein: „Massa di canaglia."

Trotz alles dessen, trotz meines sehr bestimmten und dreisten Redens geht doch Eugen von hier weg, wie es heißt, nach Bay-

---

* „Ich bin Herr von ganz Frankreich. Der sogenannte König hat sich nach England eingeschifft. Ich halte täglich eine Truppenmusterung von 25 000 Mann. Frankreich fürchtet niemanden."
** Sei am 15. oder 20. April mit meinem Sohn in Straßburg.
*** Adieu. Ganz Dein.
† Eugen Beauharnais.
†† „Wenn die Mächte trotzdem den Krieg wollen, so wird er fürchterlich werden; das Volk und die Armee waren niemals so eins." — „Ich werde hier ganz gut behandelt, aber alles hängt trotzdem von Deiner Ankunft ab."

reuth, also gerade da, wo, wenn der Krieg unglücklich ginge, er zwischen Bayern und Sachsen sehr gefährlich werden kann.

In Italien sind denn die Feindseligkeiten angegangen. Murat ist bis gegen Bologna vorgedrungen. Es sind auch einige Schüsse gefallen. So wird Österreich zuerst von einem seiner Protegées und Alliierten behandelt. Metternich sagte in der Konferenz, die österreichischen Truppen wären dort nicht stark genug, ordentlich Widerstand zu leisten.

Wien, 30. April 1815.

Über die Kongreßgeschenke, die Dosen nämlich, hat Clancarty eine ordentliche Motion gemacht. Er hat vorgestellt, daß eine solche Menge Gesandten und Verträge hier vorgekommen sind, daß diese Geschenke zu einer ungeheuren Summe anwachsen würden, die selbst im Parlament Aufsehen erregen werde. Man ist also übereingekommen, daß nur die vier ursprünglich verbündeten Mächte sich Geschenke machen sollen. Wenn es dabei bleibt, erhalte ich drei, ein Objekt von ungefähr 10 000 Taler.

Ob der Kongreß sonst anderen etwas gebracht hat, weiß ich nicht und mag es nicht annehmen. Mich kennst Du auf diesem Punkt. Ich habe darin sehr antike Grundsätze und liebe die Leute, deren Töchter, weil sie sonst nichts hatten, auf öffentliche Kosten ausgestattet wurden.

Wien, 5. Mai 1815.

In dieser Zwischenzeit bin ich genötigt gewesen, etwas vorzunehmen, über das Du Dich nicht genug wirst verwundern können, was ich Dir aber nur unter dem Siegel des größten Geheimnisses anvertraue.

Stelle Dir vor, daß ich in meinem 48. Jahre als Minister und während des Kongresses mich habe schießen müssen, und mit wem? Mit dem Kriegsminister Boyen, den Du kennst. Da wir beide wohlbehalten zurückgekommen sind, so hat die Sache nichts Tragisches gehabt. Ich will es Dir von Anfang an mit aller möglichen Offenherzigkeit erzählen.

Es war vorgestern, am 3., um 2 Uhr eine Konferenz bei Metternich über die Verpflegung der Armeen im großen, und außer den gewöhnlich anwesenden Gesandten war der einzige Boyen als Nichtgesandter, sonst Stewart und Münster dabei.

Als der Gegenstand, der Boyen interessierte, vorüber war, und man noch ein paar andere abgemacht hatte, kommt Nesselrode an mich heran und sagt mir, Metternich habe uns eine ganz geheime Mitteilung über einen Brief Napoleons an den Kaiser zu machen, ob ich nicht Boyen entfernen könnte. In diesem Vorschlag lag mir gar nichts Beleidigendes für Boyen, ich hätte indes freilich mich nicht darein mischen, sondern es dem Kanzler sagen sollen, ich hätte ferner Boyen die gerade Wahrheit sagen sollen. Wie es aber einem manchmal unglücklich geht. Kurz ich stand, ohne mich zu bedenken, auf, sprach mit Boyen, nahm ihn unter einem Vorwand mit aus der Tür und begleitete ihn durch den langen Saal Metternichs. Das einzige fiel mir einen Augenblick ein, daß ich auch weggehen könnte. Allein, da ich immer die Briefe dieser Art fürchte, hielt ich das nicht für ratsam.

Wie ich Boyen verließ, sagte er, ich habe ihn etwas ungeschickt wegkomplimentiert, was in Rücksicht auf ihn wahr sein mochte, aber es übrigens nicht war, denn selbst der Kanzler hatte geglaubt, er sei freiwillig weggegangen.

Ich hielt die Sache mit seinem Spott abgemacht, da mir aber einfiel, er könne doch böse sein, und mir, da ich ihn sehr liebe, das sehr leid tat, ging ich, wie er zum Mittagessen beim Kanzler hereinkam, auf ihn zu und fragte ihn, ob er böse sei. Er ließ mich gar nicht ausreden, sondern sagte gleich, wir würden uns sprechen. So gingen wir an Tisch. Nach Tisch suchte ich ihn auf, fand ihn aber in solcher Heftigkeit, daß ich ihm gleich sagte, es sei gut, mir tue die Sache leid, ich verteidige sie als eine Übereilung nicht, indes geschehen sei geschehen, ich sei aber bereit, mich mit ihm zu schlagen. Er sagte, das habe er nur gewollt, und nun gewann unsere Unterredung wenigstens mehr Ruhe. Ich machte mir zur Bedingung, daß wir niemanden etwas sagten und keine Sekundanten hätten, die uns nur auseinanderbringen und eine schale Szene aus der Sache machen würden. Da ich auch gar nicht einsah, warum ich mir bei vielen Geschäften sollte die Pein mit der Besorgung der Pistolen machen, trug ich ihm auf, daß er die anschaffen sollte, ich wollte dagegen für ein ruhiges Plätzchen sorgen. Er fand es zwar sehr poetisch, daß ich mich mit seinen Pistolen schießen wollte, ohne mich selbst um etwas zu bekümmern, allein er übernahm es, und seine Hitze mäßigte sich bedeutend. Er machte mich darauf aufmerksam, daß die Leute in der Stube (wir standen auf dem Balkon im zweiten Stock) auf uns acht gäben. Ich sagte ihm, das sei seine Schuld, da ich ihm angeboten, mit mir in meinem Wagen, der vor der Tür stand, spazieren zu fahren; er meinte, diese Gemeinschaft gehe doch, wenn man sich schlagen wolle, zu weit. Ich zitierte ihm, daß im Ariost zwei Ritter in solchem Fall sogar auf demselben Pferd ritten, und wir schieden so auseinander.

Wir hatten uns übrigens auf heute um 11 Uhr verabredet, und meine Idee war, in den Prater zu gehen. Gestern früh wollte der Zufall, daß er zu einer früher verabredeten Konferenz zu mir kommen mußte. Nach der Konferenz sagte er mir, sein Pistoleneinkauf sei noch nicht fertig, und er könnte mir nicht für heute um 11 einstehen. Ich sagte ihm, mir schiene auch der Prater für den Kampfplatz zweier Staatsminister bedenklich, wir täten besser, eine Nachmittagsfahrt an einem gelegenen Tage zu machen, und so ließen wir also die Zeit unbestimmt.

Gestern mittag aß ich mit ihm beim Kanzler, und Hardenbergen, der mit seinen Luchsaugen unser Gespräch bemerkt hatte, sagte ich und dem ersten auch Boyen, wir hätten uns verständigt.

Heute ging der Kanzler nach Laxenburg, ich war einmal gefordert, so fatal mir auch die Sache wegen des immer möglichen Aufsehens war, so konnte ich sie nicht sitzen lassen. Ich schrieb also Boyen heute früh, eine so gute Gelegenheit komme nicht wieder, und ich würde um 3 Uhr bei ihm sein. Ich hatte die Idee, auf den Kalten Berg zu fahren. Von 11 bis 2 hatte ich Konferenzen, um 2 schrieb ich Dir die Zeilen, die Du bekommen haben wirst, aß dann, was ja auch die Homerischen Helden immer vor dem Kampf taten, und fuhr zu Boyen. Ich fand ihn allein, er sagte mir aber, er hielte es doch nicht für gut, ohne jemand zu sein, wir wollten Wolzogen, den Major, mitnehmen. Ich hatte natürlich nun nichts dagegen. Er wurde also geholt. Die Verwunderung und den Schrecken des armen Wolzogen kannst Du Dir nicht denken. Er wollte uns zureden, wir brachten ihn aber bald zur Ruhe und fuhren weg. Boyen war freundlicher als die vorigen Tage, aber doch noch sehr ernst und finster, ich, wie Du mich kennst, ich bin in meinem Leben auf niemand böse.

In meiner Morgenkonferenz hatte ich von Cathcart gehört, daß seine ganze Familie nach dem Kalten Berg gegangen sei, ich änderte also die Disposition und ließ nach dem Spitz zu fahren. Zwischen der ersten und der letzten Brücke schlug ich vor, auszusteigen und gegen die Donau zu ins Gebüsch zu gehen. Wir taten es, mußten aber entsetzlich weit herumwandern, ehe wir ein einsames Plätzchen fanden, eine hübsche Wiese dicht am Walde.

Boyen wollte, daß ich zuerst schießen sollte, allein da er der Beleidigte war, brauchte ich es nicht, und ich hatte meine guten Gründe, es nicht zu tun.

Er schoß also zuerst. Ich bin ganz offenherzig, bis er geschossen hatte, im Zweifel gewesen, ob er wirklich auf mich schießen wollte oder nicht. Auf der einen Seite war es zwar klar, daß die größte Unannehmlichkeit bei diesem Duell für den Verwundenden war. Denn, da wir beide jetzt nötig sind, so würde der Verdruß und Vorwürfe gehabt haben. Aber auf der anderen Seite war er in so wahrem Zorn gewesen und auch geblieben und schien doch an sich so ernsthafte Ideen über die Sache zu haben, daß es auch anders sein konnte. Er zielte wirklich lange und gerade auf mich, aber ich sah, daß im Augenblicke des Abdrückens er der Pistole eine andere Richtung gab. Mir versagte die Pistole. Da ich aber sichtbar von der Seite gehalten hatte, wollte Boyen den Schuß nicht gelten lassen. Ich versicherte ihn erst, daß es, wenn ich gerade auf ihn hielte, nicht anders sei, da ich so nur um so eher fehlte. Als er aber ernsthaft weiter in mich drang, sagte ich ihm, es könne mir nicht in den Sinn kommen, ihn, nachdem ich schon Veranlassung zur Sache gegeben hatte, noch zu verwunden; und so zu tun, als schösse ich, wie er getan hätte, könnte ich auch nicht, weil ich dazu meines Schusses gar nicht mächtig genug sei. Übrigens möge er sagen, ob er die Sache für ausgemacht halte oder nicht. Er sagte ja, und so gingen wir auf die Donaubrücke, wo wir viel und sehr gut miteinander sprachen, fuhren nach Hause und schieden in voller Freundschaft.

Der arme Wolzogen schien vorzüglich froh, denn es war ihm deutlich anzusehen, daß er auf dem ganzen Wege in Angst war und gar nicht wußte, wie er daran sei.

Ich habe übrigens diesen Kampf sehr unkriegerisch bestanden, denn die paar Sekunden ausgenommen, wo ich die Pistole hatte, habe ich alles mit meiner Baguette* abgemacht.

Daran, daß die Sache auch sehr ernsthaft werden könnte, habe ich freilich wohl gedacht und vor allem Deiner und der Kinder, wenn Du es auch dem kleinen Zettel nicht ansiehst. Aber es kam mir, wenn es auch sonst nicht in meiner Natur ge-

---

* Kleiner Stock.

legen hätte, gerade Deiner besonders unwürdig vor, Ausflüchte zu suchen, da Boyen einmal die Sache ernsthaft nahm, und Du glaubst gar nicht, wie tief er sich beleidigt glaubte. Mir ist es in hohem Grade merkwürdig gewesen, und ich habe daran Erfahrungen gemacht, die ich nicht weggeben möchte. Auch bin ich überzeugt, daß ich jetzt auf immer mit Boyen im Reinen bin, was, wenn ich auch auf die beste und anständigste Weise das Duell vermieden hätte, nie der Fall gewesen sein würde.

Ich habe vergessen, Dir von Napoleons Brief zu sagen. Er ist durchgekommen, weil er ihn einem Belgier anvertraut hat, der zugleich österreichischer Kammerherr ist. Er war sehr listig geschrieben, denn er roulierte ganz darauf, daß der Kaiser Franz die Marie Louise als Frau nicht ihrem Mann und den Kleinen nicht dem Vater vorenthalten werde. Es war auch sehr gut, daß ich nicht mit Boyen weggegangen war. Denn Metternich (!!) wollte wirklich Caulaincourt antworten bloß auf die zärtlichen Familienverhältnisse. Aber ich widersprach im Augenblick, und so alle, vorzüglich Stewart und Razoumoffski. Lebe innigst wohl, geliebtes, einziges Herz.

Caroline an Humboldt.

Berlin, 11. Mai 1815.

Ich lag gestern in einer sehr argen Migräne, als Deine beiden Briefe vom 5. Mai ankamen. Ich konnte aber doch der Versuchung nicht widerstehen, einen Blick in Deine Briefe zu tun, und machte den zweiten zuerst auf. Die Migräne war mir doch auch wie weggeblasen, nachdem ich die ersten Zeilen und Deinen Vorfall mit Boyen gelesen hatte. Ich weiß nichts darüber zu sagen, als daß es wirklich unglücklich zusammentreffende Dinge gibt, an die sich dann so etwas reiht. Unbegreiflich ist's, wie einem so ernsten, so in jeder Art ehrenwerten Mann, wie

Boyen ist, und in einer Zeit, wo einem der Sinn auf alles
Ernste und Wichtige und ihm noch ganz besonders gerichtet
sein muß, wie ihm eine solche Kleinigkeit, wie die, die Veran=
lassung gegeben hat, nur so hat auffallen können — so aber
ist's. Der Mensch hat schwache Augenblicke, davon ist keiner frei —
und wie es einmal war, so hätte ich selbst, wenn ich bei Dir ge=
wesen wäre und Du mich wert gefunden hättest, mit mir darüber
zu sprechen, Dir keinen anderen Rat geben können, als wie
Du es gemacht hast. — — —

Was um alles, mein geliebtes Wesen, sagst Du denn zu den
sächsischen Regimentern?* Das ist eine fatale Geschichte, und
es spricht sich da ein sündhafter und böser Geist aus. Wie mag
der alte Papa Blücher geflucht haben. Er sich retirieren! Er
hat seiner Frau geschrieben, ein Stein sei ihm so hart an dem
Kopf vorbeigeflogen und sei so groß gewesen, daß, wenn er ihn
getroffen, er unstreitig tot geblieben wäre.

Wien, 12. Mai 1815.

Es ist ein sehr unangenehmes Ereignis geschehen, liebe Li,
es ist nämlich eine förmliche Rebellion der sächsischen Truppen
gegen uns in Lüttich ausgebrochen. Blücher, Gneisenau und
das Hauptquartier haben sich durch Hintertüren müssen aus
dem Hause und so aus der Stadt retten. Die Veranlassung
hat die von uns intendierte Teilung der Armee nach der Teilung
des Landes gegeben. Man hatte den Fehler begangen, eher von
dieser Teilung zu reden, als man sie wirklich vornahm. Neuerlich
war ich dagegen und hatte lebhaften Streit mit Boyen und
Grolmann darüber. Es schien mir, daß man recht gut hätte
die Teilung bis nach dem Kriege aussetzen können, die Armee
zusammen, z. B. unter Wellington, dienen lassen, und die Re=
krutierung bloß aus den sächsischen Landesanteilen machen,

---

* Vgl. Brief vom 12. Mai.

dagegen die freiwillig zu uns Übergehenden zu Stämmen neuer Regimenter brauchen, die man aus unserem Landesteil komplettiert hätte. Die Militärs behandelten dagegen diese Sache beinah als einen Ehrenpunkt, und als Grolmann abreiste, hörte ich, daß er die unbedingte Ordre zur Teilung mitnahm. Nach seiner Ankunft ist sie publiziert worden, und was ich Dir da sage, geschehen.

Metternichen habe ich neulich wieder sehr geärgert. Hier ist mit Talleyrand ein alter Mann, La Besnardièrs, ein Staatsrat, der mit Caulaincourt in Chatillon war, ein Anhänger Bonapartes eigentlich und sehr intrigant, aber klug. Dieser will nach Frankreich zurück, und Metternich trug vor, er hätte einen Papagei und eine Schwester, und stürbe, wenn er nicht bei diesen wäre. Die übrigen sagten nicht viel. Ich sagte ganz trocken, daß er doch außer dem Papagei und der Schwester auch noch einen König hätte, und schlug damit, für diesmal wenigstens das ganze Projekt nieder. Es könnte kein Mensch eigentlich in Paris gefährlicher sein. Denn er weiß allen unseren Klatsch, alle Uneinigkeit, alle Intrigen.

Caroline an Humboldt.

Berlin, 18. Mai 1815.

Das fatale Ereignis mit den sächsischen Truppen ist durch unzählige Briefe hier bekannt geworden, und die Ansicht vieler Menschen hat sich dabei in der Beurteilung des Faktums ausgesprochen. Ich bin auch Deiner Meinung, daß man die Teilung erst hätte vornehmen sollen, nachdem die Unterschrift des Königs erfolgt war. Aber darin bin ich nicht Deiner Meinung, daß man die Sachsen alle Wellington hätte zugeben müssen, höchstens die, die dem König verbleiben. Die anderen hätte man mit dem Ehrgefühl fassen müssen, nur unter preußischen Fahnen zu kämpfen; ein Gefühl, das gewiß viele von selbst haben, und zu dem die Schwachen herüberzuziehen gewesen wären. Indes bleibt es immer unverzeihlich, daß sie „Vive l'Empereur" gerufen haben. Die Sache Napoleons, die keine andere als die Unterdrückung jeder deutschen Freiheit ist, zurückzuwünschen, heißt ja, sich jede Infamität aufdrücken.

Wien, 21. Mai 1815.

Es ist ½ 1 Uhr, und ich komme eben aus einer Konferenz bei Metternich, liebe Li, will Dir aber doch, ehe ich zu Bett gehe, noch einige Worte sagen. Wir hatten heute eine sogenannte deutsche Konferenz mit Österreich und Hannover, die man aber viel besser eine undeutsche nennte. Wenn Du einmal dabei wärst, Du sähest Deinen Ärger daran! Ich rede jetzt gar kaum von dem, was die wenig edlen Gesinnungen betrifft, aber auch nur das bloß Mechanische, schon die Ungeschicklichkeit und der Leichtsinn sind schrecklich.

Wir hatten gestern schon den ganzen, wirklich ungeheuer unbedeutenden Entwurf fertiggemacht. Heute kam Metternich nun mit einigen nichtssagenden Einwürfen, nun wurde eine Stunde lang gekaut, versucht, geändert, ohne daß das Mindeste zustande kam. Ich schwieg, weil es einen ärgert, so etwas mitzumachen. Wie es nun aber gar nicht ging und mit allem Federansetzen und Probieren Metternichs doch nichts aufs Papier kam, wurde ich denn doch zum Sprechen und Schreiben genötigt, und wie nun die saubere Sache zu Ende war, stand Metternich ganz glorreich auf und sagte: „Man muß nur nicht verzweifeln, man kommt doch immer vorwärts." Kinder könnten nicht schlimmer sein.

Welche Qual man mit den Leuten hat, die so einzelne Vorteile wollen, davon hast Du gar keinen Begriff. Der Erbprinz von Strelitz ist fast fortwährend, wenigstens abwechselnd, böse auf mich, die Koburger sind wie die Kletten, die Taxis brummt bald, bald findet sie wieder, daß ich doch immer noch besser mit ihr umgehe als die anderen, die Colloredo, die Stücke Wald auf dem linken Rheinufer will, schreibt ellenlange Billets, die, die Du nicht kennst, ungerechnet. Einige sind aber sehr mit mir zufrieden, so, wie ich wenigstens hoffe, Rudolstadt.

Gentz ist ordentlich und fleißig bei und trotz allen anderen Fehlern. Man wollte ihm bei uns den Roten Adlerorden um den Hals geben, aber ich habe es hintertrieben. Die Orden muß man, soviel man kann, in Ehren halten, und noch diesen Winter und namentlich in der sächsischen Sache hat er sich auf keine Weise, aller Freundlichkeit mit Hardenberg und mir ungeachtet, gut gegen uns benommen. Bei Napoleons Ankunft in Paris war er auf einmal eingenommen von der Größe dieses Ereignisses und sagte mir, obgleich mit vielem Geheimnis, es sei tiefste Weisheit in dieser Regierung. Metternich selbst meinte, man müsse ihn für tot ansehen. Wie ihn aber Pauline* einmal, als er zu ihr kam, und viel Leute bei ihr waren, gleich mit dem Namen Jakobiner anredete, machte er Reflexionen, sah auf einmal, als wären ihm Schuppen von den Augen gefallen, daß er in solchem Ruf stünde, wurde nun zerknirscht und böse zugleich und hat seitdem mehr an sich gehalten.

Du weißt, Vera** ist hier, um dem Prinzen Piombino Elba und Piombino wiederzuverschaffen. Ich interessiere mich lebhaft dafür, und Vera hat mir heute ganz ernsthaft, wenn ich es durchsetzte, die große Juno*** versprochen! Es hat mich ordentlich gerührt, daß so eine antike Göttin sich auf einem Kongreß nach dem Norden hin verhandeln und verschachern lassen soll.

---

* Fürstin von Hohenzollern.
** Römischer Agent.
*** Der sogenannte Juno Ludovisi.

Wien, 1. Junius 1815.

In diesen letzten Tagen werden viel Sachen entschieden, und ich habe noch jetzt viel Glück gehabt — dies unter uns. So dankt der Papst es wirklich hauptsächlich mir, daß er nicht 50000 Seelen an Eugen* und namentlich Ferrara hat abgeben müssen.

Die Sache mit Piombino habe ich auch zur Zufriedenheit des Fürsten abgemacht. Die war sehr närrisch. Ich habe mir herausgenommen, einen von Österreich gemachten Artikel zu tadeln, habe ihn mir geben lassen, ihn umgeändert und in öffentlicher Konferenz vorgelesen, was Gentz eine Kühnheit ohnegleichen nannte. Auch war Wessenberg sehr böse und Metternich verlegen. Darum habe ich ihn ihm hingegeben. Am anderen Tage haben sie einen, ganz wie ich wollte, vorgebracht, und es nicht einmal getan, ohne mir ihn vorher zu zeigen und mich zu fragen, ob ich zufrieden sei. Gentz behauptet, daß dies, wie klein das Objekt sei, das Stärkste sei, was ich gemacht hätte. Es war aber in aller Gerechtigkeit, und wenn Preußen in manchen Stücken auf dem Kongreß geschienen hat weniger Einfluß zu haben, so ist es gut, durch bloße Persönlichkeit es geltend zu machen. Zugleich ist so etwas das einzige noch mögliche Kongreßamüsement.

Wien, 4. Junius 1815.

Von Rußland habe ich für die Unterzeichnung des Allianztraktats den Annenorden in Brillanten bekommen, vermutlich eine Art Rache des Kaisers Alexander dafür, daß ich mich gar nicht um seine Gunst und seinen persönlichen Beifall bekümmere, und eben nicht mehr russisch bin, als ich sein muß. Darum ist es mir fast lieb. Sonst ist es recht wie mit Fleiß erdacht, mich zu ärgern. Denn als Orden ist die Sache für mich fast unschicklich,

---

* Beauharnais.

und als Geschenk sind die Orden mit Brillanten immer nicht viel wert, weil sehr viel kleine Steine darin sind. Ich werde ihn gleich verkaufen und nie tragen. Damit ist's abgemacht. Um seine Gunst bekümmere ich mich übrigens nicht mehr, nicht weniger. Wenn wir je in Geschäften miteinander zu tun hätten, wird er mich mehr brauchen als ich ihn.

Ein sehr großes Geschenk habe ich gestern ausgeschlagen. Seit dem Anfang des Kongresses suchten die Juden bestimmte bürgerliche Rechte in Deutschland zu erhalten. Ich bin dieser Sache immer geneigt gewesen. Ich weiß zwar, daß Du anders denkst, süßes Herz, aber ich habe viel in verschiedenen Zeiten darüber nachgedacht und bleibe meiner alten Meinung getreu. Es ist überdies eine Jugendidee bei mir, denn Alexander und ich wurden noch, wie wir Kinder waren, für Schutzwehre des Judentums gehalten. Ich ließ mich auch hier um so mehr ein, als, da einmal im Preußischen die Juden fast alle Rechte haben, es nun für uns besser ist, daß diese Gesetzgebung allgemein sei, indem sonst alle Juden zu uns hinströmen. Seit einigen Wochen bemerkte ich, daß die Gönner des Judentums wuchsen, und da Gentz an der Spitze stand, so war die Ursach bald klar. Vom Hannoverschen Hardenberg erfuhr ich mit Gewißheit, daß dieser sogar einen schriftlichen Kontrakt gemacht hatte! Mir geschahen indes keine Anträge, aber ein alter Mann aus Prag, dessen Wesen mir ganz gut gefiel, da er nicht zu den neumodischen Juden gehört, kam ein paarmal zu mir und empfahl mir die Angelegenheit. Ich machte nun einen Artikel meiner Überzeugung nach; in den jetzigen Konferenzen war dies eine Hauptdebatte, nicht daß es nicht wichtigere gäbe, aber weil man über diese wichtigeren fast gar nicht diskutieren kann, weil man schon weiß, daß man sonst auseinandersprengt, statt zu verbinden. Metternich, Wessenberg, Hardenberg und ich hielten die Sache wie wir konnten. Rechberg*, Darmstadt, Sachsen, die Hansastädte waren vor-

---
* Graf v. Rechberg, bayerischer Minister.

züglich dagegen. Es kam in zwei Sitzungen vor, Metternich gab seiner Sitte nach die Sache fast auf, aber ich hielt sie, gab ihr neue Wendungen und machte sie doch unschädlich, so daß ich sie nur auf die künftige Bundesversammlung verwies, aber die schon erworbenen Rechte den Juden erhielt. Es wurde sehr viel von der Sache gesprochen, jeder weiß, daß ich nur den Artikel gemacht und durchgesetzt hatte.

Gestern kam nun der alte Mann wieder, dankte mir unendlich und bot mir zum Geschenk drei Ringe, Smaragden mit großen Brillanten besetzt an mit dem Zusatz, daß, wenn ich sie nicht wollte, ich über 4000 Dukaten auf seine Kasse disponieren sollte. Ich schlug sie natürlich ebenso wie das Geld aus, und Du kannst Dir die Verwunderung des Mannes gar nicht denken, wie ich ihm ohne alle Affektion und Ziererei sagte, daß ich, was ich getan, bloß den Juden zuliebe getan hätte, daß ich nichts dafür nehmen würde, daß aber, wenn ich je in einen Fall kommen sollte, wo er mir einen Gefallen erzeigen könnte, ich ihn gern annehmen würde.

Ich habe den Vorfall niemandem als dem Kanzler und Hardenbergen erzählt. Allein ich weiß durch Gentz, daß es doch bekannt worden ist und großen Effekt gemacht hat. Der alte Jude will sich nicht zufrieden geben und hat nun das Projekt, mir ein silbernes Service machen zu lassen, um es mir in einem Jahre zu schicken. Ich habe Gentz gesagt, daß ich auch in zehn Jahren nichts nehmen würde, und ich tue es gewiß nicht. Gentz hat aber so gar keinen Begriff davon, daß es möglich sei, so etwas nicht zu nehmen, daß er mir heute weitläufig auseinandergesetzt hat, daß ihm das ein Rätsel und ein unauflösliches in mir sei, da die Sache weder unrecht noch undelikat sei, und ich es auch nicht aus Ostentation, um damit zu prahlen, oder aus Stolz, um nicht von einem Juden Geschenke zu nehmen, tue. Das sagte er wirklich ganz ernsthaft, und im Grunde sind diese Maximen unter den Menschen, die die Geschäfte machen, allgemein. Ich habe ihm bloß gesagt, daß, wenn man sich der Dinge, die man einmal betriebe, so warm als ich annähme, die erste Bedingung ein reines Bewußtsein sei. Ich in mir kenne nichts so Unedles, in Geschäften nicht rein und lauter wie Gold zu sein.

Verzeih, daß ich so lange dabei verweilt habe, aber es zeigt Dir zugleich, wie viele Dinge, wo nicht alle, hier getrieben werden. Lebe wohl, mein teures, innig Geliebtes.

Wien, 9. Junius 1815.

Ich bin in diesen letzten Tagen ungemein beschäftigt gewesen, alles kam auf einmal zusammen, und die Konferenzen nehmen bis zum späten Abend kein Ende. Noch heute komme ich, es ist nach Mitternacht, eben erst aus einer. Wir haben heute abend alle Artikel des großen Kongreßvertrages, es sind 120, vorläufig unterzeichnet, und es ist eigentlich jetzt nur noch eine Sache zu machen, die auch bis morgen mittag fertig werden soll. Wir haben nämlich das Darmstadt gehörende Herzogtum Westfalen zugeteilt bekommen und besitzen es noch nicht, weil Darmstadt noch nie hat über eine billige Entschädigung sich vereinigen wollen. Du kannst Dir den Eigensinn dieses eigentlich elenden Hofes nicht denken, und Österreich ist von einer Schwäche, daß es mit diesen Fürsten auch gar nicht umzugehen versteht.

Die deutsche Bundesakte wird morgen unterzeichnet. Es ist zuletzt sogar ein noch traurigeres Werk geworden, als es anfangs war. Alles in diesen Dingen, in denen es am wenigsten sein sollte, hängt ewig vom Zufall ab. Wir waren vor drei Tagen schon auf dem Punkt, ohne Bayern abzuschließen. Bayern nämlich, Sachsen, das sich im Resultat, wenn auch nicht im einzelnen, ganz an Bayern anschloß, da Metternich auch nicht einmal Sachsen in Ordnung zu halten weiß, und Darmstadt hatten, wie sie sagten, noch keine gehörigen Instruktionen, und man war in Verlegenheit, was zu tun sei. Ich schlug vor, unter uns abzuschließen und jenen zu überlassen, nachzukommen. Es hatte auch den Vorteil, daß wir auf Dingen, über die 32 Stimmen gegen diese drei einig waren, nicht nachzugeben brauchten, sondern daß sie, nur mit Vorbehalt in der Folge, auch unterzeichnen konnten. Alles war verabredet, ich hatte die nötigen Änderungen gemacht, wir wollten am andern Tag unterzeichnen.

Am anderen Morgen schrieb Metternich, Rechberg habe seine Instruktionen bekommen, die nur in einigen Punkten Widerspruch gegen unsere Meinung enthielten. Es war unter diesen Punkten ein wichtiger, nämlich daß Bayern auch nicht einmal das Wort des Bundesgerichts in der Akte dulden wollte. Die anderen Dinge waren freilich gleichgültig, allein, da man schon den ganzen Bund Bayern zuliebe geschwächt hatte, so war dies für mich eigentlich der letzte Tropfen, der das Maß voll machte. Dazu kam, daß ich glaubte, man könnte eben die Ausschließung Bayerns benutzen, den Bund fester, besser und populärer unter den übrigen zu machen. Ich tat darum zwei Vorschläge: Wir sollten entweder in dem entworfenen Bund ohne neue Änderungen vorwärtsgehen, und Bayern sollte mit einem Vorbehalt auf die Punkte, die es nicht wollte, beitreten, oder man sollte den Bundesvertrag in zwei Teile trennen, einen Staaten- und einen Nationalbund, in den ersten alle aufnehmen, in dem letzten mit denen zusammenbleiben, die gleichstimmig sind. Allein Metternich wollte nichts von dem, sondern nur Bayern in allen Stücken nachgeben. Gott weiß, wie es kam, daß auch mit dem Kanzler dieser Tage nichts anzufangen war, er gab wer weiß wie viel auf die Einigkeit, hielt die letzten noch nötigen Abänderungen für unbedeutend; Münster, der überhaupt seit seiner Heirat mit der ungeheuer häßlichen Frau* viel schwächer geworden ist, schwieg ganz, und so gab man auf wirklich schmähliche Weise in allem nach. Ich habe meine verschiedene Meinung aufs deutlichste ausgesprochen und gezeigt, allein es half nichts,

---

* Wilhelmine Prinzessin von Lippe-Schaumburg.

man zog Rechberg zu und sagte, daß man die Änderungen machen wolle. In der Abendsitzung mit allen Fürsten waren noch so einige Zuckungen eines guten Geistes. Gagern, den Du kennst, sprach doch etwas für ein Bundesgericht, Sachsen stark und gut, ich war zu ärgerlich, um mich hineinzumischen, und nur, als ich sah, daß wenigstens noch einiges zu verbessern stand, redete ich einmal mit einem Ton und einer Miene, daß man sich in acht nahm, mich mehr zu reizen, und setzte auch das noch durch, aber im übrigen blieb es, wie es war, und nun wurde sogar noch die Fassung göttlich. Denn ich ließ Metternich und die anderen allein stecken, so oft er auch meine Hilfe verlangte, so kauten sie an ein paar Redensarten eine Viertelstunde, und es kann nichts schlechter Geschriebenes geben, als dies Machwerk.

Heute ist nun gar Württemberg, das bis jetzt bloß in einer französischen Note erklärt hatte, nicht bei den Konferenzen erscheinen zu können, auch gekommen und will — aber mit neuen Änderungen — beitreten. Diesen wird nun endlich gesagt, daß es nichts mehr zu ändern gibt, und daß es nur in einer besonderen Erklärung nicht mit Unterschrift derselben Akte mehr beitreten kann.

Auf diese Weise hat diese Sache geendigt, die mich am meisten beschäftigt hat; allerdings schlecht, aber allein durch Metternichs Schuld. Preußen und ich für mich können immer zufrieden dabei sein. Meine Pläne, meine lange Note an Metternich sind gedruckt und bekannt, während der Konferenzen habe ich ein entscheidendes Übergewicht ausgeübt und auch noch die Genugtuung gehabt, was ich persönlich beschützte, wie z. B. Schwarzburg, zu heben und zu halten. Am ungünstigen Ende weiß jeder, daß ich nicht allein unschuldig bin, sondern daß es mich auch tief gekränkt und geschmerzt hat. In den kleinen Fürsten war viel guter und redlicher Wille, aber auch nur in diesen. Mit am schlechtesten haben sich die Bernstorffs benommen. Überall Schwierigkeiten, überall Widersprüche, überall das liebe Ich vorgebracht und querköpfig darauf bestanden, und in der gestrigen

Sitzung, wo wahrhaft noch das letzte Gute verdorben wurde, kein Wort. Überhaupt war die Stille gestern merkwürdig. Man sah, wieviel doch alle darauf gaben, daß der Bund allgemein sei und Bayern nicht fehle.

Schwedisch-Pommern wird nun auch preußisch, Dänemark bekommt Lauenburg, das wir von Hannover eingetauscht haben, und Geld. Dies war für mich eine der mühsamsten Unterhandlungen, und sie hat mich überzeugt, daß Bernstorff, so gut er sonst in vielen Stücken ist, auch gar keine Fähigkeit zu Geschäften hat. Er ist nachlässig, zerstreut und dabei heftig und ungerecht zugleich. Mir hat er in dieser Sache Szenen gemacht, die unglaublich waren, und bei denen ich in mir habe lachen müssen, indem ich bedachte, daß es gerade ein Monat war, wo ich den Vorfall mit Boyen hatte, als wenn so ein Zanktag periodisch wiederkehrte.

Es mußten nämlich in dieser Sache Schriften zwischen Dänemark und Schweden gewechselt werden, die aber, weil sie wie Katze und Hund sind, durch meine Hände gingen. Nun schickte ich ihm einmal eine, er schickt sie mir, als sei er damit zufrieden, zurück, ich verfahre weiter. Nachher fällt ihm ein, daß in dieser Piece steht, was er nicht dulden zu können glaubt, nun findet sich, daß er sie gar nicht gelesen hat, und nun macht er mir bittere Vorwürfe, und so, daß ohne meinen imperturbablen Gleichmut wir uns hätten schießen können, daß ich ihn nicht auf die seiner Meinung nach unstatthafte Stelle aufmerksam gemacht hatte. Ich habe ihm trocken gesagt, daß ich, der ich damals so beschäftigt war, daß ich kaum eine Minute hatte, mich nicht berufen fühlte, für Dänemark zu arbeiten, und daß er und sein Bruder, beide Bevollmächtigte und ganz unbeschäftigt, sich wenigstens die Mühe geben könnten, Dinge, die ihren König angingen, zu lesen. Indes habe ich die Sache ins Gleis gebracht. Er geht ins Hauptquartier, sie ist nach Holstein gereist. So löst sich hier alles auf.

Wien, 13. Junius 1815.

Endlich Piombino. Vera hat sehr in mich gedrungen, etwas anzunehmen, ich habe ihm gesagt, ich tue das nicht, aber ich wollte doch vom Fürsten Gipsabgüsse aus der Villa Ludovisi annehmen. Dies aus einer Galerie, die keine zu machen erlaubt, ist ein Geschenk, das ein Fürst annehmen würde. Denn bezahlt nähme Piombino wieder die Abgüsse nicht. Nun bitte ich Dich mit Rauch zu überlegen, von welchen Stücken es der Mühe wert ist. Vera will die ganze Galerie, aber das Tegelsche Schloß kann so viele Götter nicht fassen. Ich erinnere mich von sehr schönen nur der Juno, des Mars, und wenn ich nicht irre, eines Bacchus. Sprich aber mit Rauch, auf eine vorsichtige Weise vielleicht auch mit Uhden. Machen wir so eine Auswahl von Stücken, so will ich Vera sagen, zwei Exemplare von jedem zu schicken. Ich kann dann eins der Akademie geben. Um die Antwort hierauf bitte ich Dich mündlich. Wann ich abreisen kann, weiß ich freilich nicht, aber ich eile, so viel es möglich ist. Ich sitze in meinen Papieren vergraben. Ich mache nämlich das letzte Geschäft hier, die Kongreßpapiere zu ordnen und einzupacken. Es ist eine ungeheure Masse, hätte ich sie nicht schon bis jetzt sehr in Ordnung gehalten, so wäre diese Arbeit sehr langwierig.

Aus dem Tagebuch des Erzherzogs Johann.

September 4. In der Nacht traf die Königin von Sizilien der Schlag, und sie starb.

— 11. 12. Empfang des französischen Botschafters Latour du Pin, des sardinischen, S. Marsan, mit dem es ein Vergnügen, zu reden und des preußischen Humboldt, den ich schon lange kannte, endlich des F M L Pino, der mir sehr freimütig unser verkehrtes Wesen und Benehmen in Italien darstellte.

— 19..... Gagern, mein alter Freund, war bei mir; ich habe ihn mit Freude wieder gesehen. Exaltiert nennt man ihn; das mag sein, allein ein redlich deutsches Herz, ein fester treuer Sinn liegt in ihm; ein Mann, unbeugsam an Verstand und Herz, wo ich so rede wie vor Gott. Auch, da er mir so manches erzählt, so habe ich ihm mein Streben und mein Ziel gesagt . . .

— 20. .... Der dänische Gesandte Bernstorff war bei mir mit seinem Bruder, ein rechtlicher, vernünftiger Mann. Ich erinnerte ihn an jenes, was ich rücksichtlich Norwegens gesagt, und fand, daß Dänemark diesen Verlust nicht verschmerzen kann. Es ist auch traurig zu sehen, wie so ein Land zur Beute eines ehrgeizigen Fremdlings werden soll, der eigentlich mit Murat auf dem Verzeichnisse jener stehen sollte, die auszutilgen sind.

Entweder Norwegen bei seinem alten Könige, oder frei und unabhängig, und nicht mit Unrecht befürchtet er, daß dieses Land der Keim zu neuen Streitigkeiten werden könne.

Oh, könnte ich allen, was ich fühle, einhauchen; lange würde dann Europa Ruhe haben; jetzt heißt es vergessen, keine Habsucht, kein Ehrgeiz; die Menschheit hat ja grausam gelitten; es ist Zeit ihr wohlzutun. Ich bin eine schwache Stimme, aber bei Gott, ich will doch sprechen, wo ich nur immer kann, in konziliatorischem Sinne; es werden nicht alle Ohren taub für Recht, Edelmut und Gewissen sein......

— 22. Kam der König von Württemberg und der von Dänemark an, dann die Großfürstin Marie. Ersteren kannte ich aus früheren Zeiten; sein vorzüglicher Verstand, sein Stolz und seine Grobheit sind bekannt. Ordnung ist in seinen Staaten, aber die Untertanen sehr gedrückt. Er mit seinem großen Staate würde in Napoleons Fußtritten, aber mit mehr Klugheit, gehen.

Den zweiten sah ich nur beim Empfang; ein hagerer Mann. mittlerer Statur, ganz freimütig, anspruchslos; er gefiel mir. Die Stimme seines Volkes spricht für ihn; er ist in Dänemark sehr geliebt.

— 23. Wrede. Mit diesem sprach ich frei und offen über Deutschlands Interesse, über meine eigenen Verhältnisse, über die Einigkeit Österreichs mit Bayern.

Zwei Steine des Anstoßes finden sich: Rußlands Absichten auf Polen, Preußens Streben nach Sachsen. Engelland ist zu lau darin und scheint dies geschehen lassen zu wollen, ich fürchte, weil Hannover vergrößert werden soll.

Keines von beiden soll und darf geschehen. Dazu Bernadottes Ankunft hierher und Streben nach Dänemark. Dies, fürchte ich, gibt neue Streitigkeiten. Wie notwendig wechselseitige Selbstverleugnung und Opfer, um den Frieden zu erhalten.

Erbprinz von Mecklenburg-Strelitz, ein wohldenkender Herr, der deutsch denkt und will.

Stein interessierte mich außerordentlich. Mein Gespräch mit ihm ließ mich mehreres bemerken. Österreich, Preußen als Hauptmächte; keine Vergrößerung der andern, Unabhängigkeit

Deutschlands von jedem Fremden und Bewahrung gegen Frankreich und Rußland. So viel ich an ihm sehe, so hat er viel Verstand, festen Willen. — Diesen Mann will ich pflegen und genauer kennen lernen. Er empfahl mir Gneisenau und Grollmann als tüchtige Männer.

Münster von Seite Hannovers, also Englands; ein verständiger, rechtlicher, kluger, mehr verschlossener Mann; diesen werde ich auch pflegen; ich ließ mich nur im allgemeinen heraus.

Bernadotte ist sehr im schwarzen Buche.

Castlereagh, ein solider, stiller Mann, sehr gut denkend, bedacht und langsam redend; mir scheint aber, nicht die Schmiede, um etwas durchzusetzen; immer sehr interessant, mit ihm zu sprechen.

Kardinal Consalvi, ein feiner Italiener, der mit äußerst einzigen Grundsätzen trachtet, seinen Weg zu machen.

— 25. Früh um zehn Uhr ritten wir mit dem Kaiser bis an den Tabor, da kam zu uns der Kronprinz von Württemberg, mit welchem ich die Bekanntschaft erneuerte, dann der Prinz Wilhelm von Preußen, eine offene, gute Seele, ein herrliches Gesicht!

Dann ritt der Kaiser dem russischen Kaiser entgegen; zwischen ihm und dem Könige von Preußen führte er sie nach Wien; ich zwischen dem Kronprinzen von Württemberg und Prinz Wilhelm. Alles hinter dem Kaiser. Im Prater defilieren die Truppen, durch die Jägerzeile in die Burg . . . Nachmittags begleitete ich die Großfürstin Katharina nach Hause.

— 26. Talleyrand ist hier; es scheint, daß er gegen Polens Besitznahme durch Rußland strebt. England ist zu nachgiebig, der Kaiser Alexander fest auf seinem Entschlusse.

— 27. 3 Uhr kam die russische Kaiserin; es war einmal eine schöne Frau, sanft, ruhig, leidend sind ihre Züge, sehr artig, voll Anstand.

Den König von Bayern empfangen; ein Herr gut, glatt,

hiemit ist es aus. Die Königin scheint sehr verschlossen, der Kronprinz ein edel denkender Herr, aber zu sehr hervorbrechend mit seinen Worten, Prinz Karl noch jung, aber hat mit Auszeichnung gedient.

— 29. Nichts als Visiten und Gegenvisiten; Essen, Feuerwerk, Beleuchtung. Überhaupt habe ich seit 8—10 Tagen nichts getan. Das ist ein Leben!

Oktober 1. —..... Mir kömmt etwas vor, was mich nicht freut; die Großfürstin Katharina scheint für Karl zu erkalten, warum, das weiß ich nicht; es sind so viele kleine Umstände, die mir es beweisen; ich riet, ohne es zu sagen, Karln, kategorisch zu sprechen; tut er dies, so weiß er, woran er ist; er verdient es nicht, herumgezogen zu werden.

— 2. Beauharnais; mir gefiel dieser Mann ganz gut; wir sprachen von dem Feldzuge, wo wir gegeneinander gestanden, von den Ereignissen usw. Er hat am redlichsten von allen Franzosen gehandelt; wie muß es ihm vorkommen; er vor einigen Monden an der Spitze Italiens, einer der ersten in Europa; jetzt kaum französischer Marschall, um irgend ein Stück Land bettelnd, so ist die Welt, darum weise jener, der nie so hoch steigt, daß es ihn schwindle ....

Stein kömmt dieser Tage. Ich sehe aus allem so viel verschiedenes; wenn nur England festhalten, Österreich unterstützen möchte. Hier wäre allein Wellingtons Ankunft jenes, was den Ausschlag geben könnte, da die andern zu schwach und nachgiebig sind. Wrede spricht gut, Münster auch, leider ist er aber dieser Tage bettlägerig.

— 8. Nachmittags begegnete ich Karln, er sagte mir bestimmt, daß sein Verhältnis zur Großfürstin abgebrochen sei. Der Kaiser Alexander habe ihm in wenig Worten gesagt, sie solle ihn nicht verlassen, sie sei ihm unentbehrlich (so sagte Karl weiter); ich kenne ihr gutes Herz, sie habe da nichts sagen können; es klingt völlig wie eine Abschiednehmung; ihr sei sehr leid usw.

Die Großfürstin muß mit meinem Bruder unzufrieden gewesen sein, — mein Bruder hat sich nicht erklärt, und so ist eine Spannung entstanden, und dann hat man diese Gelegenheit benützt, um der Sache ein Ende zu machen.

Ich kenne die Frau, schätze sie und glaube so ziemlich zu verstehen, wie man mit ihr umgehen soll; dies verstehen aber die wenigsten. Mir ist es sehr leid, daß sie nicht in unser Haus kommt; mit Karln ist es aus, Josef hindert das Gesetz, und von uns andern einer kann es nach dem Vorgefallenen nicht tun; aber ich bin gewiß, ich hätte sie für mich erhalten, wenn ich gewollt hätte.

Viele kleine Fürsten waren bei mir. Diese schließen sich an unseren Kaiser alle an, denn bei ihm hoffen sie Schutz gegen die Anmaßungen der deutschen großen Fürsten; nicht außer acht solle man dies lassen.

Abends war Redoute — Soirée. Die zwei Kronprinzen, von Württemberg und Bayern sind einander in die Haare geraten und wollten duellieren. Wrede vermittelte die Sache; der von Bayern hat noch den Groll der Schwester wegen; ist sehr reizbar, obgleich die Natur ihm Gehör und Geläufigkeit der Zunge versagt hat; der von Württemberg witzig, zieht ihn auf, und so gibt es allerhand Zwiste. Zu was so etwas!

— 10. Bei der Großfürstin Katharina. Ich fand dort Josef, dann kam Konstantin. Welch' roher, ausgelassener Mann! Dabei Windbeutel im höchsten Grade. Gott bewahre vor so einem Fürsten!

Mich besuchte der Kronprinz von Württemberg, mit dem ich einige Stunden mich besprach; noch bin ich nicht im reinen, um alles hersetzen zu können.

— 13. Kronprinz von Bayern; ein edeldenkender Herr, will das Gute; bei ihm ist nichts Falsches, nichts Krummes, obgleich etwas langsam in der Fassung und manche Nachteile als: Taubheit und anstoßende Zunge. Sein Herz verdient aber einen Freund, der ihm rate und ihn bewahre vor allen Menschen, die es mißbrauchen möchten; ich schätze ihn sehr. Ja, welch' Vorteil, wenn ich in Innsbruck wäre, die gute Nachbarschaft, und ich könnte auch meinem Kaiser auf diese Art dienen!

— 14. Besuchte abends die Großfürstin Katharina, fand bei ihr den FML Koller. Dieser ist täglich da, genießt ihr blindes Vertrauen, wird von ihr, weiß Gott, für was gehalten. Koller ist Soldat, pfiffig und dient meinem Kaiser; er wird gebraucht, bei der Großfürstin alles zu erfahren und ihr zu insinuieren, was sie tun soll. Alle Briefe laufen durch seine Hände, diese werden geöffnet, gelesen, von ihm ausgeliefert; er, feiner wie sie, führt sie, wie er will, ohne daß sie es merkt. Ich hätte sie gern gewarnt, allein bestimmt kann ich es nicht tun und überdies, was geht es mich an? Koller spielt eine wilde Rolle, aber er dient meinem Herrn . . . . . So steckt er jetzt immer bei Wrede; so macht er sich jetzt an meine Nichte Louise; ihre Briefe werden auch durch ihn laufen.

Widerspruchsvolles Benehmen der Großfürstin . . . . . oft kindliche Gutmütigkeit, dann wieder manches, was Rückhalt, fast Falschheit zeigt; Offenheit, Aufrichtigkeit mit Schweigen und Verschlossenheit gepaart . . . .

Sie hat Karln den Abschied gegeben zwar sehr freundschaftlich, aber warum fordert sie von ihm gleiche Sorgfalt wie vorher, — wie kann sie von ihm fordern, daß er den Liebhaber spiele ohne Zweck und nach einer Erklärung . . . . Oder will sie vor der Welt Karln als Schutz gegen die Schritte des Kronprinzen von Württemberg benützen, das sehe ich nicht ein . . . . .

— 16. Abends das herrliche Oratorium „Samson" von Händel. Welche edle Einfalt, welche Kraft und doch Melodie bei dieser Musik. Wie weit stehen unsere verschnörkelten Komponisten dagegen zurück! Nur Gluck und Mozart allein treten in die Fußstapfen.

— 18. Praterfest . . . . So ein Fest kann nur Österreich geben, solche Krieger hat nur Österreich. 1809!

Ich war hochgestimmt, und wir Kleinen teilten es wahrlich miteinander, der Kronprinz von Bayern, Wilhelm und August von Preußen, Gott möge uns stets einig sein lassen, damit Deutschland aufblühe! Abends Soirée bei Metternich bis 2 Uhr nachts. Der Kaiser schon müde. Ich stand zuletzt hinter ihm, da hatte der russische Kaiser einen Strauß mit Metternich. Er sagte ihm, die Diplomaten bestimmen, und wir Soldaten müssen sich dann zu Krüppeln schießen lassen für sie; das verdroß den andern; dann merkte der russische Kaiser, daß ich es gehört und wiederholte es; ich schwieg, weil die andern dabei standen, aber zuletzt sagte ich, daß es leider wahr sei, und daß die Herrn uns oft nur als bloße Werkzeuge ihrer Grillen betrachten und Blut wenig berechnen. Schade, daß ich diesen Herrn nicht allein sprechen konnte, ich würde ihm andere Deduktionen gemacht haben.

— 21. Begegnete ich dem Kronprinzen von Württemberg und ging mit ihm spazieren; da erfuhr ich, was ich mir längst gedacht, daß Preußen Sachsen verschlingen wolle, und die Erweiterung Bayerns am Rhein. Ob das gut sei, diesem Staate, der, jetzt konzentriert, ein deutsches Ganzes bildet, einen Berührungspunkt mit Frankreich zu geben, und dadurch bei der geringsten Bedrohung sein Interesse zu teilen, dafür sprechen die aus der Geschichte vergangener Zeiten gesammelten Erfahrungen: nein!

Das Sträuben unseres Hofes, die erbliche Kaiserkrone anzunehmen! Wird es besser sein, wenn Preußen oder Bayern sie erhält? Wer gibt dann Schutz den kleineren Fürsten gegen die Übermacht und Anmaßung der gierigen größeren, wohin gerät die deutsche Nation, wer bändigt den überall sich regenden Gärungsstoff der Völker? Viel ist in Paris versäumt worden; Preußen zielt nach Norddeutschland, England will als König in Hannover vergrößert sein, darum nachgiebig gegen Preußen und Rußland, wo doch eine feste Sprache seinerseits retten könnte. Wir in einer Verlegenheit nach der anderen, stets beschäftigt, die gegenwärtige mit Palliativmitteln zu entfernen. Was soll da Großes entstehen? Der russische Kaiser kann Metternich nicht leiden mit Unrecht. Es ist genug, daß dieser den Mund öffnet, damit es nicht geschehe, und doch darauf erpicht, mit ihm zu unterhandeln; warum nicht durch dritte Hand, die kleinen Fürsten einen Verein bildend, den man nicht als loyal erkennen will? Haben sie denn das Recht verloren, ihre Sache zu verfechten? Die Völker in Deutschland gärend, der Württemberger und Bayer dem Beispiel von Nassau folgend, sich eine Konstitution gebend. Was soll aus all' dem entstehen? Frankreich will Ruhe, weil die jetzige Dynastie die Gefahr jedes Krieges kennt; denn jeder reißt diesen Staat zu einer Partei, zwingt zur Aufstellung eines Heeres, und wenn der Gegner Napoleon losläßt, so tritt das Heer zu ihm, und die Unordnungen beginnen neuerdings . . . . . .

— 22. Ich sprach mit Talleyrand, welch' interessanter Mann! Ein wurmstichiges Herz, aber ein trefflicher Kopf. Über das Vergangene spricht er aufrichtig; er erzählte mir Napoleons Unternehmung in Spanien . . . Um nicht nach Spanien gehen zu müssen, wofür die Stimme der Nation sprach, da sie die Angelegenheit dort wollte hergestellt sehen, fing er den Krieg mit Österreich an; diesen beendigt, glaubte er nur durch einen blendenden Streich ausweichen zu können, darum die Heirat mit meiner Nichte; er müsse zu Hause bleiben, um die Sukzession zu sichern, und als sie gesichert war, fing er den Krieg mit Rußland an. Mich versicherte Talleyrand, er (Napoleon) habe nie einen Plan gehabt; die letzten Ereignisse hätten ihm immer den Fingerzeig zu dem Folgenden gegeben. So würde er nach Beendigung des russischen Krieges nach Konstantinopel gerückt sein; kein Ende wußte er nicht.

— 25. Früh zu Metternich. Ich berichtete ihm alles, was mir bis jetzt vorgekommen, teilte ihm meine Ansichten mit. Am 24. hatte er mit dem russischen Kaiser einen gewaltigen Strauß gehabt. Alexander ist einmal erpicht auf Polen; er läßt sich nichts einreden und geht darinnen unaufgehalten fort. Metternich stellte ihm vor, wie er als Friedensgeber jetzt eben in die Grundsätze Napoleons trete, allein er schützte sein Interesse und endlich seinen Willen vor; da ist nichts mehr zu sagen. Er warf Metternich vor, er sei der einzige, der sich ihm widersetze, darauf dieser klug, dies mache ihn stolz, da die Nation ihm Nachgiebigkeit und Schwäche vorwerfe. Ich sehe aus allem, Metternich ist der einzige Opponent; alle, die rechtlich denken, müssen ihm jetzt unter die Arme greifen, sonst steht es schlecht mit uns allen. Hat Metternich gefehlt, so war es der, daß er den Kaiser zu gering behandelt und es ihn hat fühlen lassen. Dies vergibt er nicht, und was jener sagt, ist hinlänglich, damit das Gegenteil geschehe. Ich würde nie mehr direkt mit ihm unterhandeln. Indes sehe ich leider Kleinmut bei den Guten, Mut bei den Schlechten. Der Kongreß in Wien war ein Mißgriff; man lernt uns und unser Inneres kennen, und mit diesem sinkt das Vertrauen, weil unsere Schwächen oft zu grell sind.

Hier kann nur festes Zusammenhalten retten, zunächst Rußland Einhalt tun, dann Preußen annehmen und sich mit ihm vereinigen; endlich gut mit Bayern sein, ohne zu vergessen, was es stets für Österreich und Deutschland war, ohne zu vergessen, welche Verderbtheit in der Klasse der Beamten von Montgelas bis zu dem letzten herrscht; es ist Gallizismus.

Nicht Preußen, aber auch nicht Bayern, erhalten die Grenzfeste Deutschlands; Mainz, Reichsstadt sei sie, Handelsstadt, Universität und Feste; gemischte Besatzung, so daß aber Österreicher und Preußen den übrigen überlegen; nur keinem einzelnen den einzigen Schlüssel Deutschlands auf dieser Seite.

Ich fühle manches Mißvergnügen über die Länderteilung. Österreich hat viel und leider zu seinem Unglück in Italien erhalten. Nie wäre ich über den Po und die Chiese mit den Grenzen gegangen. Die Lombardei usw. hätte ich dem Könige von Sardinien als König der Lombarden gegeben, weil nützlich, da einen mächtigen Fürsten, so wie im Norden Holland, zu haben. Österreich hätte also Italien bis an den Po und die Chiese erhalten, Tirol, Vorarlberg, den Inn, Passau, die alten Kreise von Ostgalizien, die Salinen und Krakau, dann den Dniester bis an das Meer und die Donau mit Belgrad; so wäre Rußland von der Türkei getrennt. Wir hätten die Schiffahrt auf der Donau und die Mündung, dann Illyrien, Dalmatien, Albanien und die sieben Inseln. Mehr ist Überschuß und schadet mehr; Preußen bis an die Elbe, Sachsen erhalten, Bayern die Pfalz. — Die anderen Staaten, wie sie sind, die Fürsten alle und die Ritterschaft und mehrere Reichsstädte.

Deutschland! Deutschland! Wann wird es das werden, was es sein soll? Nur Österreich nicht die Kaiserwürde ausschlagen, sonst trifft es Preußen (Randbemerkung aus späterer Zeit: „ich hatte Recht") oder das stets dahinstrebende Bayern.

Ich bemerke, was Rußlands Herrscher ist. Er ist voll philantropischer Ideen, dabei schlau; ein schönes Äußere, glatte Worte, aber ich sehe Leidenschaft, ich sehe kein warmes Herz für das allgemeine Wohl; ich traue ihm nicht. Beobachten will ich alle diese Herren; es ist eine gewaltige Schule für mich . . . . . .

— 27. Ich habe durch zwei Unterredungen mit der Großfürstin Katharina die ganze Geschichte erfahren. Die Sache ist abgetan; mein ehrlicher Plan für Karl gescheitert. So wie die Sachen liegen, sehe ich, daß die Sache verpfuscht wurde . . . . Die zwei Charaktere hätten vielleicht nicht gepaßt; sie will Aufrichtigkeit, tiefes Gefühl, warmes Herz, vollkommene Teilnahme und Mitteilung, keinen Rückhalt; dies hätte sie nicht gefunden; Schade um die Frau.

November 2. Gärung in Paris und Frankreich seit den Debatten wegen der Emigranten; für uns vielleicht wohltätig, wenn man es zu benutzen weiß, weil es alle wieder vereinigt. Zeit ist es, daß es ende, denn die Völker sind es müde . . . .

— 22. In Neustadt war der König von Dänemark gewesen.

Alles sorgfältig beobachtet und untersucht; einer von seinen Herren, der aufzeichnet. Dieser König ist der einzige, der mit Nutzen reist.

Ich erfuhr, daß Rußlands Kaiser durch einen Rotlauf an einem Fuße jetzt nachgiebiger wurde, daß er Metternich habe rufen lassen, daß selbst wegen Sachsen Hoffnung noch sei.

Ich äußerte mich, welch' geringe Achtung man vor diesem Kaiser habe, und wie wenig man in den König von Preußen setze (denn man sah ihn gleichsam als im Gefolge und in der Abhängigkeit des ersteren). Unser Herr kennt sie gut.

— 29. Gagern war heute bei mir. Wie geht es bei dem Kongresse? Daß Gott erbarm! Rußland beharrt, Preußen, König und Humboldt, auf dem Freßsystem; auf diese ist nicht zu rechnen. Wir Österreicher schwanken und sprechen: Ja und Nein zugleich statt einer edlen, festen Sprache. England spricht, wird aber nicht unterstützt . . . . . . Ich höre, wie Metternich stündlich im Ansehen sinkt, und wie eine vollkommene Geringschätzung die Folge seiner Schritte ist. Ich verdamme ihn nicht und spreche noch, er muß souteniert werden, bis die Sachen im reinen sind, dann wird die Folge zeigen, was wahr ist.

Es ist ein jämmerlicher Handel der mit Ländern und Menschen! Napoleon haben wir und seinem System geflucht, und mit Recht; er hat die Menschheit herabgewürdigt, und eben jene Fürsten, die dagegen kämpften, treten in seine Fußstapfen. Also kämpfte man bloß gegen seine Person und nicht gegen sein System. Rußland drängt nach Westen, darf das sein?

Preußen strebt nicht dagegen; es läßt sich befriedigen mit Sachsen und tritt in die alte habsüchtige Politik, noch nicht belehrt durch die schweren Lektionen, die es erst überstanden, fähig, um seinen Raub zu halten, wenn es sein sollte, mit Rußland gemeinsame Sache gegen die anderen zu machen und gegen das Österreich, welches redlich immer die Teilung vorgeschlagen, dem es (nur) ein Ja gekostet hätte, um, mit Rußland und Napoleon vereint, Preußen aus der Zahl der Reiche zu löschen, gegen das Österreich, das bloß die allgemeine Rettung beachtend, auftrat, und die so mißlichen Umstände wieder herstellte, das nichts begehrte, nichts festsetzte (leider ungeschickt genug, denn es hätte nie vergessen sollen, daß man nie trauen soll, sondern die Leute hindern, etwas zu tun, was nicht sein soll, wenn man es kann; in Jitschin war der Augenblick; später nicht mehr) trauend, es würden die anderen so denken und handeln wie Kaiser Franz.

Preußen, verblendet, blickt nicht in die Zukunft und wird es bitter bereuen, Rußland würde ihm nichts danken . . . . Preußen will Deutschland bis an den Rhein und Main besitzen; es ist der Staat, der die Nation trennt; nicht entwurzelt ist der Gedanke worden, Deutschland zu besitzen. Dahin strebt es . . . . Fest halte Österreich, England, Frankreich. Dazu schließen sich alle deutschen Fürsten und Holland und zeigen die Zähne den andern, und keiner wird es wagen, einen unpopulären Krieg zu beginnen, bei dem erschöpften Zustand ihrer Länder; in Rußland könnte es dem Kaiser das Leben kosten; in Preußen möchten die Stände erstehen und den König fragen, warum? und ihn in seiner Allmacht beschränken. Jetzt oder nie! Es gilt das nächste halbe Jahrhundert unsere und unserer Nachkommen Ruhe, darum Festigkeit, wenn man Sieger bleiben will!

Dez. 5. Bei meiner Nichte, Maria Louise in Schönbrunn die auch nicht weiß, was mit ihr geschieht.

Preußen strebt nach ganz Norddeutschland, das kann man nicht zugeben. So stehen die Sachen nach drei Monaten und nur Festigkeit kann ein Ende machen. Abends schrieb mir Josef einen Zettel, worin er mir einige statistische Angaben abverlangte.

Amice!

Es gilt die Ehre und den Balg, und da ich nun fast jeden Tag Treffen oder Scharmützel habe in politicis, so brauchte ich, um mit Ehren bestehen zu können, einige statistische Daten, die Du mir mit dem wenigsten Aufsehen durch Deine Bekannten verschaffen kannst. Du mußt wissen, ich bin der Chef einer eigenen Partei, also weder mit Metternich, noch mit einem der beiden Kaiser alliiert, und operiere für mich bei beiden. Zu diesem Zwecke möchte ich wissen: 1. Wie viel das Königreich Sachsen an Bevölkerung, Flächeninhalt, Einkünfte zählt. 2. Wenn Du es eruieren kannst, wie viel davon abfiele, wenn die Grenze Preußens von dem Magdeburgischen an bis über Wittenberg, diese Stadt eingerechnet, und dann an das Eck der Niederlausitz geführt würde? 3. Wie viel in den nämlichen Rubriken: Münster, Paderborn und dann die Länder zwischen Rhein, Mosel und Maas betragen? Schicke mir, wenn Du es kannst, diese Daten baldmöglichst. Ich habe heute abend etwas mehr Hoffnung für Sachsen. Josef.

— 7. Früh lief ich in das Kriegsarchiv, Genie-Archiv, in die kaiserlich öffentliche Privatbibliothek, mir die Materialien zu verschaffen; ich sammelte, so viel ich konnte, Karls Bibliothek lieferte mir einiges. Dieses setzte mich instand, kurz das zu liefern, was er verlangt. Bis halb acht abends wurde ich fertig. Es handelt sich um folgendes: Sachsen soll Preußen nicht erhalten, wohl aber ein Äquivalent.

Ich gab Flächeninhalt, Bevölkerung, Einkünfte an . . . Sachsen soll bleiben, nur einige Ämter nördlich zwischen der Elbe und der Lausitz kommen an Preußen. Preußen erhält Münster, Paderborn und das Land zwischen Rhein, Maas und Mosel . . . .

— 8. Sprach ich mit einem Deputierten der katholischen Deutschen. Er ist traurig, die Zerrüttung der kirchlichen Angelegenheiten von zwölf Millionen deutscher Glaubensgenossen zu sehen; sie zielen stark auf einen Primas aus unserem Hause . . . .

— 9. Württemberg hat mit Preußen einen Traktat Sachsens

wegen geschlossen. Es ist eine Schande, wie jeder seinen Weg geht; keine Selbstverleugnung, alles Selbstsucht, Leidenschaft, Ehrgeiz, Haß, pfui Teufel! Und der Kronprinz von Württemberg mit all' seinen Talenten und Eigenschaften spielt eine garstige Rolle, Ehrgeiz frißt ihn auf . . . . . Er hat da gearbeitet, denn es war sein Wille, daß Preußen Sachsen erhalte, darüber sprach er bestimmt mit mir. Bei andern schiebt er alles auf den Vater. Ich sagte ihm darüber meine Meinung; er war betroffen; ich hasse das Falsche, Doppelte; er soll dazu gestimmt haben — so sagt man — weil man ihm Anträge gemacht, der Befehlshaber des deutschen konföderierten Heeres zu werden, wobei man manche Vorteile ersichtlich gemacht. Das muß ich erst bestätigt sehen; ist es so, so hat er mit all' seinen Talenten bei mir ausgedient . . . . . .

Der Großherzog von Baden, zu faul, um zu regieren, wollte sein Land verkaufen. Ein gräßlich Wort! Solche Fürsten, die sind eine Geißel und ein Gräuel; es sind Mäkler, und ist es denn ein Wunder, wenn die Völker daran denken, sich von ihnen loszumachen?

Mich ergreift ein Grimm, den ich nicht beschreiben kann. Hätte ich 100 000 Mann, ich träte vor meinen Kaiser und spräche: Herr, du bist der einzige, der ein Herz hat, darum nennt Österreich Dich Vater, darum sind wir Dir alle kindlich ergeben, gehen freudig in den Tod für Dich. Ich habe 100 000 Mann und werde die Herrn Mores lehren und — so Gott will — in drei Monaten Eintracht; sie sind es nicht wert, die Fürsten, daß man in Güte mit ihnen spreche; nur Bayern und die Kleinen sind gut.

— 11. Aus der Kongreßgeschichte. Es soll der alte König von Württemberg zu unserem Kaiser gegangen sein, höchlichst protestierend gegen das Gerüchte, als habe er einen Traktat mit Preußen unterzeichnet. Also, wer hat da wieder im Trüben gefischt? Ich fürchte sehr, der Kronprinz hätte gern etwas getan, denn es scheint, er spielt mit.

Wrede soll, verdrießlich über manches, darauf votieren, unverrichteter Sache den Kongreß aufzulösen. Das wäre das Schlechteste, was man tun könnte, unverantwortlich, und würde sicher zur Folge Völker-Reaktionen haben.

Endlich scheint es, daß sich über Metternich ein gewaltig Ungewitter zusammenzieht; sein Leichtsinn, das Lügen, das partielle Bearbeiten, dies sind die Hauptvorwürfe.

— 20. Nicht so bald wird der Kongreß ein Ende nehmen; alles schwankt, nie ist noch etwas Bestimmtes ausgesprochen worden. Sachsen ist die Hauptschwierigkeit. Merkwürdig bleiben die Schritte, welche die Fürsten machen. Preußen ist Entschädigung, Westfalen und jenseits des Rheins, angeboten. Letzteres spricht zum Teil Oranien an, dem traktatmäßig Vergrößerung und bestimmt dort versprochen worden.

Der Kronprinz von Württemberg spielt eine sonderbare Rolle. Von Preußen geblendet durch Versprechungen hält er mit diesem; ja sogar in Opposition gegen seinen Vater.

Gagern wollte er bereden, Preußen die Kaiserwürde zu geben, und als dieser ihn lange genug gesprochen und ihm gründlich widersprach, so sprang er um und sagte: Dies sei nur das Mittel, um Österreich zu zwingen, diese anzunehmen.

Schon in London äußerte er sich feindselig: Österreich sei kein deutscher Staat, man dürfe es nicht in die Angelegenheiten sich einmengen lassen, sondern in einem solchen Falle herauswerfen.

Die beiden Kaiser sprachen sich und dies bestimmt, Polen betreffend, und ich hoffe, dieser Punkt sollte doch einmal beendet werden.

Österreich gab indessen eine bestimmte Note für die Erhaltung Sachsens; zum Vorteil dieses Staates sprechen die Fürsten und wollen ebenfalls eine Note geben; diese wurde, wie man sagt, durch den sonst guten Herzog von Weimar angegeben. Den Fürsten wurde gedroht, wenn sie nicht ruhig blieben. Da hatte der Herzog von Koburg eine starke Unterredung mit dem Kaiser von Rußland, um die Gerechtigkeit der Sache zu verfechten.

So viel ist gewiß, daß nur eine Stimme für Sachsen ist; der Kronprinz von Württemberg allein dagegen und scheint dadurch, daß er zu weit ging (denn das Gerücht Württemberg betreffend mag wohl daher kommen) sich kompromittiert zu haben. Er will mit Gewalt eine Rolle spielen und spielt eine schlechte; so geschieht es, daß einer um den andern sich von ihm entfernt, und er zuletzt ganz allein stehen wird, daß man ihn meiden und ihm nichts mehr anvertrauen wird.

Abends bei Hofe. Die langweilige Unterhaltung bei den Tableaux. Die Unterredungen zwischen mir und dem Kronprinzen von Württemberg werden täglich kälter; unsere Ansichten sind sehr verschieden. Seit dem Tage, als ich ihm frei und offen gesagt, was ich Sachsen betreffend denke, seitdem ist von Politik keine Rede mehr. Dafür stellt er sonderbare Fragen, ob ich aus Pflicht oder freier Wahl das Kriegswesen ergriffen. Ich versicherte ihm, aus freier Wahl, da meinte er, das Kriegführen würde zuletzt eine Leidenschaft. Darauf antwortete ich nichts; so etwas ist gräßlich.

Wie sehr er mit Wrede gespannt, bemerkte ich nach dem Essen. Wrede stichelt, er macht zornige Gesichter . . . .

Genua wird mit Piemont vereinigt, obgleich die Deputierten Unabhängigkeit und einen Erzherzog verlangten, man sagte, mich. Das erzählte die Gräfin Bagnoli meiner Nichte (Maria Luise). Freuen würde es mich, weil der Kaiser sähe, daß ich doch bekannt bin als jemand, der etwas zu leisten vermag.

— 21. Ich ging zu dem Fürsten Metternich, ihm alles zu erzählen, was ich wußte. Ich fand ihn äußerst zuvorkommend (leider im Vorzimmer die Damen, welche Romanzen versuchten)! Er sprach mit mir ganz offen über alle Angelegenheiten; ein

Wort gab das andere. Er ließ mich den Notenwechsel zwischen Österreich und Preußen lesen. Aus allem diesem abstrahiere ich folgendes: "Metternich hat zwei Fragen aufgestellt: die eine Polen, die andere Sachsen betreffend. Erstere hielt er für die wichtigere und glaubte, man müsse trachten, dies durchzusetzen. Um nun dies zu erreichen, scheint mir, daß man sich an Preußen anschloß und sogar Hoffnungen (ich will nicht glauben, bestimmte Zusage) auf Sachsen machte. Preußen wollte nicht anbeißen, oder wenigstens nicht tätigen Anteil nehmen, sondern bloß sein Interesse besorgen. So zog sich die Sache immer weiter hinaus. Engelland handelte schwach, Österreich wollte nicht allein beginnen. Nach langem Hin- und Her-Unterhandeln, und als die allgemeine Stimme sich für Sachsen erhob, scheint es mir, ließ man Polen sein und dachte, wenn man halt nur gut herauskommt; Sachsen ist wichtiger, dies müsse man durchsetzen, und da Preußen fest auf dem Besitz beharrte, müsse man nun Rußland durch die Nachgiebigkeit in Polen gewinnen, bewegen, dafür zu handeln. Die zweite Frage war die Erhaltung Sachsens, die, wenn jene Polens nicht konnte durchgesetzt werden, durchgesetzt werden müsse.

Kaiser Alexander, der Sachsen Preußen gleichsam gegeben, sollte es nun zur Abtretung zwingen; das will er nicht, und es ist auch schwer zu verlangen. Er sieht das Unbillige rücksichtlich Sachsens ein, aber ich sollte glauben, er werde Preußen nicht sitzen lassen. Die heikle Sache — Polen betreffend, wodurch Österreich, auf Ostgalizien wie 1808 — inklusive Krakau — beschränkt, Westgalizien Rußland überläßt, wurde mit Alexander festgesetzt. Preußen sollte Polen bis an die Warthe und Nidda behalten und Thorn. In der Note, wo Österreich dies Preußen mitteilt, wurde gesagt, man werde sich freuen über jedes, was Preußen mehr von Rußland erhalten würde.

Indes erscheint mir noch nicht gewiß, daß Österreich Krakau erhält, denn wenn dieses nicht geschehe, so sollte Rußland sich verpflichten, keine Festung daraus zu machen, so wurde es angetragen.

In der Note Hardenbergs, einer Antwort auf jene, worin man die Mitwirkung Preußens, um Rußland zu bewegen, seine Pläne, Polen betreffend, fahren zu lassen, suchte, spricht sich bestimmt der Zustand dieses Reiches aus, ohne Mittel, in der höchsten Spannung, ohne Subsidien irgend einen Krieg zu machen, zugleich aber Anträge für die Zukunft, gleichsam den ersten für Rußland ungünstigen Zeitpunkt zu erhaschen und ihn dann zu benützen (recht altpreußisch!). Die persönliche Anhänglichkeit des Königs an den Kaiser wird nie zugeben daß irgend etwas jetzt geschehe, was diesem unangenehm sein könnte. Aus allem leuchtet der Wille, zu schaden, nichts wagen, ein unbegrenzter Eigennutz, Trachten nach Sachsens Besitz. Angenommen war der Status von 1805, wo Preußen sich aller tätigen Mitwirkung, Polen betreffend, entzog, und England damals noch lau sprach. So wurde die Sache, Polen betreffend, aufgegeben und alle Aufmerksamkeit auf Sachsen gewendet. Österreich bot mit den freundschaftlichsten Ausdrücken Preußen vollkommene Entschädigung und sogar ein superplus von 300 000 bis 400 000 Seelen an, es war: ein Teil der Niederlausitz, Hildesheim, Münster, Paderborn usw., endlich das Gebiet zwischen Maas, Mosel und Rhein, Preußen wollte nicht. Darüber, und daß Österreich mit Rußland, Polen betreffend, seine Sache ins reine gebracht, erbost, bringt Preußen zwei österreichische Noten und ein Privatbillet des Fürsten Metternich dem russischen Kaiser. Dadurch kam natürlich heraus, daß Metternich mittels Preußen Rußland, rücksichtlich Polens, habe bewegen wollen und ihm Hoffnung auf Sachsen gemacht, und daß er mittels Rußland Preußen, rücksichtlich Sachsens, habe abbringen wollen und dafür in Polen nachgegeben habe. Erbost ging Alexander zu unserem Kaiser, der, betroffen, Metternich zur Rede stellte und ihm befahl, alle Akten dem russischen Kaiser vorzulegen. Diese Akten sind es, die er mir zeigte, und aus welchen ich deutlich unseren großen Fehler, aber auch zum Glücke das tückische, falsche Benehmen Preußens ersah. Dies allein gibt uns Waffen in die Hände, es bitter heimzuzahlen. Ich riet, nachdem ich Metternich alles gesagt, was man über ihn äußert (da nichts zu schonen) Preußen müsse man die Larve abziehen; dadurch wäre das vielleicht erreicht, daß Rußland, erbost, Preußen verließe, und wir dann die Sache Sachsens allein mit diesem Staate schlichten könnten. Metternich meinte, er könne nicht alles mitteilen, weil es Rußland auf manche eigene Schwäche seines Staates, vorzüglich rücksichtlich Polens, würde aufmerksam machen, was die Klugheit verbiete.

Damit war ich nicht einverstanden. Ich glaubte, es sei besser, alles zu sagen, um die Sache recht grell zu machen, und zu zeigen, wer doch noch am besten denkt.

Leider vermisse ich die Geradheit, es ist eine elende Politik, die sich von diesem Wege entfernt; wie irrig, wer glaubt, die Überlegenheit der Politik bestehe in der großen Feinheit, in Betrug usw. Nach meiner Meinung sehe ich sie nicht darinnen, sondern in der Richtigkeit, die wahre Lage zu kennen, die Folgen zu berechnen und dann die zweckmäßigsten Entschlüsse und zu ihrer Ausführung die besten Maßregeln zu treffen. Wer darin den besten Blick hat, der hat die Überlegenheit, hier läßt sich die Ehrlichkeit recht gut vertragen.

Da nun die Sachen so gediehen, so bat ich um Festigkeit rücksichtlich Sachsens; hier gilt es Ehre, Vorteil, kurz alles; man müsse es auf das äußerste ankommen lassen, nicht nachgeben, man könne es auch, weil Preußen ohne Geld nichts unternehmen kann, und das Geld nach der Sprache, die England nun führt, für Österreich sei; Rußland würde mit Polen zu tun bekommen. Im Inneren sei es so zerrüttet wie jeder andere Staat, und England, durch Sperrung der Häfen und Bedrohung der Hauptstadt, könne den Krieg sehr unpopulär machen. Für Österreich stünden Frankreich, Holland, England, Deutschland, die Stimme der Völker ein. Unter solchen Umständen ließe sich alles wagen. Preußens Forderungen wegen Mainz, wegen Luxemburg und der Reichsfestungen und einer Art Suprematie im nördlichen Deutschland könnten nie angehört werden. Die wahre Politik, das Interesse von Deutschland fordere, daß Preußen zwar so stark sei, daß es Deutschland nützen, aber es nicht erdrücken könne. Preußen muß sehen, daß es sich von Deutschlands Angelegenheiten nicht isolieren könne, darum müsse man jede Konzentrierung der Kräfte hindern und dadurch, daß man es zum Rheine hinausschiebe, zwingen, an jedem Kriege mit Deutschland tätigen Teil zu nehmen (das wollen sie nicht). Ich fand Metternich so denkend, allein ich fürchte eine nachgiebige Maßregel. Es wäre eine schmähliche Rolle, wenn Österreich Sachsen sitzen ließe und bloß protestierte.

Wozu hätten wir 600 000 Mann auf den Beinen, und eben so arg, wenn der Kongreß auseinander ginge, ohne etwas getan zu haben, es wäre hin die Achtung, die unser Staat hat. Deutschland wäre unwiederbringlich verloren, und welche Volksbewegungen, Zerrüttungen kämen an die Tagesordnung!

In Italien wird an einer Föderation gearbeitet; so sehr ich damit einverstanden bin, wenn sie zu zähmen ist, so sehr mißbillige ich den Antrag, Alexandrien zu sprengen; gut ist es für Österreich, den Bezirk von Domo d'ossola und dadurch die Straße über den Simplon zu erhalten. Ich bemerkte Metternich die Notwendigkeit, Ferrara, Piacenza und den äußersten Po zu besetzen, so auch Comacchio und Mirola. Er beherzigte es und sagte, wenn nicht selbst behalten, doch Besatzung in diesen Orten haben.

Hier fand ich wieder ein schönes „Stückel" von dem Kronprinzen von Württemberg. Er hatte Metternich angepackt und ihm Vorwürfe gemacht, daß er der einzige Opponent sei, um so mehr, da die Erzherzoge einverstanden mit der Sache Sachsens seien; eine saubere Lüge, darnach, was ich ihm einige Tage vorher derb gesagt hatte!

Ich wünsche, daß Metternich sich ehrenvoll hinausziehe; er sitzt gewaltig in der Presse; er soll festhalten, das ist das Beste und Einzige . . . .

— 22. In der Sache erfuhr ich noch nähere Daten, die mein Urteil bestätigen. Metternich war rücksichtlich Sachsens gegen Hardenberg nachgiebig, solange, als man hoffte, wegen Polens durchzuhuschen. Als aber die polnische Sache nicht ging, nahm er es zurück. Hardenberg hatte jene Ausarbeitung, die ich Josef gegeben, erhalten, und war mit der statistischen Tabelle toll zu Alexander gegangen. Metternich kam in gewaltige Verlegenheit. Zum Glück hatte sich durch diese Übereilung Hardenberg gefangen, und man hatte Daten genug, ihn zu verderben. Das wollte man aber nicht, um nicht den russischen Kaiser über sein Interesse aufzuklären. Das finde ich nicht recht. Wir reichten nun Sachsen betreffend eine Note ein.

— 30. 31. Nichts besonderes. Das Jahr 1814 endigte für mich gut. Gott gebe, daß das von 1815 in Tätigkeit für meinen Kaiser, mein Vaterland, für meine lieben Berge, mit meiner kleinen Zahl Freunde verlebt würde. Nützlich meinen Nebenmenschen zu sein ist ja mein stetes Streben; nur entfernt von den rauschenden Zerstreuungen der Welt, die leider in diesen letzten Monden so manche Zeit raubten, die nützlich und angenehm hätte können verwendet werden. Ich schließe 1814 mit stetswachsendem Glauben, mit blindem Vertrauen auf Gottes so weise lenkende Hand; gestärkt durch diese schreite ich mutig auf meiner Lebensbahn vor; er wird mich nicht sinken, er wird mich doch, wenn ich dazu tauge, die Erfüllung meiner Wünsche sehen lassen.

1815.

1. Januar. Eine Sache hat das angehende Jahr geziert, die Nachricht des Friedens zwischen Amerika und England, und so werden die Kräfte des letzteren durch nichts mehr geteilt, und dieser Staat kann nun seine ganze Sorgfalt dahin verwenden, den Unterhandlungen, welche die Ruhe des Kontinents begründen sollen, den entscheidenden Nachdruck zu geben . . . . .

Gott bewahre vor jedem, was nur irgend Nachgiebigkeit gegen die Habsüchtigen bezeichnen würde; eher werde leider noch einmal das Schwert gezogen; gräßlich ist es, verfluchungswürdig jene, die dazu zwingen, auf ihnen ruht dann dauernd die furchtbare Nemesis; sie werden bitter bereuen; die Völker, die alles für den guten Zweck taten, lassen mit sich nicht spielen . . .

— 22. Über die Verfassung in Württemberg.

Die Erklärung des Königs steht in der Zeitung; aus was eigentlich die Verfassung besteht, ist noch nicht gesagt. Soviel ich den König kenne, so glaube ich, daß er allerdings eine ständische Verfassung seinem Lande geben will, daß diese sehr ausgedehnt sein und gewiß das Gepräge der größten Liberalität tragen wird; aber er wird für seine Lebensdauer Ausnahmen machen und in gewissen Punkten keine Beschränkung annehmen; übrigens ganz gleichgültig, ja selbst froh, seinem Nachfolger die Hände gebunden zu haben. Ob ersteres klug sei, und ob es möglich sei, eine Sache halb zu machen, steht zu erwarten. Ich denke, er habe sich verrechnet, und einmal etwas festgesetzt habend — wird er das übrige auch tun, ja selbst mehr tun müssen, ohne es hindern zu können . . . . Baden soll dem Beispiele gefolgt sein und Bayern daran arbeiten. Dieses hat hier Aufmerksamkeit erregt; unsere Kaiserin sieht darin nur Machinationen des Tugendbundes; sie glaubt, daß jetzt in Rom der Sitz desselben sei, daß Kardinal Consalvi, ein Abgesandter, Werner, der Prediger, ein

Propagandist, die Jesuiten usw. alles im Zusammenhange stehen. Vor dem Einflusse dieser Leute will sie Österreich bewahren, ist erbost über diese entstehenden Verfassungen, die ein Werk des Tugendbundes sein sollen. Sie denkt nicht, wie die Sache ganz natürlich gehe, daß dazu doch kein Tugendbund nötig sei.

Napoleon hat den höchsten Despotismus eingeführt; unter ihm wurden die übrigen Staaten Werkzeuge; die Länder Ware, nichts geehrt, nichts gehalten, allgemein der Druck, unerträglich; die Habsucht führte das System ein, alles methodisch auszusaugen. Die daraus entstandene Armut ermannte die Völker. Diese retteten und die Fürsten mußten zur Menge, zur Bewegung der Nation ihre Zuflucht nehmen als letztes, einziges Mittel. Bewaffnet wurden diese, allenthalben sprach sich der Geist der Revolutionen aus, aber für eine gerechte Sache. Was Gutes, Kluges, Kräftiges war, trat hervor; es war ein allgemeines Zusammenwirken, die Sache leitete sich selbst ein. Der Fürsten große Zahl war zu schwach, um zu führen; sie ließen den Strom laufen, zu kurzsichtig, um in die Zukunft zu blicken und in der Gegenwart die Mittel vorzubereiten, anderen Gebrechen, die aus dem geschehenden Guten entstehen mußten, vorzubeugen. Gebannt war das Übel, allein wie gewöhnlich berühren sich gern die Extreme, dem despotischen folgte der freie Geist. Diese Völker hatten nun ihre Kraft kennen gelernt, sie fühlten, daß sie gerettet, sie erkannten, was sie zu allem diesem Drangsale gebracht, sie würdigten die Nichtigkeit vieler Regenten, die Macht ihrer neuen Herrscher. Nicht wollten mehr die Nationen ihr Leben, Vermögen der Willkür einzelner Minister ausgesetzt wissen, die sie sehr mißbraucht hatten. So steht es jetzt; nur der Kongreß, der alles in der Erwartung läßt, hält noch zurück, aber allenthalben gärt es, und es steht nicht mehr in der Macht der Fürsten, den Strom, den sie selbst zu ihrer Erhaltung ausbrechen ließen, in seine alten Schranken zu bringen. Jeder

Versuch kann nur unglücklich für sie ausgehen. Nassau fing in Deutschland an, in Holland, in Frankreich sind solche Verfassungen, England dankt ihr Größe und Glanz; Hessen, Hannover, Württemberg und Baden mußten folgen, da die Gärung über die Härte des einen, die Trägheit des anderen rege wurde. Bayern folgt, der König mag wollen oder nicht, Preußen gewiß und vielleicht in der größten Ausdehnung, die übrigen Fürsten werden mitgerissen. So steht es. Was will nun Österreich, was kann es? Ich finde, daß der Kaiser in der glücklichsten Lage sich befindet. Er soll nichts an dem allen so lange Gewöhnten ändern, schnell die alten, wieder erhaltenen Provinzen auf den vorigen Fuß setzen, Tirol wie 1805, Krain, Littorale wie 1809, Mailand wie unter Theresia und Venedig diesem gleich, so rührt sich gewiß niemand. Der Kaiser ist unbeschränkt, die Völker zufrieden. Mein Kaiser war, als ich bei der Kaiserin war, gegenwärtig, und wir sprachen davon; ich fand ihn richtig urteilend und sagte ihm gerade das, was ich darüber dachte. Indes muß ich ihn unter vier Augen doch darüber sprechen; es ist meine Pflicht. Bei ihm wirkt Wahrheit, bescheiden vorgetragen.

— 23. 25. Josef und Karl haben beide mich in die Kenntnis eines Entschlusses gesetzt, der mich sehr freut. Als ich die Unterhandlung mit der Großfürstin Katharina scheitern sah, redete ich beiden zu, zu heiraten; es sei für sie das beste, da sie die einzigen im Hause, welche es rücksichtlich ihres Vermögens tun können, und es ist notwendig, für die Erhaltung des Hauses zu sorgen. Der Kaiser hat zwei Söhne, den Kronprinzen (ach Gott!) und Franz, der gut wird, aber sehr zart und kein langes Leben verspricht; Ferdinand hat nur den einzigen Leopold. Wir können uns nicht aussetzen, daß das ganze Haus Gefahr laufe, auszusterben, auch nicht, daß es an die Mailändische Linie komme, die nicht rein deutsch ist. Alle meine Vorstellungen wirkten; Josef wie immer klug, und wenn er einen Entschluß gefaßt, beharrlich und gleich zur Ausführung schreitend, hat es beherzigt und mir es eingestanden und arbeitete darauf hin. Er zielt auf das Weilburgische Haus, wo die Tochter des Herzogs oder die Nichte aus dem Hause Anhalt-Bernburg-Schaumburg, Besitzerinnen der Grafschaft Holzapfel sich befinden. Da hoffe ich, wird es gehen. Karl ist auch entschlossen, zum Glück stimmt Grünne mit mir. Ich trachtete, ihn auf Preußen oder Anhalt-Dessau aufmerksam zu machen; ersteres eine gute politische Heirat. Ich muß, da beide Brüder von mir sind, hindern, daß sie sich kreuzen, und ich sprach darüber mit Josef aufrichtig. Ich hoffe so, ehe das Jahr 1815 umgeht beide zufrieden zu sehen und so hätte ich wieder etwas Gutes befördert.

Februar 16. Bayern läßt seine Allgemeine Zeitung sprechen. Die Artikel über Stein und über Sachsens Verurteilung durch Preußen sind trefflich. Bayern spielt eine gute Rolle. Daß es mächtig bleiben will, finde ich natürlich; ihm die wahren Schranken setzen, daß es sich nicht übernehme, sollte unsere Sache sein. Allein Metternich, scheint mir, hat auch hier einen Mißgriff getan; es war daran, daß wir uns mit diesem Staate auch zertrugen. Er willigte rücksichtlich Fuldas ohne Wissen von Bayern ein; nun wollen diese Salzburg und das Innviertel nicht herausgeben, bis sie nicht ein vollkommenes Äquivalent dafür erhalten. Ich fürchte, wir geben leider zuletzt hier nach, wo wir nie nachgeben sollten. Diese Striche sind viel zu wichtig für uns.

Engelland, scheint es, war eben lange über Sachsens Sache nicht aufgeklärt; Frieden wollte die Nation und dies um jeden Preis, darum Lord Castlereagh schwankend, schwaches Benehmen, wo seine feste Sprache nur hätte nützen können. Auf anderen Wegen und vorzüglich durch Bayern ließ man Schriften in Umlauf bringen. Dies gab richtige Ansichten; bald sprach die Nation für Sachsens Bestand und daher die Debatten zu Ende des Parlaments, andere Befehle hierher; Lord Castlereagh bloß bedacht, die Sache zu retten, aber nicht das Wie, und so geschah es, daß Sachsen, zerrissen, auf die Hälfte herabgesetzt, nur ein Zankapfel bleiben, stets die Habsucht Preußens locken wird.

Lord Wellington kam nun an, Castlereagh war notwendig bei dem Parlament, seiner Partei unentbehrlich, die von einem gewaltigen Sturme bedroht wird.

Ob er sein politisches Benehmen wird verteidigen können, das weiß ich nicht; eine Entschuldigung bleibt ihm immer; Metternichs schwankendes, leichtsinniges (so sagt man) Benehmen. Württemberg bot Rußland eine Separatverbindung an, Rußland lehnte ab.

Talleyrand, mit dem ich sprach, meint, die Revolutionen hätten in Deutschland durch die Reformationen begonnen; nach vielem Reden; Polen müsse ein unabhängiges Reich bilden (ei ja, das war stets die Politik Frankreichs; es war sein Alliierter), Preußen über die Elbe geworfen werden; Österreichs Rolle sei die eines Schützers aller Staaten an der Spitze Deutschlands (alter Fuchs. Mir so etwas als österreichischem Prinzen!). Krakau sei eine Frage (?) gegen Österreich gerichtet; ich sagte, es würde so auch für Rußland keine Rosen tragen. Leipzig hätte es werden sollen. Jetzt müsse man, da die Sache verschnitten, zu Ende trachten, dann an sich flicken . . . . . .

Talleyrand hatte alle konfus gemacht und das bloß durch Zweifel, Widersprüche usw. die er ihnen hinwirft. Stein, mit welchem ich sprach, gibt in seinen überspannten Ideen nach, aber bei all' seinen Kenntnissen und seinem Willen, welche unpraktische Idee! Deutschlands Verfassung soll eine föderative werden, die Fürsten sollen rücksichtlich untereinander und Deutschland keinen Frieden, Krieg, Bund schließen dürfen, aber doch, wenn es dieses (Deutschland) nicht betrifft; so zum Beispiel Bayern mit Frankreich gegen Spanien, aber nicht Bayern mit Frankreich gegen Preußen oder mit Württemberg gegen Hessen — oh, oh! Das führt zur alten Unabhängigkeit und Trennung.

Es ist ein wahres Elend um das preußische Kabinett, und wenn man hier die Sache so führt.

Es ist nur eine Sache gut und heilbringend, innige, treue Vereinigung zwischen Preußen und Österreich; dies hält und zwingt Deutschland mit, und dazu, daß Frankreich nie mehr über den Rhein komme, sondern bis an die Vogesen räume, und um den Barbaren des Nordens sich entgegenzuwerfen, die jetzt so sehr nach Süden drängen; um einst Polen zu befreien und Rußland die Grenze, die die Natur ihm gab, an den Niemen, Dniepr und Dniester zurückzudrängen.

Wer wird eine wahre Vereinigung mit Preußen bewirken? Nur nicht mit Frankreich! Wir haben keine andere Verbindung als mit Preußen. Letzteres gewinnt auch dabei und erhält Stärke und Sicherheit gegen seine innere Gärung. Wie dort der Geist ist, mag das beweisen, daß General Grollmann an Lord Wellington schrieb, die preußische Armee würde es nie zugeben, daß Leipzig an Sachsen zurückkomme; ohne Wissen des Königs! Und er geht herum, als habe er nichts gesagt.

Am 7. schloß man wegen Polen und Sachsen ab; nun beschäftigt man sich mit deutschen, welschen und Schweizer-Angelegenheiten, aber wie? Ich höre so vieles, daß ich nicht weiß, was ich glauben soll; alles Bruchstücke, kein allgemeiner Plan, kein Blick in die Zukunft, überall Vernachlässigung, Fehler, alles kleinfügig behandelt; wahrlich, ich lebe in beständiger Unruhe, tue was ich kann, aber wozu? Wer hört mich?

— 17. — März 4. Der Kongreß rückt vor; Preußen erhielt seine Grenzen, welche aber! Hätte es aufrichtig zu Österreich gehalten, es stünde besser.

Meine Nièce Louise erhielt Parma durch Zutun des russischen Kaisers. Nun werden die helvetischen und italienischen Dinge verhandelt, mit Bayern die Ausgleichung getroffen, worüber ich, Salzburg betreffend, Schwarzenberg eine Note übergab. Dies erfuhr der Kronprinz von Bayern und hielt mir es vor;

ich leugnete es keineswegs und sagte das Warum; er meinte, ich habe Recht, meinem Herrn zu dienen; an ihm sei es, seine Sache zu verfechten; allerdings! Wir sind und bleiben doch darum die besten Freunde.

Während hier alle diese Dinge verhandelt werden, rührt sich Murat; er soll Frankreich den Krieg erklärt haben. Wir sammeln nun 15 000 Mann in und gegen Italien, um unsere Neutralität zu behaupten. Frankreich geht nun zu Wasser. Ich denke, wir werden, ehe man es sich versieht, auch Murat zu Leibe gehen. Ich hätte gewünscht, daß man es sich erspart hätte.

Der Kronprinz von Württemberg scheint sich von Rußland zu entfernen; er setzt seinen Plan, ein eigenes Besitztum am Rhein, das Kommando der Reichsarmee, die Inspektion der Festungen zu haben, nicht durch. — Rolle will er nun einmal spielen, nun hält er sich an dasselbe Österreich, worüber er so laut gesprochen; ja, er sucht Dienst: Mailand, das Kommando gegen Murat steckt ihm im Kopfe.

So hätte er denn auch einen Vorwand, die Verbindung mit der Großfürstin Katharina, deren er, wie es scheint, satt ist, zu brechen, was er sonst nicht kann, da er schon zu weit gegangen. Was nützen Mut, Kenntnisse, Talente, wenn der Charakter nicht gerade, fest und unerschütterlich ist.

Karl und Josef senden ihm Leute aus, um Frauen zu rekognoszieren, Josef geht mit dem russischen Kaiser nach Berlin, von da bereist er die deutschen Höfe und sucht sich eine Frau, und Karl geht ins Bad nach Wiesbaden, dann sucht er ebenfalls sich eine Frau aus; er hat aber schon zu viel geredet, und Fürst Reuß mit dem Weilburger, so daß dieser bestimmt weiß, daß es auf seine Tochter abgesehen ist. Ich treibe beide Brüder, daß sie vor dem Herbste enden. Ich möchte vorzüglich Karl soweit bringen, daß er einmal ein braves Weib bekommt, und die Großfürstin, wenn die württembergische Sache fällt, ihn nicht wieder an sich zu ziehen trachte. Für Josef ist mir gar nicht bange . . . . .

Den 26. 27. Februar brach Napoleon mit 1200 Mann und 6 Kanonen von Elba auf. Obrist Campbell von Seite Englands sollte über ihn wachen; er war auf das Festland gegangen, Anstalten zu machen! Keine Schiffe aufzutreiben. Ich hatte längst gesagt, man solle sich in acht nehmen; er bereite etwas vor. Alle sahen mich für einen Schwarzseher an. Ich bewundere nur die Großmut der Sieger, die ihm 1000 Mann Garde und ein Bataillon und mehrere Schiffe gelassen. Er schiffte nördlich zu, man sah ihn bei Capraja und Korsika vorübersegeln. Murat, 70 000 Mann auf den Beinen, und Frankreich wollte gegen ihn, darum hatte Soult es eingeleitet, daß 60 000 Mann sich bei Lyon versammeln sollten. Er hatte nach Paris sein Armeekorps gezogen, alle übrigen Truppen entfernt, alles dies zu einem Zeitpunkt, wo Napoleon sich rührt; das ist sehr gefährlich. Talleyrand, den ich bei Hofe traf, fand die Sache unbedeutend, doch leuchtete die Angst heraus, weil er auf eine Erklärung der Konföderierten drang; er meinte, er (Napoleon) ginge nach Genua.

Wellington, der sehr einfach und richtig sieht, meinte, er ginge nach Südfrankreich; dort habe er zwar nicht viele Anhänger, aber das Heer sei ganz für ihn.

Metternich machte einen Spaß daraus; mich ärgerte dies, denn ich fand darin keinen Spaß, sondern ziemlich viel Ernsthaftes. Vorläufig wurde dem Bellegarde befohlen, wenn Napoleon in Italien lande, das, was er bei der Hand hatte, zu sammeln und auf ihn loszuschlagen. Hier ist meines Erachtens keine Zeit zu verlieren. Engelland, Holland unter Wellington in den Niederlanden, Preußen und Russen zu Mainz, wir und die Süddeutschen vor Straßburg; man muß trachten, diese Festungen wenigstens zu erhalten. In Italien 100 000 Österreicher reichen hin.

—14. 18. Über Napoleons Unternehmung, den Zug nach

Grenoble . . . . . Überall fand er das Landvolk ihm abgeneigt. Aber schon in Grenoble änderte sich die Sache. Wir hatten indes ein Manifest erlassen; zu voreilig! Denn war Napoleons Sache unbedeutend, so war es überflüssig, und fiel Napoleon das Heer, folglich Frankreich zu, wie das erfüllen, was darin enthalten ist? Die Erläuterung des Manifestes ist noch mehr zu bekritteln.

Talleyrand hatte Eile, darum so schnell damit heraus. (Randbemerkung aus späterer Zeit: Aus Angst, denn es handelte sich um seinen Hals, wenn Napoleon siegte.)

Am 16. wußte man nichts von Paris, dies schien mir ein schlimmes Zeichen.

Gespräch mit dem Kaiser von Österreich.

— 17. Nachrichten aus Frankreich.

Alle diese Nachrichten, die so plötzlich kamen, die Tätigkeit und Schnelligkeit Napoleons erschreckte hier die Herren; bei dem russischen Kaiser Abspannung, Furcht — lange Konferenzen über Operationen usw.; jetzt ist es nichts mit viel Konferieren— handeln! Wir haben den 18.; heute kann Napoleon in Paris sein; gelingt ihm dies, dann sehen wir ihn bald mit 200 000 guten Kriegern gegen uns. Seine Proklamationen sprechen für den König von Rom, seine Rechte; er nennt sich seinen General, verspricht der Nation Belgien und das linke Rheinufer; grimmig gegen die Alliierten. Jetzt beginnt der vierte Aufzug; ein Krieg, gefährlicher, hartnäckiger als jemals, da dem einen Teile kein Ausweg bleibt. Wir können vor einem Monat nicht an dem Rhein sein, die Russen noch weit später, und die Zeit ist gewaltig kostbar.

Lätitia, Pauline, die anderen Schwestern (Bonapartes) Jérôme sind arretiert, Josef in der Schweiz, um den wurden Offiziere abgesandt.

Heute kam die Nachricht, die Schweizer hätten in Zürich beschlossen, sich innig zu vereinigen, alles zu vergessen und nur der Gefahr des Vaterlandes zu steuern. — Genf hatte um Hilfe angesucht. Sie boten den Auszug auf zwischen 30 000 bis 40 000 Mann.

Glücklich der, welcher solche Biedermänner befehligen wird. Könnte ich diesen Auftrag erhalten und dazu für meinen Kaiser mit 5000 bis 6000 Tiroler Schützen stoßen, wir würden gewiß uns keine Schande machen.

— 19. 20. Karl ging zum Kaiser um eine Anstellung zu bitten, wenn der Krieg ausbrechen sollte; er bot sich allem an, wahrlich mit vieler Selbstverleugnung; der Kaiser war verlegen.

Morgen geht Ludwig, Freitags schleppe ich mich hin; ob wir etwas durchsetzen werden, ist die Frage. Allein Pflicht ist, zu sprechen und jetzt höchste Zeit, da alle Feldequipagen vorbereitet werden; ich gehe, wie man will, unter wem man will und werde keine Bedingungen setzen; mir ist um die Ehre zu tun, und sonst nichts. Ich habe keine Absicht, ich verlange weder Auszeichnung, noch Vorrückung, noch was anderes.

— 21. Ich bin zufrieden. Karl sprach mit Schwarzenberg, so erfuhr ich, daß wir alle eine Anstellung bekommen. Karl kommt als Gouverneur nach Mainz. Italien wäre wohl sein Fach gewesen; indes ist es schön von Karl, daß er so eine Stelle annimmt.

Ich soll die Geniedirektion bei der Hauptarmee erhalten. Ich bin es zufrieden; so komme ich in das Hauptquartier, erfahre und sehe alles, und da ich Schwarzenbergs Zufriedenheit mir zu erwerben trachten werde, so kann er mich zu allem verwenden was er will; vielleicht gibt der Himmel mir Gelegenheit, etwas zu tun. Ludwig erhielt eine Grenadierdivision.

Wir müssen alles annehmen, was man uns gibt, dann jeder in seiner Stelle das Äußerste tun, um zu zeigen, was wir fähig sind. Es gilt jetzt der Welt zu zeigen, daß die österreichischen Prinzen Männer sind, in Mut, Kenntnissen, Pflichterfüllung, Selbstverleugnung, in allem. Wir müssen dem Kaiser beweisen, wie schändlich man uns geschildert . . . . . .

Wir gehen bloß für Ehre und Vaterland, wir wollen keinen Orden, keine höheren Grade, keinen Lohn, nichts, als daß er erkenne, wie treu wir ihm zugetan sind, daß wir etwas zu leisten fähig sind, und daß in uns jener Geist lebet, der Habsburg durch den festen Verein seiner Sprossen für die gemeine Sache des Hauses, für den Fürsten so oft rettete.

Darlegung, was aufgeboten werden müsse, um Napoleons Wiedererhebung zu hindern.

So allein läßt sich dieser Drache zertreten, und zertreten muß er werden, damit sein Geifer nicht andere Staaten vergifte . . . . . .

Metternich hat mit dem Kaiser von Rußland Frieden gemacht. Dieser gnädige Herr mag nun fühlen, was seine Philanthropie für einen Schaden angerichtet hat. Das war ein Zuvortun und ein glimpfliches Behandeln in Paris. Alles zugestanden! Dann konnte man nicht früh genug die 100 000 Gefangenen nach Frankreich senden, die jetzt jene sind, die Napoleon fest anhängen. Und eben dieser Herr findet Zweifel, Ängstlichkeiten, Schwierigkeiten, Möglichkeit, daß Frankreich weder Napoleon noch die Bourbons wolle, überlegte, was man dann tun müsse, und solches Zeug mehr. Ich sage, die Franzosen müssen die Bourbons nehmen, weil wir es einmal gesagt, und weil wir die Kraft haben, sie zu zwingen. Ich hatte die Erklärung nicht getan, jetzt ist es aber ein Glück, daß sie geschah, denn nun muß man handeln. Wie ich wieder ausgehe, rede ich frei, offen und so derb, daß ihnen die Ohren klingen sollen. Im Sommer des Jahres 1815 muß die Sache geendet sein. Dann ist erst Ruhe und auf etwas Solides zu denken . . .

— 22. 24. . . . . Schwarzenberg stellte ich meine Lage vor, bat, man möge mich nicht zurücklassen, ich wollte ja alles annehmen, selbst den kleinsten Dienst; es sei grausam, ungerecht, nachdem alles ginge, daß wir Herren von Österreich gleichsam die einzigen zurückbleiben sollten; er sagte, er sehe es ein und glaube, der Kaiser werde es berücksichtigen, aber nicht, wie oder wann. Morgen gehe ich zum Kaiser und werde bitten und vorstellen.

— 24. Wilhelm (Prinz von Preußen) reist heute ab; heute nahmen wir Abschied; unsere Freundschaft ist geschlossen. Wo sich die Seelen gefunden, löst selbst nicht der Tod. Wir werden uns schreiben. Gott gebe, daß wir uns wieder sehen! Wir waren beide bewegt; er, als glaube er nicht, daß wir uns noch sehen würden. Er ist Hausvater, ein edler, deutscher Mann, Gott mit und über ihm und lasse ihn lange leben, Gutes und Großes tun fürs gemeinsame Vaterland, für unser Volk, für seinen Staat.

— 25. Heute erhielt Ludwig seine Bestimmung, eine Division von 13 Bataillons Grenadiers bei der Reserve, mein Vetter Ferdinand das Kommando der Reserve selbst; ich arbeitete für Schwarzenberg in Kürze meine Ansichten aus, die italienischen Plätze betreffend.

— 26. Gestern war ich beim Kaiser, der mir meine Bestimmung als Geniedirektor bei der Armee gab und sehr freundlich war. Ich sagte, da ich erfahren, daß Ludwig eine Bestimmung bekomme, so hatte ich ihm nichts sagen wollen, weil ich überzeugt war, er werde meiner nicht vergessen. Das freute ihn, er sprach viel über Italien, und sah, daß er gesonnen ist, nach geendigten Unruhen mich mit sich zu nehmen oder dahin reisen zu lassen und das Land und die Festungen zu untersuchen; er bewilligte mir alles, was ich wegen meiner Equipierung begehrte. Guter, lieber Herr, dem ich so treu anhänge, könnte ich ihm einmal einen rechten Dienst erweisen, dann wäre ich recht glücklich. Abends erhielt ich meinen Befehl von Fürst Schwarzenberg, der so lautet:

„Seine Majestät haben mittelst allerhöchster Entschließung vom 24. d. M. E. kaif. Hoheit bei der Armee in Deutschland anzustellen geruht und um auch die Feld=Genie=Direktion in Höchst=Eigener Person zu leiten" usw.

April 4. Note des Fürsten Metternich, gestern abends früh zum Kaiser. Der Erzherzog sollte vorerst die Huldigung Italiens im Namen des Kaisers entgegennehmen, dann die Festungen inspizieren und sich dann entweder nach Wien oder durch die Schweiz zu ihm verfügen und Bericht erstatten. Konferenzen mit Metternich, Schwarzenberg, Lazansky.

Metternich teilte ihm mit, es seien nach Venedig Goës und ein Kommandierender; nach Mailand: Saurau und Frimont bestimmt, dann als Vizekönig interimistisch Bellegarde; der Kaiser nehme den Titel eines Königs der Lombardei und Venedigs an; auf Murat gehe man jetzt los; er habe nur 35 000 Mann

Karl hat seinen Befehl nach Mainz, ganz kurz, das ist so viel als Kommandant von dieser Feste . . . . .

Ich finde natürlich die Bitterkeit, die ihm seine passive Rolle einflößen muß, — allein bekritteln, sich aufhalten über die geschehenen Veranlassungen, überall mißbilligen, das ist Gift, wird erzählt und bricht ihm vollends den Stab; ich werde warnen und ihn bitten als treuer Freund, ich möchte gewiß, so wie er es verdient, ihn hoch oben sehen; Gott weiß es . . . . .

— 5. Beim Kaiser.

. . . . Bei Gott, mein Leben ist mir nichts, wenn ich ihm nur dadurch einen Beweis geben (kann) wie ich für ihn denke, und daß ich sein treuer Knecht bin. Hoch mein Herr und Österreich!

Aus Talleyrands
Briefwechsel mit König Ludwig XVIII.

Wien, 4. Oktober 1814.

Sire,*

Am 30. September, morgens zwischen 9 und 10 Uhr, traf ein vom Tage vorher datierter Brief vom Fürsten Metternich von fünf Zeilen bei mir ein, in welchem er mir für seine Person allein den Vorschlag macht, um 2 Uhr einer vorbereitenden Konferenz beizuwohnen, zu der sich auch die Vertreter Rußlands, Englands und Preußens vereint bei ihm einfinden werden. Er fügte hinzu, eine gleiche Einladung würde an Herrn von Labrador, den Vertreter Spaniens ergehen.

Die Worte beiwohnen und vereint waren augenscheinlich mit planvoller Überlegung gebraucht. Ich antwortete, mit Vergnügen würde ich mit den Vertretern Rußlands, Englands, Spaniens und Preußens zu ihm kommen.

Die an Herrn von Labrador gerichtete Einladung bewegte sich in denselben Ausdrücken wie die meine, nur mit dem Unterschiede, daß sie die Form eines Briefes in dritter Person hatte und im Namen des Herrn von Metternich und seiner Kollegen abgefaßt war.

* Soweit nicht ausdrücklich anderes angegeben, sind die folgenden Briefe alle von Talleyrand an König Ludwig XVIII. gerichtet.

Herr von Labrador teilte mir das Schreiben mit und fragte mich wegen der Antwort um Rat. Ich zeigte ihm meine Antwort und er verfaßte eine ganz ähnliche, in der Frankreich mit und vor den anderen Mächten genannt war. So durchkreuzten Herr von Labrador und ich mit Vorbedacht diesen Plan, uns abzusondern und beiseite zu schieben und trieben einen Keil in den besonderen Bund der andern.

Vor zwei Uhr bereits war ich bei Herrn von Metternich, allein ich fand die Vertreter der vier verbündeten Höfe um eine lange Tafel zu einer Sitzung vereinigt; Lord Castlereagh an dem einen Ende hatte augenscheinlich den Vorsitz; am andern Ende hatte ein Mann Platz genommen, den mir Herr von Metternich als den Protokollführer bei ihren Konferenzen vorstellte: es war Gentz. Zwischen Castlereagh und Metternich war ein Stuhl frei; da nahm ich Platz. Ich tat die Frage, warum ich allein von der Botschaft Ew. Majestät eingeladen wäre. Daran knüpfte sich folgendes Gespräch:

„Zu den vorbereitenden Konferenzen würden absichtlich nur die Chefs der Kabinette zugezogen."

„Herr von Labrador ist kein Chef und doch eingeladen?"

„Der spanische Staatssekretär ist noch nicht in Wien anwesend."

„Aber außer dem Fürsten Hardenberg sehe ich doch hier Herrn von Humboldt, der auch kein Staatssekretär ist."

„Das ist eine Ausnahme, zu der uns das Ihnen bekannte Gebrechen* des Fürsten Hardenberg nötigt."

„Wenn es sich nur um Gebrechen handelt, kann jeder mit den seinen dienen und hat dasselbe Recht, sie geltend zu machen."

Es schien die Neigung aufzukommen, einem jeden Staatssekretär zu gestatten, den ihm beigegebenen Bevollmächtigten

---

* Das Gebrechen betrifft die Schwerhörigkeit des Fürsten Hardenberg; Talleyrands Antwort einen ironischen Hinweis auf seine eigene Lahmheit.

mitzubringen. Für den Augenblick hielt ich es für unnütz, weiter auf diesem Punkt zu bestehen.

(Folgt Bericht über den Protest des portugiesischen Botschafters, Graf Palmella, der zu den vorbereitenden Konferenzen nicht zugezogen war.)

„Der Gegenstand der heutigen Konferenz," erklärte mir Lord Castlereagh, „ist eine Information, die wir Ihnen über die Schritte geben wollen, die die vier Höfe, seit sie hier sind, getan haben."

Dann wandte er sich an Metternich und sagte: „Sie haben das Protokoll."

Nun überreichte mir Metternich ein von ihm selbst, Graf Nesselrode, Lord Castlereagh und Fürst Hardenberg unterzeichnetes Schriftstück, das in einem jeden Paragraphen den Ausdruck „Verbündete" enthielt. Bei diesem Worte hakte ich ein; ich sagte, dieses Wort nötige mir die Frage ab, ob wir noch etwa in Chaumont oder in Laon wären, ob kein Friedensschluß erfolgt sei, ob eine Feindseligkeit bestünde und gegen wen? Alle erwiderten mir, daß sie keinerlei Gewicht auf das Wort „Verbündete" legten, als ob sie damit einen, unseren gegenwärtigen Beziehungen widersprechenden Sinn verbänden; nur der Kürze wegen sei dieses Wort gewählt. Hierauf ließ ich durchblicken, daß, wenn auch Kürze von Wert sei, so dürfe man dafür doch nicht die Genauigkeit verkaufen.

Der Inhalt des Protokolls war ein Gewebe metaphysischer* Folgerungen. Diese sollten dazu dienen, Ansprüchen Geltung zu verschaffen, die sich auf Verträge stützten, die uns obendrein völlig unbekannt waren. Diese Folgerungen und Ansprüche zu disku-

---

* Die Schriftstücke der Epoche bewegen sich gerne in moralisierendem Sinne. Dem an die Tatsachenpolitik Napoleons gewöhnten Talleyrand mußten diese Bemerkungen naturgemäß lächerlich vorkommen. Er bezeichnet sie als „metaphysisch"; Napoleon würde gesagt haben „ideologisch". — Die beiden Protokolle sind am Schluß dieses Briefes abgedruckt.

tieren, hätte dieselbe Wirkung gehabt wie ein Sprung in einen Ozean von Disputationen; so sah ich die Notwendigkeit, alles mit einem zwingenden Argument abzuweisen. Ich las mehrere Paragraphen und sagte:

„Ich werde nicht klug daraus".

Ich las sie bedachtsam zum zweitenmal mit der Miene eines Mannes, der der Sache auf den Grund gehen will, dann sagte ich:

„Ich werde immer noch nicht klüger dabei," und fügte hinzu:

„Für mich gibt es zwei Daten, zwischen denen nichts erfolgt ist. Das eine Datum ist der 30. Mai, an dem die Bildung des Kongresses stipuliert wurde und das andere der 1. Oktober, an dem der Kongreß versammelt sein soll. Alles, was während dieses Zeitabschnittes erfolgte, bleibt mir fremd und existiert für mich nicht."

Die Antwort der Bevollmächtigten ging dahin, sie legten wenig Gewicht auf das Dokument und hielten es für besser, es zurückzunehmen. Darauf bemerkte ihnen Herr von Labrador, immerhin hätten sie es unterzeichnet. Das Dokument wurde zurückgenommen, Metternich legte es beiseite, und es war nicht mehr die Rede davon.

(Es folgt die Schilderung eines anderen Entwurfes, bei dem Talleyrand dasselbe Manöver wie beim ersten durchschauen ließ. Talleyrand machte Einwände dagegen geltend, besonders gegen den Umstand, daß die sechs Großmächte: England, Österreich, Preußen, Rußland, Italien und Spanien die ganzen Vorarbeiten für den Kongreß leisten sollen. Er weiß Lord Castlereagh zur Beipflichtung zu bestimmen und es gelingt ihm wirklich, eine unsichere Stimmung unter den Verbündeten zu schaffen.)

Nachher ging ich zu der besonderen Audienz, zu der mich Kaiser Alexander hatte auffordern lassen (durch Nesselrode). Der Kaiser ging auf mich zu, schüttelte mir die Hand, doch seine Miene war nicht liebenswürdig wie sonst; er sprach kurz, seine Haltung war ernst, beinahe feierlich. Ich sah deutlich, daß er dabei war, eine Rolle zu spielen.

„Vor allem," sagte er, „wie ist die Lage in Frankreich?"

„So gut, als Ew. Majestät wünschen konnten und besser, als es zu hoffen war."

„Die öffentliche Meinung?"

„Wird mit jedem Tage besser."

„Die liberalen Ideen?"

„Sie gedeihen nirgends besser als in Frankreich."

„Aber die Preßfreiheit?"

„Sie ist wieder hergestellt, nur bestehen noch einige Beschränkungen, die durch die Umstände geboten sind, doch in zwei Jahren sollen sie fortfallen. Dies soll aber nicht hindern, daß bis dahin alles Gute und Nützliche veröffentlicht wird."

„Und die Armee?"

„Sie ist ganz auf Seiten des Königs; 130 000 Mann stehen unter den Fahnen und beim ersten Aufruf könnten 300 000 dazustoßen."

„Was machen die Marschälle?"

„Welche meinen Sie, Sire?"

„Was macht Oudinot?"

„Er ist dem Könige ergeben."

„Was macht Soult?"

„Anfangs war er mißgestimmt: er hatte die Statthalterschaft der Vendée erhalten, sich dort ausgezeichnet benommen und Liebe und Achtung erworben."

„Was macht Ney?"

„Er denkt noch mit Bedauern an seine Dotationen; doch dieses Bedauern kann die Gnade Ew. Majestät verringern."

„Was machen die beiden Kammern? Mir scheint es, als ob sich da die Opposition erhebt."

„Das ist die Meinung überall, wo es beratende Versammlungen gibt, die Meinungen mögen auseinandergehen, allein in den Gefühlen gibt es keinen Zwiespalt. Immer hat die Regierung trotz Abweichungen in den Meinungen einzelner, eine große Mehrheit."

„Aber es herrscht kein Einverständnis?"

„Wer hat so etwas Ew. Majestät berichten können? Nach einer 25jährigen Revolution ist die Stellung des Königs in wenigen Monaten so fest begründet worden, als hätte er Frankreich nie verlassen: kann etwas sicherer beweisen, daß alle nur auf ein Ziel losmarschieren?"

„Und Ihre persönliche Stellung?"

„Die Vertrauens- und Gunstbeweise des Königs übertreffen meine Hoffnungen."

„Sprechen wir jetzt von unseren Geschäften; wir müssen sie hier zu Ende bringen."

„Das hängt von Ew. Majestät ab. Sie werden schnell und glücklich zu Ende gebracht werden, wenn Ew. Majestät denselben Edelmut und dieselbe Seelengröße walten läßt wie in Frankreich."

„Aber jeder muß auf seine Rechnung kommen."

„Und ein jeder zu seinem Recht."

„Ich behalte das besetzte Gebiet."*

„Ew. Majestät werden nur behalten wollen, was Ihnen dem Rechte nach zukommt."

„Ich bin im Einverständnis mit den Großmächten."

„Ich weiß nicht, ob Ew. Majestät Frankreich dazu rechnen."

„Allerdings, aber wenn Sie nicht wollen, daß ein jeder auf seine Rechnung kommt, was wollen Sie dann?"

„Ich stelle die Rechnung hinter das Recht."

„Die Rechnung Europas ist das Recht."

„Diese Sprache, Sire, ist nicht die Ihre; sie ist Ihnen fremd und Ihr Herz stimmt nicht zu."

„Nein, ich wiederhole es: die Rechnung Europas ist das Recht."

---

* Polen.

Da wendete ich mich gegen die Wand, an der ich stand, lehnte meinen Kopf dagegen, schlug gegen das Getäfel und rief: „Europa, unglückliches Europa!" Dann wandte ich mich wieder zum Kaiser und fragte: „Soll es einstmals heißen, Sie haben Europa ins Verderben gestürzt?" Er gab mir zur Antwort „Eher Krieg als Verzicht auf das, was ich besetzt halte." Ich ließ meine Arme sinken und verharrte schweigend in der Stellung eines tief bekümmerten, aber entschlossenen Mannes, mit einer Miene, die ihm sagen mochte: Unsere Schuld wird es nicht sein. Erst nach einigen Augenblicken brach der Kaiser das Schweigen, dann wiederholte er: „Ja, eher Krieg."

Ich verharrte in meiner Haltung. Da erhob er die Hände und schüttelte sie, wie ich es vordem nie bei ihm gesehen hatte, in einer Weise, die mir den Schluß der „Lobrede auf Marc Aurel" ins Gedächtnis rief und sagte mehr schreiend: „Es ist Zeit zum Theater, ich muß hingehen, ich habe es dem Kaiser versprochen, ich werde erwartet. Dann entfernte er sich; in der offenen Tür machte er noch einmal kehrt, umfaßte meinen Leib mit beiden Händen und sagte ganz außer sich zu mir: „Adieu, adieu, wir werden uns wiedersehen."

Bei diesem ganzen Gespräch, von dem ich Eurer Majestät nur den wichtigsten Teil berichten kann, wurden Polen und Sachsen nicht ein einziges Mal genannt, sondern immer nur mit Umschreibungen bezeichnet. So meinte der Kaiser Sachsen, wenn er sagte: „Die Verräter an der Sache Europas." Darauf konnte ich antworten: „Sire, das ist eine Frage des Datums," und nach einer kurzen Pause konnte ich hinzufügen „und eine Wirkung der Verlegenheiten, in die man durch die Umstände geraten kann."

Einmal sprach der Kaiser von Verbündeten: ich wies den Ausdruck zurück, wie ich es zuvor in der Konferenz getan hatte und legte ihn der Gewohnheit zur Last.

So, Sire, ist die gegenwärtige Lage der Dinge.

Ew. Majestät sehen die Schwierigkeit unserer Stellung. Mit jedem Tage kann es schlimmer werden. Kaiser Alexander entfaltet seinen vollen Ehrgeiz; er wird von Laharpe und dem Fürsten Czartoryski aufgereizt; Preußen erhofft bedeutende Vergrößerungen; Österreich ist kleinmütig und hat nur verschämten Ehrgeiz, aber es ist gefällig, um Stützen zu finden. Und das sind noch nicht die einzigen Schwierigkeiten. Andere erwachsen noch aus den Abmachungen, welche die einst verbündeten Höfe miteinander geschlossen haben, als sie noch nicht auf den Sturz des Mannes hofften, den sie fallen sahen, und als sie sich vornahmen, mit ihm einen Frieden zu schließen, der ihnen erlauben sollte, seine Nachahmer zu werden.

Heute, wo mit Ew. Majestät zugleich auch die Gerechtigkeit wieder auf den Thron gestiegen ist, wollen die Mächte, zu deren Vorteil jene Abmachungen getroffen wurden, nicht darauf verzichten, während die, welche vielleicht bedauern, verpflichtet zu sein, nicht wissen, wie sie sich davon losmachen sollen. In dieser Lage ist, meiner Meinung nach, England, dessen Bevollmächtigter schwach ist. Die Vertreter Ew. Majestät könnten also wohl auf solche Hindernisse stoßen, daß sie auf jede andere Hoffnung verzichten müßten als auf die, die Ehre zu retten; aber so weit sind wir noch nicht.

Protokoll vom 22. September 1824.

Die Vertreter Österreichs, Rußlands, Englands und Preußens haben sich versammelt, um über den für den Kongreß von Wien anzunehmenden Geschäftsgang, durch welchen derselbe zu einem schnellen und glücklichen Ende geführt werden soll, zu beraten.

Sie haben die auf den Kongreß bezüglichen Bestimmungen des Pariser Vertrages in Erwägung gezogen.

Diese Bestimmungen sind enthalten:

1. in dem 32. Artikel des öffentlichen Vertrages, der folgendermaßen lautet: „Innerhalb zweier Monate werden alle Mächte,

die auf der einen oder anderen Seite an dem gegenwärtigen Kriege teilgenommen haben, Bevollmächtigte nach Wien schicken, wo auf einem allgemeinen Kongreß die Abmachungen getroffen werden sollen, welche zur Vervollständigung der Bestimmungen dieses Vertrages nötig sind.

2. In dem ersten geheimen Artikel, der folgenden Wortlaut hat: „Die Verteilung der Territorien, auf welche Se. Allerchristlichste Majestät in dem dritten Artikel des öffentlichen Vertrages verzichtet und die Verhältnisse, aus denen ein wirkliches und dauerndes Gleichgewicht in Europa hervorgehen soll, werden durch den Kongreß geregelt werden auf Grundlage der von den Verbündeten untereinander getroffenen Vereinbarungen und nach den allgemeinen in den folgenden Artikeln enthaltenen Bestimmungen."

Der oben erwähnte 32. Artikel behält offenbar allen darunter begriffenen Mächten das Recht vor, auf dem Kongreß ihre Interessen zu wahren.

Der erste geheime Artikel gibt den verbündeten Mächten die Initiative bei den Beratungen, insofern sie das Recht haben, die zwischen ihnen vereinbarten Abmachungen als Grundlagen hinzustellen.

In Erwägung, daß unmöglich so viele zum Kongreß versammelte Vertreter die zu beratenden Gegenstände ordnen und Entwürfe zu Vereinbarungen abfassen können, haben die bevollmächtigten Minister sich dahin verständigt, daß der in den folgenden Punkten bezeichnete Geschäftsgang dem wahren Interesse aller Teilnehmer am meisten entspreche und allein die Unterhandlungen zu einem schnellen und glücklichen Ziele führen könne.

1. Darnach sollen die Gegenstände der Verhandlung in zwei Klassen geteilt werden. Die erste würde die großen Interessen Europas umfassen, die Beziehungen der Mächte untereinander, die Gebietsteilungen, die Grenzbestimmungen, die

Entscheidung über die von den verbündeten Mächten vorläufig besetzten und verwalteten Länder. Die zweite beträfe die Organisation der deutschen Bundesverfassung.

2. Die Vorarbeiten für diese beiden Klassen würden zwei folgendermaßen zusammengesetzten Ausschüssen übertragen:

Österreich, Rußland, England, Preußen, Frankreich, Spanien würden die Vorarbeiten für die europäischen Fragen übernehmen.

Die Höfe von Österreich, Preußen, Bayern, Hannover und Württemberg werden sich mit den Vorarbeiten für die Organisation Deutschlands beschäftigen.

3. Entsprechend der Bedeutung des ersten besondern und geheimen Artikels des Pariser Vertrages werden die vier Kabinette einen Entwurf über die territorialen Einrichtungen auf Grund der in dem Pariser Vertrag enthaltenen und von Frankreich anerkannten Prinzipien verfassen. Diese Arbeit würde Frankreich und Spanien mitgeteilt werden.

4. Dann würden die vier Mächte sich mit den andern Mächten in Verbindung setzen und sie einladen, ihre Ansichten und Wünsche ihnen kundzugeben.

5. Gleich nach Eintreffen des französischen Bevollmächtigten wird der gegenwärtige Entwurf Frankreich und Spanien mitgeteilt werden, und erst dann würden in Gemeinschaft mit ihren Bevollmächtigten der Geschäftsgang und die Verhandlungsweise zur Ausführung der in dem gegenwärtigen Protokoll vorgesehenen Abmachungen endgültig festgesetzt werden.

6. Sobald die Grundlagen für den deutschen Bund festgestellt sind, werden die organischen Einzelheiten der deutschen Bundesverfassung einem deutschen Bundestage überwiesen werden.

Genehmigt: Metternich, Nesselrode, Castlereagh, Hardenberg, Humboldt.

Separat-Protokoll der Konferenz vom 22. September 1814.

Es wurde eine Diskussion über das Schriftstück betreffend die Formen des Kongresses, welches den französischen und spanischen Bevollmächtigten überreicht werden soll, eröffnet. Die zur Konferenz vereinigten Minister genehmigten es, nachdem sie einige Änderungen daran vorgenommen.

Bei Verlesung dieses Schriftstückes bemerkten sie gleichzeitig, daß sie, nur um nicht Mißtrauen zu erregen und den französischen Hof nicht zu verletzen, dem 3. Artikel, der die von den Mächten zu ergreifende Initiative betrifft, nicht die volle Ausdehnung gegeben haben. Aus diesem Grunde erschien es ihnen doppelt notwendig, in dieser Hinsicht untereinander möglichst bestimmt den Unterschied zwischen den Beratungen der vier und denen der sechs Mächte festzustellen, und sie haben zu diesem Zwecke folgendes vereinbart:

1. Die vier Mächte allein sollen sich untereinander über die Verteilung der durch den letzten Krieg und den Pariser Frieden verfügbar gewordenen Provinzen verständigen; die andern beiden sollen nachher hinzugezogen werden, um ihre Ansichten zu äußern, und, wenn sie es für angebracht halten, ihre Einwendungen zu machen, die dann mit ihnen besprochen werden sollen.

2. Um sich nicht von dieser Richtschnur zu entfernen, werden die Bevollmächtigten der vier Mächte mit den beiden andern hierüber erst in Verhandlung treten, je nachdem sie die Verteilung der Gebiete in dem Herzogtum Warschau, in Deutschland und Italien vollständig und einträchtig untereinander erledigt haben.

3. Um die nötige Zeit für diese vorläufigen Verhandlungen zu gewinnen, werden die Bevollmächtigten inzwischen und gleich nach Eröffnung des Kongresses sich gemeinsam mit den beiden andern mit Fragen von einer andern Beschaffenheit, an deren Verhandlung die sechs als Hauptpartei teilzunehmen volles Recht haben, zu beschäftigen suchen.

Diese drei Grundsätze wurden in der Konferenz in folgender Weise motiviert:

Die Bestimmung der eroberten Provinzen gehört der Natur der Sache nach denjenigen Mächten, durch deren Anstrengungen die Eroberung vollzogen ist. Dieses Prinzip ist durch den Pariser Vertrag selbst gutgeheißen und von dem französischen Hofe selbst bereits vorläufig zugestanden, denn der erste geheime Artikel des Pariser Vertrages sagt bestimmt und ausdrücklich: die Verteilung der Territorien wird durch den Kongreß geregelt werden auf Grundlage der von den Verbündeten untereinander getroffenen Vereinbarungen.

Die Ausdrücke „getroffene Vereinbarungen" und „untereinander getroffene Vereinbarungen" bezeichnen deutlich, daß es sich hier nicht um bloße Vorschläge handelt, noch um Beratungen, an denen Frankreich teilnehmen könnte. Es ist auch nicht gesagt worden, wo und wie diese Vereinbarungen getroffen werden sollen, und es wäre eine völlig willkürliche und unrichtige Deutung, wenn man behaupten wollte, es sei darunter nur der Inhalt der zwischen den Verbündeten bereits bestehenden Verträge verstanden.

Da aber Frankreich wieder eine legitime Regierung erhalten hat, so beabsichtigen die vier verbündeten Mächte keineswegs, diesen Staat oder Spanien von jeder Verhandlung über die Verteilung der Gebiete, insoweit diese Mächte daran ein besonderes Interesse haben oder soweit das Interesse ganz Europas dabei in Frage kommt, fern zu halten, wie sie Frankreich davon fern gehalten hätten, wenn der Friede mit Napoleon geschlossen wäre.

Von den drei Formen also, die bei diesem Punkte in Frage kommen:

Sofortige Teilnahme an der Verhandlung mit völlig gleichem Einfluß;

Hinzuziehung erst dann, wenn die andern Teile sich bereits untereinander verständigt haben;

Vorausgehende Anerkennung dessen, was die andern vereinbaren würden,
ist die zweite diejenige, die Frankreich zu beanspruchen ein Recht hat, mit der es sich aber auch bescheiden muß.

Übrigens würde eine andere Handlungsweise auch höchst nachteilig sein. Falls Frankreich erst zugelassen wird, wenn die andern vier Mächte sich schon untereinander verständigt haben, wird es trotzdem alle die Einwendungen machen können, die es aus Rücksicht für seine eigene Sicherheit und für das allgemeine Interesse Europas für angebracht hält, aber es wird keine andern erheben. Wenn es an der ersten Beratung selbst teilnimmt, so wird es bei jeder Frage, mag dieselbe seine eigenen Interessen berühren oder nicht, für und wider Partei ergreifen; es wird diesen oder jenen Fürsten nach seinen besonderen Absichten begünstigen und die kleinen deutschen Fürsten werden sich dadurch aufgefordert fühlen, das ganze Spiel von Intriguen und Kabalen wieder zu beginnen, welches das Unglück der letzten Jahre großenteils verschuldet hat. Deshalb ist es von der äußersten Wichtigkeit, mit den französischen Bevollmächtigten nicht eher über eine Frage in Verhandlung zu treten, als bis dieselbe völlig erledigt ist.

Genehmigt: Metternich, Hardenberg, Humboldt, Nesselrode.

Wien, 9. Oktober 1814.

Sire,

Die Vertreter der vier Höfe wurden durch meine Note vom 1. Oktober in Verlegenheit gebracht, und da sie kein Argument zur Widerlegung finden konnten, so spielen sie die Beleidigten. Diese Note, hat Herr von Humboldt gesagt, ist eine zwischen uns geschleuderte Brandfackel; man will uns unter einander entzweien, sagt Nesselrode; es soll nicht gelingen. Sie gestehen also offen ein, was leicht zu vermuten war, daß sie unter sich ein Bündnis geschlossen haben, um sich zu Herren der ganzen Lage zu machen und sich als die obersten Schiedsrichter von ganz Europa hinzustellen. Maßvoller und in sanfterem Tone hat Lord Castlereagh zu mir geäußert, daß nach ihrer Ansicht die Konferenz, zu der sie Herrn von Labrador und mich eingeladen hatten, eine ganz vertrauliche sein sollte, und daß ich ihr diesen Charakter durch meine Note und noch dazu durch eine amtliche Note genommen habe. Ich erwiderte, der Fehler wäre auf ihrer Seite, nicht auf meiner; sie hätten meine Ansicht zu wissen verlangt, ich habe geglaubt, sie ihnen mitteilen zu müssen und zwar schriftlich und mit meiner Unterschrift, weil ich gesehen hatte, daß sie untereinander in ihren Konferenzen auch schriftlich und mit Unterschrift verkehrten.

(Man wollte Talleyrand veranlassen, seine Note zurückzuziehen, Herr von Labrador bemerkte, es sei zu spät, die Note zirkuliere bereits. Metternich gerät in Verlegenheit und deutet an, die vier Höfe würden allein alles vorbereiten. Darauf erklärt Talleyrand, daß er an keiner Konferenz mehr teilnehme, bis der Kongreß eröffnet wird. So gelingt es ihm, Unsicherheit zu erzeugen und tatsächlich Castlereagh für sich zu gewinnen. Auch Metternich, der sich vor Rußland und Preußen fürchtet, schwenkt zu Talleyrand ab. Er läßt ihn in einem Billett zu sich bitten, „weil es sich um wichtige Dinge handle".)

Ich war um sieben Uhr bei ihm und wurde sogleich vorgelassen. Er sprach zuerst von dem Entwurf zu einer Erklärung, den er hatte verfassen lassen, und der sich, wie er mir sagte, von dem meinigen zwar ein wenig unterschied, aber sich ihm doch so weit nähere, daß ich damit zufrieden sein könne. Ich bat ihn um das Schriftstück, aber er hatte es nicht da.

„Es zirkuliert wohl," fragte ich, „bei den Verbündeten?"

„Sprechen Sie doch nicht von Verbündeten, es gibt keine mehr."

„Es gibt hier Leute," sagte ich, „die verbündet sein sollten und zwar in dem Sinne, daß sie, auch ohne Abmachungen, dasselbe meinen und dasselbe wollen müßten. Woher nehmen Sie den Mut, Rußland wie einen Gürtel Ungarn und Böhmen, Ihre vornehmsten und wichtigsten Besitzungen, umschnüren zu lassen? Wie können Sie es dulden, daß das Erbe eines alten, guten Nachbars, in dessen Familie eine Herzogin geheiratet hat, Ihrem natürlichen Feinde gegeben werde? Es ist seltsam, daß wir uns dem widersetzen wollen, und Sie nicht."

Er sagte mir, daß ich kein Vertrauen zu ihm habe; ich antwortete, dazu habe er mir wenig Ursache gegeben und erinnerte ihn an einige Gelegenheiten, wo er mir sein Wort nicht gehalten habe. „Und außerdem," fügte ich hinzu, „wie soll ich einem Manne trauen, der auch gegen die, deren ganze Neigung dahin geht, seine Sache zu der ihrigen zu machen, geheimnisvoll tut? Ich meinerseits tue nicht geheimnisvoll und brauche dies auch nicht: das ist der Vorteil der Leute, die nur auf Grund von Prinzipien unterhandeln. „Hier," fuhr ich fort, „sind Federn und Papier, wollen Sie schreiben, Frankreich verlangt nichts und wird nichts annehmen. Ich bin bereit, es zu unterzeichnen."

„Aber," sagte er, „die neapolitanische Angelegenheit bleibt offen, die eigentlich die Ihre ist."

Ich antwortete: „Nicht mehr die meine als die aller anderen. Es ist für mich nur eine Frage des Prinzips; ich verlange nur, daß der in Neapel bleibt, der das Recht hat, in Neapel zu bleiben, und weiter nichts. Und dies müssen alle andern so gut wollen wie ich. Man folge nur den Prinzipien und man wird mich in allem nachgiebig finden. Ich will Ihnen frank und frei sagen, was ich bewilligen kann und was ich nie bewilligen werde. Ich sehe ein, der König von Sachsen kann in seiner augenblicklichen Lage gezwungen sein, Opfer zu bringen; ich nehme an, daß er dazu bereit sein wird, weil er vernünftig ist; doch niemals werde ich darin einwilligen, wenn man ihn aller seiner Staaten berauben und das Königreich Sachsen an Preußen geben will. Ich werde auch nie bewilligen, daß Luxemburg und Mainz an Preußen gegeben werden. Ich werde auch nicht gestatten, daß Rußland sich über die Weichsel ausdehnt, in Europa 44 Millionen Untertanen zählt und seine Grenze an der Oder hat. Wenn aber Luxemburg an Holland und Mainz an Bayern abgegeben werden, wenn das Königreich und der König von Sachsen erhalten bleiben, und wenn Rußland sich nicht über die Weichsel ausdehnt, so habe ich für diesen Teil Europas keine Einwendungen mehr zu machen." Herr von Metternich ergriff darauf meine Hand und sagte: „Wir sind gar nicht so fern von einander, wie Sie glauben. Ich verspreche Ihnen, daß Preußen weder Luxemburg noch Mainz haben soll, ebensowenig liegt uns daran, daß sich Rußland übermäßig vergrößert, und was Sachsen anlangt, so werden wir alles tun, was wir tun können, damit wenigstens ein Teil davon erhalten bleibt."

(Metternich bittet darauf, Talleyrand möchte die Zulassungsfrage nicht zur Sprache bringen, um Murat nicht zu einem Losschlagen zu verleiten. Talleyrand erklärt sich einverstanden. Bei den nachfolgenden Verhandlungen erklärt er, daß er Metternich beipflichte, „doch unter der Bedingung, daß an der Stelle des Schriftstücks, wo gesagt ist, die formelle Eröffnung des Kongresses werde bis zum 1. November vertagt, hinzugefügt werde: „Die Eröffnung wird geschehen in Übereinstimmung mit den Grundsätzen des öffentlichen Rechts.")

Bei diesen Worten erhob sich ein Lärm, von dem man sich nur schwer eine Vorstellung machen kann. Herr von Hardenberg stand am Tische aufrecht, gestützt auf die Platte, und rief mit fast drohender und schreiender Stimme, wie sie sich bei denen, die mit Gebrechen behaftet sind, wie er, gewöhnlich findet, indem er die Worte abgehackt herausstieß: „Nein, Herr, das öffentliche Recht? Das ist unnütz. Warum erklären, daß wir gemäß dem öffentlichen Rechte handeln werden? Das versteht sich ohne ein Wort." Ich erwiderte ihm: „Wenn es sich schon ohne ein Wort verstände, so würde es noch besser verstanden, wenn das Wort ausgesprochen wird." Herr von Humboldt rief: „Was haben wir mit dem öffentlichen Rechte zu schaffen?" Ich antwortete: „Daß Sie hier sitzen, hat es schon geschaffen." Lord Castlereagh nahm mich beiseite und fragte mich, ob ich, wenn man in diesem

Punkte meinen Wünschen nachgeben würde, mich zugänglicher zeigen werde. Ich fragte ihn meinerseits, was ich von ihm in der neapolitanischen Frage erhoffen dürfe, wenn ich mich zugänglicher zeige; er versprach mir, mich mit seinem ganzen Einfluß zu unterstützen. „Ich werde darüber," sagte er, „mit Metternich sprechen; ich habe das Recht, über die Frage eine feste Ansicht zu haben." „Sie geben mir Ihr Ehrenwort?" fragte ich ihn; er erwiderte: „Ich gebe es Ihnen." „Und ich," versetzte ich nun meinerseits, „gebe Ihnen mein Ehrenwort, ich werde nur bei den Prinzipien, die ich nicht preisgeben darf, unnachgiebig sein."

Inzwischen hatte sich Herr von Gentz dem Fürsten Metternich genähert und machte ihm Vorstellungen, daß man sich nicht weigern könne, das öffentliche Recht in einem Akte wie dem hier in Frage stehenden, zu erwähnen. Man willigte endlich in den von mir verlangten Zusatz; dann aber entstand eine nicht minder lebhafte Diskussion über die Stelle, wo derselbe eingeschoben werden sollte; man einigte sich endlich, ihn einen Satz früher einzuschieben als ich vorgeschlagen hatte*. Herr von Gentz konnte sich nicht enthalten, in der Konferenz selbst zu sagen: „Die Geschichte dieses Abends, meine Herren, gehört zur Geschichte des Kongresses. Nicht ich werde sie erzählen, weil meine Pflicht es verbietet, aber die Geschichte wird sicher wiedergefunden werden." Er sagte mir nachher, daß er nie etwas Ähnliches erlebt habe. Ich sehe es deshalb als ein Glück an, daß ich ohne Preisgebung unserer Prinzipien etwas habe tun können, was man als eine Anbahnung der Eröffnung des Kongresses betrachten darf.

---

* Brief Talleyrands am 12. Oktober an das Ministerium des Auswärtigen: „Man behauptet, daß wir durch die Hinzufügung der Worte ‚öffentliches Recht' einen Sieg errungen haben. In dieser Ansicht haben sie einen Maßstab zur Beurteilung des Geistes, der den Kongreß beseelt."

Wien, 13. Oktober 1814.

... Man zeigt die ziemlich bestimmte Absicht, Bonaparte von der Insel Elba zu entfernen*. Doch hat noch keiner eine bestimmte Idee, wo man ihn hinbringen könnte. Ich habe eine der Azoren vorgeschlagen, die 500 Lieues von dem Festlande entfernt sind. Lord Castlereagh scheint sich dem Glauben hinzugeben, die Portugiesen wären für diese Neuordnung zu haben; aber dabei wird auch die Geldfrage wieder eine Rolle spielen. Der Sohn Bonapartes wird jetzt nicht mehr wie in der ersten Zeit nach seiner Ankunft in Wien behandelt. Aber dabei werden weniger Umstände gemacht und alles einfacher gehandhabt ...

Kaiser Alexander sagte vor einigen Tagen: „Talleyrand spielt hier den Minister Ludwigs XIV.," und Humboldt sagte zu dem sächsischen Bevollmächtigten Schulenburg, um ihn zu gewinnen oder einzuschüchtern: „Der französische Bevollmächtigte erscheint hier mit recht edeln Worten; aber entweder verbergen sie einen Hintergedanken oder es ist nichts dahinter, um sie zu vertreten; wehe also denen, die sich darauf verlassen sollten." Um solche Reden zu beseitigen und aller Unentschlossenheit ein Ende zu machen, müßten Ew. Majestät eine Erklärung an Ihre Völker erlassen, in der Sie die Grundsätze, deren Befolgung Sie uns anbefohlen haben, und Ihren festen Entschluß, nie davon abzugehen, bekannt machten; zugleich aber müßten Sie durchblicken

---

* Der Kriegsminister Dupont schrieb am 8. Oktober an Talleyrand: „Der Bewohner der Insel Elba erhält häufig Kuriere von Neapel und anderswoher. Er steht öfters des Nachts auf, schreibt Depeschen und scheint sehr beschäftigt, wiewohl er in gesuchter Weise von seiner Ruhe und Entfernung von den Geschäften spricht. Es ist wirklich wichtig, daß er durch einen gemeinsamen Beschluß der Mächte von Italien entfernt werde. Es wird gewiß keinen Krieg geben; sollte aber wieder einer ausbrechen, so wird Napoleon unzweifelhaft eine Anzahl italienischer und selbst französischer Deserteure zusammenbringen und das Festland an verschiedenen Orten beunruhigen können."

laſſen, daß die gerechte Sache nicht ohne Unterſtützung bleiben wird . . . .

Wien, 17. Oktober 1814.

. . . In Deutſchland ſind überall revolutionäre Gärungsſtoffe verbreitet; der Jakobinismus herrſcht hier nicht wie bei uns in Frankreich vor 25 Jahren in den mittleren und untern Klaſſen, ſondern in dem höchſten und reichſten Adel; ein Unterſchied, der bewirkt, daß der Gang einer in Deutſchland etwa ausbrechenden Revolution nicht nach dem Gange der unſerigen berechnet werden kann. Die, welche durch die Auflöſung des Reiches und die Rheinbundsakte von dem Range der Dynaſten zu der Klaſſe der Untertanen herabgeſtiegen ſind, ertragen mit Ungeduld die Herrſchaft von Menſchen, die in Wirklichkeit oder ihrer Meinung nach ihresgleichen waren; ſie trachten eine Ordnung umzuſtürzen, die ihren Stolz empört, und alle Regierungen dieſes Landes durch eine einzige zu erſetzen. Mit ihnen im Bunde ſind die Männer der Univerſitäten, die von ihren Theorien erfüllte Jugend, und die, welche der Kleinſtaaterei Deutſchlands die Leiden zuſchreiben, die ſich durch ſo viele Kriege, deren beſtändiger Schauplatz es iſt, über das Land ergoſſen haben. Die Einheit des deutſchen Vaterlandes iſt ihr Geſchrei, ihr Glaube, ihre bis zum Fanatismus erhitzte Religion, und dieſer Fanatismus hat ſelbſt einige der gegenwärtig regierenden Fürſten ergriffen. Dieſe Einheit aber, von der Frankreich nichts zu fürchten hätte, wenn es das linke Rheinufer und Belgien beſäße, würde jetzt die bedenklichſten Folgen für uns haben. Wer kann überdies die Folgen der Erſchütterung einer Maſſe wie Deutſchland vorherſehen, wenn die bisher getrennten Elemente in Bewegung kämen und ſich verſchmelzen? Wer weiß, wo der einmal gegebene Anſtoß innehält? . . .

Ich kann nicht glauben, daß Rußland und Preußen es auf einen Krieg mit Öſterreich, Frankreich, Sardinien, Bayern und einem großen Teile Deutschlands ankommen lassen wollen; und wenn sie etwas auf eine solche Chance wagen wollen, so würden sie vor Österreich allein erst recht nicht zurückweichen, vorausgesetzt, was nicht der Fall ist, daß dieses allein den Kampf aufnehmen wollte.

So bliebe denn Österreich, wenn es sich unserer Unterstützung beraubt sähe, kein anderes Hilfsmittel als unbestimmte Verlängerung oder Auflösung des Kongresses. Das hieße der Revolution Tür und Tor öffnen, oder Nachgiebigkeit und Zustimmung zu Dingen zu geben, die Ew. Majestät niemals gutzuheißen entschlossen sind.

Ein Ausschuß, der sich zusammensetzt aus Vertretern Österreichs, Preußens, Bayerns, Württembergs und Hannovers, arbeitet an einer Bundesverfassung für Deutschland; sie haben schon eine Konferenz gehalten. Bei dem Interessengegensatz und bei der Art ihrer persönlichen Charaktere bezweifelt man, daß sie zu einer Verständigung gelangen werden.

Wien, 19. Oktober 1814.

Sire,

Die vier Höfe haben nicht aufgehört, Verbündete zu sein in dem Sinne, daß die Empfindungen, mit denen sie den Krieg führten, denselben überdauert haben, und daß der Geist, in dem sie kämpften, sie auch noch bei der Ordnung der europäischen Angelegenheiten leitet.

Ihre Absicht war, diese Angelegenheiten allein zu regeln. Dann erkannten sie aber, nur durch die scheinbare Sanktion Aller könne die Rechtmäßigkeit einer Neuordnung der Dinge gesichert werden. Deshalb wurde der Kongreß zusammenberufen. Gerne hätten die Mächte gewünscht, Frankreich davon auszuschließen, allein sie konnten es nicht mehr nach der glücklichen Umwandlung, die sich dort vollzogen hatte, und insofern ist ihnen diese Umwandlung unangenehm gewesen. Indessen schmeichelten sie sich, Frankreich werde zu lange und zu ausschließlich von seinen Verlegenheiten im Innern in Anspruch genommen, um mehr als der Form nach an dem Kongresse teilzunehmen. Als sie dann sahen, daß wir hier mit Grundsätzen auftraten, die sie nicht bekämpfen konnten und nicht befolgen wollten, beschlossen sie, uns tatsächlich fernzuhalten, ohne uns förmlich auszuschließen. Zugleich trachteten sie darnach, alles in ihren Händen zu konzentrieren, um ohne Hindernis zur Durchführung ihrer Pläne schreiten zu können. Dieser Plan ist im Grunde nur der Plan Englands*. England ist die Seele von allem; sein geringer Eifer für die Prinzipien darf nicht überraschen: sein Interesse ist sein Prinzip. Sein Ziel ist einfach: es will sein Übergewicht zur See behaupten und durch dieses Übergewicht den Welthandel. Zu diesem Zwecke darf die französische Seemacht ihm niemals gefährlich werden können, weder allein, noch mit andern verbündet. Schon hat England Sorge getragen, Frankreich von den anderen Seemächten durch Verpflichtungen, welche es diese hat eingehen lassen, zu trennen; da es infolge der Wiederherstellung des Hauses Bourbon die Erneuerung des Familienpaktes besorgte, so hat es sich beeilt, mit Spanien den Vertrag vom 5. Juli zu schließen, der besagt, daß jener Pakt nie erneuert werden darf. Es bleibt ihm nur noch übrig, Frankreich als festländische Macht in eine solche Lage zu bringen, daß es nur einen kleinen Teil seiner Hilfsquellen auf die Seemacht verwenden darf: zu diesem Zwecke will England Österreich und Preußen eng miteinander verbinden,

---

* Aus „Metternichs nachgelassenen Papieren". „Ich fand den Lord Castlereagh wenig eingeweiht in die wahre Lage der Dinge auf dem Festlande. Sein gerader Sinn, jeder Art von Voreingenommenheit und Vorurteil fremd, ebenso gerecht als wohlwollend, ließen ihn sofort die Wahrheit in den Dingen erkennen. Ich überzeugte mich bald, daß seine Ideen über den Wiederaufbau Frankreichs in einer mit den allgemeinen Interessen Europas vereinbarlichen Weise keineswegs von meinen eigenen Absichten abwichen."

dies so stark als möglich machen, und beide als Nebenbuhler Frankreich gegenüberstellen. Infolge dieses Planes ist Stewart zum englischen Botschafter in Wien ernannt worden; er ist ganz preußisch gesinnt, und gerade deswegen hat man ihn gewählt. — Ebenso wird man für den Posten in Berlin einen Mann aussuchen, der zu Österreich hinneigt. Nichts aber würde dem Plane einer Verstärkung Preußens mehr zu statten kommen, als wenn man demselben Sachsen gibt. Deshalb will England, daß man dies Land opfere und es Preußen überliefere.

Die Überlieferung dieses Landes an Preußen würde in Österreich selbst von den Mitgliedern des Kabinetts als ein Unglück für die österreichische Monarchie und in Deutschland als eine Kalamität betrachtet werden.

Der König von Bayern befahl gestern seinem Bevollmächtigten, neue Schritte für Sachsen zu tun; er sagte: „Dieser Plan ist die reine Ungerechtigkeit, er raubt mir alle Ruhe."

König Ludwig XVIII. an Talleyrand.

Paris, 21. Oktober 1814.

Ich werde Ihnen unverzüglich den Brief von Jaucourt schreiben lassen, den Sie wünschen; aber unter uns: ich werde noch über die Verpflichtungen vom 11. April hinausgehen, wenn die vortreffliche Idee mit den Azoren verwirklicht wird*. Ich

---

* Am 27. September schreibt Jaucourt an Talleyrand: „Der Kriegsminister bleibt hartnäckig bei der Ansicht, daß auf der Insel eine Garnison von 3600 bis 4000 Mann steht. Wir haben hier Angaben über Einzelheiten, wonach es nur 600—800 Mann Garde und höchstens ebensoviel aus Corsica oder anderswoher zusammengelaufene Leute sind. Allerdings rühren die Nachrichten des Grafen Dupont von einem Offizier her, der in jenem Lande selbst gewesen ist."

Am 12. Oktober schreibt Talleyrand an Jaucourt: „Herr Mariotti, Konsul in Livorno, hat wohl daran getan, Händlern Pässe nach der Insel Elba zu verweigern. Im allgemeinen muß er bei dieser Art Pässe sehr vorsichtig sein."

würde sehr zufrieden sein, wenn man dem jungen Prinzen Parma, Piacenza, Guastalla zurückgibt; das ist sein Erbteil, Toskana war ein etwas unrecht erworbenes Gut.

Wien, 25. Oktober 1814.

Vor vier Tagen besuchte mich Fürst Adam Czartoryski, für den Polen die ganze Welt bedeutet. Er entschuldigte sich, mich nicht früher aufgesucht zu haben. Er gestand, es habe ihn hauptsächlich zurückgehalten, daß, wie man ihm erzählt hätte, ich in der polnischen Frage so schlecht gesinnt sei. „Besser gesinnt als alle andern," bemerkte ich, „wir wollen ein ganzes und unabhängiges Polen." „Das wäre sehr schön," entgegnete er, „aber es ist eine Chimäre, die Mächte würden dem nie zustimmen." „Dann," erwiderte ich, „ist Polen nicht mehr unsere wichtigste Angelegenheit im Norden. Die Erhaltung Sachsens berührt uns näher: bei dieser Frage stehen wir in erster Linie, bei der polnischen nur in zweiter*. Wenn Österreich und Preußen in ihren Grenzfragen einig sind, so haben wir nichts dawider, daß der Kaiser von Rußland dem an ihn abgetretenen Lande eine Regierungsform gibt, welche er will; für diese Gefälligkeit unsererseits verlange ich die Erhaltung des Königreichs Sachsen." Diese Einflüsterung hat dem Fürsten Czartoryski so gefallen, daß er sich von mir sofort zum Kaiser begab, mit dem er eine dreistündige Unterredung hatte.

(Darauf kommt Graf Nesselrode am nächsten Tage zu Talleyrand und dieser begibt sich zur Audienz zum Kaiser von Rußland. Der Kaiser nimmt ihn mit einer gewissen Verlegenheit auf.)

---

* Frau von Remusat erzählt in ihren Memoiren: „Talleyrand, den die Ausbreitung der russischen Macht in Europa sehr beunruhigte, war stets der Ansicht, daß man zwischen uns und Rußland eine unabhängige Macht begründen müsse, und er begünstigte deshalb die lebhaften, wenn auch unbestimmten Wünsche der Polen. „Man muß," pflegte er zu sagen, „das Königreich Polen herstellen, aber man darf die Sache nicht bloß halb tun."

„Ich werde Ew. Majestät nicht mit den müßigen Einzelheiten einer anderthalbstündigen Unterredung ermüden. Ich darf mich auf das Wesentliche beschränken."

„In Paris," sagte der Kaiser zu mir, „waren Sie für ein Königreich Polen; wie kommt es, daß Sie Ihre Ansicht geändert haben?"

„Meine Ansicht, Sire, ist noch dieselbe: in Paris handelte es sich um die Wiederherstellung von ganz Polen. Damals wie heute noch, will ich die Unabhängigkeit Polens. Aber es handelt sich jetzt um etwas ganz anderes: diese Frage steht hinter der Feststellung der Grenzen zurück, durch die Österreich und Preußen gesichert werden."

„Diese Staaten brauchen sich nicht zu beunruhigen. Übrigens habe ich in dem Herzogtum Warschau 200 000 Mann; man jage mich doch hinaus! Ich habe den Preußen Sachsen gegeben, Österreich ist damit einverstanden."

„Ich weiß nicht," erwiderte ich, „ob Österreich damit einverstanden ist. Mir fällt der Glaube daran schwer, so sehr widerspricht das dem Interesse Österreichs. Allein, kann auch das Einverständnis Österreichs Preußen zum Eigentümer der Besitzungen des Königs von Sachsen machen?"

„Dankt der König von Sachsen nicht ab, so wird er nach Rußland gebracht werden und dort sterben. Ein anderer König ist schon dort gestorben*."

„Ew. Majestät wollen mir gestatten, daran zu zweifeln; der Kongreß ist nicht zusammengetreten, um ein solches Attentat zu erleben."

„Wieso ein Attentat? Ist nicht Stanislaus nach Rußland gegangen? Warum soll der König von Sachsen nicht auch da hingehen? Es ist bei beiden derselbe Fall. Für mich gibt es keinen Unterschied."

---

* Stanislaus August Poniatowski, König von Polen, 1795 zur Thronentsagung gezwungen, 1798 in Petersburg verstorben.

Ich erstickte fast an der Fülle meiner Antworten. Ich gestehe, Ew. Majestät, ich konnte kaum meine Entrüstung beherrschen. Der Kaiser sprach schnell. Eine seiner Äußerungen lautete: "Ich glaubte, daß mir Frankreich etwas verdanke. Sie sprechen immer von Ihren Prinzipien: Ihr öffentliches Recht existiert nicht für mich; ich weiß nicht, was das ist. Welchen Wert soll ich Ihren Pergamenten und Verträgen beimessen?* Etwas gibt es für mich, das mir über allem steht: mein Kaiserwort. Ich habe es gegeben und werde es halten. Sachsen hat sich dem Könige von Preußen in dem Augenblicke versprochen, wo wir uns wieder verbündeten**."

"Ew. Majestät haben dem Könige von Preußen 9—10 Millionen Seelen versprochen: Sie können sie ihm geben, ohne Sachsen zu vernichten***".

"Der König von Sachsen ist ein Verräter."

"Sire, die Bezeichnung ,Verräter' kann niemals einem Könige gegeben werden, es ist von Wichtigkeit, daß sie ihm nie gegeben werden kann." Ich legte vielleicht etwas mehr Ton auf diesen letzten Teil meiner Äußerung. Nach einem Augenblick des Schweigens sagte der Kaiser:

"Der König von Preußen wird König von Preußen und Sachsen sein, wie ich Kaiser von Rußland und König von Polen sein werde. Die Gefälligkeiten, die mir Frankreich in diesem Punkte erweist, werden den Maßstab für die Gefälligkeiten bilden, die ich ihm in allem erweisen werde, woran es beteiligt ist..."

---

* Ich hatte ihn an den Vertrag erinnert, in dem die Verbündeten die Teilung des Großherzogtums Warschau unter den drei Höfen vereinbart hatten.

** Im Februar 1813, bei den Verhandlungen, die zur Allianz von Breslau-Kalisch führten.

*** Ich hatte eine Übersicht von den Ländern bei mir, die man Preußen geben könnte, und die, ohne Vernichtung Sachsens, die Anzahl Untertanen ausmachen, welche die Verträge jenem Staate zusichern; der Kaiser nahm dieselbe an sich und behielt sie.

Im Laufe dieser Unterredung überließ sich der Kaiser nicht, wie bei unserer ersten, den Aufwallungen der Leidenschaft; er war ruhig und bestimmt, verriet aber innere Gereiztheit.

Heute abend sah ich Fürst Metternich, der wieder etwas Mut faßte; ich habe mit ihm so energisch gesprochen, als mir möglich ist. Die österreichischen Generäle, von denen ich eine große Zahl gesprochen habe, erklären sich alle für die Erhaltung Sachsens; sie stellen dabei militärische Erwägungen an, die anfangen Eindruck zu machen.

Wien, 31. Oktober 1814.

Am Morgen des Tages, an dem Kaiser Alexander nach Ungarn abreiste, hatte er mit Metternich eine Unterredung, bei der er, wie als ganz gewiß erzählt wird, diesen Minister in einer so hochfahrenden Weise behandelt, sich so starker Ausdrücke gegen ihn bedient hat, daß es selbst einem seiner Bedienten gegenüber unerhört gewesen wäre. Als Metternich bezüglich Polens bemerkte, wenn es sich darum handle, ein Polen zu schaffen, so könne Österreich dies ebenfalls tun, bezeichnete der Kaiser diese Bemerkung nicht nur als unpassend und ungebührlich, er ließ sich sogar zu der Äußerung hinreißen, Metternich sei der Einzige in Österreich, der einen so „aufrührerischen Ton" annehmen könne. Die Sache soll schließlich so weit gekommen sein, daß Metternich dem Kaiser erklärte, er werde seinen Herrn bitten, statt seiner einen andern Bevollmächtigten für den Kongreß zu ernennen. Als Metternich von dieser Unterredung kam, befand er sich in einer solchen Verfassung, wie er von den ihm Nahestehenden noch nie gesehen wurde. Er, der wenige Tage vorher erst zum Grafen Schulenburg gesagt hatte, daß er sich „hinter die Zeit verschanze" und „die Geduld zu seiner Waffe mache", könnte diese letztere sehr leicht verlieren, wenn sie oft auf eine ähnliche Probe gestellt würde.

Man erzählte, daß Kaiser Alexander sich auf der Reise über

Metternich beschwerte, und Kaiser Franz habe darauf erwidert, er halte es für besser, die Geschäfte von den Ministern führen zu lassen, weil sie dann mit größerer Unbefangenheit und mehr im Zusammenhange besorgt würden; er vertrete seine Angelegenheiten nicht selber, aber seine Minister handelten nur nach seinen Anweisungen. Im weitern Verlaufe der Unterredung soll er unter anderm noch gesagt haben, wenn seine Untertanen, die ihn nie verlassen, die alles für ihn getan und ihm alles geopfert hätten, so beunruhigt wie jetzt seien, so halte er es für seine Pflicht, alles zu tun, was zu ihrer Beruhigung dienen könne. Auf des Kaisers Alexander Frage, ob sein Charakter und seine Rechtschaffenheit nicht zur Verhütung und Beseitigung aller Besorgnisse ausreichten, habe Kaiser Franz erwidert, daß gute Grenzen die besten Bürgen für den Frieden seien. Mir ist diese Unterredung durch Graf Sickingen und Metternich fast mit denselben Worten erzählt worden. Es scheint als ob der Kaiser, der nicht sehr gewohnt ist, mit Entschiedenheit aufzutreten, bei seiner Rückkehr mit sich selber sehr zufrieden gewesen ist.

Alle Vorsichtsmaßregeln, die getroffen wurden, um mich über die Verhandlungen des Ausschusses für die politische Organisation Deutschlands in Unkenntnis zu erhalten, sind erfolglos gewesen. In der ersten Sitzung brachte Preußen den Antrag ein, alle Fürsten, deren sämtliche Staaten zum Bunde gehören, sollten auf das Recht, selbständig Krieg zu führen und Frieden zu schließen, sowie auf das Recht, Gesandtschaften zu halten, verzichten. Als der Marschall Wrede diesen Antrag ablehnte, rief Humboldt aus: da sähe man, daß Bayern im Herzen noch mit Frankreich verbündet sei; dies sei aber für sie nur ein Grund mehr, auf der Annahme zu bestehen. Als jedoch der Marschall, der inzwischen die Befehle des Königs eingeholt hatte, auch in der zweiten Sitzung den Antrag mit Entschiedenheit verwarf, ist derselbe schließlich zurückgezogen und durch einen anderen ersetzt worden, demzufolge die ganze Kriegsmacht des Bundes zur Hälfte unter die Führung Österreichs, zur anderen Hälfte unter die Preußens gestellt werden soll. Der König von Bayern sieht sehr wohl ein, daß Preußen mit dieser Vereinigung vornehmlich die Absicht verfolgt, sich den Besitz Sachsens gegen den Widerstand derjenigen Mächte zu sichern, die das Königreich bestehen lassen wollen; er erkennt überdies sehr wohl, daß er für sich selbst alles zu fürchten hat, sobald Sachsen erst einmal geopfert ist, und aus diesem Grunde ist er bereit, dasselbe zu verteidigen. Wenn er dabei nicht lediglich auf seine eigenen Kräfte angewiesen bleibt, so hat er eine Aushebung von 20 000 Rekruten in seinem Lande angeordnet, durch die sein Heer auf 70 000 Mann verstärkt wird.

Die Preußen kennen diesen Plan des Königs nicht; indessen sind sie über seine Rüstungen unterrichtet.

Da wir, der Herzog von Dalberg und ich, dem Lord Castlereagh einen Besuch schuldeten, überbrachten wir ihm gestern abend gemeinschaftlich die Entwürfe für die ersten Zusammenkünfte der Bevollmächtigten. Er fand nichts daran auszusetzen, bemerkte jedoch, die Besorgnis, welche die Preußen vor uns hätten, würde sie sicherlich irgendeinen Hintergedanken dabei argwöhnen lassen. Die wirklichen oder vorgeblichen Besorgnisse der Preußen brachten natürlich das Gespräch auf die ewige polnische und sächsische Frage. Er hatte auf seinem Tisch mehrere Karten liegen, auf diese wies ich ihn noch; wenn Sachsen und Schlesien in einer Hand wären, könne Böhmen in wenigen Wochen genommen sein; und wenn Böhmen genommen sei, läge das Herz der österreichischen Monarchie offen und ohne Verteidigung da. Er schien erstaunt: er hatte mit uns gesprochen, als habe er seine Hoffnungen auf Preußen gesetzt, weil es nicht möglich sei, von Österreich noch irgend etwas zu erwarten*. Er sah sehr über-

---

* „Es fehlt Metternich an Vertrauen in die Hilfsmittel seiner Monarchie, und seinem Charakter an Entschlossenheit." Dieses Urteil findet sich wiederholt in den durch die französischen Kongreßbevollmächtigten an das auswärtige Ministerium gerichteten Schreiben.

rascht aus, als wir ihm sagten, es fehle Österreich nur an Geld, um seine Truppen zusammenzubringen; es habe dann aber höchst bedeutende Streitkräfte, und heute würde ihm eine Million Pfund Sterling dazu genügen. Das belebte seinen Mut und er schien geneigt, in der polnischen Frage bis zum Äußersten zu gehen. Er hatte Nachricht erhalten, die Serben hätten wieder zu den Waffen gegriffen und er teilte uns mit, ein russisches Heer, unter dem Befehle eines der ersten Generäle Rußlands, nähere sich der türkischen Grenze. Nichts schien ihm demnach notwendiger und dringlicher, als dem Ehrgeize Rußlands einen Damm entgegenzusetzen. Allein er möchte, daß dies ohne Krieg geschehe, oder daß, wenn der Krieg nicht zu vermeiden sei, derselbe ohne Frankreichs Hilfe geführt werden könne. Aus seiner Art, unsere Macht zu schätzen, ist ersichtlich, daß er Frankreich am meisten fürchtet. „Sie haben," sagte er, „25 Millionen Menschen; wir schätzen dieselben als wären es 40 Millionen." Einmal entschlüpfte ihm der Ausruf: „O, wenn Sie keine Absichten mehr auf das linke Rheinufer hätten!" Es wurde mir nicht schwer, ihm aus der Lage Frankreichs sowie aus den allgemeinen Rüstungen in Europa zu beweisen, daß man Frankreich nicht wohl ehrgeizige Absichten zutrauen könne, ohne es zugleich für wahnsinnig zu halten. „Das mag sein," erwiderte er, „aber eine französische Armee, die zu irgendwelchem Zwecke durch Deutschland zöge, würde einen zu großen Eindruck machen und zu viele Erinnerungen wachrufen."

Nach der Konferenz lud Metternich mich ein, in sein Kabinett zu kommen, und teilte mir mit, er und Lord Castlereagh seien entschlossen, es nicht zu dulden, daß Rußland die Weichsellinie überschreite; er fügte hinzu, sie seien bemüht, Preußen zu bestimmen, in dieser Angelegenheit gemeinsam mit ihnen vorzugehen und sie dürften dabei auf Erfolg hoffen, er beschwor mich, ihnen die nötige Zeit zu lassen und sie nicht zu drängen. Ich fragte nun, unter welchen Bedingungen sie sich schmeichelten, Preußens

Mitwirkung zu erlangen? Er erwiderte, sie wollten ihm einen Teil Sachsens versprechen, nämlich 4—500000 Seelen und besonders die Festung und den Kreis Wittenberg, die zur Deckung Berlins notwendig erscheinen; in dieser Weise würden dem Königreiche Sachsen noch rund 1600000 Seelen, Torgau, Königstein und der Lauf der Elbe vom Wittenberger Kreise bis nach Böhmen verbleiben.

Ich habe nun in Erfahrung gebracht, daß man unter dem Vorsitz des Kaisers einen Staatsrat abgehalten hat, und der Fürst Schwarzenberg und Metternich, sowie der Graf Zichy und General Duka teilgenommen haben. Sie haben sich über den Grundsatz geeinigt, die sächsische Frage sei für Österreich von größerem Interesse, als selbst die polnische. Das Heil der Monarchie hinge davon ab, daß die Pässe Thüringens und der Saale nicht in die Hände Preußens fielen.

Wien, 6. November 1814.

... Lord Castlereagh bemerkte, das bloße Wort Kongreß erschrecke die Preußen, und besonders Fürst Hardenberg habe gewaltige Angst davor. Metternich brachte den größten Teil der Erwägungen, die er uns in der letzten Konferenz vorgetragen hatte, noch einmal vor; er hielt es für besser, den Kongreß nicht eher zu versammeln, als bis man wenigstens über alle großen Fragen einig sei. „Darunter ist," bemerkte er, „eine, bei der man sich feindlich gegenübersteht"; er meinte damit die polnische Frage, aber er nannte sie nicht und ging schnell auf die Angelegenheiten des eigentlichen Deutschlands über. „Unter den Personen, welche sich damit beschäftigten," sagte er, „herrscht die größte Übereinstimmung." „Man wird sich auch mit den Angelegenheiten der Schweiz beschäftigen," fügte er hinzu, „und dieselben sollen nicht ohne Frankreichs Teilnahme geregelt werden." Ich erwiderte ihm, ich hätte eine andere Absicht überhaupt nicht vorausgesetzt, und darum habe ich bereits Herrn von Dalberg zur Teilnahme an den Beratungen darüber bestimmt. Nun wurde zu den italienischen Angelegenheiten übergegangen und dabei wurde das Wort „Verwickelungen", dessen Metternich sich unaufhörlich bediente, um sich in der Unbestimmtheit zu erhalten, die seine schwächliche Politik nötig hat, auf die Angelegenheiten Genuas und Turins sowie auf die von Neapel und Sizilien angewendet. Er wollte den Beweis führen, die Ruhe Italiens und folglich auch die Ruhe Europas hänge davon ab, daß die neapolitanische Frage nicht auf dem Kongreß geregelt, sondern auf eine spätere Zeit verschoben werde. „Die Gewalt der Tatsachen," sagte er, „wird das Haus Bourbon mit Notwendigkeit auf den Thron von Neapel zurückführen." „Die Gewalt der Tatsachen," erwiderte ich darauf, „erscheint gerade jetzt in ihrer ganzen Macht: auf dem Kongreß muß die Frage erledigt werden. In der geographischen Reihenfolge stellt sich die Frage als letzte der italienischen Fragen dar, und ich bin damit einverstanden, daß die geographische Reihenfolge eingehalten wird. Weiter kann meine Nachgiebigkeit nicht gehen." Metternich sprach dann von den Anhängern, die Murat in Italien habe.

„Organisieren Sie Italien, dann wird er keine mehr haben. Machen Sie dem gehässigen Provisorium ein Ende; setzen Sie den Besitzstand in Ober- und Mittelitalien fest; von den Alpen bis zur neapolitanischen Grenze sei kein Fuß breit Landes mehr unter militärischer Besetzung; überall seien rechtmäßige Herrscher und eine geordnete Verwaltung: bestimmen Sie die Erbfolge in Sardinien*; senden Sie einen Erzherzog als Statthalter in das

---

* Die Könige Victor Emanuel I. (1802—21) und sein Bruder Karl Felix (1821—31) hatten keine Kinder; es sollte deshalb das Recht der eventuellen Nachfolge dem Hause Savoyen-Carignan übertragen werden. In der Tat kam dies Haus im Jahre 1831 durch Karl Albert auf den Thron von Sardinien und ist jetzt das königliche Haus von Italien. Getreu seinen Weisungen bahnte Talleyrand die Thronbesteigung des Hauses Savoyen-Carignan an, sowohl um das Prinzip des

Mailändische; erkennen Sie die Rechte der Königin von Etrurien an; geben Sie dem Papste zurück, was ihm gehört und was Sie innehaben: dann wird Murat keine Macht mehr über den Geist der Völker haben; er wird dann für Italien nur noch ein Räuber sein."

Diese geographische Behandlungsweise der italienischen Angelegenheiten schien Anklang zu finden.

Der Wiener Hof fährt fort, gegen seine edlen Besucher eine Gastfreundschaft zu üben, die ihm bei dem Zustande seiner Finanzen gemach zur Last fallen muß: man sieht überall nichts als Kaiser und Könige, Kaiserinnen und Königinnen, Erbprinzen, regierende Fürsten usw. Der Hof hält alle frei: man schätzt die täglichen Ausgaben auf 220 000 Papiergulden. Das Königtum verliert bei diesen Versammlungen unleugbar etwas von der Größe, die ihm zu eigen ist: die Anwesenheit von drei oder vier Königen und noch mehr Fürsten auf den Bällen und Teegesellschaften bei einfachen Wiener Privatleuten erscheint mir recht unpassend. Man muß nach Frankreich kommen, um das Königtum in dem Glanze und der Würde zu erblicken, durch welche dasselbe zugleich die Hochachtung und die Liebe der Völker erwirbt.

Wien, 12. November 1814.

Sire,

Metternich und Lord Castlereagh hatten das preußische Kabinett überredet, mit ihnen in der polnischen Frage gemeinsame Sache zu machen. Aber ihre Hoffnung auf die Mitwirkung Preußens blieb nicht von langer Dauer. Der Kaiser von Rußland lud den König von Preußen vor einigen Tagen zu einem Mahle in seine Wohnung und hatte dabei eine Unterredung mit

---

dynastischen Rechts, welches er das Prinzip der Legitimität nannte, aufrecht zu erhalten, als um die Politik des Hauses Österreich zu durchkreuzen und es zu verhindern, eines Tages die Erbschaft des Hauses Savoyen anzutreten.

ihm, von der ich durch Fürst Adam Czartoryski einige Einzelheiten in Erfahrung gebracht habe. Er erinnerte ihn an die Freundschaft, die sie verbinde, an den Wert, den er auf diese Freundschaft lege, an alles, was er getan habe, diese Freundschaft zu einer ewigen zu machen. Sie seien ziemlich in gleichem Alter, es sei ihm lieb zu denken, daß er lange Zeuge des Glücks sein werde, welches die Völker ihrer innigen Verbindung verdanken würden. Nach wie vor setze er seinen Ruhm in die Wiederherstellung eines Königreiches Polen. Nun, da er der Erfüllung seiner Wünsche so nahe sei, solle er den Schmerz erleben, unter seinen Gegnern den besten Freund zu sehen, den einzigen Fürsten, auf dessen getreue Gesinnung er gerechnet habe? Der König beteuerte tausendmal und schwor ihm, er würde ihn in der polnischen Frage unterstützen. Der Kaiser erwiderte, „daß Sie diese Gesinnung hegen, ist nicht genug; auch Ihre Minister müssen nach dieser Gesinnung handeln." Und er lud den König ein, den Fürsten Hardenberg herbeirufen zu lassen. In dessen Gegenwart wiederholte der Kaiser zum anderen Male seine eigenen Worte und das Versprechen des Königs. Hardenberg wollte Einwendungen machen, aber da der Kaiser Alexander mit der Frage in ihn drang, ob er den Befehlen des Königs nicht gehorchen wolle, und da diese Befehle keinen Widerspruch zuließen, so blieb ihm nichts übrig, als zu versprechen, er wolle die Befehle des Königs pünktlich befolgen. Soviel habe ich von dieser Szene erfahren können. Es muß aber dabei noch vieles, mir Unbekanntes geschehen sein, wenn es wahr ist, was Gentz versichert: Fürst Hardenberg habe gesagt, er habe nie etwas ähnliches erlebt.

Dieser Umschwung der preußischen Politik hat Metternich und Lord Castlereagh nicht wenig außer Fassung gebracht. Sie hätten es gern gesehen, daß Hardenberg seine Entlassung einreichte, und gewiß hätte er damit den Kaiser und den König in nicht geringe Verlegenheit gebracht, aber daran scheint er gar nicht gedacht zu haben.

Ich meinerseits hatte immer den Argwohn, Metternich habe die Mitwirkung der Preußen durch größere Zugeständnisse erkauft, als er eingestehen wollte; darum neigte ich mehr zu der Ansicht, daß dieser Abfall Preußens ein Glück sei.

Außerdem wird erzählt, Kaiser Alexander habe sich bei einem Gespräch über den Widerstand Österreichs gegen seine Absichten bitter über Metternich beklagt und habe gesagt: „Österreich glaubt Italiens sicher zu sein, allein dort gibt es einen Napoleon, dessen man sich bedienen kann."

Nach der Konferenz blieb ich allein bei Metternich zurück. Ich wünschte zu erfahren, wie es mit Polen und Sachsen stände und was er in der einen und der anderen Frage zu tun vorhabe. Darüber richtete ich nicht etwa Fragen an ihn, denen er ausgewichen wäre, sondern ich begann mit ihm nur von seiner eigenen Person zu sprechen. In dem Tone eines alten Freundes bemerkte ich, bei allem Eifer für die Geschäfte müsse man auch an sich selbst ein wenig denken, er schiene mir das nicht genügend zu tun. Durch die Art Hingebung, die ich ihm zeigte, erzielte ich etwas mehr Offenheit von seiner Seite. Er las mir seine, an die Preußen gerichtete Note über die sächsische Frage vor, und durch eifrige und herzliche Danksagungen meinerseits vermochte ich ihn, sie mir anzuvertrauen. Ich versprach ihm, sie geheimzuhalten. Ich füge hier eine Abschrift für Ew. Majestät bei, ich bitte Sie, dieselbe gnädigst aufzuheben und mir zu erlauben, sie bei meiner Rückkehr zurückzuerbitten.

Ew. Majestät werden aus diesem Aktenstücke ersehen, daß Metternich nicht, wie er mir versicherte, den Preußen einen Teil, sondern ganz Sachsen versprochen hatte; glücklicherweise hatte er dies Versprechen von einer Bedingung * abhängig gemacht, durch deren Nichterfüllung es ungültig wird. Außerdem werden Ew. Majestät aus dieser Note ersehen, Metternich will Preußen

---

* Diese Bedingung war, daß Preußen nicht anderweit entschädigt werden könne.

Luxemburg überlassen, nachdem er mir zu verschiedenen Malen versichert hatte, sie sollten es nicht bekommen. Dieselbe Note enthüllte den seit lange bestehenden Plan, Deutschland dem Einfluß Österreichs und Preußens unterzuordnen, in Wahrheit aber, es unter ihre unbeschränkte und ausschließliche Herrschaft zu bringen.

Jetzt beteuert Metternich, er wolle Sachsen nicht im Stich lassen. In der polnischen Frage hat er mir zu verstehen gegeben, werde er viel bewilligen, das heißt: er wird alles bewilligen, wenn Kaiser Alexander in nichts nachgibt.

Ich war noch bei ihm, als man ihm die Liste des österreichischen Heeres brachte; er ließ mich dieselbe einsehen. Die gegenwärtige Stärke dieses Heeres beträgt 374 000 Mann, darunter 52 000 Reiter, und 800 Kanonen. Mit solchen Streitkräften glaubt er, könne die österreichische Monarchie nichts besseres tun, als alles dulden und sich in alles fügen. Ew. Majestät wollen dabei bemerken, daß diese Truppenzahl die wirkliche Heerstärke angibt.

Aus einer erneuten Unterredung Talleyrands mit dem Kaiser von Rußland:

Der Kaiser: „Aber Österreich gibt Sachsen auf."

Talleyrand: „Metternich, den ich gestern abend sprach, zeigte mir Gesinnungen, die dem, was Ew. Majestät mir zu sagen geruhen, durchaus widersprechen."

Der Kaiser: „Und was Sie selber anlangt, so heißt es ja, Sie willigten ein, einen Teil Sachsens abzutreten."

Talleyrand: „Nur höchst ungern. Ist es freilich nötig, 3 — 400 000 Sachsen hinzugeben, damit Preußen wieder dieselbe Einwohnerzahl erhält, die es vor 1806 gehabt und die sich auf 9 200 000 Seelen belaufen hat, so ist das ein Opfer, das wir um des Friedens willen bringen."

Der Kaiser: „Gerade das fürchten die Sachsen am meisten;

sie sind es ganz zufrieden, dem Könige von Preußen anzugehören; ihr einziger Wunsch geht dahin, nicht geteilt zu werden."

Talleyrand: „Wir wissen über das, was in Sachsen vorgeht, Bescheid und wir wissen, daß der Gedanke, Preußen zu werden, die Sachsen in Verzweiflung bringt."

Der Kaiser: „Nein, das einzige, was sie fürchten, ist geteilt zu werden, und das ist ja in der Tat auch das größte Unglück für ein Volk."

Talleyrand: „Sire, wenn man nun diesen Grundsatz auch auf Polen anwenden wollte?"

Der Kaiser: „Die Teilung Polens ist nicht mein Werk; es liegt nicht an mir, wie ich Ihnen schon sagte, wenn dem Unheil nicht abgeholfen wird. Vielleicht wird es eines Tages dazu kommen."

Talleyrand: „Die Abtretung eines Teiles der Ober- und Niederlausitz würde keine eigentliche Zerstückelung Sachsens sein; diese Länder waren demselben nicht einverleibt, sondern sind bis vor kurzem ein Lehen der Krone Böhmens gewesen; sie hatten mit Sachsen nichts als denselben Herrscher gemein."

Wien, 17. November 1814

Metternich besprach mit dem Fürsten Wrede eine Allianz und fragte ihn, ob Bayern nicht gleich jetzt 25000 Mann zum österreichischen Heere stoßen lassen wolle; Fürst Wrede erwiderte, Bayern werde bereit sein, bis zu 75000 Mann zu stellen, aber unter folgenden Bedingungen:

1. Daß die Allianz mit Frankreich geschlossen werde;

2. Daß Bayern auf jede 100000 Mann, die Österreich ins Feld schicke, 25000 Mann und nicht mehr zu stellen habe;

3. Daß Österreich von den Subsidien, die es etwa von England erhalten würde, einen, dem Verhältnis der respektiven Streitkräfte entsprechenden Anteil an Bayern abgebe.

Wien, 25. November 1814.

Der Herzog von Wellington, der mit Lord Castlereagh im eifrigsten Briefwechsel steht, berichtet ihm von nichts als Verschwörungen, geheimer Unzufriedenheit, dumpfem Murren, als den Vorboten eines heraufziehenden Unwetters.

Kaiser Alexander sagt, seine Briefe aus Paris kündigten Unruhen an. Herr von Vincent seinerseits berichtet seinem Hofe, daß ein Ministerwechsel in Aussicht stünde, und will Gewißheit darüber haben. Man tut so, als sei ein Ministerwechsel das sichere Zeichen einer Wandlung in der inneren und äußeren Politik und will daraus schließen, daß auf Frankreich nicht gerechnet werden könne, und daß keine Vereinbarung mit ihm abgeschlossen werden dürfe.

Ich hatte ein Schreiben aus Italien erhalten, in dem mir mitgeteilt wurde, Murat habe ein Heer von 60—70000 Mann, von denen der größte Teil bewaffnet sei, dank den Österreichern, die ihm 25000 Flinten verkauft hätten. Ich wollte mich darüber mit Metternich auseinandersetzen, oder ihm wenigstens beweisen, daß ich darum wisse. Also brachte ich das Gespräch auf die neapolitanische Frage. — Da wir in seinem Salon in großer Gesellschaft waren, so erbot ich mich, ihm in sein Kabinett zu folgen, um ihm den Brief zu zeigen. Er erwiderte mir, die Sache habe keine Eile. Ich fragte ihn, ob er denn nicht entschlossen wäre. Er entgegnete mir, er sei es, aber er wolle nicht alles zugleich in Flammen setzen; und da er wie gewöhnlich die Besorgnis anführte, daß Murat Italien zum Aufstand bringe, so fragte ich: „Wenn Sie ihn fürchten, warum liefern Sie ihm dann Waffen? Weshalb haben Sie ihm 25000 Flinten verkauft?" Er leugnete diese Tatsache, was ich erwartet hatte, aber ich ließ ihm nicht die Genugtuung, zu glauben, daß mich seine Ableugnungen überzeugt hätten. Nachdem ich ihn verlassen hatte, begab er sich auf die Redoute, denn auf Bällen und Festlichkeiten bringt er drei Viertel des Tages hin*.

Wien, 30. November 1814.

Die 25 000 an Murat verkauften Gewehre sind in Venedig angehalten worden; er scheint sich trotz der Protektion Metternichs nicht sehr sicher zu fühlen, denn er hat vor kurzem einen langen Brief an die Erzherzogin Marie Luise geschrieben, in dem er ihr unter anderm anzeigt, daß er, wenn Österreich ihm helfen wolle, sich in Neapel zu behaupten, ihr wieder zu dem Range verhelfen werde, von dem sie nie hätte herabsteigen dürfen. (So sind wörtlich seine Ausdrücke.) Man kann sich eine derartige Abenteuerlichkeit selbst bei einem Manne aus seinem Lande und von seinem

---

* Am 7. Dezember berichtet De la Tour du Pin an das Ministerium: „Das Publikum ist allgemein unzufrieden mit der Lage der Dinge; man gibt hauptsächlich dem Kaiser von Rußland die Schuld, und jeden Tag verliert dieser Fürst mehr in der öffentlichen Meinung. Nicht als ob er in der Gesellschaft sich nicht außerordentlich gnädig und selbst umgänglich zeigt; er scheint sich darunter mischen zu wollen, ohne ausgezeichnet zu werden; er setzt sich an eine Tafel, die aus 20 Kuverts beliebig zusammengesetzt ist; auf einem kleinen Ball von 40 Personen tanzt er fast mit allen Damen; aber diese Manieren wiegen in den Augen aufgeklärter Österreicher nicht das Unrecht auf, das in seinem Ehrgeiz liegt; dasselbe wird vielmehr, so meint man noch dadurch erschwert, daß er in dem Palaste seines Wirtes selbst auf Mittel sinnt, demselben zu schaden. Ein anderer Minister als Metternich würde aus dieser Stimmung der Gemüter unendlichen Vorteil ziehen, aber was soll man von einem Manne erwarten, der in der ernstesten Lage, in der sich jemand befinden kann, den größten Teil seiner Zeit nur auf läppische Dinge verwendet und sich nicht scheut, eine Probe des „Paschas von Surène" bei sich zu veranstalten, ein Mann, von dem man eine gute Anzahl Tage anführen könnte, die er bei Beginn des Kongresses in ebenso nichtiger Weise hingebracht hat. Hiernach, Herr Graf, werden Sie über die geringen Fortschritte, welche die Geschäfte machen, nicht weiter erstaunt sein.

Charakter nur als eine Wirkung der Furcht erklären, die sich selbst verrät.

Wien, 7. Dezember 1814.

Ich habe die Ehre, Ew. Majestät einen Brief Ihres Konsuls in Livorno zu übersenden.

Der Konsul Mariotti schreibt aus Livorno am 15. November 1814 an Talleyrand:

„Gnädigster Herr, ich glaube, Ew. hochfürstlichen Durchlaucht unmittelbar mitteilen zu sollen, daß die Zahl der nach Elba gehenden und von dort kommenden Reisenden sehr bedeutend ist, und daß sie alle dieselben Reden zu Personen meiner Bekanntschaft gehalten haben. Es sind alles Italiener, Piemontesen oder Schweizer. Sie sagen alle, daß Bonaparte nicht in Elba verbannt verbleiben, daß er es verlassen werde, und daß, sobald er an der Spitze seiner Garde in Italien erscheinen werde, mehr als 50 000 Mann, die ganz bereit seien, sich erheben und um seine Fahne scharen und daß Tausende von französischen Soldaten sich ihnen anschließen würden. Zwei von ihnen sind mir unter anderem besonders bezeichnet worden, es sind dies ein gewisser Eltobi und Louis Cevani aus Mailand. Bei einem gestern abend in den Vorstädten der Stadt abgehaltenen Mahle haben sie mehr als 150 höhere Offiziere genannt, die in den verschiedenen Kantonen des ehemaligen Königreiches (Italien) verteilt sind und untereinander in Verbindung stehen. Diese beiden Individuen waren vorgestern von Porto-Ferrajo angekommen. Der erstere ist schon heute morgen, wie er sagte, nach Lucca abgereist; der andere soll in kurzem nach Parma gehen wollen. Ich habe sie dem Gouverneur von Livorno angezeigt; da sie aber Italiener und österreichische Untertanen sind, wagte man es nicht, entschiedene Maßregeln gegen diese Verbreiter von geheimen Korrespondenzen und Intriguen zu ergreifen. Der österreichische Konsul in diesem Hafenort ist ein achtungswerter Mann, befindet sich aber im

Alter von 70 und mehr Jahren. Er hat vielleicht keine Weisung, die Untertanen seines kaiserlichen Gebieters, die hier kommen und gehen, zu überwachen, oder er hat nicht die nötige Tatkraft und die nötigen Mittel. Wenn man nicht strenge Maßregeln ergreift, um diese Korrespondenzen zu verhindern und aufzugreifen, wird die Ruhe in Italien nicht von langer Dauer sein. Die Werbungen haben in Italien und Toskana aufgehört, seitdem man die Werber verhaftet hat und im Gefängnisse festhält. Der König Joachim hat die Offiziere Bonapartes sehr gut aufgenommen. Er hat sich nach der Gesundheit, den Beschäftigungen und besonders dem Zustande und der Zahl der Truppen des Fürsten von Elba erkundigt. Als der Kapitän Jaillade ihm erwiderte, daß nur 1500 Mann auf der Insel seien, antwortete Joachim: „Nun wohl, das ist der Kern von fünfmalhunderttausend." Wenn man auch keine Soldaten wirbt, so nimmt man doch Offiziere an, welche sich mit einer sehr mäßigen Summe begnügen und ordnet sie der Garde bei. Die Tunesen sind in Porto Ferrajo sehr gut aufgenommen worden, und einer dieser Barbaresken kreuzt unter dem Schutze dieses Asyls in den hiesigen Gewässern und macht die ganze Küste zittern. Die Regierung von Toskana hat die Aushebung einer ansässigen Nationalgarde zum Schutze gegen diese Piraten befohlen."

Wien, 4. Januar 1815.

Die Nachricht von der Unterzeichnung des Friedens zwischen England und den Vereinigten Staaten von Amerika wurde mir am Neujahrstage durch ein Billett des Lords Castlereagh mitgeteilt. Ich beeilte mich, ihm deswegen meine Glückwünsche auszusprechen, und ich beglückwünschte mich selbst, da ich wohl fühlte, welchen Einfluß dieses Ereignis auf die Gesinnungen dieses Ministers einerseits und andererseits auf die Entschlüsse derjenigen, deren Ansprüche wir bis dahin zu bekämpfen hatten, haben könne. Lord Castlereagh zeigte mir den Vertrag. Er verletzt weder die Ehre des einen noch des anderen Teiles, und wird also beide zufrieden stellen.

Diese glückliche Nachricht war nur der Vorläufer eines weit glücklicheren Ereignisses.

Heute, Sire, ist die Koalition aufgelöst, und sie ist es für immer. Nicht allein ist Frankreich nicht mehr isoliert in Europa, sondern Ew. Majestät haben schon ein Bundessystem, wie man es kaum als Ergebnis der Unterhandlungen eines halben Jahrhunderts hätte erwarten dürfen. Sie sind im Einverständnis mit zwei Großmächten, mit drei Staaten zweiten Ranges und bald mit allen den Staaten, die nicht revolutionäre Grundsätze und Maximen befolgen. Sie werden in Wahrheit das Haupt und die Seele dieses Bundes sein, der die Grundsätze verteidigen soll, die Sie zuerst verkündigt haben.

Nächst Gott sind die wirkenden Ursachen dieser Wandlung gewesen:

Meine Schreiben an Metternich und Castlereagh und der Eindruck, den sie hervorgebracht haben.

Die Andeutungen, die ich in der Unterredung, von der mein letztes Schreiben an Ew. Majestät berichtet, dem Lord Castlereagh über eine Vereinbarung mit Frankreich gemacht hatte.

Meine Sorge für Beschwichtigung seines Mißtrauens, indem ich im Namen Frankreichs die größte Uneigennützigkeit zeigte.

Der Friede mit Amerika, der ihm alle Besorgnis von jener Seite nahm, ihm mehr Freiheit zu handeln und mehr Mut verlieh.

Endlich die Ansprüche Rußlands und Preußens, die in dem russischen Entwurfe, von dem ich mich beehre eine Abschrift beizufügen, enthalten sind, und besonders der Ton, in dem diese Ansprüche in einer Konferenz zwischen ihren Bevollmächtigten und denen Österreichs vorgetragen und verteidigt wurden. Der anmaßende Ton, der in diesem unziemlichen und verworrenen

Schriftstück angeschlagen wird, hatte Lord Castlereagh so sehr verletzt, daß ihn seine gewöhnliche Ruhe verließ und er erklärte, daß die Russen Gesetze vorschreiben wollten, daß aber England sich das von niemanden gefallen lasse.

Alle diese Vorfälle hatten ihn in eine günstige Stimmung versetzt, die ich benutzte. Er geriet so weit in Feuer, daß er mir selbst vorschlug, seine Gedanken darüber zu Papier zu bringen. Wir haben die Konvention heute nacht unterzeichnet. Ich beeile mich, sie Ew. Majestät zu übersenden.

Da General Dupont mir am 9. November schrieb, daß Ew. Majestät am 1. Januar 180 000 Mann zur Verfügung hätten und am 1. März 100 000 Mann mehr, ohne eine neue Aushebung vorzunehmen, so habe ich geglaubt, daß eine Hilfstruppe von 150 000 Mann unbedenklich zugesagt werden könne, da England sich zur Stellung der nämlichen Truppenzahl verpflichtet.

Der Zweck unserer Vereinbarung ist, die Bestimmungen des Pariser Vertrages in einer Weise zu vervollständigen, die dem wahren Geist desselben und dem allgemeinen Interesse Europas am meisten entsprechend ist. Käme jedoch der Krieg wirklich zum Ausbruch, so könnte man ihm ein Ziel geben, welches den Erfolg desselben fast unfehlbar machen und Europa unberechenbare Vorteile verschaffen würde.

In einem so edeln Kriege würde Frankreich vollends die Achtung und das Vertrauen aller Völker wieder erwerben, eine Erwerbung, die mehr wert ist, als die einer oder mehrerer Provinzen, deren Besitz es glücklicherweise weder zu seiner wirklichen Macht noch zu seinem Wohlstand bedarf.

Wien, 6. Januar 1815.

Der Kaiser von Rußland möchte Ew. Majestät glauben machen, er habe aus Rücksicht für Sie und um Ihnen einen Gefallen zu erweisen, den Gedanken angeregt, dem Könige von

Sachsen einige hunderttausend Seelen am linken Rheinufer zum
Ersatz für sein Königreich zu geben; General Pozzo soll beauftragt
sein, die Zustimmung Ew. Majestät zu dieser Abmachung zu er-
wirken.

Aber Ew. Majestät wissen, die sächsische Frage ist nicht allein
unter dem Gesichtspunkt der Legitimität, sondern auch unter dem
des Gleichgewichts zu betrachten. Der Grundsatz der Legitimität
würde durch die erzwungene Verpflanzung des Königs von Sachsen an den Rhein verletzt, so daß der König von Sachsen nie seine
Einwilligung dazu geben würde, und endlich, abgesehen von
der Legitimität, kann Sachsen nicht an Preußen gegeben werden,
ohne die relative Macht Österreichs beträchtlich zu schwächen und
ohne alles Gleichgewicht im germanischen Körper vollständig
zu zerstören.

Wien, 19. Januar 1815.

Der Beitritt Bayerns zur Tripelallianz ist im Werke. Nach
ihm werden Hannover und Holland beitreten. Der Großherzog
von Darmstadt verbündet sich zu demselben Zwecke mit Bayern
und verspricht 6000 Mann.

Österreich, England, Bayern, Holland, Hannover und fast
das ganze Deutschland sind mit uns über die Erhaltung des Königs
und des Königreichs Sachsen einverstanden. Sachsen wird also
bestehen bleiben, trotzdem Fürst Hardenberg in einem vor kurzem
vorgelegten Entwurfe zum Wiederaufbau der preußischen Monarchie noch gewagt hat, das ganze Sachsen zu verlangen.

Übrigens ergibt sich schon aus der Prüfung des preußischen
Entwurfs, daß man Preußen alles wiedergeben kann, was es
1805 besessen hat, und was ja auch alles ist, worauf es Anspruch
hat, und daß doch für Sachsen noch 1 500 000 Einwohner übrig
bleiben können. Preußen aber behauptet und nimmt dabei die
Vergrößerungen, die Rußland und Österreich erhalten haben,

zum Vorwande, daß es jetzt 600 000 Einwohner mehr haben müsse als im Jahre 1805.

Wien, 25. Januar 1815.

Ich habe gestern einer Konferenz mit Metternich und Schwarzenberg beigewohnt, deren Zweck darin bestand, nach dem Gutachten österreichischer Militärs festzustellen, welche Punkte von Sachsen Preußen überlassen werden können, und welche andre man ihm nicht überlassen darf, ohne die Sicherheit Österreichs dadurch zu gefährden.

Wien, 8. Februar 1815.

Der Herzog von Wellington ist am 1. Februar abends hier angekommen. Am folgenden Tage um 10 Uhr früh machte ihm der Kaiser von Rußland einen Besuch und begann mit der Frage: „Es geht recht schlecht in Frankreich, nicht wahr?" „Keineswegs," entgegnete ihm der Herzog, „der König ist sehr beliebt, sehr geachtet, und beträgt sich mit vollendeter Klugheit." Der Kaiser erwiderte: „Sie könnten mir nichts angenehmeres mitteilen. Und das Heer?" „Für einen auswärtigen Krieg, gegen welche Macht es auch sei," antwortete Wellington, „ist das Heer so ausgezeichnet als je; aber in Fragen der inneren Politik würde es vielleicht nicht zu gebrauchen sein."

Wie mir Fürst Adam erzählt hat, haben diese Antworten den Kaiser betroffener gemacht, als er es sich hat merken lassen wollen.

... Lord Castlereagh bleibt nach wie vor der Anschauung, daß Preußen stark sein muß und hat vor allem die Absicht, den Krieg zu vermeiden (Lord Wellington ist selbst der Ansicht, England könne ihn jetzt nicht führen, und Frankreich sei die einzige Macht, die dazu imstande wäre). — Castlereagh bestand darauf, daß man den Preußen noch etwas mehr geben müsse, um sie zufrieden zu stellen.

So hat man denn, um ihren Anteil zu vergrößern, den Anteil Hollands um 100 000 und den Hannovers um 50 000 Seelen verringert. Dazu ist das Land Fulda hinzugefügt. Der Kaiser von Rußland — diese Gerechtigkeit ist man ihm schuldig — hat auch seinerseits zu dieser Abmachung beitragen wollen und den Preußen die Stadt Thorn zurückgegeben, so daß man diese Angelegenheit jetzt, wenn auch noch nicht als ganz endgültig, doch im allgemeinen für erledigt ansehen darf. Sachsen wird auf weniger als $1^1/_2$ Millionen Seelen herabgemindert werden.

Wien, 15. Februar 1815.

Endlich ist auch die Abschaffung des Negerhandels, für die das englische Volk eine bis zur Raserei gehende Leidenschaft zeigt, von den beiden einzigen Mächten zugestanden worden, die noch nicht darauf verzichtet hatten.

Lord Castlereagh ist also gegen die Angriffe der Opposition hinlänglich gewaffnet; er bringt Ergebnisse mit, die er braucht, um der öffentlichen Meinung zu schmeicheln.

... Der Kaiser sprach sich äußerst verächtlich über Murat aus. „Er ist," sagte er, „eine Kanaille und hat uns verraten. Aber," fügte er hinzu, „wenn ich mich in eine Sache mische, so bin ich gern der Mittel sicher, sie zu einem guten Ende zu führen. Wenn Murat Widerstand leistet, so müssen wir ihn verjagen. Ich habe darüber," bemerkte er weiter, „mit Wellington gesprochen. Er glaubt, daß wir beträchtliche Streitkräfte brauchen und daß sich große Schwierigkeiten ergeben werden, wenn es sich darum handelt, diese Streitkräfte einzuschiffen." Ich entgegnete, ich verlange keine Streitkräfte (denn ich weiß wohl, daß man mir sie verweigert haben würde), sondern nur eine Zeile, eine einzige Zeile im zukünftigen Vertrage; Frankreich und Spanien würden das weitere übernehmen. Darauf erwiderte mir der Kaiser: „Sie sollen meinen Beistand haben."

In dem ganzen Verlaufe dieser Unterredung zeigte sich der Kaiser kalt, aber im allgemeinen war ich doch eher zufrieden mit ihm als unzufrieden.

Wien, 24. Februar 1815.

Die Schweizer Angelegenheiten werden aller Wahrscheinlichkeit nach in einigen Tagen beendigt sein, mit Ausnahme eines einzigen Punktes: des Veltlins. Man will die Veltliner Frage, wie es scheint, in der Schwebe lassen, und unter Vorbehalt der Zustimmung der Schweizer Kantone zu den Vorschlägen, die man ihnen machen wird; denn man hat beschlossen, ihnen den vereinbarten Ausgleich erst nur vorzuschlagen, ehe man, wenn es nötig sein sollte, dazu schreitet, ihnen denselben als Gesetz aufzuzwingen.

Wien, 26. Februar 1815.

Ich hätte gewünscht, daß die österreichische Erklärung sich bestimmter gegen Murat aussprüche. Aber man war in Besorgnis, ihm einen Vorwand zu einem verzweifelten Entschlusse zu geben, während die Österreicher in Italien noch nicht gerüstet sind. Die Befehle sind ausgegeben, Streitkräfte dahin abzusenden; 150 000 Mann sollen in Italien und 50 000 als Reserve in Kärnten stehen; das wird genügen, um Murat in Schach zu halten oder seine Unternehmungen zu vereiteln.

Note Metternichs an Talleyrand.

Wien, 25. Februar 1815.

Der Unterzeichnete, Staatsminister und Minister der auswärtigen Angelegenheiten Sr. Kaiserlichen und Königlichen Apostolischen Majestät, ist beauftragt, Sr. Durchlaucht dem Fürsten Talleyrand folgende amtliche Mitteilung zu machen.

Im Verlaufe der Unterhandlungen zu Wien zwischen den Vertretern der Mächte, die den Pariser Frieden geschlossen haben, hat der Unterzeichnete nicht aufgehört, im Namen des Kaisers, seines erhabenen Herrn, Beweise von dem Verlangen Sr. Kaiserlichen Majestät zu geben, Italien einen Zustand der Stetigkeit und Ruhe zu sichern, an dem Europa und sein Reich unmittelbar beteiligt sind.

Die zwischen den Höfen von Frankreich und Neapel fortdauernde Spannung hat die ganze Aufmerksamkeit des Kaisers um so mehr fesseln müssen, als an der Grenze des Königreichs Neapel starke Truppenansammlungen stattfinden und in Südfrankreich gleichfalls Zusammenziehungen vorgenommen werden.

So sehr es auch Sr. Kaiserlichen Majestät fernliegt, bei dem einen oder dem anderen dieser Höfe feindliche Absichten vorauszusetzen, die die Ruhe Italiens und folglich auch eines interessierten Teiles der österreichischen Monarchie gefährden könnten, so hat der Kaiser und König doch geglaubt, die Erklärung erneuern zu sollen, die der Unterzeichnete in der Lage gewesen ist, bereits in einer der ersten Konferenzen abzugeben: daß Se. Majestät fest entschlossen sind, nie zuzugeben, daß durch den Einmarsch fremder Truppen in Italien die Ruhe seiner eigenen oder der von Fürsten seines Hauses beherrschten Provinzen gestört werde; der Kaiser wird jede diesem Entschluß zuwiderlaufende Absicht oder Maßregel als gegen seine Interessen und deshalb gegen ihn selbst gerichtet ansehen.

Indem der Unterzeichnete den Fürsten Talleyrand benachrichtigt, daß er eine übereinstimmende Erklärung über denselben Gegenstand an den Hof von Neapel richtet, bittet er Se. Durchlaucht, den Ausdruck seiner Hochachtung zu genehmigen.

Note Talleyrands an Metternich.

Wien, 25. Februar 1815.

Der Unterzeichnete, Botschafter Sr. Majestät des Königs von Frankreich und Navarra auf dem Kongreß und sein Minister und Staatssekretär im Departement der auswärtigen Angelegenheiten, hat die Erklärung erhalten, mit der Se. Durchlaucht Fürst Metternich ihn am heutigen Tage beehrt hat.

Sollten die Umstände den Marsch französischer Truppen zur Verteidigung der von der Botschaft Sr. Allerchristlichsten Majestät auf dem Wiener Kongreß bezüglich Neapels beständig verfochtenen Grundsätze notwendig machen, so werden diese Truppen nicht durch die österreichischen Provinzen in Italien noch durch die von Fürsten des Hauses Österreich beherrschten Lande marschieren. Nie hat es in der Absicht Sr. Allerchristlichsten Majestät liegen können, irgend etwas zu unternehmen, was die Ruhe dieser Provinzen stören oder gefährden könnte, eine Ruhe, an deren Erhaltung und Befestigung Se. Majestät im Gegenteil das aufrichtigste Interesse nimmt.

Wien, den 3. März 1815.

Österreich und Bayern sind einig bis auf einen Punkt: nämlich Salzburg, das Österreich gern ganz haben möchte, und von dem Bayern einen Teil behalten will. Ich habe die beiden Unterhändler jeden einzeln ermahnt, sich miteinander zu verständigen, um Rußland und Preußen keine Veranlassung zur Einmischung zu geben.

Ich habe soeben das Verzeichnis der auf dem Marsche nach Italien befindlichen Truppen erhalten. Es sind 120 Bataillone und 84 Schwadronen, alle vollzählig; im ganzen 129 000 Mann Infanterie und 15 000 Mann Kavallerie. Die kommandierenden Generale dieses Heeres sind: Bianchi, Radetzky, Frimont und

Hieronymus Colloredo. Außerdem befindet sich eine Reserve von mehr als 50 000 Mann in Kärnten, Steiermark usw.

Der General Pozzo wartet nur noch auf die letzten Depeschen des Kaisers, um abzureisen.

König Ludwig XVIII. an Talleyrand.

7. März 1815.

... Ich hatte mir vorgenommen, heute mit Ihnen auf die Konvention vom 11. April vorigen Jahres zurückzukommen. Bonaparte überhebt mich der Mühe. Ehe Sie diese Depesche empfangen, werden Sie ohne Zweifel über sein vermessenes Unternehmen Nachricht erhalten haben; ich habe augenblicklich die Maßregeln getroffen, die mir am geeignetsten scheinen, ihn dasselbe bereuen zu machen und rechne zuversichtlich auf ihren Erfolg. Heute morgen habe ich die Botschafter empfangen; ich habe mich an sie alle gewendet und sie gebeten, ihren Höfen zu melden, sie hätten mich durch die erhaltene Nachricht in keiner Weise beunruhigt gefunden, vielmehr sei ich überzeugt, die Ruhe Europas werde hierdurch ebenso wenig gestört werden als die meiner Seele. Meine Gicht hat seit neulich merkbare Fortschritte zum Besseren gemacht.

Wien, 7. März 1815.

Sire,

ich darf annehmen, daß Ew. Majestät schon wissen oder, bevor Sie diesen Brief erhalten, erfahren haben, daß Bonaparte die Insel Elba verlassen hat. Auf jeden Fall beeile ich mich jedoch, Ew. Majestät die Nachricht hievon zu übermitteln. Ich habe sie zuerst durch ein Billett* Metternichs erhalten, auf welches ich

---

* In einer autobiographischen Denkschrift erzählt Metternich: „Als sich die Mitglieder bei mir einfanden, war ihnen das Ereignis noch unbekannt. Talleyrand war der erste, der eintrat; ich gab ihm den

erwiderte, daß ich aus den Daten ersehe, wie dieses Entweichen Bonapartes in Verbindung stehe mit dem von Murat an Österreich gerichteten Verlangen, ihm für seine Truppen den Durchmarsch durch die österreichischen Provinzen zu gestatten. Dann hat mir der Herzog von Wellington eine Depesche Lord Burghest's mitgeteilt, von der ich, ebenso wie aus dem Auszuge aus einem Briefe des Vize-Konsuls in Ancona*, die Ehre habe, hier eine Übersetzung beizufügen; auch diesen Auszug hat mir der Herzog von Wellington mitgeteilt.

Am 26. Februar, abends 9 Uhr hat Bonaparte sich in Porto Ferrajo eingeschifft. Er hat ungefähr 1200 Mann, 10 Kanonen, darunter 6 Feldgeschütze, einige Pferde und Vorräte für 5 oder 6 Tage mitgenommen. Die Engländer, die es übernommen hatten, seine Bewegungen zu überwachen, haben dies mit einer Nachlässigkeit getan, die sie schwer werden entschuldigen können**.

Bericht aus Genua zu lesen. Er blieb kalt, und zwischen uns fand das folgende lakonische Gespräch statt:

Talleyrand: „Wissen Sie, wohin Napoleon geht?"

Ich: „Der Bericht enthält nichts darüber."

Talleyrand: „Er wird an der italienischen Küste landen und sich in die Schweiz werfen."

Ich: „Er wird gerade auf Paris losgehen."

* Es war Herr Dumorey.

** In der Sitzung des Unterhauses vom 7. April sagte der englische Minister:

„Man hat gefragt, weshalb man Napoleon auf der Insel Elba nicht näher im Auge behalten habe. Der Grund davon war, daß Napoleon sich dort nicht als Gefangener befand. Der Ort war ihm als eine unabhängige Herrschaft zugewiesen worden. Hätte man ihn auf dieser Insel irgendeinem Zwang unterworfen, so würde man den mit ihm abgeschlossenen Vertrag verletzt haben. Was nun die Möglichkeit betrifft, die Insel zu bewachen, so glaube ich, daß die ganze Marine Englands nicht hinreichen würde, um die Entweichung eines Menschen von der Insel Elba zu verhindern usw. . . . Es ist übrigens aus dem Vertrage einleuchtend, daß es durchaus nicht in der Absicht der Verbündeten gelegen war, Napoleon auf der Insel Elba als Gefangenen zu betrachten."

Die Richtung nach Norden, die er eingeschlagen hat, scheint darauf hinzudeuten, daß er sich entweder nach Genua oder nach Südfrankreich begibt.

Der König von Sardinien ist augenblicklich in Genua und muß seine Garde dort haben. In dem Hafen liegen auch drei englische Fregatten. Wenn Bonaparte also mit seinen 1200 Mann etwas gegen Genua versuchen wollte, würde er damit scheitern. Es ist aber zu befürchten, daß er sich durch das Gebirge nach Parma und der Lombardei begeben, und daß seine Anwesenheit dort das Zeichen zu einem lange vorbereiteten Aufstande sein kann, den das schlechte Verhalten der Österreicher und die falsche Politik ihres Kabinetts nur zu sehr begünstigt hat.

Die Folgen dieses Ereignisses lassen sich nicht voraussehen, aber es können glückliche sein, wenn man daraus Vorteile zu ziehen weiß. Ich werde alles aufbieten, daß man sich hier nicht einschläfern läßt, und daß der Kongreß einen Beschluß faßt, der Bonaparte vollständig des Ranges entsetzt, den man ihm aus unbegreiflicher Schwäche gelassen hatte, und es ihm endlich unmöglich macht, neues Unheil über Europa heraufzubeschwören.

Wien, 12. März 1815.

... In Preßburg erhielten wir die Nachricht, daß Bonaparte von Antibes, welches er zur Übergabe hatte auffordern lassen, mit Kanonenschüssen vertrieben worden sei und dann in der Bai von San Juan gelandet sei; dies sind die letzten Nachrichten, die wir über ihn haben.

Solange man noch in Ungewißheit war, wohin Bonaparte gehe, und was er versuchen werde, konnte man keine Erklärung gegen ihn erlassen. Sowie man das erfahren hat, haben wir uns damit beschäftigt, eine solche zur Annahme zu bringen. Der Entwurf dazu ist von der französischen Gesandtschaft verfaßt und dem Herzog von Wellington und dem Fürsten Metternich mitgeteilt worden. Er wird morgen in dem Ausschuß der acht Mächte, die den Pariser Frieden unterzeichnet haben, zur Verlesung kommen, und dabei vermutlich einige Änderungen erfahren.

Ew. Majestät haben, wie ich nicht bezweifeln kann, Befehl gegeben, Truppen nach Südfrankreich zu schicken. Wenn ich mir eine Ansicht über den Befehlshaber erlauben darf, der ihnen am besten gegeben werden könnte, so würde ich den Marschall Macdonald vorschlagen; er ist ein Mann von Ehre, auf den man sich verlassen darf; er besitzt das Vertrauen der Armee, und da er im Namen Bonapartes den Vertrag vom 11. April 1814 unterzeichnet hat, so wird sein Beispiel um so mehr Eindruck machen, wenn er gegen ihn marschiert.

Ich habe eine Liste der höheren Offiziere gesehen, die zu Befehlshabern der 30 000 Mann ernannt sind, deren Zusammenziehung zwischen Lyon und Chambéry Ew. Majestät befohlen haben. Mehrere Namen sind mir unbekannt; aber es sind einige darunter, in die ich kein Vertrauen setzen kann, unter anderen General Moritz Mathieu, der, wie ich glaube, die ergebene Kreatur Joseph Bonapartes war.

Das Erscheinen Bonapartes in Frankreich, dieser im übrigen so unangenehme Zwischenfall, wird wenigstens den Vorteil haben, daß dadurch der Abschluß der Geschäfte hier beschleunigt wird. Jedermann fühlt seinen Eifer und seine Rührigkeit verdoppelt.

Wien, 14. März 1815.

Ich lege hier eine der Deklarationen bei, die in Wien gedruckt und in ganz Deutschland verbreitet werden:

An die Nationen!

Bonaparte will nur noch für das Glück der Jakobiner regieren. Er begnügt sich mit den gegenwärtigen Grenzen Frankreichs und will mit dem übrigen Europa im Frieden leben.* Als Bürgschaft dafür bietet er: 1. die Niederkartätschung der Pariser Sektionen; 2. die Vergiftung der Hospitäler in Ägypten; 3) die Ermordung Pichegrus; 4. die Erschießung des Herzogs von Enghien; 5. die der französischen Republik geschworenen Eide; 6. die wiederholten Attentate gegen alle Regierungen Europas; 7. die Plünderung der Kirchen in Rußland und Spanien; 8. seine Entweichung von Elba; 9. die Organisation von 3000 Bataillonen Nationalgarde als Ersatz der Konskription; 10. die Verletzung aller von ihm geschlossenen Verträge, mit Einschluß des von Fontainebleau; 11. die Abschaffung der indirekten Steuern zugunsten der öffentlichen Trunkenheit. Außerdem verspricht er sofort nach der Maiversammlung, wenn sie günstig für ihn ausfällt, ein Dekret gegen den Meineid zu erlassen, das Regnault de Saint-Jean d'Angely verfassen und Ney gegenzeichnen wird.

Wien, 19. März 1815 (abends)

Sire,

Ew. Majestät beehre ich mich, ein Schreiben zu übersenden, welches ich diesen Augenblick von dem russischen Minister erhalte. Wie mir scheint, läßt es in dem Punkte, auf den es sich bezieht, nichts zu wünschen übrig. Die darin ausgedrückten Gesinnungen sind sehr gut und im Einklang mit der Sprache, welche der Kaiser bei diesem Anlaß führt. Alles, was zu ihm gehört, zeigt den besten Geist.

Man beabsichtigt, drei aktive und zwei Reservearmeen aufzustellen.

Die eine, die vom Meere bis zum Main operieren soll, wird aus Engländern, Holländern, Hannoveranern, nordischen Kon-

---

* Dies bezieht sich auf Napoleons Proklamation von Grenoble, worin er gelobt hatte, an keinerlei Eroberungskrieg zu denken und Frankreich durch weitgehende Freiheiten im Innern glücklich zu machen.

tingenten und Preußen bestehen. Ihr Oberbefehlshaber wird der Herzog von Wellington.

Die Operationslinie der zweiten, die vom Fürsten Schwarzenberg befehligt würde, soll sich vom Main zum Mittelländischen Meere erstrecken. Diese Armee würde aus Österreichern, Piemontesen, Schweizern und den Kontingenten von Süddeutschland bestehen.

Für die italienische Armee ist noch kein Oberbefehlshaber bestimmt worden.

Von den beiden Reservearmeen würde die eine Nordreservearmee heißen und vom Feldmarschall Blücher befehligt werden. General Barclay de Tolly würde die andre, die Südreservearmee heißen soll, kommandieren.

Alles dies sind nur erst Vorschläge, die jedoch, wie es scheint, bei Österreich und England Anklang finden. Wir werden ehestens über die Stärke einer jeden dieser Armeen Nachricht erhalten.

Wien, 23. März 1815.

Die Streitkräfte, die Österreich, Rußland, England, Preußen, Bayern, Holland, die deutschen Staaten und Sardinien auf die Beine bringen, werden, die Besatzungen eingerechnet, im Ganzen 700 000 Mann ausmachen, bereit, auf die erste Aufforderung zu handeln. Die Preußen haben schon 80 000 Mann am Rhein; die Engländer, Holländer, Hannoveraner etwa ebensoviel; 250 000 Russen werden Ende April ankommen, mit 590 Stück Geschützen. Ich glaube, daß es statt drei aktiver Armeen deren vier geben wird, eine unter dem Oberbefehle des Feldmarschalls Blücher.

Wien, 26. März 1815.

Sire,

nach einer Aufforderung vom Kaiser Alexander, ihn zu besuchen, begab ich mich heute morgen um 11 Uhr in die Burg.

Solange ich in Wien bin, ist er noch nie so liebenswürdig gegen mich gewesen. Man muß, sagte er mir, die Anklagen wegen des Geschehenen fern halten, und sich mit Offenheit und Nutzen den gegenwärtigen Verhältnissen zuwenden, nicht um nach der Ursache derselben zu suchen, sondern um Abhilfe dafür zu finden. Er sprach viel, und als wenn er sein Herz ausschütten wollte, von seiner Anhänglichkeit an Ew. Majestät. Er wird für Sie, wenn es sein muß, seinen letzten Mann und seinen letzten Taler darangeben. Er äußerte sich wie ein tapferer Soldat, der sich nicht scheut, seine Gesundheit oder sein Leben aufs Spiel zu setzen.

Wien, 29. März 1815.

Der Kooperationsvertrag ist am 25. abends unterzeichnet und am 27. mir amtlich mitgeteilt worden.

Nach Erledigung dieser wichtigen Angelegenheit hat der Herzog von Wellington die Abreise zu seiner Armee nicht länger hinausschieben wollen und hat heute früh 6 Uhr Wien verlassen.

Wien, 5. April 1815.

Die in Frankreich vorgefallenen Ereignisse haben die Stellung der Kongreßbotschaft Ew. Majestät in keiner Weise erschüttert; die Verhältnisse, welche die Zukunft Europas betreffen, kommen in derselben Weise wie bisher zur Verhandlung.

König Ludwig XVIII. an Talleyrand.

Ostende, 26. März 1815.

... Wie man behauptet, bedarf Frankreich meines Kopfes, ich habe auf seine Sicherheit Bedacht nehmen müssen, die gefährdet werden könnte, wenn ich einige Stunden länger in Lille geblieben wäre. Bonaparte hat also die bewaffnete Macht für sich; alle Herzen gehören mir; dafür habe ich den ganzen Weg entlang die unanfechtbarsten Beweise erhalten.

Wien, 13. April 1815.

Alles, was ich aus Frankreich höre, beweist mir, daß Bonaparte sich dort in großer Verlegenheit befindet. Das schließe ich auch aus den Sendboten, die er hierher geschickt hat.

Einer der letzteren, Herr von Montrond*, ist mit Hilfe des Abbé Altieri, Attachés der österreichischen Gesandtschaft in Paris, bis nach Wien gekommen.

Entwurf einer von den französischen Bevollmächtigten in der Konferenz der acht in Wien versammelten Mächte am 11. April 1815 überreichten Erklärung.

Die Mächte hatten sich geschmeichelt, durch die Verträge vom 11. April und 30. Mai 1814 der Welt einen dauerhaften Frieden gesichert zu haben.

Frankreich zuerst konnte denselben genießen; alle seine unmittelbaren Interessen waren geordnet; während die der andern Mächte von der zukünftigen Entscheidung eines Kongresses abhängig blieben. Weit entfernt, daß seine Grenzen geschmälert wurden, war es vergrößert worden. Liberale Einrichtungen

---

* Napoleon erzählt über diese Mission in seinen Memoiren folgendes: „Die Mission Montrond hatte mehrere Zwecke: Gewinnung Talleyrands; Überbringung von Briefen an die Kaiserin und Rückbringung von Antworten; zugleich sollte Talleyrand Gelegenheit gegeben werden, nach Frankreich zu schreiben, um den Faden der Intriguen, die er dort gesponnen hatte, zu erfassen. Alle diese Zwecke wurden erreicht."

waren an Stelle eines ungeheuerlichen Despotismus getreten. Seine Kolonien waren ihm zurückgegeben, die Meere wieder geöffnet worden. Kein Hindernis stand mehr der Entwicklung aller der Keime des Wohlstandes, die es in sich birgt, entgegen. Man machte ihm keinen Vorwurf mehr wegen der Übel, deren Werkzeug es gewesen war, voll und ganz war es mit Europa ausgesöhnt. Während es im Innern unter seinem rechtmäßigen Könige die Wohltaten einer väterlichen Regierung genoß, schöpfte es nach außen neue Kraft aus dem Vertrauen, das es einflößte. Zum Kongreß geladen, übte es dort den Einfluß aus, der einem der vornehmsten Mitglieder der großen europäischen Familie zukommt.

Der Mann, der heute selbst laut bekennt, fünfzehn Jahre lang die Knechtung Europas geplant zu haben, und der zur Verwirklichung dieser ruchlosen Absicht das Leben von zwei Millionen Franzosen geopfert, der überall mit Feuer und Schwert gehaust und unablässig mit Gewaltsamkeit und Trug nach seinem Ziele gestrebt hat; der Mann, den der einmütige Wille des Volkes, das ihm sein Glück anvertraut hatte, ausgestoßen hat, und dessen Leben vor der nur zu gerechten Entrüstung dieses Volkes geschützt werden mußte; dieser Mann, dessen Charakter und Handlungen durch das einmütige Zeugnis der Autoritäten, die er selbst eingesetzt hatte, durch die Erklärungen der Befehlshaber der Armee und noch eben durch die Proklamationen derer, die er zu verleiten gewußt hat, gebrandmarkt sind; dieser Mann, der nicht nur seiner Macht entsetzt ist, sondern der sie selbst niedergelegt und dann für sich und die Seinigen durch einen feierlichen Vertrag mit den Mächten darauf verzichtet hat — einen Vertrag, von dem also nur die Mächte ihn entbinden konnten —, hat sich der Gewalt wieder bemächtigt, in der Hoffnung, jene Herrschsucht, die nie ihresgleichen gehabt hat, noch einmal an Frankreich und Europa sättigen zu können.

Europa kann und darf dies nicht dulden: Es waffnet sich nicht gegen Frankreich), sondern für Frankreich ebensowohl wie für seine eigene Sicherheit. Es kennt keine andern Feinde als Napoleon Bonaparte und diejenigen, die für seine Sache streiten.

Als die Mächte am 1. April 1814 erklärten, daß sie mit ihm nicht über den Frieden verhandeln würden, riefen ihnen alle Völker, und die Franzosen vor allen, lauten Beifall.

Bei der ersten Nachricht von seinem Erscheinen im südlichen Frankreich im verwichenen Monat März haben sie erklärt, daß sie ihm weder Frieden noch Waffenstillstand gewähren würden.

Heute, wo er sich der Stadt Paris bemächtigt und die Ausübung der Gewalt wieder an sich gerissen hat, erneuern sie diese Erklärung in der förmlichsten Weise.

Die Unabhängigkeit der französischen Nation wird unangetastet bleiben.

Der Vertrag vom 30. Mai und die auf dem Kongreß beschlossenen politischen und territorialen Einrichtungen werden die Richtschnur für die Beziehungen zwischen Frankreich und den anderen europäischen Staaten bleiben.

Wenn Europa zu diesem neuen und unerwarteten Kriege gezwungen wird, so ist sein Wille, daß weder Napoleon Bonaparte noch die Seinigen aus seinem strafbaren Unterfangen Vorteil ziehen können, daß dieses Hindernis der Weltruhe beseitigt werde und daß Frankreich in seinen Einrichtungen ein Pfand der Sicherheit besitzen und Europa gewähren möge. Wenn dieses Ziel erreicht ist, aber erst dann werden die Mächte unverzüglich die Waffen niederlegen.

Wien, 23. April 1815.

Kaiser Alexander, der den Grundsatz der Legitimität nicht recht begreift,* hat, ohne abzuwarten, wie das englische Kabinett hierüber denkt, in die „Frankfurter Zeitung" einen Artikel ein=

---

* Der Legitimität nach Talleyrand.

rücken lassen, der mir vorliegt. Es steht darin, die Mächte wollen nur Bonaparte stürzen, sie erheben aber keineswegs den Anspruch, sich in die Verfassungsangelegenheiten Frankreichs zu mischen oder ihm eine Regierung aufzudrängen; Frankreich habe volle Freiheit, sich die Regierung zu geben, die ihm zusage.

Wien, 5. Mai 1815.

Die englischen Vertreter, an die ich mich gewendet hatte, um für die Geldbedürfnisse der Kongreßbotschaft Ew. Majestät zu sorgen, und die sich hierin sehr zuvorkommend gezeigt hatten, haben von ihrer Regierung Schreiben erhalten, die sie nur ermächtigen, uns innerhalb sechs Monaten eine Summe von 100 000 Francs vorzuschießen.

Wien, 27. Mai 1815.

Sire,

Ew. Majestät kann ich heute alle die Besorgnisse mitteilen, die ich seit acht Tagen gehegt habe. Es war die Frage aufgeworfen worden, ob man nicht, da die Umstände nötigen, einige Punkte unentschieden zu lassen, sich entschließen sollte, die Unterzeichnung der Kongreßakte auf eine spätere Zeit zu verschieben; eine ziemlich starke Intrigue war in diesem Sinne tätig. Der Zweck dabei war, die abgemachten Dinge wieder in Frage zu stellen, und über mehrere Punkte, die noch der Regelung harrten, eine Entscheidung zu hintertreiben. Nichts war für Ew. Majestät von größerer Wichtigkeit, als Ihren Namen unter eine Akte zu setzen, welche die Einigkeit aller Mächte verkünden soll. Daher habe ich alle meine Anstrengungen aufbieten müssen, um dieses Ziel zu erreichen. Von der englischen Botschaft und von Österreich bin ich ausgezeichnet unterstützt worden; die Unterzeichnung wird morgen oder übermorgen stattfinden.

Tagebuch des Freiherrn von Stein.

Organisation des Geschäftsganges bei dem Kongresse. Aufsatz für Nesselrode wegen Entfernung der Franzosen von der Teilnahme an den deutschen Angelegenheiten. Annahme dieser Meinung von den alliierten Ministern. Deklaration von Gentz entworfen nach dem Konferenzprotokoll der Minister und dem unverständlichen Nachtrag von Humboldt. Erscheinung von Talleyrand und Dalberg. Mündliche Äußerungen der Franzosen wegen Nichtanerkennung von Murat, wegen Gleichheit der Teilnahme an den Geschäften des Kongresses gleich den übrigen Verbündeten, welches letztere besonders Lord Castlereagh begünstigt, und wegen Sachsen. Verachtung des Publikums gegen Dalberg. Nach den Berichten Pozzo's sind die Gesinnungen des Königs von Frankreich friedlich. Sein Privatschreiben.

Deutsche Angelegenheiten. Mediatisierte.

Die Österreicher nehmen mehr Interesse an den deutschen Angelegenheiten, weil der Kaiser Franz die erhaltenen Beweise von Anhänglichkeit der Deutschen bei seiner Durchreise durch das südliche Deutschland rühmte, weil bei ihnen Besorgnisse von Unruhen in Deutschland und ihren nachteiligen Einfluß auf sie entstehen, die Beschwerden über Sultanism immer lebhafter werden und sich durch verminderten Druck der Preßfreiheit freier verbreiten. Die Fürsten selbst werden geschmeidiger. Der Großherzog von Baden entschuldigt sich gegen mich über seine schlechte Regierung (13. Juli). Nassau macht eine Konstitution. Vorgänge mit Württemberg. Dem Kronprinzen von Württemberg hatte ich den Entwurf der deutschen Verfassung von Frankfurt und den der Territorialverfassung d. d. — — mitgeteilt. Er hatte sich von der Zweckmäßigkeit überzeugt und ließ den Minister v. Linden zu sich kommen, eröffnete ihm bestimmt seinen Entschluß, diese Grundsätze anzunehmen, und beauftragte ihn, dieses seinem Herrn Vater zu erklären, mit dem Zusatze, wie er entschieden sei, sie mit Nachdruck durchzusetzen. Der König wurde durch diese ernsthafte Äußerung bewogen, mit dem Fürst Metternich sich über die Absichten der verbündeten Mächte zu unterreden und ihn zu fragen, ob die zukünftige Territorienverfassung die Garantie des Bundes habe und den Landständen ein Rekurs an den Bundestag freistehen solle. Dieser bejahte es. In demselben Sinne war seine Unterredung mit dem Staatskanzler Hardenberg, und nun entschloß er sich, seinem Ministerium den Auftrag zu geben, eine Konstitution zu entwerfen und sie ihm zuzuschicken.

Die fortdauernden Bewegungen in Sachsen veranlaßten mich, bei dem Kaiser Alexander dringend auf Übertragung der Verwaltung (29. September) von Sachsen an Preußen anzutragen. Er genehmigte es, und es erfolgte in einer zwischen Graf Nesselrode, dem Staatskanzler, Herrn v. Humboldt und mir gehaltenen Konferenz die Erklärung Namens des K[aisers]. Man vereinigte sich aber, nicht eher die Verwaltung anzutreten, bis man sich erst deshalb gegen Österreich erklärt.

28. 29. September. Die verbündeten Mächte vereinigten sich zu einer Deklaration, wonach die Diskussion der größeren europäischen Angelegenheiten vor die Versammlung der an dem Pariser Frieden teilnehmenden Mächte gebracht werden solle (Rußland, Österreich, England, Frankreich, Spanien, Preußen, Portugal, Schweden), die deutschen Angelegenheiten aber vor eine besondere Abteilung der deutschen Mächte, nämlich: Öster-

reich), Preußen, Bayern, Hannover, Württemberg. Dieser Entschluß sollte den sämtlichen bei dem Kongresse Erschienenen durch eine Deklaration bekannt gemacht werden. Man teilte das Projekt dieser Deklaration den 2. Oktober an Talleyrand mit, der sie verwarf, und antrug, daß sämtliche Teilnehmer des Kongresses versammelt und den Beschluß fassen sollten, welcher die Bildung der verschiedenen Geschäftsabteilungen betreffe. In einer Unterredung mit dem Kaiser Alexander äußerte ich mich zugleich über die Bestimmung von Sachsen. Der Kaiser lehnte die Unterredung über diesen Gegenstand ab und äußerte, nach dem Pariser Frieden hätten die verbündeten Mächte sich die Disposition über die eroberten Länder vorbehalten. Talleyrand antwortete: er glaube, qu'il n'y avait plus de puissances alliées. „Oui, toutes les fois qu'il s'agira de soutenir le traité de Paris",* sagte der Kaiser. Der Staatskanzler, Metternich, Nesselrode und Castlereagh sahen die Notwendigkeit ein, sich eng und fest zu verbinden gegen Talleyrand's Einwirkungen. Hardenberg drang von neuem auf Zustimmung von Österreich zur Überlassung von Sachsen (2. Okt.). Metternich versprach sie, setzte aber noch immer die Abneigung des Kaisers Franz entgegen, die dieser wiederholt gegen mehrere äußerte. Nach den Berichten des Herrn v. Alopeus in Berlin soll der König von Sachsen eine bedeutende Summe Geldes an Talleyrand haben auszahlen lassen. Seine Käuflichkeit ist bekannt.

Der Kaiser äußerte, es bleibe nichts anderes übrig, wenn der König von Sachsen seinen Rechten nicht freiwillig entsage, als ihn ferner nach dem Eroberungsrecht zu behandeln und ihn nach Riga zu senden.

In der Konferenz zwischen den Ministern der verbündeten Mächte beschloß man, in einer mit Talleyrand heute abzuhalten-

---

* daß es keine verbündeten Mächte mehr gebe. „Ja, aber jedesmal wenn es sich darum handeln wird, den Vertrag von Paris aufrecht zu erhalten."

den Konferenz ihm seine Note zurückzugeben und auf Annahme der von den verbündeten Mächten ihm vorgelegten zu bestehen.

Die Kaiserin Elisabeth teilte mir in einer Unterredung ihre Zufriedenheit mit über meine gegen den Großherzog von Baden in Bruchsal (im Juli) geäußerte Meinung und ihren Wunsch, ihn über sein ferneres Betragen zu beraten. Ich wiederholte meine Mißbilligung seiner Willkür und seiner Nachlässigkeit, riet zur Annahme eines ersten Ministers, zur Bildung einer ständischen Verfassung, stellte ihr den Zustand von Auflösung, in dem Baden sich befände und der mit dem gesetzlichen, ordentlichen, den sie sich aus ihrer früheren Jugend erinnern müßte, den größten Abstand mache. Die Erscheinung des Königs und der Königin von Bayern unterbrach diese Unterredung.

Die Einigkeit der Minister in der Konferenz mit Talleyrand und den alliierten Ministern den 5. Oktober machte ihn geneigt, seinen Antrag zurückzunehmen, jedoch nicht die von ihm übergebene Note, wie es die Minister verlangten. Man beschloß, ihm eine Note, welche seine Anträge widerlegte, zuzustellen. Fürst Metternich sprach mit vieler Festigkeit, und Kaiser Alexander äußerte am Abend beim Kammerball gegen ihn seine Zufriedenheit in Gegenwart des Kaisers Franz und versicherte diesem, er werde bei dem Bündnisse festhalten und sei täglich bereit, an der Spitze seiner Armee sich jeder Anmaßung entgegenzusetzen.

Der undeutsche Montgelas äußerte sich gegen den preußischen Minister in München, wie es genug zu sein scheine, in Deutschland die Fürsten einzeln, unverbunden, wie in Italien nebeneinander bestehen zu lassen und, wenn ja eine Verfassung, sei sie nur als Bund gegen die Fremden, nicht in das Innere der Länder eingreifend, zu bilden. Zu gleicher Zeit unterstützte er die Bemühungen der Sachsen um Wiedererlangung ihres Königs.

Es scheint, das Betragen Talleyrand's sei mehr eine Wirkung

seines Hanges zur Intrigue, zum Verwirren, seiner Anmaßung, seiner Menschenverachtung, als der Wille Ludwig's XVIII., der nach den wiederholten Berichten Pozzo's Frieden und Einigkeit zu erhalten wünscht. Talleyrands Äußerungen sind sehr anmaßend und schneidend; bisher hat er aber nichts bewirkt, als das höchste Mißtrauen zu erregen und bei den Alliierten den Entschluß, fest zusammenzuhalten, zu verstärken.

Kaiser Alexander suchte die polnischen Angelegenheiten zu beendigen. Er erklärte sich gegen General Knesebeck hierüber auf eine sehr merkwürdige Art: „Rußlands Macht ist für Europa beunruhigend; dennoch erfordert die Ehre der Nation eine Vergrößerung als Belohnung ihrer Opfer, ihrer Anstrengung, ihrer Siege. Sie kann aber nicht unschädlich gemacht werden, als indem man das russische Polen vereinigt, ihm eine Staatsverfassung, ein eigenes Militär gibt, das russische zurückzieht und es in eine hierdurch gemäßigte Abhängigkeit von Rußland setzt." (Meine Bemerkung hierüber.) Er sprach dieses mit einer Rührung, die seinem Herzen und seinen edlen Gesinnungen Ehre machte.

Talleyrand's Betragen beschleunigte eine Vereinigung der Mächte über Polen und Deutschland und scheint im Widerspruche zu sein mit den Absichten des Königs; er scheint dazu bestimmt zu werden durch seine Herrschsucht, seine Neigung zu verwirren.

7. Oktober. Er übergab ein Projekt zu einer Zirkularnote, worin er das von Castlereagh Entworfene mit dem Zusatze annahm, daß bei dem Kongresse alle diejenigen angenommen werden sollten, die im Besitz der Souveränität gewesen und ihr noch nicht entsagt hätten. Hierdurch wird die Frage wegen Admission Sachsens entschieden, und man wird daher in der Konferenz den 8. die Sache debattieren und ablehnen.

Den 9. Oktober. Nach den Äußerungen des Kronprinzen von Württemberg ist der feste Entschluß des Königs von Württemberg, gemeinschaftlich mit Bayern sich jeder Verbindung in

Deutschland zu widersetzen und nur in ein Bündnis für den Fall des Krieges einzulassen. Wrede ist derselben Meinung. Der König von Württemberg ist abgeschreckt worden, sich an Frankreich zu wenden, durch die Erklärung des Kaisers Alexander, daß er es nicht zulassen werde, daß Frankreich sich gegen den Pariser Frieden in die deutschen Angelegenheiten mischen würde, und durch den Schutz, den der Herzog von Dalberg den Mediatisierten zu erteilen scheint. Der Kronprinz glaubt, daß Einigkeit und Festigkeit der verbündeten Mächte diese Hindernisse heben werden, und ich riet ihm, mit dem Kaiser von Rußland selbst über die Notwendigkeit zu sprechen, Deutschland fest zusammen zu knüpfen, damit das südliche Deutschland sich nicht von dem übrigen trenne und sich ganz in die Arme von Frankreich werfe.

12. Oktober. Die Minister der verbündeten Mächte raten Graf Münster, Hannover als Königreich zu erklären, um zu verhindern, daß nicht neue Ansprüche entstehen auf Teilnahme an dem vorbereitenden deutschen Komitee. Er entschließt sich hierzu und erläßt ein Zirkular an die verbündeten Mächte. Ein großer Titel auf ein kleines und armes Land. Die erste Zusammenkunft des deutschen Ausschusses versammelt sich am 14. Oktober.

Pozzo kam am 13. von Paris an, bestätigte alles, was er vorher behauptet hatte. Zunehmende Festigkeit der Regierung; friedliche Gesinnung des Königs; allgemeiner Wunsch der Nation, Ruhe zu genießen; Turbulenz der Armee; Bemühung der Faktionisten, um Gährung zu erhalten. Sie hoffen auf ein Zerschlagen des Kongresses und neue Kriege. Der König befiehlt Vandamme, sich aus den Tuilerien zu entfernen, und da er sich auf einen Stuhl im Vorzimmer setzt, so bedeutet ihm ein Huissier, er werde ihn durch zwei Unteroffiziere wegführen lassen; er entfernt sich. Davoust ward auf das Land verwiesen; die Marschälle fordern sein rechtliches Urteil; der König antwortet ihnen: er werde nach dem Gesetze handeln, kenne aber kein Korps der Marschälle. Die Finanzen sind in gutem Stand, der rückständige Sold der Armee ist berichtigt. Der Finanzminister zahlte im Monate Juni bis September inklusive an den Kriegsminister 45 Millionen, von da 17½ Millionen monatlich; die Zahl der Offiziere ist 35 000, der entlassenen Offizianten 14 000.

13. Oktober. Lord Castlereagh hat gestern ein Memoire über die polnischen Angelegenheiten dem Kaiser übergeben und eine lebhafte Unterredung gehabt; er ist bei seiner Meinung beharrt. Der Artikel des Traktats vom 27. Juni 1813 scheint ihn frappiert zu haben; er schwieg einige Zeit und sagte: Je remplirai exactement ce traité. Je donnerai à l'Autriche les salines de Wieliczka.* Er blieb bei seinem Konstitutionsplane. Der Kaiser gab dieses Memoire nicht an Nesselrode. Lord Castlereagh übergab ein zweites Memoire, worin er vorschlug, einen Mittelweg einzuschlagen, den Polen gewisse Vorteile einer Verfassung einzuräumen.

16. Oktober. Manche glauben, der Kaiser wolle nur den Schein haben, die Polen in ihren Entwürfen zu unterstützen, weil er ihnen Versprechungen gegeben, Hoffnungen gemacht; er erwarte aber heftige und beharrliche Widersprüche seiner Bundesgenossen und werde sich hiermit gegen die Polen rechtfertigen, wenn er seine Zusage nicht erfülle, deren Bedenklichkeit er einsehe. Diese Meinung äußerte der Herzog von Serra Capriola bei seiner Ankunft von Petersburg; auch Fürst Peter Wolkonskij. Der Kaiser hat das erste Memoire von Castlereagh dem Fürsten Czartoryski zur Beantwortung übergeben und nicht an Nesselrode, mit ihm auch vom Inhalte meines Briefes gesprochen. Czartoryski konnte seinen Unmut gegen mich nicht verbergen, als er mir im Konzert begegnete, und sagte zu An-

* Ich werde diesen Vertrag genau erfüllen. Ich werde Österreich das Salzbergwerk von Wieliczka geben.

ftetten: On attaque l'empereur de toute part, il faut le fortifier et nous défendre.*

17. Oktober. Metternich willigte endlich in die Besitznahme Sachsens ein. Meinen Vorschlag, den Prinz Wilhelm gleich nach Dresden zu schicken, lehnte Hardenberg ab und nahm den an, den Minister Reck unterdessen hinzusenden. Noch hat der Kaiser das Protokoll vom 28. September nicht genehmigt.

18. Oktober. Diese Genehmigung erfolgte heute, kurz vor dem militärischen Fest. Es war sehr glänzend, die Truppen schön, die Anordnung des Ganzen vortrefflich, der Eindruck, welchen das Ganze von dem Balkon des Lusthauses herab gesehen machte, groß und schön. Der Kronprinz von Württemberg, welcher den Kaiser beobachtete, glaubte, er sei von diesem allen auf eine unangenehme Art bewegt worden; er habe in der Haltung der Truppen, in der lebendigen Teilnahme der Zuschauer, in dem Überfluß, der sich im Ganzen gezeigt, etwas, was seine Meinung von der Schwäche Österreichs widerlegte, gefunden, was ihn in seinen hohen Ideen von Unwiderstehlichkeit gestört. Ich fand ihn den 19. Oktober berechnend und verschlossen, sowie er überhaupt seit der Eroberung von Paris weniger Freundlichkeit, Offenheit, Mitteilung in seinem Betragen äußert. Ich frug ihn: was er befehle dem Fürst Repnin zu eröffnen, der nun Sachsen bald verlassen werde; ob er allenfalls herkommen solle. Er bejahte es und sprach mit Zufriedenheit von Repnin's Geschäftsführung. Auf meine Bemerkung, daß er verdiene in Tätigkeit gesetzt zu werden und daß sich hierzu jetzt vielleicht eine Gelegenheit finde in Esthland, da der Prinz August von Oldenburg abzugehen die Absicht habe, antwortete er, seine Absicht sei, den Fürst Repnin im Innern von Rußland zu gebrauchen, da er mit Geschäftsformen und Einrichtungen sich bekannt gemacht, die man zum Teil dort anwenden könne.

* Man greift den Kaiser von allen Seiten an, man muß ihn schützen und uns verteidigen.

Ich bat ihn, dem König vorzuschlagen, den Prinzen Wilhelm gleich als Statthalter nach Sachsen zu schicken, welches er mir versprach. Nach einer kurzen Pause sagte er: Vous m'avez écrit sur la Pologne; pourquoi vous, qui montrez des idées si libérales dans toutes les occasions, en avez-vous proposé de si différentes dans celle-ci?

Il m'a paru, Sire, qu'il faut modifier les principes dans l'application selon la nature de l'objet, auquel on les applique; et je crains, que cette Pologne ne sera pour vous qu'une source de désagréments et de contrariétés; un tiers état lui manque, qui est dans tous les pays civilisés le dépositaire des lumières, des mœurs, des richesses d'une nation; le leur ne se compose que d'une petite noblesse ignorante et turbulente et de juifs, et c'est ce manque d'un tiers état, qui vous arrête dans vos plans d'organisation en Russie.

C'est vrai, mais dans l'ancien duché de Varsovie les affaires allaient assez bien.

Très imparfaitement, et Napoléon les comprimait et les forçait de marcher sur une ligne.*

---

* Sie haben mir über Polen geschrieben; warum haben Sie, der Sie bei jeder Gelegenheit so liberale Ideen zeigen, in diesem Falle so ganz andere vorgeschlagen?

Es schien mir, Sire, man müsse die Prinzipien je nach der Art des Gegenstandes, auf den man sie bezieht, umgestalten; ich fürchte, daß dieses Polen für Sie nur eine Quelle von Unannehmlichkeiten und Ärger sein wird; es fehlt ihm ein dritter Stand (tiers état), der in allen zivilisierten Ländern der Boden der Bildung, Sitten und Reichtümer einer Nation ist. Polen besteht nur aus einem kleinen, unwissenden und aufrührerischen Adel und aus Juden, und dieser Mangel eines dritten Standes hindert Sie in Ihren Organisationsplänen in Rußland.

Das ist richtig, aber in dem ehemaligen Herzogtum Warschau gingen die Geschäfte ganz gut.

Dem ist nicht ganz so, denn Napoleon unterdrückte sie und zwang sie nach einer Richtung zu laufen.

Je saurai les soumettre à une discipline, et d'ailleurs je ne me suis point encore expliqué sur le mode, dont je me propose d'exécuter le plan de rendre des institutions à ce peuple, qui a tant fait pour conserver sa nationalité.* Er fuhr darauf fort und sagte, alles vereinige sich hierin gegen ihn; auch Talleyrand intriguiere, der aber seinen Zweck verfehlt habe, indem er alle Bundesgenossen aufgereizt, die Preußen wegen Sachsen, ihn wegen Polen, die Österreicher wegen Italien; dieses habe aber gegen ihn nur allgemeines Mißtrauen erregt. Ich versicherte ihn, daß gewiß keiner der alliierten Minister mit Talleyrand intriguiert habe: welchem er beitrat, nur wegen Metternich zweifelhaft war, über den er sich mit Bitterkeit äußerte, seinen Vorsatz, Einigkeit und Frieden zu erhalten, wiederholte, und mich ganz freundlich entließ.

Der Kronprinz von Württemberg unterredet sich mit mir über die deutschen Angelegenheiten; er äußerte, sein Vater habe eine Konferenz über dieselben in seiner Gegenwart abgehalten und sei über die Anträge von Österreich und Preußen nicht zufrieden; er äußerte sich, es sei eine unförmliche Kompilation ohne Zusammenhang und sie werde niemand zufriedenstellen. Er empfahl festeres Bestehen, Beharren auf den Grundsätzen. Nur sei er wegen Metternich besorgt, wegen seiner Frivolität, seiner falschen Ansicht, Bayern durch Nachgiebigkeit zu gewinnen und vermittelst Bayern das südliche Deutschland zu beherrschen; er erzählte zugleich, daß die Polen ihm hätten Anträge machen lassen, sich an ihre Spitze zu setzen; er habe ihnen geantwortet: qu'il n'était point un aventurier illustre, que sa position était très agréable, qu'il aimait l'indépendance et ne voulait point

---

* Ich werde trachten, sie einer Disziplin zu unterwerfen, und übrigens habe ich mich noch gar nicht über die Art ausgesprochen, nach der ich diesem Volke, das so um seine Nationalität kämpfte, seine Verfassung zurückgeben will.

la perdre, pour dépendre d'une femme, de ses voisins et d'une nation turbulente.*

Der Kaiser sprach vor einiger Zeit über seine polnischen Absichten mit Graf Capodistria und erzählte ihm, daß er dem Lande eine Konstitution geben und die russische Armee zurückziehen und hiedurch vermeiden wolle, die Eifersucht seiner Nachbarn zu reizen. Er frug Capodistria um seine Meinung, weil dieser als Begleiter des Admirals Tschitschagoff Gelegenheit gehabt habe, Polen kennen zu lernen. Schon damals hatte der Kaiser dem Admiral befohlen (September, Oktober, November 1812), den Polen ihre Freiheit zu versprechen und sie aufzufordern, die Franzosen zu verlassen, der aber Bedenken trug, Proklamationen zu erlassen, weil er den Unwillen seiner Landsleute, der Russen, besorgte. Capodistria antwortete ihm: er halte Polen, dem der Mittelstand fehle, für unfähig zu einer Freiheit, und der Kaiser werde, indem er diese in Polen proklamierte, bei allen seinen Nachbarn Besorgnisse für innere Unruhen erregen.

20. Oktober. In der Konferenz überreichte B[ayern] und W[ürttemberg] seine Erklärung über den Plan. Sie wollen keine Fürstenbank, keine Stände, keine Garantie im Innern durch den Bund, Ausdehnung der Rechte des Kreisoberst.

21. Oktober. Graf Münster übergab einen Vortrag gegen die Behauptung von B[ayern] und W[ürttemberg] im Sinne meines Schreibens vom 20. Oktober. Ich riet Graf Keller und Herrn von Marschall, sich nicht irreleiten zu lassen durch Phantome und durch Gagern, sondern sich fest an Österreich, Preußen und Hannover zu halten, von denen sie allein Schutz und Hilfe erwarten könnten.

---

* er sei keineswegs ein berühmter Abenteurer, seine Lage sei eine sehr angenehme, er liebe die Unabhängigkeit und wolle sie nicht verlieren, um von einer Frau, ihren Nachbarinnen und einer aufrührerischen Nation abhängig zu sein.

23. Oktober. Fürst Metternich erklärte sich schriftlich gegen Preußen wegen Überlassung von Sachsen; er willigte ein unter der Bedingung erstlich einer näheren Bestimmung der Grenzen, zweitens daß Mainz zu dem südlichen deutschen Defensionssystem gehöre, drittens die Mosel die Grenze mache zwischen den preußischen Besitzungen und zwischen denen der übrigen deutschen Fürsten. — Mainz gehört zum Verteidigungssystem von ganz Deutschland, nicht von einem Teile desselben; will Bayern einen Waffenplatz haben, so benutze es hiezu Mannheim oder Philippsburg. Es ist ohnehin nicht imstande, allein das linke Rheinufer gegen Frankreich zu verteidigen. Österreich sucht so eifrig Mainz, weil Bayern hieran die Herausgabe des Innviertels und Salzburgs bindet.

Es ist ein militärisches Komitee für deutsche Militärangelegenheiten angeordnet, das aus dem Kronprinzen von Württemberg, Wrede, Radetzky, Knesebeck und einem Hannoveraner besteht. Hier wird auch die Frage wegen Mainz behandelt werden. Wrede trug darauf an, sie auszusetzen, bis das Verhältnis Deutschlands gegen die Schweiz und die Niederlande bestimmt sei.

Der Kaiser ließ Anstetten am 20. kommen und gab ihm eine von Czartoryski verfaßte Widerlegung des Memoires von Lord Castlereagh, der viele eigenhändige, zum Teil sehr heftige Marginalien beigefügt waren, und befahl ihm, daraus ein Ganzes zu machen. Er äußerte seinen Unwillen über Nesselrode's Abneigung, die polnischen Ideen in seinem Sinne zu behandeln und zu unterstützen; er erklärte ihm, er werde sich nicht in die deutschen Angelegenheiten mischen, ward sehr heftig, indem er erwähnte, wie er die Vergrößerung anderer zugelassen, seinen billigen Forderungen aber jeder sich entgegensetze. Rußland hat 168 Millionen Rubel neues Papiergeld gemacht, annis 1812, 13 und 14, zur Bestreitung der Kriegskosten.

24. Oktober. Unterredung des Kronprinzen von Württemberg mit dem Staatskanzler und mir; er äußerte, es sei ihm ge-

lungen, den König zu überzeugen, sein Interesse sei es, sich an Deutschland zu schließen und sich von Bayern, das ihn früh oder spät unterdrücken würde, zu entfernen. Der König hat sich dazu geneigt erklärt, und den 25. Oktober sagte er zu seinem Leibmedikus: „Lieber Hardegg, man wird sich alles gefallen lassen müssen, man wird sich bald schämen ein Württemberger zu sein, aber Gott wird mir beistehen." — Wrede äußerte gegen Herrn v. Linden, man müsse sich vereinigen und gemeinschaftlich handeln; der beiderseitige natürliche Alliierte sei dennoch Frankreich; dieses werde sich schon wieder heben.

Kaiser Alexander hatte mit Fürst Metternich eine sehr heftige Unterredung über Polen; er warf ihm vor, daß er allein ihm in seinen Absichten zuwider sei; er werde vom hiesigen Publikum getadelt. Metternich antwortete: er wisse nicht, was er ihm antworten solle, da er die beiden Eigenschaften des Souveräns und Ministers in sich vereinige.

Der Kaiser Alexander äußerte ohne alle Rücksicht gegen viele Weiber der hiesigen Gesellschaft seine Abneigung gegen Metternich, seinen Vorsatz, Polen wieder herzustellen. Der alten Fürstin Metternich sagte er: Je méprise tout homme, qui ne porte point l'uniforme; einer andern Dame sagte er: Il ne faut point que vous soyez liée avec un scribe.* Die Herzogin von Sagan bewog er, mit Fürst Metternich ihre Verbindung gänzlich zu brechen.

Gentz zeigte dem Kronprinzen eine Denkschrift, worin er ausführte, daß Österreich sich mit dem südlichen Deutschland und Frankreich zur Erhaltung des Gleichgewichts gegen Rußland verbinden müsse, da dieses immer Preußen und das nördliche Deutschland in sein Interesse verwickeln werde. Hieraus folgert

---

* Ich verachte jeden Mann, der keine Uniform trägt;
Es ist keineswegs nötig, daß sie mit einem Schreiber befreundet sind.

er, daß Mainz in bayerische Hände kommen müsse. Der Kronprinz widersprach ihm. Ich machte diesem das Verderbliche eines Systems bekannt, welches die Einigkeit in Deutschland, nach welcher wir strebten, vernichten, das südliche Deutschland dem Einfluß Frankreichs, das nördliche dem Einfluß Rußlands preisgebe und einen unseligen Zwiespalt zwischen Preußen und Österreich erhalte. Frankreich wird hierdurch neue Mittel erhalten, um seine Absichten auf Belgien und das linke Rheinufer auszuführen.

Der König von Württemberg ist in seinen Besorgnissen gegen Bayern bestätigt. Er wird nicht gemeinschaftliche Sache mit ihm machen und wünscht daher, daß Mainz ihm anvertraut werde. Bayern steht nun isoliert, wenn Österreich fest an Deutschland hält, und man kann, wenn es sich nicht zu guten Bedingungen verstehen will, es ganz aus dem Bund lassen.

Die Grafen Hochberg wollen ihr Sukzessionsrecht geltend machen, das auf dem Ehekontrakt ihrer Mutter und Hausverträgen beruht, welche sämtliche Agnaten vollzogen.

Die Besitznahme von Sachsen durch Preußen macht in Wien einen großen Eindruck; man tadelt sie laut und erwägt nicht, daß sie die Wirkung ist einer Anwendung des Eroberungsrechtes, nach Maßgabe der gegenwärtigen Lage der europäischen Angelegenheiten. Sachsen ward erobert durch einen gerechten Krieg; es konnte nach dem vernünftigen Urteile der Eroberer darüber bestimmt werden. Bei dieser Bestimmung ward man geleitet durch die mit Preußen im Kalischer Frieden übernommene Verpflichtung, es in den Zustand des Jahres 1806 wieder herzustellen. Sie konnte nicht anders erfüllt werden als durch Überlassung von Sachsen, da Rußland den größten Teil der preußischen Provinzen behalten wollte, den deutschen Fürsten durch die einzelnen Verträge ihre Besitzungen versichert waren, also die Markgraftümer an Bayern blieben, den übrigen nicht zum Vorteil Preußens entzogen werden konnten und diesem selbst ein Teil seiner Länder durch England zum Vorteile von Hannover abgedrungen wurde.

29. Oktober bis 7. November polnische Sache. Während des Aufenthaltes der Monarchen in Ofen suchte der Kaiser von Rußland den von Österreich für seinen Plan zu gewinnen; er sprach ihm von den Schwierigkeiten, die ihm Metternich in den polnischen Angelegenheiten machte, seinem Wunsche, sich unmittelbar mit ihm zu vereinigen, um alle Möglichkeiten eines Krieges zu entfernen. Kaiser Franz versicherte ihn: die Äußerungen seines Ministers seien seinen Entschlüssen vollkommen gemäß; im Fall es Krieg werden solle, so wolle er ihn lieber jetzt gleich haben als im Fall zu sein d'être réveillé dans son premier sommeil*. Auf der Rückreise fuhr der Kaiser mit dem Könige in demselben Wagen. Der erstere suchte den letzteren zu überreden, seiner Meinung in den polnischen Angelegenheiten beizutreten, der ihn lange anhörte, zuletzt aber nichts antwortete als: er hoffe, der Kaiser werde seine Meinung ändern. Castlereagh hatte ein Memoire mit einem Schreiben begleitet, worin er dem Kaiser das Traktatenwidrige — 27. Juni und 5. September — seiner Forderungen darstellte. Diese waren nach Wiederherstellung des Königreichs abgegrenzt durch eine Linie, die Thorn, Kalisch, Czenstochau, Krakau in sich faßt, bestehend aus dem Herzogtum Warschau und den altrussischen polnischen Provinzen. Der Kaiser ließ beides durch Czartoryski und Anstetten beantworten, stellte aber seine Antwort erst nach seiner Zurückkunft nach Wien Castlereagh zu. Unterdessen hatten sich Metternich und Hardenberg vereinigt, die Mediation in dieser Angelegenheit an Lord Castlereagh zu übertragen und ihm eine Anweisung zu geben, wie er sich zu verhalten habe bei den Unterhandlungen. Man wollte ihm entweder die Herstellung Polens, wie es anno 1791 war, anbieten oder auf eine neue billige Teilung bringen,

---

* aus seinem ersten Schlaf geweckt zu werden.

wo Rußland Thorn und Krakau bis an die Nida einräumte. Nach der Zurückkunft der Monarchen von Ofen forderte Metternich, den die zunehmende Unzufriedenheit des inländischen Publikums über seine Geschäftsführung beunruhigte, daß die polnische Angelegenheit in einem Rate verhandelt werde. Der Kaiser bestellte ihn aus Metternich, Schwarzenberg und Stadion, und nach seinem Beschlusse ward Preußen befragt, ob es mit Österreich gemeinschaftliche Sache machen wolle, und zugleich aufgefordert, eine Erklärung abzugeben, welche die Einwilligung in die Konstitution von 1772 oder von 1791 enthielt und die Weichsel zur Grenze begehrte. Österreich hatte die Absicht, Preußen mit dem linken Weichselufer zu entschädigen und Sachsen zu retten. Der Kaiser suchte durch die Herzogin von Sagan wieder in ein gutes Verhältnis zu Metternich zu treten und ward über das Zusammenhalten von Österreich, Preußen und England beunruhigt. Er suchte mit einzelnen zu unterhandeln, fing mit Preußen an, veranlaßte eine Zusammenkunft mit dem König und dem Staatskanzler (5. Nov.), beschwerte sich über die Schwierigkeiten, die man seinen billigen Forderungen entgegensetze, über die Bemühungen, Rußland und Preußen zu trennen; er habe insgeheim anbieten lassen, in der polnischen Sache nachzugeben, wenn der Kaiser die Wiederherstellung von Sachsen zulassen wolle; die von ihm geforderte Grenze sei nicht aggressiv usw. Der König stimmte ihm meist bei, vergeblich widersprach ihm der Kanzler, und er verbot ihm, ferner die Sache gemeinschaftlich mit Österreich und England zu unterhandeln. Der Kanzler war über dies schwache und unverständige Betragen des Königs sehr gekränkt und teilte den Vorgang Lord Castlereagh mit und suchte ihn zu bewegen, seine Replik, die in einer trockenen Widerlegung bestand, zurückzubehalten, der sie aber dennoch am 6. November übergeben ließ. Das Betragen des Königs erregte ein großes Mißvergnügen. England scheint nun in der sächsischen Angelegenheit Preußen verlassen zu wollen; man wirft diesem vor, es gebe die Sache der europäischen Unabhängigkeit auf, um Sachsen zu erhalten; es müsse sich Österreich, Frankreich, England als ein Gegengewicht der Übermacht von Rußland um so enger vereinigen, als gegenwärtig Preußen sich ihm ganz hingebe. Der Kanzler suchte Metternich und Castlereagh zu gemäßigteren Gesinnungen zu bringen. Er legte mir die Frage vor, ob es ratsam sei, jetzt zu einem Kriege zu raten. Ich antwortete verneinend, weil Rußland mit einem schlagfertigen Heer von 250000 Russen und 38000 Polen zwischen Weichsel und Warthe stehe, während die preußischen und österreichischen Heere in Deutschland, Italien usw. zerstreut wären. Die in Holstein stehende russische Armee bedrohe das nördliche Deutschland. Alle Staaten seien erschöpft, überall herrsche Mißvergnügen, Erbitterung in Deutschland und Italien. In Frankreich würden die Mißvergnügten ihr Haupt erheben, in Italien würden sie Unterstützung finden an Murat, man bedürfe Frieden, um alles zu beruhigen und zu befestigen. Rußland werde unterdessen mit seinen polnischen Angelegenheiten zu tun bekommen, seine Armee demobilisieren und Mühe haben, sie nach einigen Jahren wieder aufzustellen, dieweil ihm die Mittel, womit es gegenwärtig Krieg führe, nicht mehr zu Gebote stehen würden, nämlich Vermehrung des Papiergeldes, englische Kreditpapiere, Requisitionen; sein Land sei sehr angegriffen, indem es seit 1805 1763000 Rekruten ausgehoben.

Der Kaiser sprach mich den 5. November. Ich übergab ihm mein Schreiben vom 4. November wegen der deutschen Angelegenheiten, den Fortgang der Konferenzen nebst dem Entwurfe einer konfidentiellen Note an die preußischen und österreichischen Minister. Er las es mit Aufmerksamkeit und äußerte, sie durch Nesselrode übergeben zu lassen; er fand sie mit Recht zu weitläufig und zu bitter, und sagte den 6. November Graf Nesselrode, er solle sie mildern, abkürzen und übergeben. Ich änderte sie also ab den 7. November. Nesselrode hatte Metternich und Gentz konsultiert. Ersterer versicherte ihm, es gehe alles sehr gut in den deutschen Angelegenheiten, und er wolle daher die Note zurückhalten. Ich drang aber sehr nachdrücklich in ihn, sie abzugeben (den 9. November), welches auch geschah. Bei dieser Unterredung (am 5.) begann der Kaiser aus eigener Bewegung über die polnischen Angelegenheiten zu sprechen. Er wußte, daß ich gegen die Herzogin von Oldenburg (3. Nov.) mißbilligend über sein Benehmen gesprochen und sagte: Vous vous êtes aussi rangé du côté de mes ennemis,. à quoi je ne m'attendais pas*. Ich antwortete, seine Nachbarn hätten Ursache, beunruhigt zu sein über den königlichen Titel, über seine Konstitution und über die Grenze. Er antwortete hierauf mit der Erzählung, was er für Europa getan, einen gefährlichen Krieg fortgeführt, sein Leben ausgesetzt, die Vergrößerung Österreichs in Italien zugelassen, Sachsen an Preußen überlassen; auf ein solches uneigennütziges, vertrauensvolles Verfahren habe er die Festigkeit der Allianz gebaut; nunmehr sehe er sich aber einen Gegenstand des Mißtrauens, der Eifersucht, und bestreite man ihm die billigsten Forderungen. Er bedürfe Krakaus und Thorns, um seine polnischen Besitzungen auf dem linken Weichselufer zu decken. Alles vereinige sich gegen ihn; England trete auf, das die Sache gar nichts angehe; ich sollte meinen Einfluß anwenden, um Hardenberg zu bewegen, die Sache allein mit Rußland zu behandeln und nicht mit Österreich gegen ihn gemeinschaftliche Sache zu machen. Ohnehin habe ihm Österreich anbieten lassen, es wolle in allen polnischen Angelegenheiten nachgeben, wenn er Sachsen Preußen entziehe. Man wolle überhaupt eine Koalition gegen ihn bilden, er habe dieses schon in Paris bemerkt und müsse seine Maßregeln danach nehmen.

Durch diese polnische Angelegenheit ist der Geschäftsgang

---

* Sie haben sich auch in die Reihen meiner Feinde begeben, das hätte ich nicht erwartet.

auf dem Kongreß zerrüttet und gelähmt und der Same der Eifersucht zwischen den Mächten ausgestreut worden, der seine verderblichen Folgen auf alle Verhältnisse verbreitet, besonders zwischen Österreich, Preußen und Rußland eine Kälte verursacht, die ein nachdrückliches Eingreifen in die deutschen Angelegenheiten verhindert und Bayern und Württemberg gestattet, ihre selbstsüchtigen Absichten zu befördern. Der Kaiser erscheint in dem Licht, das Vertrauen, welches ihm seine Bundesgenossen geschenkt, mißbraucht zu haben, um die Entscheidung der polnischen Angelegenheiten bis zu einer Zeit auszusetzen, wo er alles zu seinem Vorteil vorbereitet und eine drohende und entscheidende Stellung angenommen habe. Er erregt Mißtrauen in Europa, zieht den König von Preußen von dem allgemeinen europäischen Interesse ab, und er kränkt sein eigenes Volk, indem er Polen Vorrechte einräumt und die Einheit der Verwaltung zerrüttet.

Am 19. November. Der Kaiser bleibt unerschütterlich bei seiner Meinung, er will selbst seine Schwester, die Großfürstin Katharina, nicht anhören, und antwortet ihr nur: que son honneur y était engagé.* Er läßt den Großfürsten Konstantin — 9. November — nach Warschau abreisen mit dem Auftrage, die polnische Armee auf 70 000 Mann zu bringen. Die Vermählung des Kronprinzen von Württemberg mit der Großfürstin Katharina ist entschieden, die Einwilligung der Kaiserin Mutter durch die Vermittlung des Kaisers erhalten worden. Sie hat dem Kronprinzen, der ihre Zuneigung bei dem Aufenthalte in London sich erwarb, die Verbindung mit dem Erzherzog Karl und ihr Etablissement in Rußland aufgeopfert. Der Kaiser hatte vieles Vertrauen und Liebe zu ihr; es war durch einen Vorgang in Rußland 1812 vermindert worden. Als nämlich die Franzosen vordrangen, so entstand gegen den Kaiser eine leidenschaftliche Erbitterung; das Volk schrieb ihm das Unglück des

---

* daß seine Ehre hier im Spiele sei.

Landes zu, und der Adel im Gouvernement Jaroslaw, Twer usw. forderte die Großfürstin, die in Jaroslaw ihre Wochen hielt, auf, sich an ihre Spitze zu setzen und die Regierung zu ergreifen. Das Abspringen des Königs von der verabredeten Linie befestigte den Kaiser in seinem Entschlusse, erbitterte England und Österreich und veranlaßte neues Schwanken in der sächsischen Angelegenheit. Hardenberg suchte Castlereagh in einem Memoire zu überzeugen, daß es gegenwärtig nicht ratsam sei, Krieg zu beginnen. Castlereagh äußerte die Meinung, daß Preußen die Mediation übernehmen solle mit Rußland, da der Kaiser gegen ihn zu erbittert sei. Hiermit stimmte auch Münster insgeheim überein. Stuart und Pozzo sprachen aber von einer Trennung von Europa, auf einer Seite Rußland und Preußen, auf der anderen das übrige Europa. Eine ähnliche Sprache führte Metternich gegen den Kronprinzen von Württemberg den 11. November, sagte ihm, Österreich werde freilich vieles aufs Spiel setzen; der ihm antwortete: ein Staatsmann müsse nicht spielen.

Schwarzenberg ist gegen den Krieg und gegen die Überlassung von Mainz an Bayern.

14. November. Fürst Metternich forderte durch ein offizielles Schreiben den Staatskanzler Hardenberg auf, von Rußland eine bestimmte Erklärung zu erhalten über die Grenzen, auf denen es bestehe, und über die Bürgschaft, die es gebe für die Erhaltung der Ruhe in den österreichisch-polnischen Provinzen und für das übrige Europa, wenn es in seinem Teile eine Konstitution errichte. Das Schreiben enthält zugleich einen Tadel, daß Preußen nicht gemeinschaftliche Sprache führen wolle. Der Staatskanzler will nunmehr eine Unterredung mit dem Kaiser haben über diesen Gegenstand.

Fürst Wrede suchte den Staatskanzler zu bewegen, sich mit einem Teile von Sachsen zu begnügen, der aber die Diskussion ganz ablehnte. Auch Graf Münster empfahl und unterstützte diese

Idee, aber als ein Auskunftsmittel, nicht um Preußen in seiner Konsolidation zu hindern (17. November). Ein Artikel im Merkur vom 31. Oktober über die Lage des Kongresses machte einen lebhaften Eindruck. Fürst Wrede und der württembergische Gesandte beschwerten sich laut darüber.

Der Kronprinz hatte den 16. November eine Unterredung mit dem Kaiser, der mit ihm über die in den Angelegenheiten Deutschlands übergebene Note sprach, ihm versprach, ferner in diesem Sinne zu handeln, auch in die Übergabe von Mainz an Bayern nicht zu willigen. Der Kronprinz lenkte die Unterredung auf die Lage der allgemeinen Angelegenheiten, drückte seine Besorgnis aus über die Spannung, die zwischen den Verbündeten bestehe, über die Einmischung Frankreichs, über die Gefahr, so daraus für Deutschland entstehe, über die Verwicklungen, in die Rußland sich setze, wenn es sich mit allen europäischen Mächten brouilliere; besonders gefährlich werde ihm England sein. Der Kaiser rechtfertigte sein Verfahren mit den Ansprüchen, so er auf die Dankbarkeit Europas habe, mit der Bereitwilligkeit, womit er den Vorteil seiner Verbündeten befördert, der Notwendigkeit, in der er sei, für die Sicherheit seines Reichs durch eine feste Grenze zu sorgen, die Unmöglichkeit, seine in Petersburg gegebene Zusage an seine Untertanen zurückzunehmen. Er wisse, Metternich suche alles gegen ihn aufzuhetzen und ihn von Preußen zu trennen; er habe Mittel, sich mit England zu vertragen, indem er ihm Handelsvorteile anbiete usw. Der Kronprinz empfahl ihm die Anwendung dieser Mittel, da sowohl England gewonnen als die Wünsche seines eigenen Volkes erfüllt werden würden. Er verließ aber den Kaiser mit der Überzeugung von seinem festen Beharren auf dem gefaßten Beschluß.

Der Kaiser war hauptsächlich besorgt, sich Preußens zu versichern; er fuhr fort sich zu bemühen, das Mißtrauen zwischen Preußen und Österreich zu erhalten. Er äußerte gegen den König von Preußen: Talleyrand habe ihm in einer mit ihm ge=

habten Unterredung am 15. November namens des Fürsten Metternich gesagt, Österreich werde in Ansehung Polens nach= geben, wenn Rußland sich von Preußen trenne. Er autorisierte sogar den König, dieses laut zu äußern. Metternich leugnete es, und es gab Gelegenheit zu besonderen Erklärungen. Talley= rand's Unterredung war merkwürdig.

18.—23. November. Der Kaiser entzog sein Vertrauen gänzlich Nesselrode wegen dessen Verbindung mit Metternich und Gentz; er übertrug die ganze Geschäftsleitung der polnischen Angelegenheit an Czartoryski, der, da Anstett seinen Abschied genommen hatte, sich an Capodistria wandte und diesen zuzog. Capodistria ist ein Mann, der Scharfsinn, Feinheit, Mäßigung und Ruhe besitzt; sein Geist ist gebildet, sein Charakter sittlich, sein Äußeres angenehm.

In der Unterredung, so er mit dem Kaiser hatte, machte er ihm bemerklich, daß Polen alle Elemente zu einer Konstitution mangelten, daß er gegen seine Verbündeten eine zu schwankende Sprache führte, daß er diejenigen, so ihm treu gedient, von sich entfernt halte und daher betrübe, auch erbittere. Der Kaiser trug ihm die Antwort an Castlereagh auf, die in einem gemäßigten Ton gefaßt war. Czartoryski hatte nun mehrere Unterredungen mit Staatskanzler Hardenberg, auch späterhin mit mir. Er forderte mich auf, dem Kaiser mich zu nähern; diesem sei mein Betragen empfindlich und meine Entfernung von ihm. Ich antwortete: der Kaiser sei teils beschäftigt, teils zerstreut, und ohne bestimmte Geschäfte könne ich ihm seine Zeit nicht rauben. Ich meldete mich daher den 20. bei ihm, und er ließ mich des Abends zu sich kommen. Er war unpäßlich seit dem 16. an einem Rotlauf am Fuß, hatte einige Fieberanfälle gehabt, und ich fand ihn auf dem Sofa liegend, etwas leidend und ermattet. Er empfing mich sehr freundlich und fing an, über die Lage der allgemeinen Angelegenheiten zu sprechen. Er sagte: Metternich wolle alles verwirren, auch schiene dieses die Absicht der Eng=

länder zu sein; der Kaiser Franz bezeuge ihm Vertrauen und freundschaftliche Gesinnung. Ich bemerkte dagegen: ich glaube nicht, daß die Engländer den Krieg wünschten, da die Lasten des Volkes groß seien und Verminderung erforderten; die Punkte, worauf es jetzt noch ankomme, schienen mir mehr ein Gegenstand der Eigenliebe als wichtig für Rußland oder Österreich; Krakau sei diesem zwar wichtig, aber doch nicht in dem Grad, daß es einen Krieg unter den gegenwärtigen Umständen rechtfertige; für Rußland schiene es mir sehr entbehrlich; Preußen werde sich wohl wegen Thorn arrangieren. Er antwortete: Krakau zu räumen, sei für ihn unrühmlich, er habe es einmal besetzt. Da es aber nur ein Opfer sei, um den Völkern Frieden zu verschaffen, den sie so sehr bedürften, erwiderte ich, da er an der Spitze von 400 000 Mann stehe, so könne man diese Räumung nur als einen Beweis seines Edelmuts ansehen, nicht als eine Wirkung der Schwäche; der gegenwärtige gespannte Zustand der Bewaffnung und Unterhandlung könne nicht dauern. Er widersprach und sagte: der gewöhnliche Zustand der russischen Armee sei, konzentriert zu stehen; wegen der Größe des Reichs könne man sie nicht in die Regimentskantons verteilt auseinanderlegen; er habe daher, um die fremden Mächte zu beruhigen, vorgeschlagen, Polen zu konstituieren, die russische Armee nach Rußland selbst zurückzuziehen; dieses sei aber Hebräisch für die Österreicher, sie könnten es nicht begreifen; er wünsche Frieden und hoffe dazu zu gelangen, und er hoffe alsdann allein für Verbreitung und Unterstützung liberaler Ideen leben zu können, welches dem Leben allein einigen Wert gebe. Er äußerte seine Zufriedenheit mit den Gesinnungen, die ihm Kaiser Franz zeige. Ich empfahl ihm Deutschland. Er versprach, alles zu tun, um hier einen gesetzlichen Zustand hervorzubringen. Da ich ihn auf die Trägheit und Willkür seines Schwagers, des Großherzogs von Baden, aufmerksam machte, so befahl er mir, meine Vorschläge abzugeben über die Art, ihn zurecht zu bringen. Er sagte noch, daß er wünsche, Hardenberg möge bald sich seines Auftrags entledigen, um die Dinge zu endigen, und billigte es, als ich ihm sagte, es sei nötig, alle drei streitigen Punkte, Polen, Sachsen, Mainz, zur Entscheidung auf einmal und in einer Verhandlung zu bringen, um alles abzukürzen und nicht Gelegenheit zu neuer Verwickelung zu geben. Er sprach bei dieser Gelegenheit über Sachsen, hielt die Trennung für das Land, für Preußen und für Österreich für ganz unnütz, da ein kleiner Fürst dessen Grenze nicht schützen werde. Er schloß die Unterredung, versichernd, daß er die Aufrechterhaltung der liberalen Grundsätze zur Hauptangelegenheit seines Lebens machen werde.

Capodistria und Czartoryski besuchten mich den folgenden Tag (21. November), jeder besonders. Die Unterredung betraf Polen, Sachsen, Mainz. Ich sprach ihnen meine Meinung ausführlich aus, und sie traten ihr bei: sowie wir auch über die Notwendigkeit übereinkamen, sämtliche streitigen Punkte in einer Verhandlung zusammenzufassen und zu verhindern, daß nicht über jeden einzelnen Gegenstand eine eigene Unterhandlung angefangen werde. Capodistria bemerkte, daß man Frankreich befriedigen werde, wenn man in Murat's Entsetzung einwilligte: welches überhaupt nötig sein würde, um in Italien ein Gleichgewicht gegen Österreich zu erhalten; die Engländer schienen große Neigung zu haben, den überwiegenden Einfluß in Sizilien und den Besitz von den sieben Inseln zu behalten; beidem müsse man entgegen sein.

Der Staatskanzler hatte endlich den 23. November abends 7 Uhr eine Zusammenkunft mit dem Kaiser. Er las ihm einen Aufsatz vor, worin er ihm die Anträge Österreichs vorlegte und die Folgen des Krieges für Europa lebhaft und vertrauensvoll auf den Edelmut des Kaisers darstellte; die ersteren betrafen die Konstitution von Polen, in die sie einwilligten, Überlassung von Krakau, die sie forderten.

Der Kaiser berief mich am 25. November zu sich. Er war

mild und ruhig, äußerte seine Bereitwilligkeit zur Verträglichkeit, seine Besorgnis, daß Österreich fortfahren werde, neue Forderungen und Prätensionen aufzustellen. Ich sprach sehr nachdrücklich für den Frieden; er sei Bedürfnis nicht nur zur Wiederherstellung des allgemeinen Wohlstandes, sondern auch zur Wiederherstellung der allgemeinen Sittlichkeit, die durch den bisherigen langwierigen Druck und Kriegszustand auf eine fürchterliche Art gelitten habe. Er antwortete mir, wie er bereit sei, alles zur allgemeinen Ruhe beizutragen, und überhaupt fest entschlossen sei, jede kräftige und wohltätige Idee zu unterstützen und zu befördern. Ich übergab ihm einen Aufsatz wegen des Großherzogtums von Baden, und bat ihn, den Inhalt zu erwägen. Er versprach es und sagte, er werde seinen Entschluß den folgenden Tag durch Czartoryski den Staatskanzler wissen lassen.

Den 27. November war eine Zusammenkunft, in der dem Fürsten Hardenberg die Erklärung des Kaisers (vide Anlage) abgegeben wurde. Er war mißvergnügt, daß den Österreichern nicht Krakau eingeräumt worden war, klagte über Unbilligkeit und behielt sich vor, alles Metternich mitzuteilen: welches erst den 28. geschah in einer mündlichen Note, die in dem Sinne des protokollarischen Entwurfes abgefaßt war, worin er auf der Unteilbarkeit von Sachsen bestand und Österreich eine Zession in Oberschlesien von 132 000 Seelen bei Leobschütz und Ratibor anbot. In einer zufälligen Unterredung, welche Czartoryski, Graf Münster und ich bei mir hatten, war dieser sehr beharrlich in seiner Meinung, daß ein Teil von Sachsen müsse zurückgegeben werden. Die Unpäßlichkeit des Fürsten Metternich und die Rücksprache mit Kaiser Franz verzögerte die Antwort. Unterdessen äußerte Stuart, man werde sich nun bei der polnischen Sache beruhigen, aber desto nachdrücklicher auf der sächsischen Frage bestehen. Man suchte nunmehr in England selbst zu negoziieren. Es wurden Instruktionen nach dem Inhalt meines Memoires vom 3. Dezember nach England gesandt, über das ich den 7. Dezember an den Grafen Capodistria zu schreiben Veranlassung fand.

Unterdessen waren mancherlei Dinge vorgegangen in den deutschen Angelegenheiten, besonders in der Mainzer Sache, und den innern Badenschen. Ich hatte dem Kaiser den 29. einen Aufsatz vorgelegt über den Zustand des Badenschen, über die Nachlässigkeit, Unentschlossenheit, Willkür und das Mißtrauen des Großherzogs. Zugleich hatte ich ihm Vorschläge mitgeteilt wegen Bildung der Landstände und Ernennung eines Kabinettsministers mit sehr ausgedehnten Vollmachten. Er versprach zu helfen. Die Kaiserin berief mich den 31. November zu sich und sprach mir in Gegenwart ihres Herrn Bruders über die Lage des Landes. Ich sprach meine Ansicht ganz freimütig und unbefangen über seine Regierungsart aus und bestand auf der Notwendigkeit der Stände. Er entschloß sich endlich, das Schreiben d. d. —— an den Fürsten Metternich und Hardenberg zu erlassen. Die Kaiserin gab ihm die Vorschläge wegen Errichtung eines Kabinettsministerii, empfahl ihm ihre Annahme, beauftragte den Herzog von Koburg, mit ihm sich darüber zu besprechen. Ohnerachtet nun das Schreiben erlassen war, so konnte er sich doch nicht entscheiden, eine Instruktion für die Kommission abgehen zu lassen, welche einen Entwurf über die ständische Verfassung ausarbeiten sollte. Sie war selbst den 24. Dezember noch nicht abgegangen, sondern der träge, mißtrauische, unentschlossene Mann konnte es nicht über sich bringen, einen Kurier abzufertigen. Mit Recht sagte Napoleon von ihm: Ce prince est indécrotissable.

Unterdessen beobachteten die Österreicher ein tiefes Stillschweigen, fingen aber unter der Hand an zu unterhandeln. Metternich äußerte gegen Czartoryski in einer Unterredung, wie man im Ganzen zufrieden sei mit der Erklärung Rußlands über Polen; man müsse aber darauf bestehen, daß der König von Sachsen mit einem Teil seines Landes abgefunden werde. Dieses werde die Widersprüche von Frankreich beseitigen, die öffentliche Meinung befriedigen, die sich laut ausgesprochen habe gegen die Entsetzung des Königs von Sachsen, auch über die Nähe von Preußen auf diesem Punkt beunruhigt bleibe. Der Kaiser Franz sprach mit der Großfürstin Katharina (6. Dezember) über seinen Wunsch, Frieden zu erhalten, aber sein Gewissen fordere, daß er den König von Sachsen mit einem Teile seines Landes abfinde; ganz Europa habe die Augen darauf gerichtet; er wünsche mit Preußen in gutem Vernehmen zu leben, aber es werde ihm gefährlich. Er sei übrigens bereit, Mainz zur Bundesfestung zu erklären. Fürst Hardenberg selbst sei geneigt zu einer Abfindung des Königs in Sachsen; Fürst Repnin habe ihm gesagt, die Sachsen wünschten alle ihren König zurück.

Beides war falsch. Fürst Repnin hatte geäußert: nach der Schlacht von Leipzig sei Alles gegen den König gewesen, den man als den Urheber des allgemeinen Unglücks angesehen, nachher hätten sich die Gesinnungen gemildert; die Anhänger des Herzogs von Weimar hätten sich mit den königlich Gesinnten verbunden, nachdem sie ihre Erwartungen unerfüllt gesehen. Die Unzufriedenheit nach dem Frieden von Paris habe die Gährung begünstigt und die königlich Gesinnten seien tätiger geworden. Nunmehr seien die Meinungen geteilt; Kaufleute und der Gewerbestand seien für Preußen, der Landadel und Landmann im ganzen ruhig, die Dresdener Beamten für den König entschieden.

Die Absicht des Kaisers Franz bei der Abfindung des Königs von Sachsen mit seinem alten Lande ergab sich am deutlichsten aus seiner Unterredung mit dem Herzog von Weimar. Dieser äußerte, er halte die Teilung von Sachsen für nachteilig in administrativer Hinsicht und weil die Gärung in den Gemütern erhalten werde. „Das ist schon recht", antwortete er, „dann kommen die beiden Teile um so eher wieder zusammen." Er will also im Land seines Bundesgenossen einen Samen der

Zwietracht und Gärung unterhalten, um ihm das blutig Errungne wieder zu entreißen.

Auch der Neid Hannovers gegen Preußen zeigte sich in dieser sächsischen Angelegenheit. Graf Münster haßte und beneidete Preußen von jeher, teils aus persönlichen Ursachen, teils wegen des feindseligen Benehmens Preußens gegen Hannover anno 1806. Er schlug daher im Winter 1812 dem britischen und russischen Kabinett in einer ausführlichen Denkschrift vor, Rußland bis an die Weichsel zu vergrößern, ihm also Ostpreußen zu geben, Preußen zwischen Weichsel und Elbe zu legen, das Land zwischen Elbe und Schelde unter dem Namen eines Königreichs Austrasien, also den Erbteil von Preußen, Sachsen, Hessen, Oranien, Braunschweig, Nassau an das Haus Hannover zu geben und auf diese Fürstenhäuser das Eroberungsrecht anzuwenden. Dieses Projekt sollte durch eine schwedisch-englisch-hannöverische Armee ausgeführt werden unter dem Kronprinz von Schweden, und einer der englischen Prinzen sollte auf den Thron kommen. Diese Seifenblase zerplatzte von selbst durch die Ereignisse des Dezember 1812, die Konvention von York, den Beitritt von Preußen usw. Während des Krieges fühlte Graf Münster die Unentbehrlichkeit von Preußen und äußerte ihm gute Gesinnungen, erwarb sich auch das Vertrauen vom Staatskanzler. In dieser sächsischen Angelegenheit zeigte er aber die größte Tätigkeit. Er befestigte die Engländer und Österreicher in dem Begehren einer Teilung von Sachsen; er äußerte an Oberst Miltiz, da ihm dieser die übeln Folgen einer Teilung für das Land darstellte: dieses sei gleichgültig, man werde, wenn Preußen nicht nachgebe, gegen die Besitznahme protestieren, eine Gelegenheit abwarten und einen Krieg anfangen, der mit dem Untergang Preußens endigen würde. Den 8. Dezember besuchte Miltiz den Grafen Schulenburg zu Klosterrode und sprach mit ihm über die Nachteile einer Teilung von Sachsen und das Unwürdige, wenn der König sich mit einem kleinen Teile abfinden lasse.

Er äußerte hierauf: es könne nur die Rede sein, an Preußen einen kleinen Teil zu überlassen, allenfalls die Niederlausitz, das Amt Zörbig; er werde nie dem König zu etwas anderem raten, da es eine unwürdige Handlung sei. Die Kräfte, die Preußen zwingen, einen kleinen Teil herauszugeben, würden es auch zwingen, sich mit einem kleinen Teil zu begnügen. Man werde sonst nach einiger Zeit mit ihm einen Krieg anfangen, der es vernichten werde; Hannover werde unterdessen einen Einfluß und ein Ansehen erhalten durch seine Rechtlichkeit, seine administrative Weisheit, wodurch es der Anlehnungspunkt des nördlichen Deutschlands würde. — Graf Schulenburg will also einen Staat, der bereits existiert, einen militärisch-politischen Namen errungen hat, eine Masse von Kenntnissen, von Staatseinrichtungen besitzt, umwerfen und an dessen Stelle einen andern setzen, der nur durch Schlechtigkeit und — — bekannt ist und uns eine Generation unbedeutender Prinzen zu Regenten verspricht. Welche Verblendung! Aus dieser und einer früheren ähnlichen Äußerung des Grafen Schulenburg gegen mich ergab sich, daß der König eine geringe Abfindung abweisen werde.

Endlich erschien die österreichische Erklärung den 10. Dezember und ward den 11. übergeben. Sie wollte Preußen im westlichen Deutschland abfinden und ihm von Sachsen nur 400 000 Seelen auf der Niederlausitz und Thüringen anweisen; wegen Polen forderte es Krakau. Metternich nahm also eine Negoziationsbasis an, die der vom 22. Oktober ganz entgegengesetzt war. Er verhüllte sie in eine Menge Phrasen von Dankbarkeit für Preußens Anstrengungen, der Notwendigkeit einer Einigkeit zwischen Preußen und Österreich usw., so daß der vollkommenste Kontrast zwischen den Freundschaftsversicherungen und dem verwerfenden Antrag den Schein einer Mystifikation gab. Fürst Hardenberg legte die Korrespondenz seit dem 4. Oktober dem Fürsten Czartoryski und mir vor und übergab sie dem Kaiser Alexander. In dieser Korrespondenz war besonders

merkwürdig ein Billett vom 7. November, worin die bestimmte
Versicherung enthalten war der Einwilligung des Kaisers in die
Übergabe von Sachsen. Der Kaiser Alexander ließ dem Staats=
kanzler durch Fürst Czartoryski schreiben: er möge sich nun über
das Interesse Preußens bestimmen, und er werde ihn mit allen
Kräften und allen seinen Truppen unterstützen. Dasselbe trug
er mir den 12. Dezember abends auf. Er sagte: er habe dem
Kaiser Franz die Papiere vorgelegt, der habe dem Fürst Metter=
nich darüber die bittersten Vorwürfe gemacht: aus dieser Korre=
spondenz gehe die Absicht Metternich's hervor, Rußland und
Preußen zu trennen; es sei nötig, die Sache zu beschleunigen
und nun ein Ultimatum zu geben; er werde es mit allen Kräften
unterstützen; man müsse diese Sache unter den drei Mächten
endigen ohne Beimischung Frankreichs und Englands, dann die
deutsche, dann die englische Angelegenheit. Ich antwortete ihm
mit Betrachtungen über das Verderbliche und Verwerfliche der
österreichischen Vorschläge, über die Notwendigkeit, den Ent=
schluß und die Bereitschaft zu zeigen, ernsthafte Maßregeln zu
ergreifen und hiezu Vorbereitungen zu machen durch Reise=
anstalten, Truppenbewegungen; über die Notwendigkeit, diese
ganze Angelegenheit aus den Händen Nesselrodes zu bringen,
der Metternich blindlings ergeben sei, und sie Czartoryski oder
Rasumowskij anzuvertrauen und ihnen Capodistria beizuordnen,
dem das Verhältnis gleichgültig sei. Er frug mich nach Gentz;
ich sagte ihm, er sei ein Mensch von vertrocknetem Gehirn und
verfaultem Herzen; ferner nach Stahrenberg, den ich nur höchst
oberflächlich kannte. Ich endigte mit dem Antrag auf eine
Konferenz mit Hardenberg auf heute, den 13.

Fürst Metternich ward nun über den Gang der Dinge sehr
verlegen. Er schickte noch denselben Abend Herrn v. Wessenberg
an den Staatskanzler, um sich mit Herrn Staatsrat Hoffmann
wegen der statistischen Tabelle, so eine Anlage zu seinem Schreiben
vom 10. Dezember war, zu besprechen, der ihm einen Irrtum

von 1200000 Seelen, die er Preußen zu wenig angerechnet hatte, nachwies. Zugleich kam er selbst den 13. früh zum Staatskanzler, um ihm zu beweisen, daß das Schreiben nicht offiziell, sondern konfidentiell gewesen, daß man ja noch mehr von Sachsen und Polen habe fordern können.

In dieser Konferenz waren Czartoryski, Capodistria, Humboldt und ich gegenwärtig. Der erstere erklärte, der Kaiser wolle noch den Tarnopoler Kreis von 400000 Seelen an Österreich überlassen, bestehe aber auf den bisherigen Bedingungen wegen Krakau und Thorn. Man beschloß daher, daß Preußen und Rußland Erklärungen an Österreich abgeben und ersteres England auffordern solle, ihm beizustehen, um seine traktatenmäßigen Besitzungen zu erhalten und den 14. Dezember ferner zusammenzukommen.

Fürst Hardenberg gab die Korrespondenz, so mit Metternich war geführt worden, mit der österreichischen Note vom 10. Dezember an den Kaiser ab. Das Merkwürdigste war die österreichische Note vom 22. Oktober, ein Schreiben Metternichs an Castlereagh, ein Billett desselben vom 7. November, worin er leugnete, dem Kaiser angetragen zu haben, auf Polen nachzugeben, wenn er der sächsischen Sache seine Unterstützung versage. Metternich ging den 14. Dezember zum Kaiser, um sich zu rechtfertigen, und stellte ihm ein Memoire des Staatskanzlers vom — November zu, worin ihm dieser ausführlich die Notwendigkeit bewies, gegen Rußland keine feindseligen Maßregeln jetzt zu nehmen, und ihm die Ursachen entwickelte, warum es ratsamer sei, gegenwärtig nachzugeben und für die Zukunft lieber sich vorzubereiten und in Stand zu setzen, denen Unternehmungen Rußlands gegen Europa zu widerstehn. Er übergab dieses mit der Bemerkung, wie er noch mehrere Schreiben des Staatskanzlers habe, von denen er keinen Gebrauch machen dürfe, da es die Geheimnisse eines Dritten seien.

Kaiser Alexander legte sämtliche Papiere dem Kaiser Franz

vor (14. Dezember), erklärte, er wolle mit einem so unzuverlässigen Mann wie Metternich nicht mehr unterhandeln. Der Kaiser Franz soll erklärt haben, daß verschiedene dieser Papiere, namentlich das Schreiben an Lord Castlereagh, ihm ganz unbekannt seien. Er drang auf eine Unterredung mit der Großfürstin Katharina, die sie nur nach dem Befehl ihres Bruders annahm. Hier mißbilligte er das Benehmen Metternichs, behauptete, das Schreiben an Castlereagh sei ihm ganz unbekannt; die Großfürstin erklärte ihm namens des Kaisers, er wolle nicht mehr mit Metternich unterhandeln.

Der Kaiser hatte noch mehrere Unterredungen mit dem Palatin. Er wollte nunmehr die Unterhandlungen mit Österreich unmittelbar mit Kaiser Franz führen und beschloß in einer Konferenz (15. Dezember) mit Czartoryski, Capodistria und mir, daß Preußen eine Memoire an Österreich durch ihn übergeben lassen sollte, worin es seine Bedingungen wegen Sachsen erkläre; dieses Memoire wolle er an sich nehmen und mit dem Kaiser Franz unmittelbar unterhandeln. Man solle zugleich ein Projekt zu einem Präliminarvertrag entwerfen, welchen die beiden Monarchen unterzeichnen würden; käme es zu formellen Unterhandlungen, so würden alsdann den ostensiblen Auftrag Rasumowskij oder Stackelberg erhalten. Ich riet zu ersterm. Diese Konferenz war den Abend um ½7 Uhr. Um 3 Uhr war eine vorbereitende von Capodistria, Czartoryski und mir bei Hardenberg. Hier las dieser einen Entwurf einer Note vor, die Rußland gegeben werden sollte, worin man eine Alternative vorschlug, einer Ansiedlung des Königs von Sachsen auf dem linken Rheinufer oder in der Oberlausitz. In der um 7 Uhr gehabten Konferenz des Kaisers mit dem Staatskanzler ward verabredet, daß man auf der Unzertrennbarkeit von Sachsen bestehe und dem König von Sachsen ein 6—700000 Seelen großes Land auf dem linken Rheinufer anweisen wolle. Hiernach ward also das Memoire, so dem Kaiser zugestellt werden sollte, abgeändert und in einer Konferenz (16. Dezember) zwischen Hardenberg, Czartoryski, Capodistria und mir verabredet.

Czartoryski schickte den 17. Dezember an Capodistria den Entwurf des Präliminartraktats des Inhalts, daß das Herzogtum Warschau und sämtliche russisch-polnische Provinzen in ein mit Rußland uniertes Reich verwandelt werden sollten. Capodistria verwarf diese Artikel und bekämpfte von neuem diese Idee der Trennung des russischen Reiches in zwei Teile, einen despotischen und einen konstitutionellen. Unterdessen suchten die Franzosen und Bayern die Gemüter zu erbittern. Wrede forderte den König von Württemberg auf zur Allianz gegen Rußland und Preußen. Die Köpfe der Wiener wurden immer erhitzter und ausgesprochner zum Krieg.

Der Kaiser Franz ließ Kaiser Alexander vorschlagen, er möge einen Negoziateur ernennen zum Unterhandeln über die Frage. Man war unschlüssig, ob man Rasumowskij oder Stackelberg wählen solle. Kaiser Alexander schien zwischen dem Wunsch zum Frieden und dem Gefühl, so er für Pflicht gegen seine Verbündeten und Ehre hatte, zu schwanken. Seine Lage war um so peinlicher, da er die Unterhandlung mit Österreich zu führen selbst übernommen hatte.

In einer Konferenz den 19. Dezember mit dem Staatskanzler, Czartoryski und mir las der erstere eine rechtliche Ausführung über die sächsische Angelegenheit vor; er äußerte sich zugleich äußerst empfindlich über die Treulosigkeit Metternichs und daß man sich nun gänzlich müsse in die Hände von Rußland werfen und eine Gelegenheit zum Krieg abwarten.

Diese ganz sächsische Angelegenheit war sehr verschoben. Sie war nunmehr mit der polnischen Frage verbunden, und da Österreich von England unterstützt, Krakau und Zamosc nicht erhielt, so suchte es von seinen Grenzen gegen Sachsen Preußen zu entfernen, ohne zu erwägen, daß Krakau und Zamosc keine Punkte waren von so entschiedener, überwiegender Wichtigkeit, daß ferner das verminderte und geschwächte Sachsen nicht weniger von Preußen abhängig sein werde, als es das ehemalige Kurfürstentum war, daß ferner es durch seine Wortbrüchigkeit gegen Preußen in diesem ein tiefes Gefühl des Unwillens zurücklassen werde, dessen Folge sein werde eine enge Verbindung mit Rußland, ein Mißtrauen gegen Österreich.

Der Kaiser ernannte den Grafen Rasumowskij und Capodistria zur Unterhandlung über die entworfenen Präliminarartikel, die zur Basis der Unterhandlungen dienen sollten. Auf Verlangen der Engländer ward eine Kommission niedergesetzt zur Untersuchung der statistischen Tabellen und Übersichten, die man den verschiedenen Denkschriften beigefügt hatte. In den Präliminarartikeln war enthalten die Überlassung der halben Wieliczkaer Salzbergwerke und Tarnopols an Österreich, die Verwandlung von Krakau und Thorn in freie Städte, die Abgrenzung mit Preußen, die Verbindung des Herzogtums Warschau mit Rußland als einen unierten konstitutionellen Staat, die Vereinigung Sachsens mit Preußen. Deutschland sollte ein föderativer Staat sein, der, stark und innig verbunden, Rechte und Verfassungen der einzelnen Staaten und Bürgerklassen schütze; Mainz wird zur Bundesfestung erklärt. Diese Artikel sollten nun zum Anhalt bei den Unterhandlungen dienen. Es schien übrigens nicht, als seien die Österreicher zum Kriege bereit; sie hatten die preußische Note vom 21. Dezember durch den Kaiser Alexander erhalten, der sie dem Kaiser Franz zugestellt hatte. Dieser sprach fortwährend mit vielem Ernst gegen die Verbindung von Sachsen mit Preußen.

Alle diese Verhandlungen geschahen ohne Zuziehung von Nesselrode, der es nun tief fühlte, allen Einfluß verloren zu haben. Er hatte ihn verloren wegen seiner Unfähigkeit und seiner blinden Ergebenheit an Metternich, wodurch er oft im Fall war, gegen die Absichten des Kaisers Alexander zu handeln oder sie nur mit Lauigkeit zu unterstützen. Dieses geschah besonders, als er die Friedensideen Metternichs in Frankreich sich aneignete, in den Schweizer Angelegenheiten ganz im Sinne Metternichs handelte, die sächsische Sache mißbilligte und zuletzt in der polnischen Sache geradezu widersprach. Der Kaiser ward daher schon in Freiburg mißtrauisch gegen ihn. Diese Stimmung vermehrte sich in Chaumont und Troyes und entschied sich hier gänzlich, als die Abneigung des Kaisers gegen Metternich sich auf das lebhafteste aussprach. Nesselrodes Mittelmäßigkeit, Unwissenheit und Engherzigkeit in Ansichten und Gefühlen, seine Mutlosigkeit in schwierigen Lagen ließen es nie zu, lange sich auf einer gewissen Höhe zu erhalten. Er mußte fallen, sobald er etwas anderes zu sein versuchte als ein Werkzeug seines Herrn, sobald als er sich eine Art von Selbständigkeit anmaßte; er mußte fallen, da er selbst diese nicht aus sich selbst schöpfte, sondern durch den Einfluß eines dem Kaiser verhaßten fremden Ministers gelenkt wurde.

Metternichs Frivolität zeigte sich ohnerachtet der Krisis der großen Angelegenheiten unvermindert. Er beschäftigte sich mit Anordnung der Hoffêten, Tableaux usw. bis ins kleinste Detail, sah dem Tanz seiner Tochter zu, während Castlereagh und Humboldt zu einer Konferenz auf ihn warteten, legte den Damen, die bei den Tableaux erscheinen mußten, Rot auf. Metternich hat Verstand, Gewandtheit, Liebenswürdigkeit; es fehlt ihm an Tiefe, an Kenntnissen, an Arbeitsamkeit, an Wahrhaftigkeit. Er liebt Verwicklungen, weil sie ihn beschäftigen und es ihm an Kraft, Tiefe und Ernst fehlt zur Geschäftsbehandlung im großen und einfachen Stil. Er bringt auch oft durch seinen Leichtsinn, seine Geschäftsabneigung, seine Unwahrheit welche hervor, ohne es zu wollen. Er ist kalt und daher abgeneigt, die edleren Gefühle im Menschen anzusprechen. Daher kam es, daß dem österreichischen Heer alle Begeisterung fehlte, die allein zur Selbstaufopferung und zur Ausdauer im Unglück führt. Seine Fehler verhindern, daß er nicht den großen Einfluß, die feste Stellung gegen seinen Herrn und gegen das Publikum erlangt hat und behauptet, den er brauchen würde, um die Schwäche, das Vorurteil des ersteren unschädlich zu machen, die mannigfaltigen, geheimen Einwirkungen zu vernichten und um das letztere kräftig zu beherrschen. Er muß mit dem einen und dem andern unterhandeln und Mittelwege einschlagen, die äußerst verderblich sind.

Fürst Metternich teilte seine Note vom 10. Dezember offiziell an Talleyrand mit, der die Befehle seines Königs einholte und sie erhielt, die sächsische Sache zu unterstützen. Er erklärte also in einer Note vom 19. Dezember: Frankreich habe keine Forderungen bei dem Kongreß aufzustellen gehabt, es sei ihm nichts zu wünschen übrig geblieben, als daß die Morgenröte der Wiederherstellung sich über ganz Europa verbreite, daß jedes begründete Recht anerkannt werde und jedes Unrecht seine Verdammnis erhalte, damit auf diese Art die Revolution ein vollkommenes Ende erreiche. Dieses allein könne der Gegenstand der Arbeiten des Kongresses sein, und solle hier ein dauerhaftes und wahres Gleichgewicht hergestellt werden, so dürfen diesem nicht Rechte aufgeopfert werden, die es ihnen obliege zu verbürgen. Er solle nicht alle Völker zusammenwerfen in ein Ganzes und dieses nicht willkürlich verteilen; der Gegenstand der Verteilung seien nur die noch herrenlosen Länder, und die Kraft des Staates sei nicht bloß eine physische, sondern auch eine moralische Stärke. Der König habe daher seinem Botschafter befohlen, nur auf Recht zu halten und an keinem Unrechte teilzunehmen; unter allen Fragen, die beim Kongresse verhandelt würden, sei die wichtigste die polnische. Der König habe die Wiederherstellung und Unabhängigkeit dieses alten, tapferen und Europa so nützlichen Volkes gewünscht. Da aber der Drang der Umstände die Erfüllung dieses Umstandes unmöglich gemacht, da man nur bei Teilungsideen habe stehen bleiben müssen, so habe sich Frankreich auch dabei beruhigen müssen. Um so wichtiger sei nun aber die Frage wegen Sachsen geworden, weil hier die Grundsätze des Rechtes und des Gleichgewichtes am stärksten beleidigt seien. Man könne es nicht annehmen, daß die Könige gerichtet und zwar von demjenigen gerichtet werden können, der ihr Land besitzen will und kann, daß im öffentlichen Urteil die Familie wie ein Volk begriffen werden könne, daß eine Konfiskation im 19. Jahrhundert von ganz Europa bestätigt werden solle, daß die Völker kein Recht haben sollen und willkürlich verteilt werden dürfen, daß die Souveränität nur durch Eroberung erlangt wird, daß unter den europäischen Nationen nur das Naturrecht, nicht ein usuelles Staatsrecht subsistiere: Lehren, die überall verabscheut würden. Das Gleichgewicht werde in Europa durch die Vereinigung Sachsens zerrüttet: 1) indem gegen Böhmen eine große Angriffsmasse gebildet werde, welche die Sicherheit Österreichs in Gefahr bringe; 2) indem es in Deutschland einem seiner Staaten eine übermäßige, den übrigen verderbliche Kraft gebe. Frankreich liebe Preußen wahrhaftig und wünsche seine Wiederherstellung, wie es anno 1805 gewesen, sei auch bereit, darauf zu bestehen, daß Sachsen das an Preußen überlasse, was zur Erlangung eines solchen Zustandes nötig sei.

Indem Fürst Metternich auf einer Seite sich mit Frankreich zu verstärken trachtete, so suchte er auf der andern Preußen zu isolieren und die Unterhandlung mit Rasumowskij von der mit Hardenberg zu trennen. Dieses gelang ihm nicht. Die Unterhandlung wurde, sowohl in Ansehung der Gegenstände als der Gemeinschaft und Gleichzeitigkeit der Konferenzen, innigst verbunden, und den 29. Dezember die erste Konferenz zwischen Rasumowskij, Capodistria, Hardenberg, Humboldt und Metternich, Castlereagh, Wessenberg begonnen. Hardenberg hatte den Zusatz von Castlereagh vorgeschlagen, um zu verhindern, daß er nicht einseitig von Metternich influenziert werde, und aus Vertrauen zu seiner Liebe zum Frieden. Er hatte Castlereagh sein Memoire vom 28. Dezember vorgelesen, der seine Zufriedenheit mit der Stellung der Frage, mit der Entwicklung der Gründe äußerte und anfrug, man möchte Talleyrand mit zuziehen. Man beschloß aber in einer vorläufigen Zusammenkunft am 29. Dezember, dieses in Beziehung auf den geheimen Artikel des Pariser Friedens abzulehnen, nach dessen Inhalt die Alliierten sich vorbehielten, über die von Frankreich entrissenen Länder allein zu disponieren. In diesem Artikel hatte man über die Besitzungen, so Österreich in Sardinien und Italien, und der Prinz von Oranien in Belgien und an der Maas erhalten sollte, disponiert; das russische und preußische Interesse war aber ganz übergangen, die Frage von Sachsen und Polen unberührt und sie auf diese Art so gestellt, daß es ganz von Österreich und England abhing, seine Einwilligung zu erteilen oder zu verweigern und im letzten Falle Preußen und Rußland zum Kriege zu nötigen. Das gutmütige Vertrauen des Staatskanzlers in Castlereagh und Metternich, die Flachheit Nesselrodes und seine Ergebenheit in den Willen Metternichs brachten die Sache in eine solche Lage, die durch das politische Wiederaufleben Frankreichs noch mehr verschlimmert wurde und die, sie mag sich entwickeln wie sie will, zwischen Preußen und Österreich die alte Abneigung wieder herstellt und der Ruhe und Sicherheit Deutschlands äußerst nachteilig ist. Man behauptet zwar, der Kaiser habe die polnische Angelegenheit in Paris nicht verhandeln wollen. Er hätte aber immer die sächsische vornehmen können, und dann war es leicht, ihm zu beweisen, daß die Umstände günstiger für ihn im Mai waren, als sie es später sein konnten, weil hier der Eindruck, den die Ereignisse gelassen noch lebhaft, alle gemeinen Absichten noch nicht wieder aufgelebt, die italienischen und belgischen Sachen noch nicht abgeschlossen waren und als ein Mittel der Unterhandlung gebraucht werden konnten; endlich war er gerüstet, hatte eine starke Reservearmee an der Weichsel, und Frankreich war noch in einem Zustand von Ohnmacht und Betäubung.

Die Konferenz vom 29. Dezember lief mit vorbereitenden Unterhandlungen ab. Graf Rasumowskij eröffnete sie. Fürst Metternich fing einen Vortrag an über die verschiedenen Naturen der abzuhandelnden Fragen, erklärte die sächsische für eine europäische, die mit Zustimmung aller großen Mächte und der des Königs von Sachsen entschieden werden müsse. Fürst Hardenberg forderte ihn auf, bestimmt zu sagen, ob er Befehl von seinem Kaiser habe, die Einwilligung des Königs als wesentlich vorauszusetzen; in diesem Fall müsse er jede Unterhandlung für heute abbrechen und zuerst die Befehle seines Herrn abfordern. Fürst Metternich berief sich auf die Zustimmung der Engländer zu dieser Meinung. Lord Castlereagh erklärte aber bestimmt, er werde alle gemäßigten und vernünftigen Vorschläge Preußens unterstützen, wenn sie ihm als solche erschienen, qu'il ne consentirait jamais à laisser le roi de Saxe maître de la question. Man legte alsdann die Frage Fürst Metternich vor, ob er glaube, daß Preußen ein Recht habe, die Wiederherstellung des Zustandes anno 1806 zu fordern, die er bejahte. Die andere, ob der von Preußen vorgelegte Plan, diesen Zweck zu erreichen, verneinte er, und die Anforderung, einen neuen zu entwerfen, lehnte er ab, lud die russischen Minister dazu ein; die erklärten, nur verpflichtet zu sein, Preußens billige Forderungen zu unterstützen. Metternich frug hierauf, ob eine besondere Allianz zwischen Rußland und Preußen subsistiere, welches der Wahrheit gemäß verneint und geäußert wurde, wie keine andere vorhanden sei als die allgemeine, welche alle Alliierten vereinige. Castlereagh und Metternich schlugen vor, die Franzosen zur Teilnahme an der Unterhandlung zu laden: dem die beiden [andern] Gesandten auf Grund des Article secret des Pariser Friedens widersprachen. Metternich begehrte die Versetzung des Königs von Sachsen an einen dritten Ort: welches man ablehnte.

Der Kaiser* wies Alopeus an, unter der Hand in Berlin mit dem König** zu unterhandeln, die Annahme jedes Fragmentes von Sachsen abzulehnen und womöglich ihn dahin zu bringen, in eine Versetzung auf das linke Rheinufer zu willigen. Man bemerkte ihm, wie der König von zwei Parteien umgeben sei, der sächsischen, die das Wohl ihres Vaterlandes wünsche und jedem Zerreißen entgegen sei, und der Hofpartei, die den König für jeden Preis zurück nach Sachsen wolle.

Kaiser Franz sprach laut von Krieg, sagte den ritterschaftlichen Deputierten Zobel — Degenfeld: „Der König von Sachsen muß sein Land wieder haben, sonst schieße ich, und auf die Völker von Deutschland kann ich zählen." Zobel antwortete: „Ja, wenn Ihre Majestät sich selbst an die Spitze setzen." „Jetzt," erwiderte der Kaiser, „kann ich über Deutschland nichts sagen."

Herr von Talleyrand lud Fürst Czartoryski zu einer Unterredung ein, den 29. Dezember. Er beschwerte sich, daß die Konferenzen mit Zuziehung Castlereaghs und seiner Übergehung gehalten würden; man habe diesen förmlich dazu eingeladen, er habe ihm das Einladungsschreiben gezeigt und seine Verwunderung geäußert, daß man die französische Gesandtschaft übergangen habe; auch Fürst Metternich habe diese Meinung geäußert; solle man etwas gegen seine Person haben, so sei er bereit sich zu entfernen. Czartoryski antwortete ihm: der geheime Artikel des Pariser Friedens bestimme, daß die Alliierten sich über die Verteilung der Eroberung einigten, um diese alsdann Frankreich vorzuschlagen. Er antwortete: dieses betreffe nur die im Artikel selbst verzeichneten Eroberungen, keine andern Gegenstände, und die Allianz sei durch die Erreichung des Zweckes des Krieges aufgelöst. — Dieser Satz ist aber falsch. Die Allianz gegen Frankreich ist durch den Frieden mit Frankreich allerdings aufgelöst; die Allianztraktaten enthalten aber außer

---

* von Österreich).
** von Sachsen.

der gemeinschaftlichen Kriegsführung noch andere Bestimmungen und Verabredungen zwischen den Verbündeten, namentlich die Wiederherstellung Preußens auf den Fuß von 1806, über deren Erfüllung unter ihnen allerdings noch Verhandlungen statthaben müssen und können. Diese Antwort kann man Herrn von Talleyrand geben.

Denselben Tag äußerte Kaiser Franz gegen Kaiser Alexander, er glaube, die drei Alliierten müßten sich zuerst über den Plan der Wiederherstellung vereinigen und dann Talleyrand zulassen.

Den 31. Dezember war abermals eine Konferenz zwischen dem Staatskanzler, Humboldt, Czartoryski, Capodistria und mir, worin man übereinkam, man wolle den 2. Januar, in der nächsten Hauptkonferenz, erklären, wie man bereit sei, Talleyrand zuzulassen, wenn man sich unter den vier Alliierten näher vereinigt habe über den Wiederherstellungsplan.

Die Österreicher zogen unterdessen in Böhmen eine Armee zusammen; sie sollte von Wrede befehligt werden, der mit seinen Bayern dazu stoßen würde. Eine Armee soll sich bei Tetschen aufstellen und eine Armee von Franzosen soll vom Rhein her an die Elbe vorgehn.

Es sollte also Deutschland von neuem einem bürgerlichen und französischen Krieg preisgegeben werden wegen des Interesses eines Anhängers von Napoleon und über die Frage, ob es besser sei, ihn auf das linke Rheinufer zu versetzen oder Sachsen zu zerreißen und ihm dort ein Fragment anzuweisen. Welche Verblendung!

4. Januar. Da Castlereagh und Metternich fortfuhren, auf der Zuziehung von Frankreich zu bestehen und das Gegenprojekt bis dahin einzureichen ablehnten, auch der erstere sich sehr günstig in der Sache äußerte für Preußen, daß er die Entscheidung über den von Sachsen an Preußen zu gebenden Anteil nicht dem König von Sachsen überlassen, sondern jenes unterstützen werde, wenn dieser der Billigkeit nicht Gehör gebe, so

beschloß man, in die Zulassung Frankreichs einzuwilligen, wenn Castlereagh jene Erklärung förmlich und verbindlich zu Protokoll geben werde; wozu er sich verstand in der Unterredung mit dem Staatskanzler. Unterdessen unterhandelten Pozzo und Nesselrode unter der Hand mit Metternich, und Talleyrand suchte Capodistria zu überreden, daß man Preußen nicht trauen dürfe. Die Nachricht von dem Frieden mit Amerika erregte bei den Bayern und Österreichern die Hoffnung, England werde nunmehr ihre Absichten um so kräftiger unterstützen. Als Lord Castlereagh dieses bemerkte, äußerte er, er werde fortfahren, nach denselben Grundsätzen zu verfahren und sich zu bestreben, die traktatenmäßige Wiederherstellung Preußens zu bewirken. Lord Castlereagh war am 6. Januar bei dem Kaiser Alexander und sprach in demselben Sinn. Er stellte ihm vor, es sei gefährlich, den König von Sachsen auf das linke Rheinufer zu versetzen und Frankreich einen Bundesgenossen zu geben; er glaube, man müsse Preußen einen bedeutenden Teil von Sachsen einräumen; es würde alles sehr erleichtert werden, wenn der Kaiser geneigt sein würde, mehr von Polen abzulassen. Dieser lehnte es ganz ab, sagte: seine polnische Sache sei abgemacht, er habe bedeutend nachgegeben, und in der sächsischen Sache habe er einen ganz einfachen Weg; sage ihm der König von Preußen, er sei befriedigt, so sei er sogleich zum Unterschreiben bereit; sei er es nicht, so werde er ihn auf jede Art unterstützen.

7. Januar. In der Konferenz erklärt Graf Rasumowskij, man sei bereit, in die Zulassung Talleyrands zu willigen, wenn Lord Castlereagh zum Protokoll seine schon oft geäußerte Meinung gäbe, daß man die Entscheidung über die Frage, wie Preußen durch einen Teil von Sachsen befriedigt werden solle, von der Vereinigung der Mächte und nicht von der Willkür des Königs von Sachsen abhängig machen wolle. Metternich hatte Bedenklichkeiten gegen das Abgeben einer solchen Erklärung, mit deren Inhalt er zwar einverstanden sei; aber Lord Castlereagh

war bereit, sie in der nächsten Konferenz — 8. Jan. — abzugeben. Graf Rasumowskij dankte Lord Castlereagh mit vieler Wärme für seine ausgezeichnete Bereitwilligkeit, zu Einigkeit und Frieden beizutragen, für die Unparteilichkeit seines Betragens in dieser wichtigen Angelegenheit. Metternich kam hierüber in Verlegenheit und fragte Graf Rasumowskij, ob er nicht auch ihm etwas Angenehmes zu sagen habe. — Die polnischen Artikel wurden durchgegangen und mehreres über die den Polen zu gebende Verfassung gesprochen und vorbereitet.

Die Bayern wurden nun wegen der Folgen ihres bösartigen Benehmens besorgt. Montgelas tadelte die einseitige leidenschaftliche Heftigkeit des Feldmarschalls Wrede, und die Idee wegen der Pfalz und Mainz ward aufgegeben.

Der Großherzog von Baden hatte bis zum 6. Januar die Instruktion wegen der Landstände noch nicht nach Karlsruhe abgehen lassen. Seine Faulheit war grenzenlos. Die Absendung erfolgte erst den 10. Januar auf mein wiederholtes Anbringen.

Der Kaiser befahl Pozzo, wieder nach Paris zurückzugehen, und äußerte ihm, er wolle die Vermählung der Großfürstin Anna mit dem Herzog von Berry ablehnen, weil die Verschiedenheit der Religion sie verhindere. Er hatte wenig Vertrauen auf die Bourbons.

Den 9. [Januar] wurden in der Konferenz die Artikel wegen Polen durchgegangen. Metternich zeigte viel Bitterkeit. Man einigte sich über die polnischen Artikel größtenteils, und Lord Castlereagh gab seine Erklärung in der verabredeten Art ab, der Fürst Metternich beitrat, so daß nunmehr Talleyrand bei der Konferenz am 11. sollte zugezogen werden. Das statistische Komitee hat seine Verhandlungen den 9. geschlossen und wird ein von allen Mitgliedern unterschriebenes Tableau übergeben. Auch das Schweizer Komitee endigte heute sein Geschäft durch Vollziehung des Schlußberichtes und des Projektes der

Deklaration. Beide Stücke werden den 12. Januar in Reinschrift vollzogen und übergeben werden.

Den 12. Januar übergab Preußen die nähere Entwickelung seines Projektes wegen seiner Wiederherstellung und forderte eine Vergrößerung von 600000 Seelen gegen seinen Zustand anno 1805. Der König von Württemberg hatte ein Projekt übergeben, worin er den Kaiser aufforderte, seinen Einfluß anzuwenden, um eine Verbindung der deutschen Fürsten zustande zu bringen, die bloß zur äußeren Sicherheit diene.

Der Kaiser ward am 9. Januar von Fürst Metternich durch den Graf Ignaz Hardegg zum Balle eingeladen; er antwortete diesem: Écoutez, vous êtes soldat, je vais vous parler avec franchise. Metternich m'a donné un désaveu — in dem Billett vom 7. November —; si mes rapports me le permettaient, je saurais ce que j'ai à faire, mais maintenant je ne peux plus le voir*. Er und seine ganze Familie gingen nicht hin.

Die Unterhandlungen bleiben wegen des Stillschweigens der Österreicher lange unterbrochen. Unterdessen gingen die Verhandlungen der polnischen Kommission fort, die aus den Herren v. Barbier und Hudelist österreichischerseits, Anstetten von russischer, Stägemann, Jordan und Zerboni von preußischer Seite bestand und die polnische Angelegenheit zum Gegenstand hatten. Czartoryski behielt den Vortrag beim Kaiser darüber.

Das Stillschweigen der Österreicher war veranlaßt, weil sie sich mit den Engländern über die sächsische Entschädigungsangelegenheit nicht vereinigen können, Torgau und Leipzig an Preußen nicht lassen wollen und einen neuen Antrag machten, daß Rußland ihnen von Tarnopol nur 200000 Seelen überlasse, dagegen 200000 Seelen an Preußen auf dessen Grenze abgebe.

---

* Sie sind Soldat, ich will mit Ihnen ehrlich sprechen. Metternich hat mir eine Erklärung gegeben; wenn es meine Beziehungen nur erlaubten, so wüßte ich, was ich zu tun hätte, aber jetzt kann ich ihn nicht sehen.

Der Kaiser Alexander lehnte dieses gänzlich ab; er ließ dieses durch den Palatin tun (20.—23. Januar), und der Kaiser Franz erklärte, davon abzugehen. Lord Castlereagh bemühte sich, diesen in Ansehung von Torgau zu billigen Gesinnungen zu bringen, der denn endlich einwilligte, daß es an Preußen übergehe (25. Januar) und nur noch auf Leipzig bestand. Es ward demnach eine Konferenz mit Österreich, England, Rußland, Frankreich und Preußen auf den 28. Januar festgesetzt, worin das österreichische Gegenprojekt übergeben wird. England ist der Versetzung des Königs von Sachsen auf das linke Rheinufer abgeneigt, weil es dessen Abhängigkeit von Frankreich besorgt.

Rußland antwortete den 25. Januar auf den württembergischen Antrag ablehnend und wiederholte seinen Entschluß, Einheit und gesetzlichen Zustand in Deutschland zu begünstigen. Herr v. Humboldt hatte 20.—27. Januar seinen Entwurf einer Bundesverfassung umgearbeitet und dem Staatskanzler übergeben, der ihn Graf Münster mitteilte, welcher ihn durchzugehen beschäftigt ist.

Endlich übergab Fürst Metternich sein Gegenprojekt (den 28. Januar) und eine Note, worin er die Mäßigung Österreichs darstellte, auf eine billige Abrundung des Länderteils für den König von Sachsen antrug. Der Antrag betrug 1200000 Seelen und schloß das Land auf dem rechten Saaleufer und ein Stück der Oberlausitz längs der böhmischen Grenze in sich. Die Anhänger des Königs von Sachsen waren über das Zerreißen ihres Landes aufgebracht; sie fühlten nunmehr, wie irrig der Wahn war, den sie hatten, als werde Preußen gezwungen werden, sich nur mit einem kleinen Abschnitt Sachsens zu begnügen, und das Verderben, welches dem übrig bleibenden Teil von Sachsen bevorstehe. Alle vereinigten sich nun, wieder zu sagen, daß es besser gewesen wäre, Sachsen nicht zu teilen, Österreich habe nur auf seiner militärischen Grenze bestehen sollen usw., und klagten Frankreich und England an, die sächsische und österreichische Sache verlassen zu haben. Den 29. Januar äußerte sogar General Koller und der Palatin gegen den Kaiser und die Großfürstin Maria diese Meinung.

Lord Wellington kam den 3. Februar an, und Castlereagh wurde wegen bevorstehender Eröffnung des Parlaments abgerufen, er eilte also, die Unterhandlungen zu Ende zu bringen, verabredete mit dem Staatskanzler die Bestimmung der Grenze zwischen Belgien und Deutschland. Bei dieser Gelegenheit kam auch eine Abgrenzung zwischen Nassau und dem Herzogtum Berg zur Sprache.

Schwarzenberg und durch ihn der Kaiser Franz wurden beunruhigt über den Marsch der Preußen vom Niederrhein nach der Elbe. Es marschierten nämlich 4 Regimenter Infanterie, 12 Kavallerie und 12 Batterien zurück; sie hielten dieses für eine kriegerische Maßregel, worüber sie aber Kaiser Alexander und der König beruhigten. Auch der Kaiser wünschte die Beendigung der Sache, er empfahl also Hardenberg, sich, ehe er sein Gegenprojekt übergeben werde, mit Castlereagh darüber zu vereinigen.

Des Kaisers Alexander Anhänglichkeit an Preußen war etwas geringer: teils weil er überhaupt etwas veränderlich ist, teils weil er glaubte, Preußen werde durch seine rheinischen Provinzen abhängig von England und Frankreich und ein wenig sicherer Bundesgenosse für ihn. Auf diesen Umstand machte ihn Capodistria aufmerksam; jene Stimmung äußerte er gegen den Kronprinzen von Württemberg, dem er sagte: Au fond je suis quitte des engagements avec la Prusse, puisqu'elle a pris part à la coalition contre moi — im Oktober 1814, wie er aus der Korrespondenz, so ihm Hardenberg mitteilte, ersah — mais je les remplirai cependant.*

---

* „Im Grunde bin ich mit den Unterhandlungen mit Preußen fertig, da es an der Koalition gegen mich teilgenommen hat; aber ich werde sie trotzdem zu Ende führen."

Der Kaiser hatte das Betragen von Bayern höchlich mißbilligt; der König von Bayern ließ ein rechtfertigendes Memoire machen, worin er seine gefährliche Lage darstellte.

Die Unterhandlungen begannen nun zwischen Castlereagh und dem Staatskanzler. Der Hauptgegenstand, um den sie sich drehten, war Leipzig. Die Engländer waren abgeneigt, mitzuwirken, daß Preußen es behalte; der Kaiser, um die Sache zu erleichtern, äußerte, Thorn überlassen zu wollen. Preußen beschwerte sich ferner, daß man aus seinem Anteil von Sachsen alle beträchtlichen Städte (als: Görlitz, Bautzen, Weißenfels, Naumburg) ausgeschlossen. Endlich nach vielem Hin- und Her-Unterhandeln kam denn das Schlußprojekt zustande. Die Konferenzen begannen von neuem den 11. Februar, und die wesentlichen Punkte über Sachsen, Polen, Mainz, die Bundesfestung usw. wurden endlich bestimmt. Castlereagh und Wellington schlugen dem Kaiser einen Artikel vor, wodurch sich die pazifizierenden Mächte verbanden, jeden Kriegserheber gemeinschaftlich anzugreifen. Es ward deshalb eine Deklaration projektiert von Gentz, voll Bombast und Aufgeblasenheit. Der Kaiser war geneigt.

Talleyrand suchte in einer Unterredung vom 13. Februar den Kaiser zu bewegen, daß er sich gegen Murat erkläre. Er war bereit, wollte aber die Einleitung Frankreich überlassen und bedang sich aus, daß Frankreich ihm nicht in den Schweizer Angelegenheiten zuwider sein solle. Diese waren zu neuen Unterhandlungen bei dem Komitee ausgesetzt.

Capodistria hatte dem Kaiser am 9. Februar ein Memoire über die deutschen Angelegenheiten mitgeteilt und darin auf die Wiederherstellung der Kaiserwürde für das Haus Österreich angetragen. Der Kaiser frug ihn, was ich darüber denke. Capodistria antwortete ihm, meine Meinung sei beifällig, ich glaube, man müsse aber mit Preußen sich vereinigen, und der Kaiser gab ihm auf, dieses zu versuchen. Hardenberg äußerte in seiner

Unterredung (11. Februar) seine Abneigung und gründete sie auf die Geistlosigkeit der österreichischen Dynastie und Regierung. Ich bemerkte ihm: diese Unvollkommenheiten seien vorübergehend, es käme hier auf Verfassungseinrichtungen an usw. Ich behielt mir eine nähere Darstellung der Befugnisse vor, so dem Kaiser beizulegen sein würden. Metternich schien in seiner Unterredung (12. Februar) auch geneigt zur Annahme der Kaiserwürde und versprach mir, Graf Solms und Plessen deshalb anzuhören.

Den 17. unterredete ich mich mit dem Kaiser über die Notwendigkeit, die kaiserliche Würde wieder herzustellen. Ich stellte ihm alles vor, was in meinem Memoire enthalten ist, und er sah es lebhaft ein, äußerte, erst der Zustimmung des Königs von Preußen gewiß sein zu wollen. Ich bemerkte, daß der Staatskanzler mir nicht geneigt scheine, daß aber General Knesebeck ganz mir beigestimmt habe. Ich erbat mir die Erlaubnis, abzugehn; er frug mich, ob die deutschen Angelegenheiten es zuließen; ich antwortete ihm, die Hauptsachen seien festgesetzt, mir scheine, die bayerische Sache und die Frage wegen der Kaiserwürde müsse in wenigen Tagen entschieden sein.

Den 18. Ich las heute Rasumowskij und Capodistria mein Memoire vor über die Wiederherstellung der Kaiserwürde. Nesselrode begann eine Unterhandlung mit Fürst Wrede wegen des Vizekönigs,* und Wrede schlug vor, ihm die sieben Inseln zu geben. Der Senat hatte Capodistria aufgetragen, die Freiheit derselben zu fordern, und Castlereagh war auch dazu geneigt.

Wellington begann seine diplomatische Karriere mit dem Versuche, die Schweizer Angelegenheiten zu ordnen, indem er das Veltlin den Österreichern zu geben vorschlug.

Den 19. Februar forderte Graf Rasumowskij durch eine Note Fürst Metternich auf, die Konferenzen über die noch vorhandnen und rückständigen Territorialangelegenheiten zu endigen.

---

* Eugen Beauharnais.

Fürst Metternich hatte eine Unterredung mit Graf Solms über die Annahme der Kaiserwürde, worin er äußerte: er für seinen Teil könne dazu weder raten, noch es abraten; im nördlichen Deutschland wünschen sie die kleineren Fürsten, aber Preußen sei abgeneigt, und Österreich werde dadurch in Verwicklung mit Preußen geraten; hier sei ohnehin schon im Königreich Niederland ein Gegengewicht vorhanden; im südlichen Deutschland hindere Bayerns Macht jedes Eingreifen der kaiserlichen Gewalt, und hier scheine man ohnehin weniger den Wunsch nach einer Konstitution zu haben als im nördlichen. Der Graf Solms bemerkte hierauf, daß allerdings dieser Wunsch vorhanden sei, da in Württemberg alles durch den Plan zur dortigen Konstitution aufgereizt worden; um Ruhe zu erhalten, sei es überhaupt nötig, daß der Kongreß ein Dehortatorium erlasse an den König, mit der Einführung einer Konstitution Anstand zu nehmen, bis daß der Kongreß über die allgemeinen Grundsätze entschieden habe.

Der mecklenburgische Gesandte, Herr v. Plessen, hatte gleichfalls eine Unterredung mit Herrn v. Wessenberg über die Herstellung der Kaiserwürde, worin letzterer sich äußerte, daß er es ratsam für Österreich halte, die Kaiserwürde anzunehmen. Unterdessen hatte der Kaiser dem Fürst von Weilburg seine Entfernung, sie anzunehmen, erklärt.

Den 24. gab mir Fürst Hardenberg die Humboldt'sche Widerlegung meines Aufsatzes wegen der Kaiserwürde zu lesen und äußerte: er könne als preußischer Minister unmöglich in diese Vermehrung der österreichischen Macht einwilligen; diese habe ohnehin eine Tendenz, sich mit Bayern und Frankreich gegen Rußland, Preußen und England zu verbinden, seine Macht werde dadurch nur noch vermehrt; Hannover werde gleichfalls nicht einwilligen; er werde in Berlin alles gegen sich empören, wenn er einen solchen Einfluß Österreich einräume. Ich forderte von ihm eine Abschrift des Aufsatzes, um ihn widerlegen zu können.

Er versprach ihn, sobald er vom König zurückkomme, dem er ihn eben jetzt vorlegen wolle, und drang sehr in mich, die Sache fallen zu lassen, da sie nur neue Veranlassung gebe zur Eifersucht zwischen Österreich und Preußen.

Die Idee wegen Anstellung von Rasumowskij schien der Kaiser ganz aufgegeben zu haben, und seine Absicht zu sein, Nesselrode, Anstetten und Capodistria nach Petersburg zu nehmen, ohne einen Minister zu ernennen. Er scheint, wenn die bayerische Territorialsache geendigt und einige allgemeine Grundsätze über die deutsche Verfassung festgesetzt sind, gegen den 15. März abgehn zu wollen. Nesselrode soll hier bleiben.

24. Februar. Meine Unterredung mit Lord Wellington begann mit seiner Äußerung, daß es nötig sei, die deutschen Angelegenheiten zu ordnen. Da Deutschland keine Einheit habe, so müsse diesen Mangel die Einigkeit zwischen Preußen und Österreich und die Beschaffenheit der öffentlichen Meinung ersetzen. Deutschland sei hauptsächlich nur durch Sprache und Sitte gebunden, es sei in sich durch Religion, selbst durch politisches Interesse geteilt. Die föderative Institution, so man beabsichtige, müsse durch beide Mächte und die öffentliche Meinung aufrecht gehalten werden. Diese habe sich deutlich ausgesprochen für die gesetzliche Verfassung.

Ich antwortete ihm: ich halte die deutsche Angelegenheit in ihrer gegenwärtigen Lage für verschoben. Sie sei dahin gebracht durch das System, so die Österreicher anfangs gehabt, Deutschland in viele Teile zerstückeln zu lassen; alsdann seien durch eine Menge teils verderblicher, teils hinderlicher Friedensschlüsse die Resultate des Rheinbundes sanktioniert. worden. Gegenwärtig habe man einen Plan der Föderation gemacht, der nicht gehn könne, da fünf dirigierende und divergierende Höfe sich nach verschiedenen Verhältnissen in den Einfluß teilten; es wäre vielleicht möglich, diesem Übel durch die Bestellung eines Bundesoberhauptes abzuhelfen, da eigentlich das wahre politische Interesse Preußens und Österreichs nicht in Widerspruch stehe.

Er erwiderte: die Bildung eines solchen Oberhaupts sei jetzt nicht möglich; es müsse jedoch etwas geschehn zur Erfüllung der Verabredungen, welche sämtliche Mächte wegen der deutschen Angelegenheit genommen, und zur Befriedigung der Gemüter. Alles sei gespannt, und besonders in Preußen zeige sich ein militärisch-republikanischer Geist.

Ich bemerkte, daß es allerdings nötig sei, in einem Land, wo eine Verfassung bestanden, wo die Menschen an einen gesetzlichen Zustand gewöhnt waren, einen ähnlichen wieder herzustellen, der Willkür ein Ende zu machen. Anarchie sei übrigens dem ganzen Wesen und Geist der Deutschen zuwider. Wolle man diese Verabredungen der Mächte in der genommenen Art endigen, so müsse man die unterbrochenen Konferenzen über die deutsche Angelegenheit wieder aufnehmen, weshalb der Staatskanzler Hardenberg bei Fürst Metternich angetragen.

Er antwortete: dieses werde er sich angelegen sein lassen; Metternich habe ihm von einem preußischen Plan in 120 Artikeln gesprochen, der zu weitläufig scheine.

Die Möglichkeit seiner Abkürzung räumte ich ein. In diesem Fall müsse man nur die wesentlichsten Elemente ausheben und die weitern Entwickelungen auf einen besonderen Bundestag verweisen. Es sei überhaupt die Beschleunigung der Angelegenheiten, die den Kongreß beschäftigten, sehr zu wünschen, da die Abreise der Monarchen nötig sei. Am dringendsten sei Aufhebung des Provisorii und die Beendigung der bayerischen Territorialabfindungen. Das Provisorium verursache einen großen Einquartierungsdruck für die besetzten Länder und große Ausgaben den verbündeten Mächten. Bei der Abfindung von Bayern müsse man Bedacht nehmen zu verhindern, daß es nicht durch Besitzungen auf dem linken Rheinufer mit Frankreich in Berührung komme; der Geist seiner Politik werde immer für Deutschland und für seine Nachbarn verderblich sein. Es sei daher nötig, die bayerischen Abfindungen auf das rechte Rheinufer und auf die mit ihm grenzenden Länder anzuweisen.

Lord Wellington bemerkte: es sei denn doch nötig, auf das linke Rheinufer eine größere schlagfertige Macht zu setzen statt mehrerer kleinen, die von Frankreich leicht erschreckt und umgeworfen werden könnten, und ob ich nicht glaube, daß, wenn Österreich Salzburg besitze, es bei seiner Übermacht Bayern fest in seinem Interesse halten könne.

Ich antwortete: die Aufstellung einer größeren Macht auf dem linken Rheinufer sei nur insofern nützlich, als man sich auf deren Treue verlassen könne, was der Fall mit Bayern nicht sei. Durch die Linie von Bundesfestungen und durch die Aufstellung von Preußen und Belgien sei Deutschland gegen einen ersten Anfall von Frankreich hinlänglich gesichert. Österreich habe sich jetzt sehr schwach gegen Bayern bewiesen, ungeachtet seiner Übermacht, und bei seiner moralischen Schwäche müsse man suchen, ihm alle Verwicklungen, in die es durch Bayern und Frankreich kommen könne, möglichst zu vermeiden.

Der Kaiser machte sich ohne Ursache von neuem gehässig, indem er die Sache der Kaiserin Marie Luise und Eugène Beauharnais' zu seiner eignen mit vieler Lebhaftigkeit machte, für die erstere Parma und Piacenza forderte, für den andern eine Souveränität in Italien: ungeachtet Kaiser Franz sich erklärt hatte, daß er auf Parma und Piacenza entsage und seiner Tochter Güter in seinen Erbstaaten geben wolle. Diese hatte an Kaiser Alexander geschrieben und seine Unterstützung erbeten. Sie ist eine flache französische Frau, die den Schein annimmt, alles Deutsche vergessen zu haben, und sich von General Neipperg die Cour machen läßt.

26. Februar. Ich forderte Staatskanzler Hardenberg das Memoire von Humboldt ab. Er schickte mir Humboldt selbst mit einer ablehnenden Antwort, weil er die Sache nachteilig für

Preußen halte und wünsche, sie möge fallen, indem sie sonst leicht wieder einen Zankapfel zwischen Preußen und Österreich abgeben und die Erbitterung zwischen beiden vermehren könne. Er meinte, bei dieser Lage der Sachen müsse man, um größere Nachteile zu vermeiden, sie fallen lassen. Ich erinnerte, es sei nötig, da der Kanzler mir nicht die Gründe seines Widerspruches vollständig mitteilte, daß er sie selbst dem Kaiser vorlege und sich hierzu eine Audienz ausbitte: womit Herr v. Humboldt einverstanden war.

Kurz nachher kam Herr v. Plessen, der mir erzählte, daß Wessenberg das Vorteilhafte der Wiederherstellung der Kaiserwürde einsähe und ihm eine nähere Unterredung zugesagt habe. Ich hielt es daher für nötig, dem Kanzler (27. Februar) die Beherzigung dieser Sache von neuem in einem besonderen Briefe anzuempfehlen.

Der Staatskanzler schickte mir den 4. März das Humboldt'sche Memoire, ein verworrenes, sophistisches, schlecht stilisiertes Machwerk.

Unterdessen wurden die bayerischen Territorialsachen abgehandelt. Metternich antwortete nicht auf die Note des Grafen Rasumowskij wegen Fortsetzung der Konferenzen, und dieser unterließ es, ernstlich und kräftig auf eine Antwort zu bringen. Er unterhandelte mit Wellington, Wrede und Nesselrode, der sich durch seine Beharrlichkeit und seine Gemeinheit mit Hilfe des Fürsten Peter Wolkonskij wieder eingedrängt hatte und immer nur suchte, in Metternichs Sinn die Sache zu endigen, gleichgültig wie, und unfähig, dieses Wie zu beurteilen. Der Staatskanzler übergab am 2. März dem Kaiser ein Tableau der bayerischen Forderungen, welches er mir zur Prüfung zustellte. Ich hatte ihm den 3. ein Memoire des Großherzogs von Baden übergeben, worin dieser seine Gründe gegen die Abgabe der Pfalz an Bayern aufstellte; er hatte es selbst dem Kaiser zustellen wollen, konnte aber keine Audienz erhalten und gab es also der

Kaiserin, die es mir mit dem Auftrag zusandte, dem Kaiser es vorzulegen. Ich überzeugte ihn, daß es hierbei weniger auf das Interesse von Baden als auf das von Deutschland ankomme, daß Bayern, indem es Mannheim und Hanau erhalte, das übrige südliche Deutschland vom nördlichen abschneide, mit Frankreich sich in Berührung setze und zwischen Österreich und Frankreich mitten inne stehe, um mit beiden vereint oder mit jedem einzelnen in diplomatische Verbindung zu treten. Dieses sei um so schlimmer, da eine Verbindung zwischen Österreich, Frankreich und Bayern gegen Rußland und Preußen vorherzusehen sei und diese durch Bildung einer solchen Linie zwischen Main und Neckar um so gefährlicher werden werde. Der Kaiser überzeugte sich hiervon, ließ den 4. März den Großherzog rufen, der aber wegen eines Katarrhalfiebers im Bette lag und nicht kommen konnte.

Capodistria machte den Kaiser gleichfalls aufmerksam auf jene Allianz und auf die Abhängigkeit, in welche Preußen durch seine Provinzen am Niederrhein von England komme, und die Notwendigkeit, sich ein festes politisches System zu bilden. Er meinte, gegenwärtig komme alles darauf an, die vorliegenden Angelegenheiten aufzulösen und mit Preußen in gutem Vernehmen zu stehn.

Der Kaiser schien die Idee wegen Rasumowskij ganz aufgegeben zu haben. Nesselrode hatte sich wieder eingedrängt; die Verhandlungen in Konferenzen mit Ausschluß von Rasumowskij und Capodistria hatten wieder begonnen; also war von Bildung der Territorialverhältnisse nicht viel Erfreuliches zu erwarten, vielmehr vorherzusehn, daß Bayern werde unverhältnismäßig begünstigt werden. Der deutsche Bund selbst konnte nur etwas sehr Unvollkommenes werden, wenn man bei der Idee blieb, kein Oberhaupt zu wählen.

Aus dem Halbverhältnis, in dem ich stand, konnte nur Lebensüberdruß entstehn; ich hatte Influenz ohne durchgreifende Leitung, und Influenz auf höchst unvollkomme Menschen, die als

Werkzeuge zur Erreichung großer Zwecke gebraucht werden sollten. Zerstreuung, Mangel von Tiefe der einen, Stumpfheit und Kälte des Alters der andern, Schwachsinn, Gemeinheit, Abhängigkeit von Metternich der dritten, Frivolität aller war Ursache, daß keine große, edle, wohltätige Idee im Zusammenhang und Ganzen ins Leben gebracht werden konnte. Aus diesen unglücklichen Verhältnissen herauszukommen, bedurfte es nur eines kräftigen Entschlusses, und es ist ratsamer, ihn bald zu nehmen, ehe die Erbärmlichkeit des Ganzen sich entwickelt hat, sich denen Leiden des Zustandes zu entziehen und sich von der Verantwortlichkeit desselben loszusagen.

4. März. Nesselrode wollte mit Capodistria über die bayerische Angelegenheit sprechen, war aber ganz verwundert zu hören, daß er davon unterrichtet sei und daß er die Pläne der Bayern mißbillige: Ce sont des idées du Baron Stein. Er antwortete ihm, der Kaiser tue in deutschen Angelegenheiten nichts ohne meine Meinung. Nesselrode wollte also die Sache heute, 5. März, dem Kaiser vorlegen; es war also gut, daß dieser darauf vorbereitet war. Metternich sagte zu Rasumowskij, er werde Wessenberg an den Staatskanzler schicken, um ein Gegenprojekt zu machen auf die Forderung der Bayern. Dem Kaiser übergab ich den 5. März ein Memoire über die bayerischen Ansprüche auf Vergrößerung, das er dem Grafen Rasumowskij statt Instruktion zustellen ließ.

Den 7. und 8. Wessenberg, Grolman, Hoffmann, der Staatskanzler entwarfen einen neuen Plan zur Auseinandersetzung zwischen Österreich und Bayern. Ich hatte eine Unterredung mit Lord Wellington über diesen Gegenstand und sprach dem Inhalt meines Memoires gemäß. Er bemerkte: daß Fürst Wrede übertrieben fordere und nur ein Recht habe, auf die Erfüllung des Friedens von Ried zu bringen; daß die Gefahr für Deutschland nicht groß wäre, wenn es durch die Rheinpfalz durchschnitten werde, weil Bayern dennoch in der Abhängigkeit von Österreich und Preußen bliebe; daß es ferner durch den Besitz von Hanau einen Anlehnungspunkt zu erhalten suche; das politische Betragen Bayerns sei vor 1805 sehr gut und freundschaftlich gegen Österreich gewesen. Frankfurt müsse frei bleiben. Meine Antwort war: Der Besitz der Rheinpfalz und von Mannheim werde dann gefährlich für Deutschland, wenn Preußen und Österreich uneinig seien. So notwendig es sei, diese Verbindung zwischen den beiden Mächten zu ihrem eignen Wohl und zum Wohl von Deutschland zu erhalten, so leicht sei ein Mißverständnis möglich, und in diesem Fall sei der Besitz dieser Linie Deutschland äußerst nachteilig. Unter Kurfürst Karl Theodor, einem Fürsten von altem Schrot und Korn, sei das Betragen von Bayern gut gewesen, das gegenwärtige Kabinett sei höchst übel gesinnt; einen Anlehnungspunkt bedürfe Bayern nicht auf den Main; als Waffenplatz sei es ungeschickt gelegen, zum Waffenplatz könne ihm nur Ingolstadt, Donauwörth oder Nürnberg dienen.

Die Nachricht von der Unternehmung Napoleons (7. März) hatte allgemeine Besorgnis verbreitet und die Parteien einander sehr genähert. Sie war Lord Wellington zugekommen. Er war bedenklich wegen der übeln Stimmung der französischen Armee und wegen des Einverständnisses, das Napoleon in ihr hatte. Kriegslust, Hang zur Ungebundenheit, Rachsucht, beleidigter Dünkel, Unwillen über Verluste der Dotation, des Ansehens beherrschten das Heer und das Volk, und ein Ausbruch dieser feindseligen Gemütsart war zu befürchten. In Italien herrschte allgemeines Mißvergnügen über verlorne Nationalität, über manche Fehler der österreichischen Verwaltung. Murat war bereit loszuschlagen. Die österreichische Armee war kaum 40 000 Mann stark. Dieser Zustand erregte allgemeine Besorgnis. Die Kabinette näherten sich und suchten die noch übriggebliebnen Streitigkeiten zu beseitigen und zu ordnen. Der Kaiser erklärte sich laut, er sei bereit, an der Spitze seiner Armee den Frieden von Paris aufrecht zu erhalten. In einer Unterredung mit Capodistria äußerte er dasselbe, sagte aber, er werde nun seine Bedingungen vorher machen und sich nicht neuen Schwierigkeiten und Einstreuungen seiner Alliierten aussetzen, wenn es zur Entwicklung der öffentlichen Angelegenheiten komme. Er wolle keine Vergrößerung, müsse aber Subsidien haben, um den Krieg fortzusetzen.

Ich bemerkte Capodistria, daß es nötig sei, eine Deklaration von seiten der acht Mächte zu erlassen, daß sie entschlossen und gesonnen seien, den Frieden von Paris aufrecht zu erhalten. Hiedurch werde man die Franzosen warnen und ihnen die Gefahr eines fremden Krieges wieder vor Augen bringen.

Die Kaiserin reiste den 9. März ab. Sie war traurig; ihr Verhältnis mit dem Kaiser war kalt und zurückgezogen; sie hat überhaupt etwas Schüchternes im Charakter, eine der Empfindlichkeit nahekommende Zartheit; es ist keinem Zweifel unterworfen, daß sie bei mehrerer Lebhaftigkeit, Gewandtheit, Offenheit dem Kaiser sich mehr annähern würde. Unterdessen sollte er doch selbst einen höhern Wert setzen und betätigen auf so viel Zartheit, Mäßigung, Bildung, Würde, Resignation und Grazie. Etwas zu der Entfernung mag das Klatschen und Hin- und Hertragen des Königs von Bayern beigetragen haben.

11. März. Die Nachricht von Buonapartes Landen in der Nähe von Grasse, Departement du Var, beunruhigte nicht wenig. Der Kaiser hatte bereits den 9. seinem Geschäftsträger in der Schweiz eine Erklärung geschickt, worin er fest seine Gesinnung aussprach, die Stipulationen vom Pariser Frieden aufrecht zu erhalten. Die Befehle wegen Einstellung der Demobilisierung der preußischen Armee waren abgegangen, eine Militärkonferenz ward zwischen Schwarzenberg, Wolkonskij und Knesebeck heute abgehalten. Die Gemüter wurden durch die Besorgnisse über die Zukunft einander näher gebracht; die französische Gesandtschaft war sehr zufrieden von der Abgabe der

Erklärung des Kaisers. Der König von Bayern ängstigte sich, und man konnte vorhersehen, daß die Territorialsache sehr bald würde geendigt sein.

Auch die Beschleunigung der Verfassungssache war nötig, um die Gemüter der Einwohner zu beruhigen. Ich schlug daher vor, daß man schleunig über die wesentlichsten Punkte sich vereinigen und sie bekannt machen möge, die nähere Entwickelung aber den hier versammelten Bundesdeputierten überlassen möge. Graf Münster war dieser Meinung; der Staatskanzler Hardenberg, der nur an den Krieg dachte, glaubte, man müsse die Sache aussetzen.

Unterdessen war die Korrespondenz entstanden mit dem König von Württemberg über seine Behauptung, daß er die Verfassung ohne Einwirkung des deutschen Komitees einzuführen berechtigt sei und die Beschwerde der Mediatisierten nicht zu berücksichtigen brauche. Hierüber wurde ein gemeinschaftliches Schreiben von Hannover, Preußen und Österreich verabredet.

Die neuesten Ereignisse hatten den Kaiser bewogen, dem Graf Rasumowskij, 9. März, die Staatskanzlerstelle durch Nesselrode antragen zu lassen; er nahm die Sache in Überlegung und war den 11. noch nicht entschlossen. Ihn beunruhigte die Schwierigkeit der Stelle, sein Alter und die Besorgnis über die unsystematische Art des Kaisers, die Geschäfte zu behandeln.

„Metternich ist sehr gut und wohlwollend; er ist aber faul, eitel und stolz": sagte mir seine Freundin, die Gräfin F. W.

Der König von Sachsen hat den ihm von Metternich, Talleyrand und Wellington (9. März) gemachten Antrag, den ihm übrig gelassenen Teil von Sachsen anzunehmen, verworfen und ihnen eine Note, welche eine Negoziation einleiten sollte, übergeben, deren Inhalt aber ganz trocken von den Ministern abgelehnt wurde. Man vermutet jedoch, daß er noch nachgeben werde. Es ist merkwürdig, daß diese Minister dem König dieselben Gründe entgegenstellen mußten, um seine Weigerung der Annahme zu widerlegen, deren sich Rußland und Preußen gegen sie zur Begründung der Ansprüche auf Sachsen bediente.

Den 14. erschien die Ächtung Napoleons, die ich bereits den 8. zu erlassen dringend empfohlen hatte. Ein sonderbarer Wechsel der Dinge. Er, der mich am 15. Dezember 1808 ächtete, wird gegenwärtig in einen ähnlichen und weit schlimmeren Rechtszustand durch einen Beschluß der großen europäischen Mächte gesetzt.

Noch hat Metternich das Schreiben an den König von Württemberg nicht abgehn lassen. Die Spannung in Schwaben steigt unterdessen. Die Mediatisierten protestierten förmlich gegen die württembergische Konstitution. Im Badenschen brechen Unruhen aus wegen der Strenge, womit man die Akzise erhebt.

Der Großherzog stellt mir ein Schreiben den 14. an den Kaiser Alexander zu, worin er erklärte, daß er das Erbrecht der Grafen v. Hochberg anerkenne, welches vom Kaiser beifällig beantwortet wurde.

Die Umwälzung in Frankreich ist eine Folge der tiefen Verderbnis der Nation, die, von Rachsucht und Raubsucht geleitet, die Herrschaft eines Tyrannen der milden und gesetzlichen Regierung eines verständigen, frommen Königs vorzog, jenen überall mit Frohlocken aufnahm und sich freudig zum Eroberungs- und Plünderungskrieg vorbereitete. Sie vergaß den geistigen und physischen Druck, unter dem sie gelebt hatte, die Willkür, die über ihr Leben und Eigentum schaltete, die Vernichtung des Handels, die Vergeudung des Lebens ihrer Kinder, und wünschte nur von neuem über die benachbarten Völker herzufallen und sie zu berauben und zu unterdrücken. Das Signal zu einem neuen Kampf ist also gegeben. Gott wird die Waffen der Verbündeten segnen und das verderbte Volk züchtigen für seine Verbrechen. Die französische Gesandtschaft, die hier so manches verwirrte und verderbte, die bayerische, die die Flamme des Krieges anzublasen suchte, mußten nun die Hilfe Preußens und

Rußlands nachsuchen, von denen sie das erstere zu vernichten, das letztere Europa verdächtig zu machen suchten. Sie behauptet, die Revolution sei allein ein Werk der Zusammenverschwörung des Heers, die der größtenteils gutgesinnten Nation einen verhaßten Tyrannen aufdrängt.

Kaiser Alexander blieb bereit und entschlossen, den Kampf wieder zu beginnen, und gab selbst das Kommando auf über seine Armeen, das er sich hätte vorbehalten, wenigstens auf die Entfernung von — bringen sollen. Auf den geäußerten Wunsch des Kaiser Franz vertrug sich Kaiser Alexander wieder mit Metternich. Der erstere benutzte das gegenwärtige Ereignis, um den russischen Kaiser zu bitten, seiner Abneigung gegen Metternich nicht mehr Gehör zu geben. Er versprach es, sagte, Unversöhnlichkeit sei gegen die Pflicht eines Christen, und hatte seitdem wieder mehrere Konferenzen mit ihm (16.—19. März).

Das französische Volk ist meuterisch, aufrührerisch, wie es seine Geschichte lehrt. Dieser Zug ist eine Folge seines Leichtsinns, seiner Beweglichkeit, seines Dünkels, seiner Habsucht: Laster, die durch Religiosität und Sittlichkeit nicht mehr gebändigt sind. Die gegenwärtigen Ereignisse haben den Charakter einer Verschwörung in der Armee, nicht einer Revolution, die in dem Gesamtwillen der Nation ihren Entstehungsgrund findet, wie man sich durch die Vergleichung ihres Gangs und ihrer Fortschritte mit denen der Revolution von 1789 überzeugen kann. Diese war rasch, allgemein, hoch aufflammend; die gegenwärtige zeigt sich teilweise, verräterisch, schüchtern. Diese Bemerkung machte ich an Capodistria, der diese Frage aufwarf und in einem Memoire, so er dem Kaiser übergab, abhandelte (21. u. 22. März). Er ward hierzu veranlaßt durch den Entwurf zu einem Allianztraktat zwischen England, Rußland, Österreich und Preußen, worin man sich gegen die Unternehmung Napoleons verband, aber sehr unbestimmt wegen der Subsidien stipulierte. Nach seiner Meinung sollte man von England bestimmt Subsidien fordern, ferner von Österreich das Versprechen, daß die Kaiserin Marie Luise und ihr Sohn allen Ansprüchen auf die Kaiserwürde entsagen.

Der Prinz Eugène Beauharnais genoß ferner den Schutz des Kaisers Alexander, der sich hiezu von Kaiser Franz die Einwilligung ausbedung, als dieser seinen Wunsch äußerte, er möchte sich mit Metternich vertragen. Eugen sagte laut: die von den verbündeten Mächten erlassene Deklaration werde die französische Nation gegen sie aufbringen und zur Unterstützung von Napoleon vereinigen; auf dem linken Rheinufer, in Polen und Sachsen werde ein Aufstand ausbrechen.

22. März. Der König von Sachsen akzeptierte den ihm angewiesenen Teil, behielt sich nur vor, einige Notabeln zu sich zu berufen, um diese von der Notwendigkeit der Annahme zu überzeugen. In Dresden, bei der sächsischen Armee auf dem linken Rheinufer zeigte sich ein übler, Napoleon geneigter Geist.

Die mittleren und kleineren Stände geben den 23. März abermals bei Österreich und Preußen eine Note ab, wodurch sie auf den Abschluß eines Grundvertrags über die deutsche Verfassung antrugen, und sie durch Herrn v. Plessen, den mecklenburgischen Gesandten, durch Graf Keller, den kurhessischen, und durch Senator Smidt, den bremischen, überreichen ließen.

Der Geist in Dresden, bei den sächsischen Truppen, in Warschau und zum Teil am Niederrhein war sehr verderbt. Die Freude Vieler über Napoleon's Ankunft zeigte sich teilweise auf eine unwürdige Art bei vielen.

Joseph Bonaparte schrieb an den österreichischen Geschäftsträger in der Schweiz, Herrn v. Schraut, einen höchst merkwürdigen Brief. Er eröffnete ihm, daß der Wunsch der Nation und der Armee Napoleon zurückgerufen, um sie von der unwürdigen Regierung der Bourbons zu befreien, qui était un rêve pénible. Diesem Brief lag ein Bulletin bei, welches erzählte, Paris und die nördlichen Garnisonen seien besetzt, eine provisorische Regierung, bestehend aus Cambacérès, Davout, Sieyès, Caulaincourt, angeordnet; er habe Herrn v. Schraut Eröffnungen zu machen, die für die Ruhe Europas von der größten Wichtigkeit seien. Man sieht hieraus, daß die Verschwörer auf den Erfolg der Unternehmungen der Generale Lefebvre=Desnouettes, l'Allemand und Drouet mit Sicherheit gerechnet und daß Joseph Buonaparte ein Mitwisser und Mitschuldiger war. Da jene Unternehmung fehlschlug, da die öffentliche Meinung, besonders in dem preußischen Staat, sich laut gegen den Tyrannen aussprach, und diese wieder auf die Stimmung der Armee wirken mußte, da ferner die Erklärung der Mächte, alle ihre Streitkräfte anwenden zu wollen, um Napoleon zu bekämpfen, die Gefahr eines Einrückens in Frankreich darstellt, da die Marschälle und die ersten Generale treu blieben und kräftig handelten, da alle Autoritäten, alle Departements sich gegen Napoleon erklärten, da der König Ruhe und Festigkeit zeigte, so ist mit hoher Wahrscheinlichkeit der Untergang Napoleon's zu erwarten. Die Höflinge sollen sich elend und feig benommen haben, Herr v. Blacas warf sich zu den Füßen Ludwig's XVIII., um ihn zu beschwören, sich zu entfernen, er blieb aber standhaft.

Den 23. übergab Herr v. Plessen, Graf Keller und Senator Smidt die Note vom 22. März an Fürst Metternich und Hardenberg. Sie setzten mündlich den Antrag hinzu, um Abgabe einer Erklärung wegen der Annahme der Kaiserwürde. Fürst Metternich gab die bestimmte Versicherung ab, daß der Kongreß nicht auseinandergehn solle, ehe da die Grundlage der deutschen Verfassung gelegt worden sei. Die Kaiserwürde könne Österreich jetzt nicht annehmen wegen des Widerspruchs von Bayern und Preußen. Herr v. Plessen bemerkte, daß wenigstens eine kräftige, einzige Direktion bestehn müsse. Eine ähnliche Antwort gab Fürst Hardenberg. Wegen der Kaiserwürde erklärte er aber, daß er hiezu nicht stimmen könne, weil sie, gehörig stark, der Unabhängigkeit von Preußen nachteilig, schwach hingegen, un=

nütz sein werde; eine Direktion allerdings sei erforderlich; Humboldt sei beschäftigt, einen gedrängten Extrakt aus seinem Plan zu machen.

Die Ereignisse in Württemberg wurden heute, den 26. März, hier bekannt und erregten den höchsten Grad von Freude bei allen Gutgesinnten. Das gesetzliche, ernste, feste Betragen dieser Versammlung machte den größten Kontrast mit der Handlungsweise der Franzosen. Die Besatzung von Lyon ließen der Graf von Artois und Macdonald aufmarschieren; sie konnten sie nicht dazu bringen, vive le Roi zu rufen. Sie schrien: vive la France, vive le Maréchal; so wie sich die Truppen von Napoleon zeigten, so rief alles: nous voulons fraterniser, stürzten ihnen zu, rissen den Marschall vom Pferd, der sich zu retten Mühe hatte, da die Buonaparteschen Husaren ihn drei Meilen weit verfolgten.

27. März ward ein Allianztraktat zwischen Österreich, Rußland, England und Preußen unterzeichnet, wodurch man sich verband, mit mindestens 450000 Mann gegen Buonaparte und für die Aufrechterhaltung des Pariser Traktats vom 31. Mai 1814 zu kämpfen. Der Subsidienpunkt blieb vorbehalten.

Die Bitterkeit in Sachsen nahm gegen Preußen immer zu und zeigte sich auf die unverständigste Weise: bei dem Ausschreiben der Zentralsteuer, bei dem Verteilen der Akten usw. Die erstere war nötig, um die aus dem russischen Durchmarsch herrührende Forderung zu befriedigen.

Bei dem durchaus verderbten Sinn der Armee* mußte man sich bestreben, sie zu schwächen und als Gegengewicht die Nationalbewaffnung zu befördern und zu vervollkommnen. In diesem Sinn arbeitete Graf Dupont. Da man aber eine politische Rolle im Ausland zu spielen nicht aufgeben wollte, da Talleyrand eine entschiedene Sprache in der sächsischen Angelegenheit führte und diese einen Anlehnungspunkt bedurfte, so gab man

---

* der französischen.

der Armee mehrere Haltung und Stärke und stellte an ihre Spitze den Marschall Soult. Es spann sich unterdessen eine Zusammenverschwörung an. Schon vor zwei Monaten hatte Barras eine Unterredung mit Herrn v. Blacas, worin er ihm Aufmerksamkeit auf Buonaparte's Intriguen empfahl und auf dessen Verbindung mit Murat, drauf drang, daß man Buonaparte verhaften möge, wo er es alsdann übernahm, Murat zu bewegen, die Krone niederzulegen. Blacas ließ diesen Vorschlag unbeachtet, auch Talleyrand war durch seine Aufgeblasenheit ganz verblendet. Pozzo forderte ihn mehrere Male auf (Oktober und November 1814), die Verhaftung Napoleon's bei dem Kongreß in Anregung zu bringen. Er erhielt zur Antwort: N'en parlez pas, c'est un homme mort.* Sprach man ihm von dem meuterischen Geist der Armee, so sagte er: Le Roi peut faire marcher 150000 hommes et les dissoudre.** Als er den 8. März darauf drang, nach Preßburg zu gehen, um die Angelegenheit mit dem König von Sachsen zu ordnen, so bemerkte Graf Rasumowskij, daß es dringend nötig sei, die Erklärung des Kongresses gegen Napoleon zu beschließen und abzusenden; er beharrte auf seiner Meinung und sagte: C'est une affaire majeure, celle de l'acceptation du roi de Saxe, il faut avant tout la terminer.† Die Erklärung ging also erst am 14. März ab und hatte Paris, wo sie bereits hätte den 16. sein können, den 20. noch nicht erreicht, konnte also, da der König den 21. abreiste, nicht bekannt gemacht werden, und sehr lange herrschte in Paris die Meinung, die Deklaration sei untergeschoben und Österreich unterstütze Napoleon. Auch hatte der französische Gesandte in Turin, Marquis d'Osmond, während des Winters

---

* „Sprechen Sie nicht davon, er ist ein toter Mann."

** Der König kann 150 000 Mann aufstellen und wieder zerstreuen.

† Das ist eine wichtigere Angelegenheit, als die Annahme des Königs von Sachsen und man muß sie zuerst erledigen.

1814 die Minister von den Umtrieben der Bonapartisten mit ihrem Oberhaupt benachrichtigt. Alle durch den General — den 2. April, die übrigen Glieder der Gesellschaft und durch — eingegangene Nachrichten bestätigten, daß die Unternehmung von Napoleon gegen den Willen der Nation und nur durch die Unterstützung des größten Teils der Armee gelungen sei, daß er sich genötigt sehe, mit den Jakobinern zu unterhandeln und ihnen zu schmeicheln; daher die Entwaffnung der Nationalgarde, die erteilte Preßfreiheit usw. Die Niederträchtigkeit Ney's war ohne Grenzen. Er küßte dem König mit Inbrunst die Hand, vergoß Tränen, ließ sich von ihm 500000 Francs bezahlen, um seine Schulden zu tilgen, da er für ihn jetzt in den Tod gehe, und sagte: Je vous aménerai le tigre muselé. Wie er dieses Napoleon erzählte, setzte er lachend hinzu: J'ai intérieurement bien ri du gros cochon.*

Die zwischen Preußen, Österreich, Rußland und England verabredete Territorialverteilung und Ausgleichung nahm Fürst Wrede den 4. April nicht an und behielt sich seine Erklärung vor. Die störrige und beschränkte Aufgeblasenheit dieses Mannes hat nachteilig gewirkt bei den Verhandlungen über die deutsche Verfassung, die er lähmte, bei den Mißverständnissen über Sachsen, die er vermehrte und erbitterte, endlich jetzt bei der Auseinandersetzung wegen der Länder, die er aufhält. In zwei Konferenzen konnte man sich nicht vereinigen, weil Bayern suchte, die Länder zu behalten, die es besaß und verwaltete, und hiedurch verwickelte sich die Angelegenheit immer mehr. Murat fing nun gleichfalls die Feindseligkeiten an, und alles vereinigte sich, um das Verderbliche des Ganges der Kongreßangelegenheiten recht fühlbar zu machen und die Verlegenheit Metternichs zu vermehren, der sich darin durch Leichtsinn und eine gewisse Empfänglichkeit und Gutmütigkeit gesetzt hatte.

---

* „Ich werde den Tiger mit einem Maulkorb versehen bringen. ... Ich habe innerlich über dieses große Schwein sehr gelacht."

Am Münchener Hof war der Geist sehr bösartig.

8. April. Die Rückreise des König Ludwigs XVIII. war so eilig, daß Herr v. Jaucourt, der Stellvertreter des Herrn v. Talleyrand, die Papiere über die neuesten Verhandlungen bei dem Kongreß in Wien liegen ließ und unter ihnen den Allianztraktat vom 4. Januar 1815 zwischen Frankreich, Österreich, England und Bayern gegen diejenigen Mächte, welche übertriebene Anmaßungen sich erlauben würden. Bassano stellte diesen Traktat dem russischen Geschäftsträger Butjakin zu, der ihn dem Kaiser Alexander vorlegte. Der Kaiser war hierüber aufgereizt; er ward rot und unwillig, äußerte aber, er werde nicht weniger mit Beharrlichkeit und Nachdruck Napoleon bekriegen. Einige Zeit darauf versicherte Talleyrand an Nesselrode, nur unwichtige Papiere seien von Jaucourt zurückgelassen, und da Nesselrode zu zweifeln schien, so fuhr er fort und sagte: Ah, je sais de quoi vous voulez parler; c'est ce traité: il a été fait sans mauvaise intention; quant à moi, j'ai voulu rompre la quadruple alliance.* Der Bösewicht!

Napoleon lebte zwischen der Ungebundenheit der Soldaten und der Übermacht der Franzosen; jene drückten und reizten die Einwohner; diese schrieben ihm sein Benehmen vor und zwangen ihn, Fouché und Carnot ins Ministerium zu nehmen, Preßfreiheit zu erteilen, den Entwurf zu einer neuen Konstitution bearbeiten zu lassen; er lebte in Spannung und Angst, umgeben von seinen Garden. Da man die für den Mai zusammenberufene Versammlung in guter Stimmung erhalten wollte, so beschloß man auf Talleyrands Anraten, eine Deklaration zu erlassen, worin man bestimmt aussprach, der Zweck des Krieges sei Entsetzung Napoleons, um auf diese Art die Entscheidung

---

„Ach, ich weiß wovon Sie sprechen wollen: von dem Vertrag. Er wurde ohne jede schlechte Absicht gemacht. Was mich betrifft, so wollte ich die Quadrupelallianz sprengen!"

der Frage wegen Wiederherstellung der Bourbons dem Urteile der Nation anheimzustellen.

Eine ungewöhnliche Erscheinung war eine Vorstellung, so namens der sächsischen Nation von Deputierten der sächsischen Landstände bei dem Kongreß eingereicht worden (31. März), worin sie auf Erhaltung ihrer Integrität antrugen.

Nach denen von dem dänischen Gesandten, General Waldersdorf, mitgebrachten Nachrichten hatte sich eine Partei Mißvergnügter gegen die Bourbons gebildet, so aus Konstituanten, Regiciden und Napoleonisten bestand und eine Veränderung in der Regierung zu erhalten suchte, um Herrschaft und Reichtümer zu erlangen. An ihrer Spitze war Carnot, später Fouché, der noch lange der Regierung Beweise von Anhänglichkeit gab, aber zuletzt sie verließ. Der Postdirektor Ferrand ließ an der Spitze des Postwesens La Valette, einen Bonapartisten, der alle Nachrichten unterdrückte, die über die vorhandene Gärung eingingen. Der Polizeiminister André erbat sich von Bassano einen vertrauten Mann in sein Departement, der ihm seinen Freund Mounier gab. Auf die Empfehlung eines Emigranten, Herrn v. Bruges, ward Soult angestellt, indem er versicherte, er werde ihn durch seinen Freund, der im Hofkriegsrate angestellt war, beobachten lassen. Diese Partei sieht aber Napoleon nur als ihr Werkzeug an, das sie zu zertrümmern bereit ist und vielleicht bald zu zertrümmern genötigt sein wird, um sich selbst zu retten, da das Heer jetzt nicht über 120000 Mann stark ist, es an Waffen fehlt, von denen die Fabriken monatlich nur 15000 Stück liefern können. Es scheint, daß St. Montereau von ihnen hergesandt worden, um sich über die Lage der hiesigen Angelegenheiten zu erkundigen, über die Maßregeln der Verbündeten usw.

Um die Partei und die Gegner der Partei und die Gegner der Bourbons nicht zur Verzweiflung zu bringen, hatte man die Deklaration zu erlassen beschlossen. Es fanden sich aber Anstände wegen einer Stelle, so die Integrität von Frankreich ausdrückte: Clancarty fand auch Bedenken, weil sie nicht hinlänglich deutlich die Absicht, Ludwig XVIII. wiederherzustellen, ausdrückte. Man besorgte, der Kaiser Alexander werde aus Abneigung gegen die Bourbons, insbesondere Ludwig XVIII., bereit sein, die Ordnung der Thronfolge zu ändern, vielleicht zum Vorteil des Herzogs von Orleans. Alles dieses gründete sich aber nur auf Vermutungen, auf einen Artikel in der Frankfurter französischen Zeitung u. dgl., auf Äußerungen, auf die Besorgnisse des Einflusses von La Harpe, eines Kopfes voll unverdauter, metopolitischer Ideen und eines Herzens voll gekränkter Eitelkeit und Bitterkeit.

18. bis 23. April. Die deutschen Sachen scheinen endlich vorzurücken. Der Humboldt'sche Entwurf fand wegen seines schwankenden Ausdrucks wenig Beifall. Herr v. Plessen und v. Wessenberg haben einen andern gemacht; da man mit den deutschen Ständen wegen der Akzeption zur Allianz zu unterhandeln anfing, so erneute der mecklenburgische Gesandte, Herr v. Plessen, seinen Antrag wegen Beschleunigung des Abschlusses der Fundamental-Bundesartikel. Herr v. Humboldt und Graf Nesselrode geben ihm deswegen bestimmte Versicherungen. Kaiser Alexander bestand den 23. April darauf, daß ich noch hier bleibe bis zum Abschluß der deutschen Angelegenheiten. Auch Metternich versicherte mich den 24. April, sie würden zustande kommen, da ich ihm die Notwendigkeit eines Abschlusses vorstellte, zur Beruhigung des Volks und wegen der zu ergreifenden Maßregeln. Die bayerischen Angelegenheiten waren insoweit geendigt (24.); nur fehlte die Einwilligung von Württemberg, Kurhessen, Darmstadt und Baden. Beide letztere waren abgeneigt, sich auf das linke Rheinufer versetzen und die bayerische Grenze so nah von Mannheim und Darmstadt bringen zu lassen. Das ganze bayerische Abfindungsgeschäft war auf eine nachteilige Art eingeleitet. Es umspannt das ganze südliche Deutschland mit bayerischen Besitzungen, es entzieht Österreich die Stadt

und Festung Salzburg; es zerreißt in diesem Augenblick den Zusammenhang und die innere Verfassung der kleinen Staaten, die Truppen stellen und mancherlei Anstrengungen machen sollen. Man tut daher besser, die ganze Ausgleichung bis nach dem Frieden auszusetzen. Der Krieg selbst wird neue Verhältnisse herbeiführen, die man zu einer zweckmäßigen — benutzen kann. Überhaupt ist die gegenwärtige Größe von Bayern für Deutschland nachteilig. Es drückt auf alle seine Nachbarn, es strebt nach Vergrößerung, der Geist seiner Regierung ist verderbt, und man kann von seiner Treulosigkeit, seinem Ehrgeiz und seinem Groll gegen Preußen und Österreich alles erwarten. Seine Beschränkung auf das Land zwischen Donau und Lech ist für die innere und äußere Ruhe Deutschlands wesentlich, und man darf von dem Geist seiner Regierung erwarten, daß es selbst hierzu eine gerechte Veranlassung geben werde. Es ist daher ratsam, es aus dem deutschen Bund zu lassen und sein politisches Leben durch die Aufnahme in denselben nicht zu verbürgen. Seine Anmaßungen lassen es nicht zu, daß es sich denen Beschränkungen des Bundesvertrags unterwerfe; man kann ihn also nur mit Bayerns Umgehung abschließen und das übrige vom Gang der Ereignisse abwarten. Herr v. Plessen hat an Münster geäußert, er glaube, man könne ohne Bayern schließen. Münster meinte, die Mittelmächte müßten die Kleinen schützen, und hiezu sei Bayern nötig.

Es kam denn endlich auch dahin, daß alle Umtauschungen in Deutschland, welche die einzelnen Territorien würden zerrüttet haben, bis nach dem Kriege ausgesetzt blieben, daß Preußen in den Besitz von dem ihm zustehenden Anteil Landes auf dem linken Rheinufer gesetzt wurde, Österreich den übrigen Teil nimmt, und daß das Abkommen mit Bayern nach dem Krieg unter günstigeren Umständen wird getroffen werden können. Dieser schwankende Zustand der Dinge ist eine Folge des verderblichen Traktats in Ried und läßt zwischen Österreich und

Bayern ein fortdauerndes Prinzip von Feindseligkeit, da Österreich immer noch seine Ansprüche auf das Innviertel, das Hausrucksviertel usw. behält und zu gelegner Zeit wird geltend machen.

Der Traktat wegen Polen ward endlich zwischen Österreich und Preußen den 5. Mai unterzeichnet. Die Polen blieben aber mißvergnügt, daß der Kaiser nicht seine alten Provinzen mit dem Herzogtum Warschau unter dem Namen eines Königreichs Polen vereinigt habe. Es herrscht fortwährend unter ihnen eine Gärung, die durch die Heftigkeit des Großfürsten Konstantin gegen einige polnische Generale noch vermehrt wurde. Der Traktat gestattet den freien Verkehr mit polnischen Produkten in sämtlichen polnischen Provinzen; hiedurch wird der Tarif von 1811, der Rußland sperrte, umgeworfen, was für Rußland selbst wohltätig ist.

Die Konferenzen wegen des Verpflegungswesens in Deutschland nahmen wegen der Dazwischenkunft Englands und Hannovers einen sehr langsamen Gang. Da man in Deutschland einrückte und eine volle und unmittelbare Bezahlung der großen Heere nach Preisen, die die Gewinnsucht der Lieferanten erhöhte, unmöglich war, so schlug ich Lieferungen der Länder auf einen dreimonatlichen Bedarf nach reduzierten, herabgesetzten, mit den Fürsten verabredeten Preisen vor, Bezahlung teils bar, teils in Kreditpapieren, Verteilung Deutschlands in drei Lieferungskreise. Hierüber begannen nun mit den Fürsten Unterhandlungen und Verabredungen, denen aber Graf Münster aus denen in der Anlage enthaltenen Gründen sich beizutreten weigerte und von den Engländern unterstützt wurde. General Vincent ward beauftragt, hierüber mit dem König der Niederlande in Unterhandlung zu treten. Unterdessen gingen die Verhandlungen der Kommission fort; die Bayern verweigerten abermals jede Teilnahme an dem Lieferungsgeschäft.

8. Mai. Endlich begannen die Unterhandlungen über die deutschen Angelegenheiten. Fürst Metternich hatte einen Ent-

wurf zu einer Bundesakte durch Herrn v. Wessenberg entwerfen lassen. Die Konferenzen nahmen ihren Anfang den 11. Mai.

Revolte des sächsischen Garde-Grenadierregiments; schändliche Resultate der Intriguen der unverständigen Anhänger des Königs.

Der Kaiser Alexander gewann durch seine Menschenfreundlichkeit und wohlwollendes Betragen die Liebe der Einwohner; ihm gefiel ihre Gutmütigkeit, Herzlichkeit, und diese Eindrücke werden in der Zukunft wohltätig wirken. Er äußerte gegen den Grafen Wrbna, Zichy, Auersperg, er hoffe wieder nach Wien zu kommen, von dem er sich ungern trenne; er sähe Europa als eine große Familie an, und da er der jüngste der Regenten wäre, so müsse er seine Freunde, so oft es die allgemeine Ruhe erfordere, besuchen. Er besuchte eins der Wirtshäuser im Prater, unerkannt von den Gästen, ließ sich Bier und Tabak geben, bezahlte den gewöhnlichen Preis und entfernte sich unbemerkt.
